The ECONOMICS of POVERTY
History, Measurement, and Policy

マーティン・ラヴァリオン［著］

柳原 透［監訳］

貧困の経済学 ㊤

日本評論社

THE ECONOMICS OF POVERTY: History, Measurement, and Policy
by Martin Ravallion

はじめに

著名な経済史家であるマックス・ハートウェルは、「経済学とは、つまるところ、貧困の研究である」とかつて述べた（Hartwell 1972, p.3）。また、著名な農業経済学者でありノーベル賞受賞者であるセオドア・シュルツは、「世界の大部分の人々は貧しいので、貧しさの経済がわかれば、経済学の本当に重要な部分の多くがわかったことになる」と述べた（Schultz 1981, p.3）。残念なことに、これらの見解は、今日ほとんどの人がどのように経済学を見ているかとは一致しない。一般の認識は、経済学とは国内総生産（ＧＤＰ）で測定されるような国民所得の研究、といったところである。経済学を学ぶ今日の学生の多くは、１人当たりＧＤＰが低い国々のことに少しは触れるであろうが、所得分配について学ぶことはあまりない。

経済学教育は、奇妙にも、貧困といった現実世界の問題への応用からかけ離れたものとなってしまった。ここで「奇妙にも」といったのには二つの理由がある。第一に、多くの学生は、現実問題を理解することを望んで経済学に関心を持つ。第二に、そのような望みには根拠があり、経済学は貧困などの現実問題への有用な洞察を提供する。確かに、今日の教科書では、現実問題への経済学の応用が論じられていることが多い。しかし、それらは中心のテーマではなく、通り一遍であることが多い。

本書は、このような状況を正すべく執筆された。ここでは、応用こそが経済学を学ぶ根本の目的であるとの立場を取り、貧困と貧困削減をめぐる政策論争の理解に向けて経済学を応用する。今日これは、発展途上国にとってのみならず、先進国、とりわけ不平等が大きく拡大しており公正な成長の実現が阻まれている国々にとっても、重大なテーマである。したがって、本書の内容は全世界に適用されうる。また、現在では豊かな国々もかつては今日の途上国と同様に貧しかったことを考えると、本書に含まれる貧困からの脱却の歴史は、経済発展研究の重要な課題に応えるものである。

本書は、広範な読者に向けられている。貧困や不平等について知ることに関心を持つ経済専門家にも、貧困を理解しその解消に取組む上での道具としての経済学を理解することに関心を持つ（まだ経済専門家ではない）人々にも、役に立つであろう。経済学になじみのある専門家には、貧困や不平等についての研究への道案内を、なじみのない人々には、貧困や不平等という重要な問題への応用を通しての経済学の学習の手助けを、提供する。

本書は、私が経済学者として貧困の研究を始めた1980年代初頭から30年以上をかけて準備されてきた、と言ってよいものである。実際に執筆を決心したのは、世界銀行での24年間を経てジョージタウン大学で再び教職に就いた2013年のことである。既存の文献には欠けているところを見出したからである。一つには、入門レベルの経済学を履修する学生の必要に応えること、もう一つは、専門家や大学院生の必要に応えること、である。本書は、「貧困」と題する学部生用の経済学の半期科目での教科書として用いられてきた。経済学の事前の履修は要件とはされていないが、実際上すべての受講者はマクロとミクロの基礎は学んでおり、半数ほどはさらに中級・上級の経済学へと進むことを志向していた。経済学はわかっているが貧困や不平等へのその応用についてはなじみがない研究者や専門家は、文献の紹介を含む道案内を求めていた。本書の原稿はジョージタウン大学とパリ経済学校での大学院での講義の参照資料として用いられた。私はまた、世界銀行職員などへの訓練プログラムや特別講義でも本書の原稿を用いた。

このように本書は二つの異なる読者層に向けられているので、読者がそれぞれに自分なりの使い方を見出していただきたい。本文の随所に130のBoxが挿入され、初学者に経済学を説明している。アスタリスク（＊）が付けられたBoxは高度な内容を含んでいる。それらにしても、高校レベルの数学をほどほどにわかっていれば十分に理解できるであろう。Boxによっては初歩の線形数学を知っていることを前提にしているが、微積分の知識は求められない。

Ｂｏｘを読むことで貧困に関係する経済学の知識を得ることができるようになってはいるが、通常の教科書での順番ではなく、貧困を論ずる中で関連する事項が取り上げられる。出典が示され、さらなる学習への示唆が含まれている。また、Ｂｏｘ相互の関係も示されている。教科書として用いられる場合には、ここに示すサイトにある章ごとの練習問題を用いることができる（http://explore.georgetown.edu/people/mr1185/）。

謝辞を呈するべき多くの人々がいる。ジョージタウン大学に移る前に本書の執筆を考えていたわけではなかったが、学術研究と貧困解消への長期にわたる深いコミットメントを有する環境は、本書の執筆にとってこの上ない好条件であった。エドモンド・D・ヴィラーニがジョージタウン大学で講座を新設し私を招聘してくれた。経済学部長であるフランシス・ヴェラは、学部科目として「貧困」が求められていることを説得してくれ、その科目の構想を立て授業を行う中で本書は生まれた。本書の草稿を教科書と討議材料として用いた受講生のコメントから教えられたことが多くある。全員の名前を覚えてはいないが、学生諸君に謝意を表する。特にクレア・マーフィーは、草稿で改善を要する箇所を見つけるのに秀でており、エリザベス・リッチとテイラー・ミエルニッキは、授業期間終了後に、完成間近の原稿に目を通して多くの有益な示唆を与えてくれた。また、最初の2年間、ティーチング・アシスタント（TA）チームのリーダーを務めたケイト・ブラウンは、本書を教材として用いる上での改良点を示唆してくれた。

本書には、貧困の経済学に関する私の30年に及ぶ研究が反映されている。その過程で、多くの優れた研究者と協働する幸運に恵まれた。アーサー・アリク・ラグランジュ、スディール・アナンド、カウシック・バスー、キャスリーン・ビーグル、アロック・バルガヴァ、ベヌ・ビダニ、マイケル・ブルーノ、サブハム・チョードリー、シャオファ・チェンガウラヴ・ダット、ロレーヌ・ディアーデン、トアン・ドー、プジャ・ダッタ、チコ・フェレイラ、エマヌエラ・ガラッソ、マドゥール・ガウタム、クリステン・ヒメライン、モニカ・フッピー、ジョッツナ・ジャラン、アントン・コリネック、シルビア・ランバート、ピーター・ランジョー、マイケル・リプトン、マイケル・ロスキン、アリス・メナール、ジョアン・ミスタエン、ホセ・モンタルヴォ、レン・ム、リンク・ムーガイ、メンノ・プラダン、プレーム・サングラウラ、ビナヤク・セン、リン・スクワイヤ、ドミニク・ファン＝デ＝ヴァーレ、クエンティン・ウォードン、などである。

24年間在職した世界銀行で同僚であった人々には特別の謝意を表する。彼らとの多年にわたるやり取り（時として論争）を通じて、とりわけ貧困政策の基礎としての経済学の一般原則を現実の開発への関与に結び付ける上で、多くの重要なことを学んだ。全員を挙げることはできないが、フランソワ・ブルギニョン、シャンタ・デヴァラジャン、デヴィッド・ダラー、ガーション・フェダー、ジェフ・ハンマー、マニー・ヒメネス、ラヴィ・カンブール、ベス・キング、アート・クライ、ジャスティン・リン、ウィル・マーティン、アディティ・マトゥー、ラント・プリッチェット、ビユ・ラオ、シュローモ・ロイトリンガー、ルイス・サーベン、ニック・シュテルン、アダム・ワグスタフ、マイク・ウォルトン、の諸氏への謝意を表明する。

本書の第Ⅰ部と第Ⅲ部は、アンソニー（トニー）・アトキンソンとフランソワ・ブルギニョンが編集した *Handbook of Income Distribution* の一つの章として書かれた「貧困政策の考え」（The Idea of Antipoverty Policy）に一部依拠している（Ravallion 2014a）。本書は、これを下敷きにしてはいるが、広い読者を想定して大幅に書き直し多くのテーマを付け加え発展させて、5倍の長さのものとなった。「貧困政策の考え」への有益なコメントをしてくれた人々に、先述との重複をいとわず、記して謝意を表する。ロバート・アレン、アンソニー（トニー）・アトキンソン、プラナブ・バーダン、フランソワ・ブルギニョン、デニス・コグネー、ジャン＝イヴ・デュクロ、サム・フレイシャッカー、ペデロ・ゲーテ、カルラ・ホッフ、ラヴィ・カンブール、チャールズ・ケニー、シルヴィ・ランバート、フィリップ・レペニース、ピーター・リンダート、マイケル・リプトン、ウィル・マーティン、アリス・メナール、ブランコ・ミラノヴィッチ、ヨハン・ミッシャン、バーク・オツラー、トマス・ポッゲ、ギレス・ポステルヴィナイ、ヘンリー・リチャードソン、ジョン・ローマー、ジョン・ラスト、アグナル・サンドモ、アマルティア・セン、ドミニク・ファン＝デ＝ヴァーレ、の諸氏である。

次の方々には、章ごとの専門事項につき教えを乞うた。ハロルド・オルダミン、カウシック・バスー、ジェームス・ボイス、ハイメ・デ＝メロ、デオン・フィルマー、ジェド・フリードマン、ガロンス・ジェニコ、ジョン・ホディノット、アート・クライ、マイケル・リプトン、アリス・メナール、アナマリア・ミラッツォ、ミード・オーバーバーク・オツラー、トマ・ピケティ、スティーヴン・ラデレット、リン・スクワイヤー、アダム・ワグスタフ、ドミニク・ファン＝デ＝ヴァーレ、ニコラス・ファン＝デ＝ヴァーレ、の諸氏である。

また、ジョージタウン大学、世界銀行、国際通貨基金（ＩＭＦ）、中西部国際経済開発会議（ウィスコンシン大学マディソン校）、シドニー工科大学、パリ経済学校、オックスフォード大学、サセックス大学、ロンドン・スクール・オブ・エコノミクス、ランカスター大学、インド経済学会、エコノミック・ソサイアティ・オーストラリア大会（ＥＳＡＭ）、カナダ経済学会、国際所得国富学会、Society for the Study of Economic Inequality, 12th Nordic Conference on Development Economics, 2014 Spring Meeting of Young Economists, Vienna, Centro Studi Luca dAgliano（Fondazione Luigi Einaudi, Turin）, 世界開発経済研究所（ヘルシンキ）、オーストラリア開発経済学ワークショップ（モナシュ大学）での発表の際の参加者にも謝意を表する。

オックスフォード大学出版会（Oxford University Press）での経済部門編集者であるスコット・パリスは当初から励ましと示唆を与えてくれ、キャサリン・ヴォルマンは出版準備の全過程で有用な指示を与えてくれた。５人の匿名のレフェリーのコメントも有益であった。

マーティン・ラヴァリオン

はじめに　iii

序　章 ……………… 3
貧困はどれだけ存在するか／5　貧困はなぜ存在するか／7　貧困を解消するにはどうしたらよいか／8　道案内／10

第Ⅰ部　貧困の思想史

第1章　貧困のない世界という考えの起源 ……………… 15
1・1　過去200年の絶対貧困との戦いの進展　16
1・2　前近代における貧困の考え　24
古代／24　重商主義／26

1・3　初期の貧困政策　39
1・4　第一次貧困啓蒙期　49
1・5　19世紀と20世紀初めにおける論調の変化　63
産業革命と貧困／63　救貧法をめぐる論争／69　アメリカにおける機会の喪失／73　功利主義／74　慈善の限界／79　学校教育に関する論争／82　社会主義と労働運動／84　貧困に関する社会調査／87　20世紀初めにおける新しい思想／94

第2章　貧困に関する1950年以後の新たな論調……109

2・1　第二次貧困啓蒙期　109
貧困についての経済学の新たな論調／111　ロールズによる正義の原理／118　アメリカにおける貧困の再発見／124　アメリカでの貧困への宣戦布告／127
2・2　論争と反発　131
アメリカにおける貧困と不平等／134　貧困の文化／140　相対貧困と主観貧困／141　ベーシックインカム運動／145
2・3　発展途上地域における貧困　147
急速な工業化のための計画／147　計画への批判／149　援助業界と開発経済学の誕生／150　不平等に再び注意を向ける／151　発展理解における偏りの修正／154　貧困に焦点を当てることをめぐっての論争／159　より良いデータ／161　グローバリゼーションと貧困／162　新たな千年紀、新たな希望、新たな課題／165

第Ⅱ部　貧困の測定と評価

第3章　**厚生の測定**……171

3・1　厚生の諸概念　172

厚生主義（Welfarism）／172　厚生主義の拡張と代替／178　ケイパビリティ／180　厚生への社会関係の影響／182　機会／185　控えめな目標／187

3・2　厚生の測定のための家計調査の利用　188

調査の設計／195　財の範囲と価値付け／199　変動と測定の期間／200　調査における測定誤差／207　個人間の厚生比較／212

3・3　代替指標の理論と適用　214

成人1人当たり換算での実質消費／214　境遇に基づき予測される厚生／226　食料シェア／231　栄養指標／232　定性方法と混合方法／234　厚生の自己評価／237

3・4　三つの原則　246

原則①：個人の厚生につき絶対基準を用いる／246　原則②：パターナリズムを避ける／247　原則③：データの限界を認識する／248

第4章　**貧困線**……251

4・1　貧困線に関する論争　252

4・2　客観貧困線　255

基本ニーズ貧困線／256　貧困線の更新／267　貧困線の顕示選好テスト／268
食料エネルギー摂取法／270　相対貧困線／274　一貫した貧困比較　対　個別状
況の重視／280

4・3　主観貧困線　283

第5章　貧困・不平等指標……289

5・1　規範上の基礎　290
5・2　不平等の測定　293
5・3　貧困の測定　305
貧困指標／305　消費の底／315　推計上の問題／319　仮説検定／321　小
括／322
5・4　貧困指標の分解　322
貧困プロファイル／323　パラメーターの変化と量の変化／329　成長要因と再分
配要因／332　貧困の変化の部門間の分解／335　一時貧困と慢性貧困／335
5・5　貧困比較の頑健さ　338
5・6　貧困層を益する成長と所得分位別の成長率　349
5・7　「中間層」を測定する　352
絶対アプローチと相対アプローチ／354　脆弱性と中間層／356
5・8　貧困と機会の不平等　357
5・9　ターゲティングに関連する指標　359

ターゲティング指標／361　行動変容の影響／366
5・10 まぜこぜ指数 369

第6章 インパクト評価……385

6・1 知識の空白 386
6・2 評価の適切さを脅かすもの 388
介入は無作為ではない／389　スピルオーバー効果／391　インパクトの動態に関する誤った想定／391　評価されると行動が変わる／392
6・3 実際に用いられる評価方法 392
社会実験／395　実験を用いない方法／397　差の差（Difference-in-Difference：DD）推計／398　固定効果の回帰分析／399　操作変数法／399
6・4 評価の外部妥当性 406
インパクトの不均一さ／407　ポートフォリオ効果／409　一般均衡効果／412　構造モデル／415
6・5 評価の倫理上の適切さ 416

原注／(1)

◆Box目次

Box1・1　国内総生産　17
Box1・2　貧困をどのように測定するか　19
Box1・3　勤労意欲　28
Box1・4　所得効果と代替効果　29
Box1・5　なぜ貧困対策が賃金率を上げる結果になりうるのか？　34
Box1・6　貧困の罠？　37
Box1・7　保護と押上げ　40
Box1・8　「不平等」の概念　53
Box1・9　自由市場はどのようなときに効率よく働くのか？　58
Box1・10　所得再分配のための財政政策手段　61
Box1・11　子どもの質と数　65
Box1・12　生産における収穫逓減　67
Box1・13　所得不平等に反対する功利主義の議論　76
Box1・14　構成員からの貢献が任意である場合の公共財の過少供給　80
Box1・15　ロンドンでのコレラ発生地図　86
Box1・16　需要の所得弾力性とエンゲルの「法則」　89
Box1・17　家計調査　92
Box1・18　「イングランドの人口の30％は貧困である」――貧困分析における初期の教訓　93
Box1・19　経済学者の最も好きな統計分析：回帰　95
Box1・20　パレートの厚生経済学　101
Box1・21　パレートの「法則」　103

Ｂｏｘ１・22　どのように不平等が経済発展を妨げるかに関するケインズの主張　106

Ｂｏｘ２・１　ファンクショニング、ケイパビリティ、効用　112
Ｂｏｘ２・２　市場の失敗　116
Ｂｏｘ２・３　マキシミンと貧困　119
Ｂｏｘ２・４　福祉給付を労働所得によって置き換えるには貧しい人々はどれだけ多く働かねばならないか　133
Ｂｏｘ２・５　アメリカの公定貧困線と他の国々との比較　136

Ｂｏｘ３・１　消費者による選択　174
Ｂｏｘ３・２　市場での行動から効用を推測する　177
Ｂｏｘ３・３　厚生主義の立場でのケイパビリティの解釈　181
Ｂｏｘ３・４　どちらの分布で貧困が多いか？　184
Ｂｏｘ３・５　努力が厚生に影響するときの機会の不平等（ＩＮＯＰ）の測定　186
Ｂｏｘ３・６　標本調査に関する主要な統計上の概念　189
Ｂｏｘ３・７　パネルデータとその利用　193
Ｂｏｘ３・８　調査への参加の経済分析　197
Ｂｏｘ３・９　標準誤差への標本抽出設計の影響　199
Ｂｏｘ３・10　将来の所得の現在価値としての富　202
Ｂｏｘ３・11　異時点間の消費選択と恒常所得仮説　204
Ｂｏｘ３・12　貧しい人々は保険にどれくらい頼れるか――中国農村部での証拠　206
Ｂｏｘ３・13　データの欠損への対処法としての回帰分析　208
Ｂｏｘ３・14　単純な２×２の場合での回答率の相違への対応　210

Box3・15　価格指数　216
Box3・16　価格指数に関するさらなる情報　218
Box3・17　1795年のスピーナムランド等価尺度　220
Box3・18　等価尺度のより完全な扱い　221
Box3・19　貧困指標の等価尺度への感応度を検証する際の落とし穴　227
Box3・20　あなたはこの家族と同じくらい貧しいと思いますか？　245
Box4・1　貧困線を特定するために回帰分析を用いる　254
Box4・2　貧困バンドルの経済学による解釈　257
Box4・3　ロシアの貧困線　260
Box4・4　アメリカの公定貧困線に対する不満と新しい指標　262
Box4・5　食料需要関数に基づく非食料貧困線の設定　265
Box4・6　サミュエルソンの顕示選好理論の貧困バンドルへの適用　269
Box4・7　FEI法による貧困線設定の落とし穴　272
Box4・8　相対貧困線に関する厚生主義による解釈　276
Box4・9　絶対貧困線、弱い意味での相対貧困線、強い意味での相対貧困線　279
Box5・1　ローレンツ曲線、ジニ係数、分布関数　294
Box5・2　ジニ係数についてのさらなる説明　296
Box5・3　不平等指標に望まれる性質　297
Box5・4　平均対数偏差：扱いやすく洗練されているが、あまり用いられない不平等指標　300
Box5・5　不平等と社会厚生　302

Box5・6　貧困指標に望まれる性質　306
Box5・7　貧困指標の用語解説　308
Box5・8　貧困ギャップ指数のさまざまな見方　310
Box5・9　ワッツ指標：注目されなかった古い指標が最も良いものであった　312
Box5・10　「消費の底」の期待値を推計する方法　318
Box5・11　貧困の回帰モデルとその応用　324
Box5・12　貧困プロファイルの2通りの表し方　328
Box5・13　ブラインダー・オアハカ分解　330
Box5・14　貧困の変化を成長と再分配の2要因に分解する　333
Box5・15　貧困の変化の部門別分解　336
Box5・16　慢性貧困 対 一時貧困　339
Box5・17　優位の検証（演習）　346
Box5・18　中国の所得分位別成長率曲線　351
Box5・19　集中度曲線とターゲティング精度の指標　360
Box5・20　集計に価格を用いるか用いないか　371
Box5・21　2つのまぜこぜ指数　375
Box5・22　HDIに組み込まれているトレードオフ　376

Box6・1　インパクト評価の方法：要約　393
Box6・2　固定効果の回帰分析　400
Box6・3　固定効果モデルの危うさ　402
Box6・4　操作変数　404

Ｂｏｘ６・５　ポートフォリオのインパクトをプロジェクトごとに評価する際の偏り　410
Ｂｏｘ６・６　一般均衡分析　413
Ｂｏｘ６・７　厚生に関する矛盾した判断の例　420

◆下巻目次

第Ⅲ部　貧困と政策
第７章　貧困と不平等の諸側面　425
第８章　経済成長、不平等、貧困　499
第９章　経済全般および部門別の政策　625
第10章　ターゲティングを伴う介入　717
終　章　これまでの進展と今後の課題　779
監訳者あとがき　797
原注　(77)
参考文献　(7)
索引　(1)

＊参考文献のＰＤＦファイルは、日本評論社のＨＰ（https://www.nippyo.co.jp/shop/book/7492.html）よりダウンロードできる。

貧困の経済学

序章

経済は人々の消費の必要に応えるよう生産を導くために存在する。これが経済の成功を判定する基準である。経済を組織する一つの方法は財貨の生産と分配を中央の計画で決めることである。これは原理上はうまくいくはずだったが、実際には大変に難しいことがわかった。代案として、市場メカニズムに委ね、選択を分権化し価格に導かれるようにする方法がある。18世紀末から、自由市場が消費者の需要に応じて効率よく生産を導くことが理解されるようになった。その後200年にわたって、このように経済を組織することが世界の大勢となった。

市場メカニズムは、供給を需要に合わせるという根本課題に、中央計画なしに応える賢い方法である。しかし、最もよく働く市場メカニズムでも貧しい人々の必要に対応することは期待できない。貧しいということは購買力を持たないということであり、市場は購買力に応じて自ずと財貨を振り分けるからである。時により場所により程度の差はあっても、購買力には明らかな不平等がある。所有権が（法制度の下で政府により擁護され）堅持される下では、市場メカニズムがもたらすのはあまりに不公平な結果であるとみなされるかもしれない。

どんなに市場を重視する人も、貧困がなくならないことを受け入れざるを得ない。これを認めて、貧困を減らすように市場経済の舵取りをしようとするさまざまな試みがなされてきた。供給を需要に合わせるという市場メカニズムの利点を保ちながら、結果をもっと公平なものにしようとするものだ。これが種々の政府の介入の基本をなす動機であった。介入の方法としては、初期条件としての分配の変更と、市場の働きの修正、の両方があった。

市場経済での生産や配分に関わる分権化された選択は、一時点でのものもあれば時点をまたぐものもある。市場経済では時点をまたぐ配分はしばしばうまくいかず、政府の誘導はあっても繰り返しショックに見舞われ、しかもショックはしばしば経済の中から生み出される。そうではあっても、そして程度の差はあっても、市場経済が経済全体の成長――換言すれば、消費しうる財貨の顕著な増大――をもたらしたことは確かである。それでも、成長過程で満たされたのは誰の消費の必要であったか、という問題は残る。

過去200年を振り返ると、極端な貧困にある人々の絶対数はたいして減っていないが、その世界人口に対する比率はかなり減少した。1820年には、80％の人々が今日の最貧20％と同等と考えられる生活水準にあった。時により場所により進展は一様ではなく、今日では極度の貧困は「発展途上」と呼ばれる地域のみに存在する。実質購買力につきデータで確認できる限り、今日では豊かな地域での200年前の絶対貧困率は、今日の貧しい地域での水準に匹敵した。しかし、今日では、貧しい地域で用いられる「貧困」の定義に当てはまる人は、豊かな地域にはほとんど存在しない。

過去2世紀の間に貧困解消に大きな進展があったからといって、それが続く保証はない。不平等度が高くまた上昇しているため、アメリカその他で貧困解消の進展が滞っている。ここ何十年間か、豊かな地域全体での相対貧困率は高まっている。

21世紀に入って、発展途上地域で極度の貧困の減少が加速していることを示す兆候が見られ、勇気づけられる。2000年以降、世界中で絶対生活水準で見た貧困者の数は減っている。ただし、世界のどこでも貧困集中地帯が残っていることも目に付く。発展途上地域では相対貧困が高まっており、リスクに対する脆弱さは高まっているかもしれない。かつてからの開発の課題が残る一方、新たな課題が現れた。とりわけ、公平な成長の実現が、豊かな地域と貧しい地域に共通する課題としてある。

将来に向けて、われわれは二つの途の間の選択に直面している。一つの途は、世界の貧困を引き続き削減しうる効果の高い政策の実施である。その途を進めば、これまで何千年も続いてきた最悪の貧困状態を一世代の間に解消し、相対貧困の高まりを止めうるであろう。もう一つの途では、不平等は高くまた上昇し、経済全体の成長から貧しい人々が得るものを減らすばかりか、経済成長自体を減速させるであろう。この途では、世界の最貧層の数は減らず、相対貧困は著しく高まるであろう。第一の途を進み始めそして進み続けるためには、取り組むべき多くの課題がある。

本書は、それらの課題に取り組む上での鍵となる三つの問いに答えるために役立つ知識を、わかりやすく総合して示すことを目的とする。三つの問いとは、貧困はどれだけ存在するか、貧困はなぜ存在するか、貧困を解消するにはどうしたらよいか、の三つである。

貧困はどれだけ存在するか

貧困の測定は、応用経済学での最も古くからのトピックであり、経済学という学問分野が確立される以前にまで遡る。貧困の測定には、経済学での他の分野での測定と同様、多くの概念上および実証上の問題がつきまとう。違うのは、貧困の測定は、経済学者のみの仕事とは見られなかったことだ。

このトピックは経済学者以外からも関心をもたれ、重要な洞察が加えられた。しかし同時に、多くの経済学者には受け入れられないような測定の仕方が用いられた。本書の4分の1は、測定に関する概念上そして実際上の事柄の理解にあてられる。

経済学の測定で利用しうる最善のものによれば、2010年前後で、世界人口の最貧20%——約12億の人々——の財・サービスの平均消費額は、全体平均の10%、最上位1%の平均の0.5%、にすぎない（利用可能なデータの偏りを勘案すると、この0.5%という推計値が過大であるのはほぼたしかであろう）。もし最貧層の生活状態がそこそこであるなら、生活水準におけるこのように大きな相対格差はそれほどの問題ではないかもしれない。しかし、実際には「そこそこ」とは言えない。最貧20%の人々は、1日当たり、アメリカで2005年であれば1ドル25セント、2014年であれば1ドル50セント、のものを得ることができない。そうであっても多くの最貧の人々は生き延びることはできるが、極めて低い生活水準であることは否定できない。それに加え、２０１０年に、さらに約12億の人々がそれよりほんの少しだけ高い1日1ドル25セントから2ドルという生活水準にある。生活の絶対水準で見たこのような極端な貧困と並んで、相対比較で見た貧困も世界中で顕著である。

1日1ドル25セント以下という絶対貧困者と国ごとの基準で貧困とみなされる人々を足し合わせると、30億人に達する。

貧困者がこのように多く存在するということは、生活の基礎をなす財貨を得られないがゆえの人間の自由と潜在力の膨大な損失を意味する。貧困のため、就学は制限され、健康は脅かされ、寿命は短い。栄養不良のため、仕事への努力は弱まり、子供のその後の能力と生産性に取り返しのつかない打撃が生ずる。健康と所得の面でのリスクに加え、日々の生活は暴力とその恐れに満ちている。貧しい女性はとりわけその被害を受ける。そして、このような状況を変え良い生活を求めるには、貧しい人々はあまりに無力である。貧しさゆえに失われる自由には、政治や社会に影響を及ぼす能力も含まれているからである。

今日の世界では、絶対貧困層のほとんどは発展途上地域にある。また、驚くべきことだが、相対貧困層の過半もそうである。ハートウェルに従い経済学とは貧困の研究のこととすると、経済理論の教科書とはまったく違って、その主対象は発展途上地域となる（Hartwell 1972）。それゆえ、本書が今日の途上国のみに対象を絞ったとしても許されるであろう。しかし、本書では、全世界を視野に入れ、今日では豊かな国々の経験も取り上げる。それにはいくつかの理由がある。一つには、豊かな国々にも多くの相対貧困者が存在する。第二に、今日では豊かな国々が絶対貧困の克服に成功した経験から今日の貧困国は貴重な教訓を得ることができる。開発経済学は欧米の哲学・経済の思潮の展開から多くを学ぶことができるのである。

貧困はなぜ存在するか

この問いへの答えとして、貧しい人々自身の行動の中に問題を見出そうとするとする有力な考えがある。そのような考えは、かねてから存在し、今日まで続いている。貧困は、怠慢、不摂生、リスク忌避などの貧しい人々の選好、あるいは過去の失敗、のせいとされる。次のような会話があったとされている。スコット・フィッツジェラルドが「金持ちは僕らとは違うんだ」と言ったのに対し、アーネスト・ヘミングウェイは、「確かに、金持ちはもっと金を持っている」と答えた。これを解釈すると、フィッツジェラルドが貧困を人々の特徴によるとする見解であるのに対し、ヘミングウェイの見解は、市場や制度が所得分配を決めることなど、人々の生活上の制約の背景を探ることに注意を向けさせる。

貧しい人々が異なった行動をすることは驚くにあたらない。意思決定に際して所得効果が影響するからだ。ところが、因果関係を逆に見て、「悪い行い」が貧困を生むという主張が、何世紀も前からずっと存在している。貧困は貧しい人々の行いのせいだとすることで、社会としては何もしなくても当然とされてきた。貧しい人々を助ける直接の措置は不必要であるばかりか、悪い行いを助長するばかりである、と説かれた。そのような考えをする人々の中でも、子どもについては親の悪い行いの責を問うことはできないと、例外が認められることはある。また、貧困が、犯罪、病気、乞食といった形で、貧しくない人々に害を及ぼしうることも、一部では認識されてきた。それは貧困政策の根拠となりうる。実際、これが世界で最も早く貧困政策を提起した学者の1人であり、また近代心理学の父ともみなされている、ファン・ルイス・ビベスが16世紀初頭に唱えたことであった。

経済学は、経済や社会の諸要因が行動にどう影響するか、そして貧困を生み出すか、につき深い理解を与える。貧しい人々を責めるのではなく、その人々が直面する諸制約に注意を向け、それらをもたらしている制度、市場、政府の諸欠陥を明らかにする。本書の少なからぬ部分は、諸制約がどのようにもたらされるか、そしてどうすれば緩和されうるか、の理解にあてられる。そのために、マクロとミクロ、理論と実証、貧しい国と豊かな国、すべてが取り上げられる。

貧困を解消するにはどうしたらよいか

経済学の特徴の一つとして、政策との密接な関係がある。そして、貧困に関わる政策との関係は最も重要なものに入る。最も昔の経済学者の一人として、紀元前300年頃に今のインドにいたカウティリヤを挙げることができる。その主著の表題は、サンスクリット語でアルタシャーストラ、『物質利得の科学』とでも訳せる。政策提言の中には、政府が公共事業での雇用を通じてショックによる社会コストに対応すること、が含まれていた。これは、ケインズ型の安定化政策の大昔の一例と見ることができよう。このように、ショックや危機に対応する社会保護政策には長い歴史がある。カウティリヤの場合にそうであったように、体制の安定を確保することが動機であることもあった。政策の中には、貧民救済にあたり、就労や通学といった条件を付けて、より良い行動へと導こうとしたものもある。時代が下って19世紀以降では、市場その他の制度の働きを良くするなど、貧しい人々が直面する諸制約に働きかける政策もとられるようになった。

今日では、貧困解消が公共行動の正当な目標であり、政府がなにがしかの責任を負うことは、（豊かな国でも貧しい国でも）広く受け入れられている。貧しい人々を優先するという倫理上の動機は、公正と効率という経済学の二つの鍵となる概念への配慮を組み合わせたもの、と考えうる。不平等を減らすという願いは込められているが、すべての人を最も貧しい人のレベルまで引き下げ、貧困を増やすことは、考えられていない。そうではなく、社会の最も恵まれない人々の厚生を最大化するような「マキシミン」の貧困政策により、貧しい人々を助けることで公正を追求することが優先されている。このマキシミンの考えは、分配の正義の多くの理論にいろいろな形で含まれている。

貧困との戦いの良い方法をめぐって何世紀にもわたりさまざまな見解が展開されてきた。かねてからの見解として、貧しい人の行いを改めさせるにしろ、豊かな人にもっと寛大になるよう訴えるにしろ、個人の行動を変えることが答えだとするものがある。近年の見解は、政府の役割を含め制度のあり方を重視する。貧困が公共の責任であるとする見解は、不慮の事態に際しての保護を別にすると、200年前には、そして100年前ですら、ほとんど支持を得られなかった。今日では、その見解は、あまねくではないにしても、広く受け入れられている。時とともに、公共の責任がとされる範囲が、地域コミュニティから世界全体にまで徐々に広がってきた。貧困をなくそうとする政策には、しばしば「社会政策」と呼ばれる直接介入と、貧困の程度に影響を及ぼす一国経済そしてグローバルなレベルでの経済開発政策と、が含まれる。本書ではこれら両方の貧困政策を対象とする。

経済学の思考と政策立案の間の関係は、望まれるほどには密接でも有益でもなかった。貧困の実態についての知識がしばしば政策立案に反映されたことは確かである。しかし、事実の歪曲や、ちょっとした逸話に過ぎないものを誇張し過度に一般化した議論も、影響を持ち続けている。貧困についての経済学の考えの中には、広く信じられ政策に大きな影響を与えたものであっても、正しいかどうか不明であるとか、誤りとわかっているものも少なくない。今日ではこの事態が良くなっているとすれば、それは開かれた公の議論があればこそである。そのような議論に偏りのない貢献をすることで、経済学は世界の貧困と戦う上で力になることができる。

貧困についての考えの歴史を見ると、根拠薄弱な考えが広く信じられ続け政策に影響を与えたことが、しばしばある。たとえば、貧しい人々は怠惰であるとか、非合理であるとか、世界中で主に都市に住むとか、農民や企業家として劣っているに決まっているとか、そして（最大の神話として）実はちっとも貧しくなんかないとか、さまざまな考えが唱えられてきた。経済学や統計学などを踏まえた見解が貧困の性格と程度について正しい知識を提供することで、このような考えへの批判がなされてきた。誤った考えが永遠に続くことはないであろうが、それが存続する限り、そう考えるほうが都合のよい人々が利益を得ることができる。そのような受益者の中に貧しい人々が含まれていることは、まずないことである。経済分析の道具は、神話を打ち破ることで貧困との戦いを助けることができる。それだけで良い政策が採られるわけではないが、議論が戦わされる際の判断根拠を提供することはでき、それにより良い政策が実現されたことが歴史上しばしばある。

本書での政策へのアプローチは、18世紀末に道徳哲学から派生した規範経済学の学説に依拠している。その後の長期間にわたる展開を経て、現代の公共経済学へと至っている。この立場に則って、本書では明示された社会厚生目標を踏まえた政策分析を行う。ただし、社会厚生を定義する際に、どのような水準であれ各人の厚生水準に同等の重みを与える、というようにはしない点で、功利主義の伝統とは異なる立場を取る。本書では、何らかの方法で妥当に定義された「貧困」を削減することは、公共行動の目的として倫理上擁護しうる、との見解を取る。貧困削減は、いくつかの政策分野では最上位の目的とみなしうるだろう。貧しい国での経済開発推進ではまさにそうである。

中には、政策がどのような人々に利益を生むべきかについての倫理判断をためらい、実証命題のみに関わる経済学者がいる。しかし、実際には、経済分析が価値自由ということはまずなく、多くの場合に（貧困層以外の）特定の階層の利益に奉仕しているものである。歴史を通じて、経済学の考えは時に、（通例では貧困層は含まれない）有力な集団の利益になるような政策（あるいはその不在）を正当化する役割を果たした。例えば、貧困政策は労働供給を減らして賃金率を高め利潤を減らす、といった懸念が反対者により表明された。これは、（表向きはそうでないように装われていても）規範分析であり、政策が奉仕すべき諸利益の間の重み付けが著しく異なるのみである。

道案内

本書を読むにあたり経済学の知識は前提とされていない。読み進むうちに、経済学の概念や方法を理解できるようにしている。経済学が生きるのは現実世界の問題に適用される時であり、本書では世界の貧困という問題に焦点を当てて経済学を学ぶことができる。

本書は三部からなる。第I部は、貧困観の変遷を辿る。貧困を不可避なものとした重商主義の見解から始め、二度の「貧困啓蒙期」を経て、貧困が削減しうる、根絶さえしうる、社会悪であるとの見方に至る。

読者のタイプ	指針
貧困の経済学への入門を望む。中級以上の経済学の知識を持つか、深い理解への関心がない。	ボックスはほとんど飛ばして、本文のみを読む。
同上。そして政策が主な関心。	同上。第Ⅱ部は飛ばしてよい。
経済学を学ぶ意向あり。ミクロの貧困分析、とりわけ測定と評価、が主な関心。	第Ⅰ部、第Ⅱ部、第Ⅲ部の第10章。
経済学を学ぶ意向あり。マクロの貧困分析が主な関心。	第Ⅰ部、第Ⅲ部（第10章は飛ばしてもよい）。

第Ⅱ部では、測定および方法論上の問題を詳しく検討する。主要な概念が説明され、各人の厚生をどう評価するか、貧困や不平等をどう測るか、といったことについての論争を（進行中のものを含め）紹介する。ここには専門分野としての高度な内容が含まれている。実際に貧困の測定がどのようになされているかの基礎理解を得れば足りる読者は、そういった部分を飛ばして読むことができる。

第Ⅲ部では、できるだけ良い貧困政策を求めて戦わされている議論が紹介される。まず、今日の世界での貧困と不平等の諸側面についてわかっていることが示される。次いで、経済成長の源泉とその成果の分配に関して、理論と証拠の両方を学ぶ。最後に、一国あるいは部門のレベルでの主要な政策、そして貧しい人々を対象とする直接介入策、が取り上げられる。

最終章では、貧困の根絶と不平等拡大の回避を実現する上で直面する諸課題に関して、これら三部すべてから得られる教訓が総括される。

三部すべては明確な論理でつながれているが、すべての読者が初めから終わりまでを読み通すことは想定していない。読者の予備知識にもよるが、各章はそこだけで理解できるようになっている（経済学の予備知識のない読者は、関連事項につき先行章のボックスを参照する必要があるかもしれない）。ジョージタウン大学の学部の授業では、第Ⅱ部の第5章5・3節以降と第6章を省き、＊を付けた上級者用のボックスはすべて飛ばしている。読者のタイプごとの指針を表に示す。

第I部　貧困の思想史

貧民は…　絵画での影のようなもの、コントラストとして存在する。

フィリップ・ハケット、1740（Roche 1987, p.64 での引用）

よほどの馬鹿者以外は、下層階級は貧しいままにしておかなければ勤勉にはならない、とわかっている。

アーサー・ヤング、1771（Furniss 1920, p.118 での引用）

貧困が必要だという考えから脱却することはできないのであろうか。

アルフレッド・マーシャル、1890、2ページ

現政権は今ここに米国での貧困に対し全面にわたる宣戦布告を行う。私は、議会と全国民にその戦いに加わるように要請する。

ジョンソン大統領　年頭教書、1964年1月

我々の夢は貧困のない世界。

1990年からの世界銀行の標語

これまで貧困について書かれたものの中には、それを解明し根絶しようとするのではなく、その存在を正当化しようとするものがある。貧しい人々についての偏見を書くことで、恵まれた人々の特権を擁護しようとするのである。比喩の言い回しや根拠の怪しい固定観念が流布され、政策にも影響を及ぼした。しかし、上の一連の引用に示されているように、過去200年の間に貧困についての主流の考えが大きく変わってきたことも、印象深い。

本書第I部では、貧困についての考えの展開を跡付けそして理解することを試みる。ここで検討されるのは、近代以前から二次にわたる「貧困啓蒙期」を経て、貧困が公共政策により大幅に削減しうるものであり、根絶さえしうる社会悪であると見られるようになった、その推移の過程である。貧困についての考えにおけるこの推移は、今日の先進国での重要な改革、例えば、政治面では普通選挙、経済面では自由市場、が広まったことと同時に起こっている。第1章では前近代から現代にいたる展開を扱い、第2章では1950年代以降の現代に焦点を当てる。いずれの章においても、世界における極端な貧困に対する進展の歴史過程を概観することから始める。

第1章　貧困のない世界という考えの起源

貧困に関するこれまでの学術著作がいつも貧しい人々に利益をもたらしてきたとは言えないが、貧困というトピックが近代の学術研究の多くの分野を形作ってきたことは注目に値する。貧困に関する初期の研究、あるいはそれに密接に関連した課題は、近代心理学（とりわけ、序章で紹介した16世紀初めのファン・ルイス・ビベスの著作）、疫学（例えば、19世紀初めのロンドンにおけるコレラ流行の原因に関するジョン・スノウ医師による先駆の研究）、家計経済学（例えば、19世紀半ばのドイツにおける貧しい人々とそうでない人々の支出パターンの違いに関するエルンスト・エンゲルの研究）、社会科学（例えば、19世紀末のロンドンにおけるチャールス・ブースの注意深い観察に基づく貧困研究）、マクロ経済学（とりわけ、１９３０年代初めの世界恐慌時に出現した大量の失業の原因を理解するためのジョン・メイナード・ケインズの努力）、そしてもちろん、開発経済学（多くの例がこれ以降で説明される）、の出発点となった。過去２００年にわたって貧困の研究者は、貧困政策のための道徳上、経済上の議論を打ち立て、そのような政策のための実証上の根拠を確立し、貧困政策への反対者によって繰り返し唱えられてきた貧しい人々についての神話を打ち壊す上で、しばしば重要な役割を果たしてきた。そして、本書において見ていくように、経済学者はそのような政策についてしばしば重要な発言をしてきた。

学問と行動の間の関係は複雑であり、政策の場で問題となる事柄は、技術、社会の意識、力のバランスなど多くのことに依存している。それにも関わらず、貧困についての論調がどう変化したかについて語ることには意義がある。それは今日交わされている論争を理解するのに役立つ。論争の中には延々と続けられているものもある。しかし、論調の明らかな変化も確かにある。これらの変化を認識することで、知識の進展が広範な前進を支えるとともに、それを反映してきたことがわかる。

第1章では、貧困と政策についての論調に見られる類似と変遷の両方を20世紀半ばまで跡付ける。貧困に関するあらゆる考えの歴史ではなく、貧困の経済学と貧困政策への含意に関する論調にのみ焦点を当てる。

1・1 過去200年の絶対貧困との戦いの進展

200年前の世界には大量の貧困が存在した。貧しい人々の生活状況の描写は、その時期に書かれた小説や旅行記に見出すことができる。(1) しかし本当のところ、どの程度の貧困が存在したのだろうか。この問いに答えるには、統計を用いる多少の探索が求められる。

1人当たり国内総生産（GDP）は、一国の平均所得の指標として最も広く用いられる（Box 1・1）。注意深く扱われたデータとかなりの数の当てずっぽうにより、アンガス・マディソンは1820年に遡る世界の1人当たりGDPを推計した（Maddison 1995）。GDPはしかし、社会の中での所得分配、すなわち所得不平等の程度、に関しては何も語らない。貧困の程度は総所得とその分配の両方に依存する（この関係については第Ⅱ部において理解が得られる）。マディソンの推計と所得分配に関する利用可能なデータを組み合わせることで、フランソワ・ブルギニョンとクリスチャン・モリソンは、1820年の世界人口における84％が、彼らが「極度の貧困」と呼ぶ状態にあったと推計した（Bourguignon and Morrisson 2002）。

ブルギニョンとモリソンは、彼らの貧困線が時間を通して一定の実質値を持つように試みた。時代を遡るにつれてデータの不備がより深刻になるため、この作業には困難が伴う。ブルギニョンとモリソンは、低所得国に多く用いら

Box 1. 1　国内総生産

人々が「低所得国」とか「経済成長」とか言うとき、（多くの場合、人口規模で標準化された）GDP の水準または変化について話していることが通例である。GDP はある所与の期間（通常は 1 年間）において特定の経済によって産出されたすべての生産物（モノとサービス）のフローの市場価値の合計である。重複計算を避けるために、GDP には最終消費または投資に用いられた生産物だけが含まれており、「中間生産物」は除かれている。集計にあたっては実勢価格が用いられる。「価格」とは商品と貨幣の間の交換比率のことである。

経済の進歩の指標としては GDP にはいくつかの限界がある。まずそれがどれだけ正確に測定されているかにつき（とりわけ、家庭内での生産など往々にしてカバーされないものについて）懸念がある。仮に正確に測定できていたとしても、成長の利益が社会の中でどのように分配されているかについても、随伴する環境への負荷についても、明らかにできないという問題がある。第 8 章では GDP について詳細に議論する。

歴史メモ：GDP の概念を生み出した功績はサイモン・クズネッツのものとされている。1930年代、米国議会への報告書においてであった。彼は GDP を計算するにあたっての問題をよく自覚しており、次のように述べていた。

> GDP 推計の明確で揺るぎのない性格は人を欺くものである。次のような理論上の問題がある。「国」の範囲の定義、財・サービスの循環において所得が分離・測定されるべき段階の選択、総額中に算入ないし除外すべき財・サービスの決定とその際の評価の基準、などである。さらに、統計データや用いられる方法が異なれば推計値も異なったものになるかもしれない（Kuznets 1933, p.5）。

クズネッツは1971年にノーベル経済学賞を授与された。イギリスではジェイムズ・ミードとリチャード・ストーンが、第二次世界大戦中に GDP の構成要素を示すために国民経済計算を発展させた。これらの手法は第二次大戦後すぐに世界中で広く使用されるようになった（ミードは1977年に、ストーンは1984年に、ノーベル経済学賞を受賞した）。

図1.1　今日の豊かな国々における貧困削減の推移

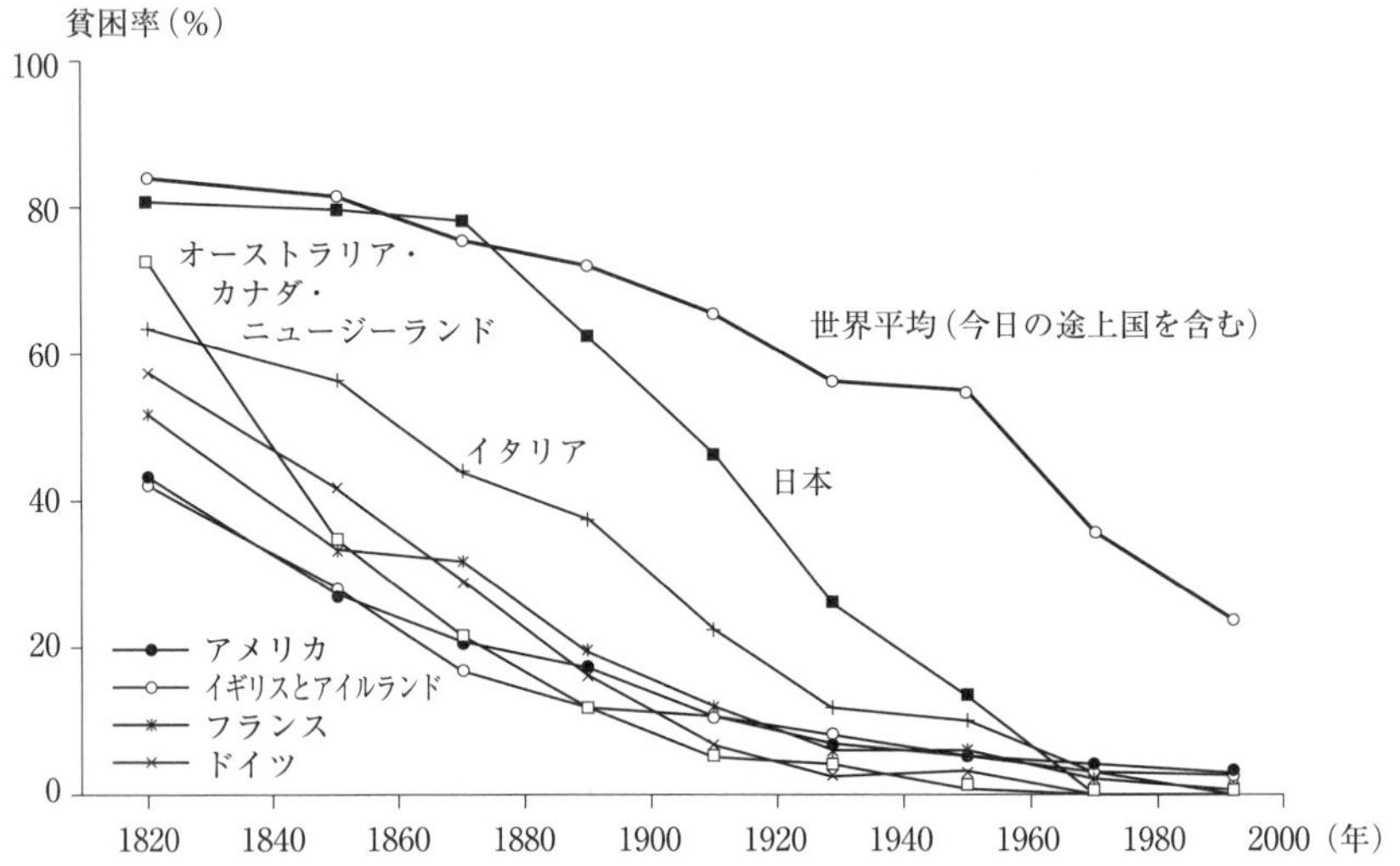

れていた（1985年購買力平価で）1日1ドルという貧困線を用いた1992年の貧困率の推計値に、彼らの貧困線による推計値が一致するようにした[2]。したがって、彼らの貧困線はかなり低い値であった。200年前、世界人口の大多数はこの基準において極度の貧困とみなされる状態にあったようである。1992年までにその割合は24％までに低下した。第Ⅱ部で貧困の測定に関する議論をするが、ここでの推計値を理解しうるようBox 1・2で説明を与えている。

「先進国」と「途上国」という分類は、1800年頃の世界において今日におけるようには妥当しなかったことは明らかである。もちろん、国により平均生活水準に違いはあったが、その違いは今日ほどではなく、おそらく今日の発展途上諸国の間での違いよりも小さかったであろう。18世紀のヨーロッパの平均生活水準はアジアやアフリカよりも高かったが、今日と比べれば比率として見た違いは小さかった[3]。1750

Box 1. 2　貧困をどのように測定するか

貧困の測定において「所得」を用いるからといって、所得が厚生にとって重要なすべてであると見ているわけではない。消費財を入手しうることは個人の厚生にとって手段として重要であるが、他にも重要な要因があることは、経済学においてずっと前から認識されてきた。他の要因がどの程度に貧困指標に反映されるかは、所得がどのように測られ、異なった状況を勘案してどのように調整され、貧困線がどのように設定されるか、で決まる。実際に用いられている指標の限界を認識することで、所得をもとにした標準の貧困指標が捉えきれないことを反映するような他の指標で補完する必要が常にある、ことがわかる。

ほぼすべての貧困指標において最も重要な情報源は、世帯の消費や所得の算定を可能にする「家計調査」である。一国全体の消費調査の多くでの慣行では、自家農産物や寄贈品の現物での消費を含む、あらゆる消費の源をかなりよくカバーする方式が用いられている。所得調査でもすべての所得源に関して同様の方式が用いられることになっているが、実際には詳細さと完全さにおける差がある。

消費または所得の世帯ごとの集計値は、世帯の規模および構成の違いを勘案する等価尺度 によってほぼ例外なく標準化されている。最も簡易なものは世帯の規模のみを勘案する。また、被調査者が住む場所や調査の時期によって、被調査世帯が直面する価格に差があることも勘案される必要がある。

貧困線は、特定の状況において貧困とみなされないために要する経済厚生の一定の最低水準を賄う費用、として定義することができる。貧困線は、消費または所得についての絶対水準でも相対水準でもありうる。絶対貧困線は、時や所にかかわらず一定の実質値を示し、相対貧困線は、消費または所得の国全体での平均値の上昇に伴って上昇する。多くの国で時間を通じて不変な絶対貧困線が用いられてきたが、世界全体として見れば、貧困線は国々の間で異なり、（ある所得水準を超える）豊かな国では高い水準に貧困線を設定する傾向がある。貧困の測定において、複数の貧困線を検討することが常に推奨される。

家計調査データは、どれだけの人々がそれぞれの貧困線以下で暮らし、その人々の消費や所得がどのような水準にあるか、を算定するのに用いられる。貧しい人々はすべて貧困線のすぐ下で生活しているのだろうか、それとも貧しい人々の間には大きな差があり一部は他よりも遥かに貧しいのだろうか。この最後の問いに答えるには、異なった方法が存在する。最近では、主として家計調査からの（世帯レベルでの）個票データが用いられる。しかしもし平均所得の推計値と所得分布の要約統計があるなら、推計によって貧困の測定をすることが可能である。もし十分に詳細な要約統計があるなら、その推計はほとんどの目的にとって十分に正確でありうる（調査の測定誤差の影響を減らすことができるので、要約統計からの推計のほうが、個票データを用いる場合よりも正確ですらありうる）。この方法はブルギニョンとモリスンによって用いられた（Bourguignon and Morrisson 2002）。

実際に用いられている方法はどれも欠陥がある。世帯内の不平等はほとんど無視されているし、ヘルスケアや学校教育といった非市場財へのアクセスの欠如と関連する貧困は、通常の指標にはうまく反映されない。手持ちの現金に余裕があっても、このような財の入手には役に立たないであろう。したがって、貧困の全体像に近づくためには、これらの欠陥を補うデータが必要である。

さらなる学習のために：これらの課題は第Ⅱ部で詳細に論じられている。

年における1人当たりの工業生産高は、今日と比べればどちらも小さなものであったが、インドのほうがアメリカよりも大きかった[4]。両国の乖離はその後に生じたのである。

ブルギニョンとモリソンのデータベースと同じ貧困線を用いて、1820年まで遡って、彼らの研究に含まれている今日の先進国の人口の何パーセントが「極度の貧困」状態にあったかを容易に計算することができる。図1・1にその結果が示されている[5]。19世紀と20世紀初めには良いデータがないために、これらの推計値が示すのは、おおまかにはそう言えそう、という程度のものにすぎない。そうではあっても、これが用いうる最善のデータなのである。

19世紀初めにおいて、今日の先進国の大多数は世界平均よりもずっと低い貧困率からスタートした。日本は例外であった。しかし、それらの国々も、今日の基準からすれば、依然として非常に貧しかった。ブルギニョンとモリソンのデータは、1820年においてイギリスとアメリカの人口の40％、ヨーロッパの人口の50％、が彼らの定義による極端な貧困の状態にあったことを窺わせる。

これらの計算結果によれば、19世紀初めから半ばにかけて、今日の先進国の大多数での貧困率は、発展途上国の中でも貧しい南アジアやサハラ以南アフリカの20世紀末の貧困率と同じぐらいであった。イギリス、ヨーロッパ、アメリカで、19世紀と20世紀初めに絶対貧困者の割合の大幅な低下を達成した。いったん極めて低い率となると、その後の進展はゆっくりしたものになった。日本では貧困削減は遅れて始まったが、20世紀には追い付き、（1年当たりのパーセントで見て）安定した率での低下を続けた。今日、先進国においては、今日の貧しい国の基準で極端な貧困とみなされる状態は実際上もはや存在しない(6)。

これらの数値、そしてそれらがどのように得られたか、に関しては多くの検討すべきことがあり、その主なものは第Ⅱ部で取り上げる。しかしながら、図1・1に関して特に重要な但し書きが二つある。第一に、ブルギニョンとモリソンが彼らの貧困線が時間を通して実質で一定となるように試みたということは、彼らの貧困線は絶対貧困の推計の一例であることを意味する。それは、平均所得の上昇に伴って貧困線も上昇する相対貧困の推計とは明確に異なっている。絶対貧困線か相対貧困線かというのはその金銭価値についてであり、金銭表示での所得または消費との比較に用いられる。本書全体を通じて、とりわけ第Ⅱ部で詳しく、金銭表示の貧困線はある水準の「厚生」（welfare）と対応すると概念上は考えるべきである、と主張する。ある人がほかの人よりも良い状態にあるかどうかを決めるのは、「厚生」であって所得ではないからである。何をもって「厚生」とするかについては議論がありうる。しかし、概念上の合意が得られたなら、すべての人を同じように扱うことは倫理上避けることができない。言い換えれば、「厚生」で見る限り、絶対貧困しかありえない。しかしながら、それを所得で表すときには、相対貧困線が必要とされるであろう。今日のヨーロッパまたはアメリカの人々が200年前の祖先と同じ水準の「厚生」を手に入れるには、より多くの所得が必要とされるであろう。相対貧困が豊かな国々から消えていないことは確かである。

第二に、19世紀初め以降の貧困に対する全般の進展は、それに先立つ進展の連続を示すと捉えられてはならない。1820年以前については、上で用いられた貧困指標と比較可能なものは存在しないが、1820年以前に大きな貧困削減があったという推測とは相容れない見解を歴史記録に見出すことができる。いくつかをここで紹介する。

●1820年という年は、マディソンによって世界経済の転換点として注意深く選ばれた。1820年前には、何世紀にもわたり平均所得の成長はわずかであったからである。マディソンの推計では、紀元1000年から1820年の間の1人当たりGDPの成長率はわずか年0・05%であった（その820年間で50%の増加にすぎなかった）ことが示されている（Maddison 2005）[7]。

●1820年以前の200年またはそれ以上の間、不平等を増大させる力が作用していた。（これについても）データはないが、歴史家は1650年から1800年を植民地の世界中への拡大が世界全体としての貧困と不平等を作り出した時期として描いてきた[8]。ヨーロッパ人が到着する前のアフリカや西半球にまったくあるいはほとんど貧困や不平等が存在しなかったと言っている訳ではない。少ないながらもわかっていることはむしろその逆を示している[9]。しかしながら、新植民地でのヨーロッパ人による厳しい搾取と（少なくとも初期における）先住民の多大な被害を否定することはできない[10]。砂糖や綿花のような新たに発見された一次産品の生産と貿易のブームがあり、これがヨーロッパ人とアメリカ人のエリートの莫大な新たな富を作り出した。しかしこの富のほとんどは確かな財産権を伴った自由市場での交易から作り出されたものではない。そうではなく、この富は、略奪行為、暴力による食料や土地の押収、そして最も根本の財産権の剥奪を意味する奴隷使用に基づいていた。1650年から1800年の砂糖ブームの時期において、750万人もの人がアフリカから西半球へと奴隷として連れ去られた（大西洋の奴隷貿易でアフリカから連れ去られた総数は１２００万人、そのうち生存して到着したのは１０００万人、と見積もられている）[11]。先住民はさらに、新植民地の統治者によって労働賦課を求められるなど、強制下での労働に服した。仕事は、義務であり、過酷であり、賃金は低かった[12]。植民地政策は不公平な経済・政治制度を制定し、ラテンアメリカなどの地域の発展に長く影響を及ぼすこととなった[13]。

●経済搾取に加えて、新しく到着したヨーロッパ人の征服者は、先住民がほとんど抵抗力を持たない致死の疫病をもたらし、結果として大量死を引き起こした。例えば、１５７０年から１６２０年の間に、ペルーの人口は征服以前と比較して半分にまで減少した。これは驚くべき死亡率であった。そして、宗主国に住んでいた貧しい人々にはほとんど生活の改善はなかった。１８００年に先立つ時期におけるイングランドや多くのヨーロッパの国々で、実質賃金は下落しており、貧困の削減が起きたとは考えられない[14]。自信を持って断言することはできないが、これらのさまざまな要因が、19世紀初め以前の２００年あるいはそれ以上の期間にわたり世界の貧困者数とおそらくは貧困率（貧困線未満の人口の比率）の増加を引き起こしていた、という推測は妥当であろう。

図１・１に明らかなような（均一ではないにしても）確実な貧困率の減少のパターンは過去２００年間の特徴であって、19世紀に先立つ何世紀もの間は貧困に対する進展はずっとわずかなものであった、というのは推測に過ぎないが、おそらく当たっているであろう。健康、栄養、就学に関する歴史統計もまた、19世紀初め以来の今日の先進国でなされた達成がどれほど大きかったかを明らかにしている。今日のイングランドにおける出生時余命は約80歳であるが、19世紀初めにおいては約40歳であり[15]、それは１９５０年代におけるインドと同じであった。アメリカにおける平均余命は１９００年の約50歳から今日の約80歳近くにまで上昇した。20世紀初頭のイギリスやヨーロッパの幼児死亡率は、今日のほとんどの貧しい国よりも高かったのである[16]。

1800年頃、ヨーロッパと北米における「貧困層」は、富を持たない人々であり、その生存を非熟練労働の供給に頼っていた。もちろん、雇用、賃金、依存の程度に応じて多様さはあった。もっと複雑な形態の貧困は現代になって出現したものである。20世紀以前のヨーロッパと北米においては、貧しいことと労働者階級に属することは実際上同じことであった。

1・2　前近代における貧困の考え

古代

近代より前には、貧困は、法、税、公共支出のような世俗世界における問題としては一般には考えられていなかった。[17] 前近代の分配の正義における主要な概念は、能力主義、すなわち功績に応じて報酬の分配を決めること、を強調した。これ（実力主義）は紀元前350年頃のギリシャの哲学者で科学者であるアリストテレスの著作（とりわけ『ニコマコス倫理学』と『政治学』）にその起源があった。それによれば、最も技能のある候補者だけが公共部門に選ばれるべきであるとされた。[18] アリストテレスの正義の概念は大きな影響力を持った。それは、自由民であった意欲の高い中間層を引きつけ、貧しい自由民にいくばくかの希望を与えたが、社会の根本の不平等に対して挑戦することはなかった。

「機会の平等」とすべての人の権利としての「自由」という考えは、アリストテレスに知られていなかったわけではないが、従属が、奴隷という形でさえ、正当なものとして受け入れられていた「自然秩序」の利益を否定する根拠としては不十分とされた。有名な一節においてアリストテレスは次のように書いている。

ある者が支配をし、ある者は支配されるべきであるということは、必要であるだけでなく、役に立つことでもある。誕生の時から、ある者は従属を受け、ある者は支配するように定められている。（中略）したがって、ある者は生まれつき自由民であり、別のものは奴隷であり、奴隷にとってはその状態は役に立ち正当なことである。

（アリストテレス『政治学』紀元前３５０年 第1巻、第5部）

ここでアリストテレスは、社会の階層秩序を「手段」として見る議論を行っている。すなわち、それは社会の安定と効率という倫理上で価値ある目的に役に立つと説く。もしアリストテレスが例として奴隷を挙げなかったならば、彼の議論はもっと現代人に受け入れられやすいものになっていたであろう[19]。

アリストテレスは孔子について何も知らなかったが、紀元前５００年頃、孔子は良い政府が避けるべきである「六つの不幸」の一つとして貧困を挙げていた[20]（他の五つは、早死、病気、惨めさ、醜い容姿、虚弱、である。五つの恵みもあった。それは　資産、長寿、健康、徳、良い容姿、であった）。しかしながら、西洋と同じく、富の不平等と関係する慢性貧困は関心の対象ではなかった。関心の対象は、何であれ調和ある社会秩序への脅威となるものであった。孔子にとって、社会の秩序が維持される限りは、「貧困」は脅威ではなかった。「人々がそれぞれの場所に留まるとき、貧困はない。平穏があるとき、反乱はない」（孔子『論語』bk.16, c. 50, v. 10 Dawson 1915, p.186）。

歴史の大部分において、飢饉のように不安定化を引き起こしかねない一時の貧困に対処すること以上には、政府は貧困削減においてほとんど直接の役割を果たさなかった。民間の慈善行為のほうが、歴史上おそらくもっと重要であった。多くの宗教の教義が、慈善行為を、恵まれない他者への共感に基づいた個人の徳であるとして称賛してきた[21]。地域の宗教組織は歴史上長らく慈善活動を担ってきた。紀元前50年頃に、ローマの思想家マルクス・トゥッリウス・キケロは、慈善を正義から区別していた。キケロによれば、慈善は個人の選択の問題であり、市民に対して法により求められるものではないが、正義は国家の問題である。正義は慈善の制約ともなりえた。キケロは富の再分配に反対していた。これもまた、富の分配を含めて、「現状の」（「自然な」）秩序への脅威となる考えではなかった。

アリストテレスの1000年後、トマス・アクィナス（その思想がローマ・カトリック教会に多大な影響を与えた）もまた、最低限の生活水準の保証への国家の責任に関して何ら示唆することがないという点で、依然としてアリストテレスと同様の分配の正義に関する概念を持っていた。よく知られているように、トマス・アクィナスは、食料不足による死の危険があるならば窃盗は許されるかもしれない、としていた。しかしながら、これは極端な例である。トマス・アクィナスは、窃盗を道徳上の重罪とみなしており、私有財産権を強力に擁護していた。

重商主義

18世紀末に先立ついくらかの期間において、経済思想を支配した学説は、国内外の貧困を社会にとって良いもの——不幸であるかもしれないが、自国の経済にとって不可欠なもの——とみなしていた。仮に他の状況が等しいならば、貧困が少ない社会のほうが好まれるべきであろうが、他の状況が等しいとはみなされなかった。強力な世界で競争力のある経済を作り出すよう、労働者に働く誘因を与え賃金を低水準に保つ上で、貧困は不可欠であるとみなされていた。「経済発展」という考えは、意図された受益者の中に貧しい人々を含まねばならない、とは想定していなかった。貧困に対する政府介入の望ましさ、あるいはそもそも実現可能かどうか、について広汎な疑いが存在した。今日では貧困が発展の前提条件としてよりも制約と考えられているのとは、大きな違いがあった。今日においては、貧しい国でも豊かな国でも、政府には貧困に対する戦いにおいて重要な役割があることが（すべての人によりとは言えないが）広汎に合意されている。

今日の豊かな国々がみじめな貧困に陥っていた16—18世紀の多くの時期において、主要な経済思想は重商主義であった。その政策目標は、何よりもまず、その国の「輸出余剰」すなわち貿易収支——それは自国の未来の繁栄と力に等しいとみなされていた——を増やすことであった。世界全体としての輸出と輸入は等しいので、貿易収支は世界全体ではゼロである。言い換えれば、自国にとっての貿易収支のプラスは少なくとも一つの他国のマイナスを必ず伴う。したがって、この経済思想は、世界全体の貧困を削減する努力を支持するものではなかった。貧しい国々の発展は、それらの国々の貿易収支の改善につながる公算が高く、自国にとって有害となりうるとみなされていた。

重商主義者は経済への政府の介入を支持していたが、それは主として世界中で自国の力を高めることを目的とした。貿易収支を最大化する主要な手段は、自国での生産のための安価な投入物すなわち安価な原材料（そのために植民地は有益であった）と安価な、それゆえ貧しい、自国の労働力であった。貧困は国の経済発展のための不可欠な前提条件とみなされていた。重商主義者の考えにおいては、貧しい人々は（経済発展という）目的のための手段であった。彼らにとっては、飢えは勤労を促進するものであり、飢えがないことはその逆（勤労を阻害するもの）であった。ベルナード・デ・マンデヴィルは以下のように書いている。

奴隷の存在の許されない自由な国においては、勤勉な貧しい人々こそが最も確かな富であることは明白である。それに加え、海軍と陸軍への尽きることのない兵員供給源でもあるので、勤勉な貧しい人々なくして、享楽はなく、いかなる国の生産物も価値あるものとはなりえない。(22)

(de Mandeville "An Essay on Charity and Charity Schools," 1732, p.286)

貧困に関する重商主義者の考えの中心には、労働者の行動、とりわけ勤労意欲、が賃金の変化にどう反応するかについての予想があった。この時代において広汎に支持されていたと思われる考えは、非熟練労働者の労働の供給曲線の傾きはマイナスであるというものであった。これはエドガー・ファーネスが後に「貧困の効用」と名付けたものである（Ｂｏｘ １・３、Furniss 1920, p.117）。近代経済学の言葉では、Ｂｏｘ １・４で説明されているように、余暇への需要の所得効果は代替効果を上回っているとみなされていた、ということができる。ジョセフ・タウンゼント牧師

Box 1. 3　勤労意欲

「貧困の効用」という考えは、高い賃金は勤労への意欲（すなわち労働供給）を減らすという主張に大きく依拠している。これは、図 B1.3.1に実線で描かれているような、労働供給関数が右下がりであることを意味する。この図には、賃金率の上昇が労働供給の増加をもたらす、右上がりの労働供給関数も描かれている。われわれはこの違いをどのように理解したらよいのだろうか？

ごく一般に、ある政策または社会や経済の変化が人々の行動を変えるように働くとき、「誘因効果」が存在するという。例えば、もし条件なしで一括給付のような何らかの移転所得を政府から受け取るならば、すべての「正常財」（すなわち、所得が上がると需要が増加するような財）への需要は増加するであろう。余暇が正常財であることは十分ありうる。そうであるとすれば、所得が上がると労働供給は減少する。これは「所得効果」と呼ばれる。

もしこの給付が就労を要件とすれば――すなわち、給付を受けるには何らかの仕事をしなければならないとすれば――余暇需要の所得効果から生じる勤労意欲の減少を少なくともある程度は打ち消すだろう。就労要件は労働を増やすように働くであろう。この場合に、労働供給への総合効果はあいまいである。増えることも減ることもありうるので、確かなことは言えない。Box1.4でこのことをさらに詳しく説明する。

図 B1.3.1　異なる労働供給関数

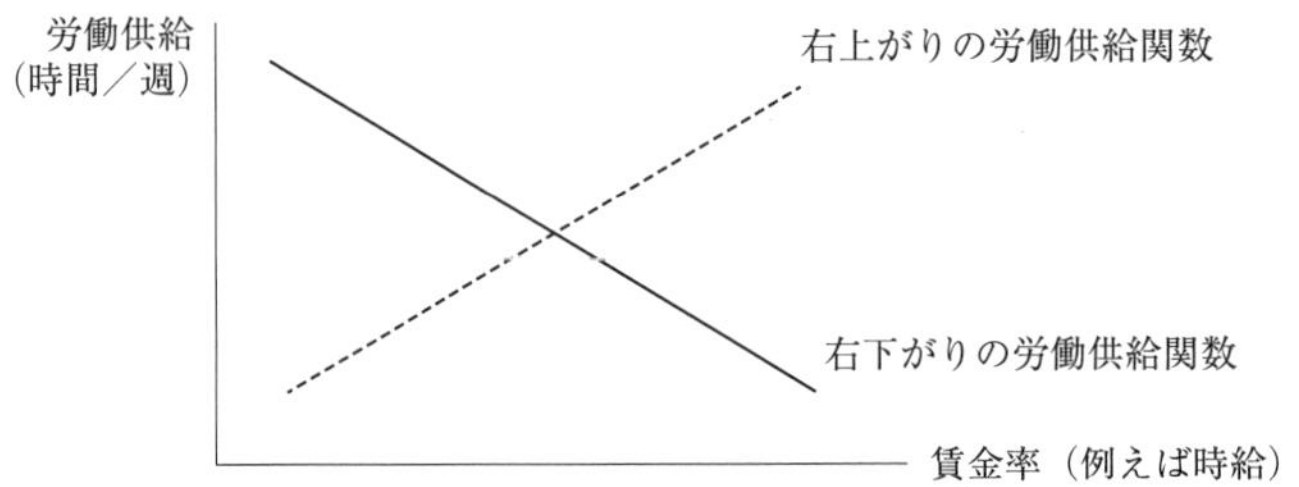

Box 1. 4　所得効果と代替効果

Box1.3で論じたような誘因としての支払いが、時間当たり賃金率の増加という形をとるとしよう。この場合にも同じ推論が適用できる。所得効果と代替効果の両方が存在する。所得効果は、より多くの消費を可能にする賃金率の上昇に由来する。しかしそれがすべてではない。余暇をより高価なものとする代替効果が存在する。余暇は働かない時間であるので、賃金率は余暇の価格でもある。どれだけ働くかを自由に選ぶことができるときに、1時間多くを余暇に充てるなら、1時間少なく働くことになり、その時間の価格は賃金率に他ならないからである。

ある人が直面するトレードオフは、消費と余暇の間でのその人の選好に依存する。経済学では、人々の選好は「効用関数」によって表され、それは一連の「無差別曲線」として描かれる。それぞれの無差別曲線は、効用が一定となるような消費と余暇のさまざまな組合せを示す。換言すれば、消費者は曲線上のすべての点を同程度に好む、という意味で無差別である。当然ながら、より高い位置にある曲線が常に望ましい（無差別曲線どうしが交差することはない）。どれだけ働くかを選ぶ個人は、財消費と余暇時間とにつき（図B1.4.1の曲線のような）滑らかな凸型の無差別曲線を持つと仮定される（凸型とは、その形状が下に向かって膨らんでいることを意味する。もしその形状が上に向かって膨らんでいる場合は、慣習で、その関数は「凹型」であると呼ばれる）。

図B1.4.1の無差別曲線の形状は消費と余暇の間での代替が可能であるこ

図B1.4.1　消費と余暇の選択

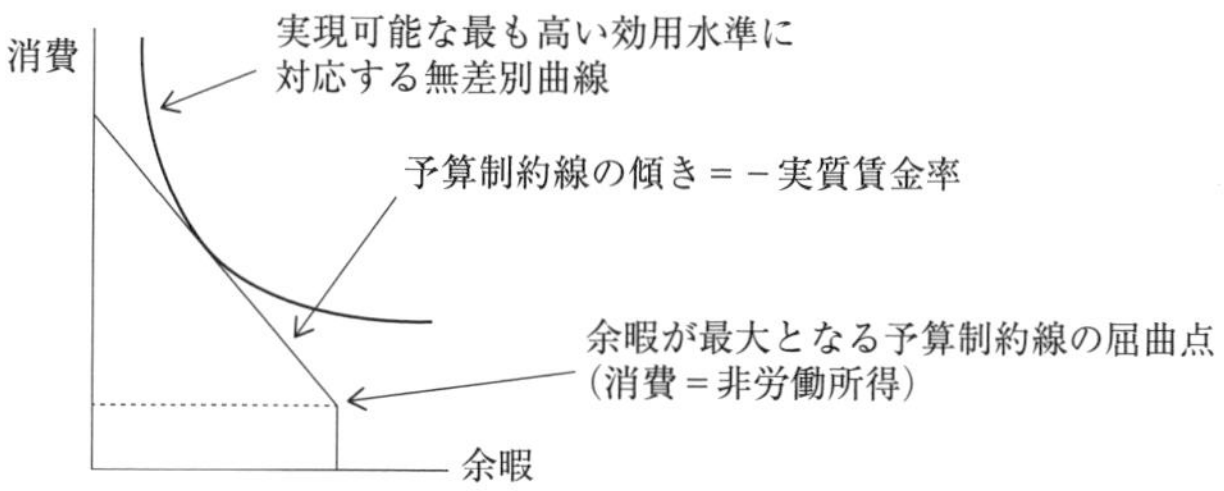

図 B1.4.2　賃金上昇の効果

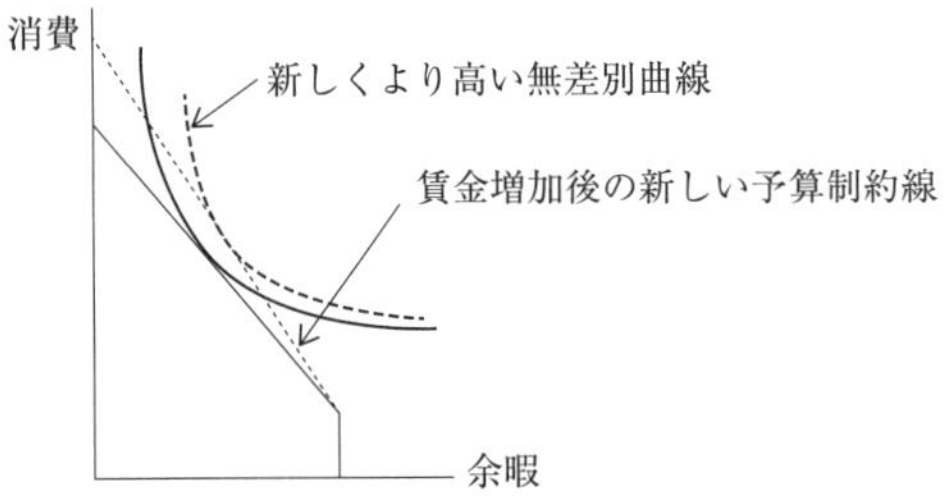

とを反映しており、いずれについても収穫逓減が見られることを想定している。すなわち、追加の消費（余暇）からの追加の効用は消費（余暇）水準が高いほど小さい、ことを意味している（例えば、ある人の余暇の水準は高く消費の水準は低いとすれば、消費の減少を補うためには余暇を極めて多く増加させることが必要となる)。無差別曲線は端のほうほど平坦になる。グラフのもう1つの線は、消費と余暇の入手可能な組合せを示している。グラフは、最適な選択として、労働と余暇の両方が行われる内点解を想定して描かれている(端点解の場合は、労働か余暇かのどちらかがゼロである)。

高い賃金率は余暇を高価にする。これは余暇から消費への代替を引き起こすであろう。「貧困の効用」という考えの背景にある右下がりの労働供給関数の想定は、この代替効果は賃金率増加が生む余暇需要への所得効果を上回るほどには強くない、という仮定に基づいている。これは図 B1.4.2で説明される。ここでは、(非労働所得を所与として）高い賃金率がより多くの余暇（より少ない労働）という結果をもたらす状況が示されている。しかし、これは理論上の必然ではない。というのは、少ない余暇が選ばれるような別の無差別曲線を想定することもできるからである。貧しい人々について、（賃金率の増加の）余暇需要への所得効果が（代替効果を）上回るのが通例である、とは考えられない。しかし、これは実証研究で検証されるべき問題である。

以上は、経済学における労働供給決定の標準的な定式化である。そこでの疑わしい一面は、所得と（それゆえ）消費を増加させる限りにおいてのみ、仕事は望ましいと想定していることである。もし人々が仕事から直接にも効用を得るならば、それを反映して分析は修正されなければならない。例えば、仕事は社会包摂――すなわち社会に十分に参加する能力――という観点から厚生を増加させると主張されてきた。反対に、失業は社会からの疎外を助長する。厚生の自己評価に関する研究（第3章、第4章で詳しく論じられる）は、所与の所得の下で失業は厚生の主観評価を低下させるということを多く示しており、標準モデルに対して疑問を投げかけている。

もう1つの修正は、自らの農場で働く場合のような自営業を考慮することである。どのように農場が組織されるかに応じて、勤労意欲は異なった影響を受ける。生産物の競争市場に直面している自営の農民は、労働の限界収入生産物――それは生産物価格と労働の限界生産物を掛け合わせた値に等しい――に基づき労働供給を決め報酬を受ける。対照として、社会主義の農業では土地は集団により耕作され、収穫物はほぼ平等に分割される。農業就労者は団体や共同体のすべての就労者当たりの平均生産量を受け取ることになる。このやり方は多くの場合に個人の勤労意欲を低下させ、全体の産出量も減少させる。これは中国やベトナムなどの国々で行われたことであり、その後に社会主義農業は放棄されることとなった。

さらなる学習のために：このトピックはダグラス・バーンハイムとマイケル・ウィンストンの *Microeconomics* のような経済学の標準の入門書で扱われている（Bernheim and Whinston 2008）。このトピックについてさらに深く学習したい場合は、マーク・キリングワースの *Labor Supply* がよい出発点になる（Killingsworth 1983）。

は「貧しい人は、誇り、名誉、大志、といった人々を行動へと刺激するような高位の動機をほとんど知らない。一般に、彼らを労働へと駆り立てることができるのは飢えだけである」。それで、「貧しい者の賃金を上げるにつれて、彼らの労働量を減らしてしまうのだ」と書いている[23]（Townsend 1786, p.23, p.29）。

右下がりの労働供給曲線という考えは、ちょっとした逸話にすぎないものに基づいていたように思われる。例えばファーネスは同時代の書き物から多くの例を挙げ、賃金が上がったときに労働者が酒場に向かうことにしばしば言及している（Furniss 1920, ch.6）。高い賃金の所得効果によって、労働者がより多くの余暇を望むのはありそうなことである。しかし、高い賃金は同時に余暇をより高価にするのであり、余暇から労働への代替も必ずあるはずである。高賃金では所得効果が代替効果を上回る——その場合、労働供給曲線は後方屈曲する——ということはしばしば主張されてきたけれども、貧しい労働者について、余暇需要への所得効果が代替効果を上回るという主張を証拠なしに受け入れることはできない。

貧困への一般の見方の多くは、貧しくない人々の特権を正当化したり、自分たちの罪の意識を和らげようとしたりするものであったように思われる。高い賃金を受け取ると、労働者は余暇と悪行に浪費するだけという見方である。まともな証拠に基づかない先述のような主張が、豊かな人々の経済上の優位を支えるためになされることは、貧困の思想の歴史でこれが最後ではなかった。勤労意欲の（労働供給決定に関する）経済モデルもまた、労働が（所得を増やすからだけでなく）地位の向上と社会包摂の意識（Ｂｏｘ １・４）を促進することで直接に厚生を高めるという点から、疑問を投げかけられてきた。飢餓だけが勤労への唯一の動機ではないのである。

労働供給曲線が右下りであるという考えは、貧困の主要な原因を貧しい人々の行動に見出す長年にわたる考え方の一例である。もし貧しい人々に怠け心がないならば、高い賃金と勤勉さや貯蓄を組み合わせることで貧困から抜け出すことができるであろう、という考えである。行動面の別の説明もなされてきた。その一つは、貧しい人々は貧しさから抜け出そうとする意欲がないから貧しい、と説く。そこで前提とされているのは、意欲の欠如はその人々に内在する属性であるということであった。その意欲の欠如は、自身や子どもたちにとっての機会が限られている人々が直面する現実に対処するために採られた心理上の適応、と見られることはなかった。

貧しい人々に高い賃金を与えることに抵抗する人々は、政府による貧しい労働者階級に対する直接の所得支援にも強く反対した。彼らの懸念は、そのような貧困対策が勤労意欲を阻害し、そのため賃金率を増加させることにあった。Ｂｏｘ１・５には、競争労働市場を仮定する標準のモデルにおいて、これがどのように起きうるかの経済分析が示されている。労働者を雇う側がそのような貧困対策に反対するであろうことは理解に難くない。

労働市場への波及効果がどの程度であるかは議論の余地がある。余暇への需要の所得効果は、貧しい人々にとっては小さいかもしれない。そして現行の賃金率で職を求める余剰労働力があって失業が存在しているかもしれない（Ｂｏｘ１・５）。したがって、所得移転を受ける労働者の一部で労働供給の意欲が下がるとしても、そういった人々が就く種類の仕事では賃金率が影響を受けることはありそうにない。

しかしながら、これらの貧困対策が勤労意欲を減らし賃金を押し上げるとしても、それが間違った方針であるとは言えない。そのような貧困対策は、最貧層を益する再分配政策として必要とされるかもしれない。この立場は、完全雇用あるいはそれに近い経済においては、貧困政策が総労働供給を減らす程度に応じて、納税者と雇用主の双方に賃金上昇というマイナスをもたらす、ことを認める。しかし、貧困政策の「波及効果」にはプラスのものもある。賃金上昇は、所得移転を受けない人を含め貧しい人々への利益を高める。貧困政策の支持者は、このプラスは上述のマイナスを上回ると主張する。貧困削減をどれだけ重視するかによるが、そのような主張は、貧しい人々への所得移転、そして再分配政策全般、の提唱として、厚生経済学上で正当と認められうる。そうだとしても、実際に貧困政策の選択を行うのは易しくない。政策設計により費用対効果は異なり、それは特定の状況の下で判断されねばならないからである（第10章では、実際に用いられているさまざまな政策選択肢について概観する）。ここで中心にあるのは、貧困政策がもたらす利益にどの程度の重要度を与えるかである。貧困政策の弊害しか指摘しない人々は、納税者ないしは雇用

Box 1.5　なぜ貧困対策が賃金率を上げる結果になりうるのか？

Box1.4では、賃金率の変化につれて労働供給がどのように変わるのか（労働の「供給曲線」はどのように描かれるか）を論じた。労働の競争市場という教科書のモデルには労働需要曲線も描かれており、それは雇用者に望まれる特定の種類の労働の量が賃金率の変化につれてどのように変わるかを示す。標準の仮定は、賃金率が上がるにつれて労働需要は減少するというものである（これは通常、利潤を最大化する雇用者行動のモデルによって正当化される。第8章でこのトピックに戻るが、ここでは右下がりの労働需要関数を仮定する）。

競争均衡に関する教科書のモデルでは、需要が供給を上回ると賃金率が上がり、供給が需要を上回ると賃金率が下がる、と仮定されている。この賃金率の動きは迅速であり即座に均衡賃金率（図B1.5.1の W^*）に至ると想定されている。均衡賃金率では総需要と総供給が等しくなる。この図では2つの場合が示されている。Box1.3で論じたように、1つは右上がりの労働供給曲線（左の図）であり、もう1つは右下がりの労働供給曲線（右の図）である。どちらの場合も、均衡賃金は1つだけである。さらに、均衡賃金は、次の意味で安定している。賃金率に何らかの変動があったとしても、もともとの需要・供給曲線が変わらなければ、競争市場のメカニズムによってもとの均衡に戻る。

図B1.5.1　労働の競争市場

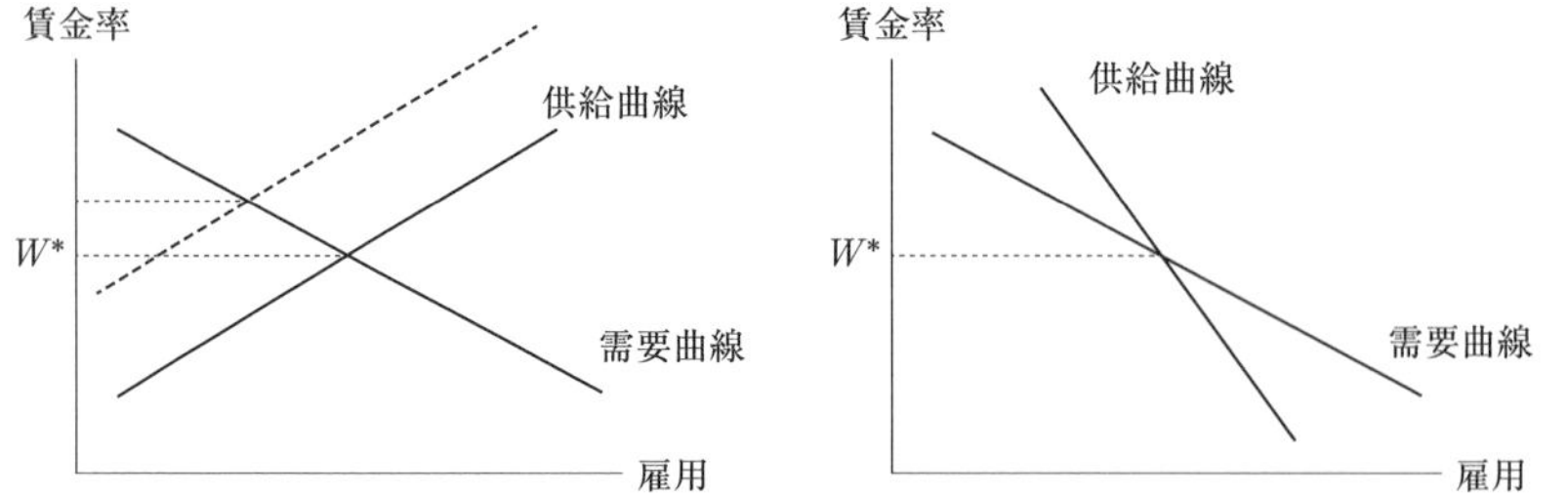

主としての貧しくない人々の利害に、主に関心があるように思われる。

再分配のための所得移転に反対する別の長年にわたる主張は、勤労の美徳に向けられている。これらは、個人を超える道徳上の美徳として見られている。言い換えると、これらの批判者は、貧困政策によって労働以外から（条件なしで）追加の所得が得られるなら、労働者自身は労働を減らすのを好む、ということを認めるのにやぶさかではない。しかし、貧しい人々にとって本当は何が良いかの道徳判断のほうが、その人々自身の選択に優越するとされる。これは、貧困測定や貧困政策に関する議論でしばしば見られるパターナリズムの一例である。

重商主義者の考えにおいて、将来にわたって続く安価な労働供給は、経済発展に不可欠なものとみなされていた。大家族が推奨され、勤勉な勤労習慣が幼少期から教え込まれねばならなかった。高い賃金と同じように、あまりに長い学校教育も、現在と将来の勤労意欲を阻害するものとみなされた。この考え方を反映して、貧困家庭出身の教育を受けた子どもたちに開かれている継続する機会は、極めて少ないと見られた。マンデヴィルの見解では、労働する（したがって貧しい）親の子どもたちにとって実現しうる唯一の将来は、彼らもまた労働する（したがって貧しい）ことであった。学校教育は社会にとって浪費と見られた。

> 最も劣悪な環境の下で社会を幸せにそして人々を安楽にするためには、大多数が無知でありまた貧しくなければならない。（中略）働くことに比べると、学校に行くのは怠けることである。少年たちが学校教育というこの種の安易な生活を長く続ければ続けるほど、彼らが将来に労働者となったとき、その体力と性癖の両方の面でますます不適格になってしまうだろう。（中略）われわれの中で、最も勤勉に働き世界の華やかさと優美さに最も無縁な人々以上に、満足な人々はいない。
>
> （de Mandeville "An Essay on Charity and Charity Schools," 1732, pp.288-311）

経済発展をこのように見ていては、貧困削減の見通しはないに等しい。労働者階級の子どもたちの地位の上昇の途はないに等しかった。彼らは、貧しく生まれ、貧しいままである。

進歩主義の現代においては、マンデヴィルの見解（そして、現代においても時折は聞かれる同様な見解）にショックを受けるかもしれない。しかしそこには冷酷な真実の要素があるかもしれない。労働者階級の子どもに対してわずかな学校教育を行っても無駄であるという彼の主張は、Ｂｏｘ １・６で詳しく議論されるように、現代の経済学での「貧困の罠」のモデルに合致する。貧しい人々――多くは労働者階級である――は、貧困から確実に抜け出しうるための閾値以下の低水準の富しか持たない。人的資本の形での富をわずかに増やしても、閾値を超えるに十分でないならば、継続する利益をもたらすことはなく、やがては元の貧困状態に戻ってしまう。そうならないためには、就学年数を大幅に高めることが必要であろう。学校教育に対するマンデヴィルの悲観は、今日の発展途上国の貧しい子どもたちには驚くべきものではないであろう。

このような状況に関して、現代の事例を見つけることは難しくない。キャサリン・ブーのすばらしい著作である『いつまでも美しく――インド・ムンバイのスラムに生きる人びと』はムンバイのスラムの生活を描いている（Boo 2012）。重要な登場人物の1人であるサンニールは、ムンバイ空港近くのゴミ捨て場で働く若いゴミ拾いであり、少しでも価値があるものは何でも集めることに多くの時間を費やしている。サンニールは明らかにとても貧しい。彼は同時に学習に対してとても有能であり、十分な学校教育を受ければ自分がこの悲惨な生活から抜け出すことができるかもしれない、ことも自覚している。しかし、彼はどうやって十分な学校教育を受けるための資金を確保することができるのだろうか。あるとき彼は、スラムに住む大学生によって運営される民間学校の放課後の授業で何日間かを過ごし、丸暗記学習のあとで「きらきら星」の歌を歌えるようになった（読者はこの歌を忘れているかもしれないので、歌詞を記しておく。「きらめく、きらめく、小さな星よ、あなたは一体何者なの。世界の上空はるかかなた、空のダイアモンドのように」）。ブーはこう書いている。「彼は（スラムでの英語のクラスに）数日出席して英語のきらきら星の歌を歌え

Box 1.6　貧困の罠？

貧困の罠とは、通常、世帯が極めて少ない富しか持っておらず、僅かな富の増加では貧困状態から脱し逆戻りしないためには何ら役立たない状況にある、ことを言う。それゆえ、その世帯は罠にはまっていると言える。それを抜け出す唯一の方法は、人的資本の大幅な増大といったような、富の十分に大きな増加である。富の増加は、世帯が貧困から脱し新たな長期の成長経路に乗りうるよう、十分に大きい必要がある。それ以下の場合には、世帯はやがては元の貧困状態に戻ってしまう。

この種の貧困の罠は、将来の成長を実現するために最低限必要な富の水準という、「富の閾値」の存在から生ずるものである。これは、安静時であっても人体を維持するために必要な最低の栄養水準が存在するというような、生理面での要因からも生じるかもしれない。他にも多くの場合がある。学校教育が将来の稼得所得の増加をもたらすには、ある最低水準以上の就学が必要とされる（ただし、わずかな学校教育でもその他の利益は生じうる）。貧しい家庭は子どもの学校教育に十分に投資するだけの富を現在持っておらず、将来の稼得の増加に基づいて借入れをすることもできない。こうして「就学での貧困の罠」が起こり、貧困が世代を超えて継続することとなる。他に閾値効果を生じさせるものとしては、ある生産技術を実行するにはある最低限の資本を必要とする、ということがある。

生産を増やすときや、所得を得る新しい機会を実現するときに、大きな費用がかかることも、貧困の罠またはそれに非常に近いものをもたらす要因になっている。貧しい人々はしばしばそのような罠によって妨げられている。絶対支配者が適切な税制度を設計する行政能力を有せず、天然資源に頼ることもできないときには、生産意欲を損なってしまうような予測不可能な方法で、貧しい人々の生産増加分をことごとく収奪してしまうことにしばしば訴える。同様に、ある種の貧困対策プログラムは稼得所得の増大に応じて給付を減らすので、貧しい人々に高い限界税率を課しているに等しい。さらに別の例としては、貧しい母親が仕事をしようとするときには、誰かに子どもの世話をしてもらう費用を考慮しなければならず、手元に残る額は極めてわずかになるかもしれない。

他にも、「貧困の罠」という用語が文献で用いられることがある。集団に帰属することや帰属集団の行動様式が個人に影響する場合がある。例えば、貧困地域で暮らしていると、手本となるような成功例の欠如や徴税基盤が弱いことによる低い質の学校教育によって、貧困から脱する展望は暗いものになってしまう。これは「地理上の貧困の罠」と呼びうるものである。

集団帰属の問題は、「協調の失敗」という考えを例示している。もし集団のすべての成員が協調することができるなら、彼らは集団として望ましい均衡を達成することができるだろう。（第2章や第8章で詳しく論じられるように、）協調の失敗が起きるだろうという見通しをもとに、貧しい国や後進地域における計画化された工業化が図られた。すべての構成員を拘束する強制力のある契約を文書化することができないことが、協調の失敗をもたらしうる。

貧困のすべてが罠の状態にあるとは言えない。閾値をはるかに上回る水準にあっても、社会の基準では貧困とみなされるかもしれない。ときには、ショックへの反応速度が遅いときに、貧困の罠と誤認されることがある。

貧困の罠は、存在するとしても、実際に見えるとは限らない。平常時に罠の発生を防ぐように、社会や政府による諸措置が取られている。しかし、大きなショックがあれば罠は顕在化する。飢饉のときに起きることはそのように解釈でき、平常時の政府や市場の失敗が何倍にも拡大され悲劇をもたらすと考えられる。飢饉は大きな出来事であるが、極めてささやかな形で始まりうる。貧しい経済に対する一見すると小さなショック、あるいは、じわじわと――緩慢であっても――進行する平均の生活水準の低下が、大規模な飢餓への脅威となりうる。同様の状況で同様のショックがあっても、それが大きなショックの場合でも、影響は大きく異なりうる。市場制度や（政府を含む）非市場制度は、平常時には完全ではなくとも適切に機能しているとしても、経済全体が少しのショックを受けたときに、貧しい人々に対して甚大な悪影響を及ぼしてしまうことがある。

歴史メモ・さらなる学習のために：「貧困の罠」という用語は、1960年代後半に（先進国と途上国のいずれをも対象として）現れ、1980年代半ばまでに急速に普及し、その後に定着するに至った。しかし、「貧困の罠」という言葉は用いられなかったが、その考えは古典派経済学者の著作（とりわけマルサスの『人口論』に見出すことができる［Malthus 1806］）に見られる。1950年代には、リチャード・ネルソンや ロバート・ソロー（但し書きの部分）などの経済成長モデルの中に組み込まれた（Nelson 1956; Solow 1956）。貧困の罠が生ずる条件についての議論の概観は、サミュエル・ボウルズらの著作 *Poverty Traps* の序章や、その本に所収のコスタス・アザリアディスの論文に詳しい（Bowles et al. 2006; Azariadis 2006）。ダロン・アセモグルとジェイムズ・ロビンソンの『国家はなぜ衰退するのか』は、貧しい人々が貧困から逃れる意欲を殺いでしまうような高い限界税率を生産に対して課すに等しい「収奪制度」の歴史上の事例を示している（Acemoglu and Robinson 2012）。第8章では、貧困の罠についての理論と証拠に関する議論に立戻り、第10章では貧困対策プログラムの誘因効果について議論する。市場と政府の（大規模な）失敗として飢饉を捉えることについては、筆者の研究を参照されたい（Ravallion 1997b）。

るようになった後に、食べ物を得るために働くのに時間を使うほうがよいと決めた」。このエピソードは、サンニールが出席する余裕のある程度の少しの時間の学校教育は彼が貧困から脱するためにはあまりに不十分であった、と解釈できるであろう。彼は直面する飢えに取り組んだほうがよい。そうすれば生きていけるであろう。貧しいままではあろうが。

1・3 初期の貧困政策

極めて高い割合の人々が慢性貧困の下で暮らし、政治上の力をもたない状況では、政府が再分配上の役割を担うという考えに真剣な注意が向けられないことは驚くにあたらない。政府のその役割は、一方で納税者と雇用主、他方で貧困家庭、という両者の間にある根本の利害対立と関わらざるを得ない。それでも、その利益が費用を上回るとみられるときには、貧者を救うための政策が取られることがある。貧者を救うことの歴然たる負担――貧しくない人々への課税率で測定される――は、貧しい人の数が多いほど高い。もし貧しい人々が政策を自らを益するように求める力がないなら、慢性貧困を緩

Box 1.7　保護と押上げ

　広範な貧困政策は、貧しい人々をショックから保護するための（重要ではあるにしても）一時の緩和策を提供するだけでなく、貧困から継続して抜け出すことも支援するものである。これは政策による「押上げ」（promotion）の役割である。資産はゼロの状態にとどまっているが生存するだけの稼ぎはある、という貧困の罠の状態を思い出してほしい。このような罠にあっても、貧しい人々の賃金や生産物の価格の上昇は彼らの厚生水準を上昇させるし、保険でカバーできない健康状態の悪化があった場合には反対の影響を被るであろう。ここに、偶発事態に応じた所得支援を行う保護政策の役割がある。保護を目的とした政策は効果を持ちうるが、貧しい家族が貧困の罠にあるという事実を変えることはない。慢性貧困は、時々の貧困の程度を変えながらもずっと続くのである。

さらなる学習のために：貧困政策において保護と押上げの役割を区別することはジャン・ドレーズとアマルティア・センによる *Hunger and Public Action* で論じられている（Dreze and Sen 1989）。この区別は、保護と押上げの指標などの側面を含めて、筆者らの研究でさらに展開された（Ravallion et al. 1995）。第Ⅱ部では、測定に関わる問題や、慢性貧困と一時貧困の区別に、立ち戻り議論する。

和する手段として再分配を行う国家の能力は低いままであろう。
　とても貧しい環境においてさえ、（国家に）「保護」（protection）という役割があることには、はるかに議論が少なかった。実際、もし貧困対策を、貧しい人々に害を及ぼす出来事から彼らを保護するための一時の再分配として――すなわち「押上げ」（promotion）とは区別された社会保護として――考えるなら、貧困対策は昔からある考えであるといえる（Box 1・7では「保護」と「押上げ」の違いが説明されている）。紀元前300年頃に書かれた*Arthashastra*[24]の中で、著名なインド人の学者であり王族顧問でもあったカウティリヤは、人々を貧しくさせる行動を取った王や、貧しい人々への打撃に対して無策であった王への批判を行っている[25]。その基本の動機は、明らかに救貧それ自体ではなく、王国の安定を保ち王が他の王に取って代わられるのを避けることであった。カウティリヤは公共事業を使った飢饉対策への特別な勧告を行っていた[26]。その目的は貧しい人々の新たな資産を作り出すことではなく、緊急時に貧しい人々に追加の所得を提供することであった。これは第10章で再び議論するワークフェアプログラムの一種の大昔の重要な参考事例である[27]。

社会安定の確保は、貧困政策の役割に関する見方として昔からあるものである。労働者階級の家族やおそらく新興の中間層の多くも、失業、事故、病気のようなマイナスのショックの影響を受けがちであった。そのようなショックは、貧困や飢えを引き起こし、貧困の罠を生ずる恐れがあった。それらはまた、あまりに多くの浮浪者がいることで都市富裕層が日々感じる不快など、貧しくない人々への外部費用も生じさせた。また政治を不安定化させる恐れもあった。限られた形であれ社会保護を提供することは、秩序と階級関係を維持する上で不可欠な要素と見られた。マイナスのショックに対するある程度の保護の実施を一助として、根底にある不平等は温存されたのである。

貧困政策の役割に関するこのような見方が極めて広く存在したことは、注目に値する。西洋思想では古代ギリシャにまで遡る。東洋思想では、例えば、孔子は不安定を回避するうえでの良いガバナンスの役割を強調していた。チェンヤン・リーは、（紀元前300年ごろに活躍した）著名な儒学者である荀子の見方が「適切な社会組織が混沌と貧困を防ぐが、それは社会階層秩序を、したがって不平等を、必要とする」というものであった、と述べている（Li 2012, p.7）。大衆の貧困は不可避なものと想定されており、取り組むべき課題は、それを管理し、支配体制の安定を確かにすることであった。

分配の正義に関する現代の考えへの早い時期の言及として、モンテスキューの著作が挙げられる。モンテスキューは「国家はすべての市民に、最低限の生活の糧、適切な栄養、必要な衣服、健康を害さないような生活、を保障する務めがある」という考えに一応の言及を行っている（de Montesquieu 1748, p.533）。しかし、モンテスキューが国家の役割として考えていたのは、あくまでショックからの一時の保護であったようである。続くページでは、「永続する基盤よりも一時の支援がずっとよい」と述べて、勤労意欲に及ぼす影響に注意を向け警告を発している。

主流の考えは、国家の役割をリスクに直面した際の社会保護に限定するように、長らく推奨してきた。封建制や奴隷制の下での経済では、雇用主には労働者保護の責任があった。労働者は、見返りに服従と搾取を強いられはしたが、ある程度の保護を受けた。これは、必ずしも雇用主の利他行為であったということではない。奴隷所有者はその所有物を生かしておくことに純粋に利己の関心があったにすぎない。ただし、そのような関心は奴隷が生産に貢献しうる短く過酷な期間についてのみでであった。17―18世紀には世界の奴隷貿易は極めて大規模に行われていたので、代わりの奴隷を見つけるのは容易であった。

近代資本主義経済の出現とともに、保護の役割は国家に移り始めた。自由な労働市場で、労働者は景気循環に応じた需要の変化と技術変化に適応する必要にさらされた。リスクに対して保護手段を提供するのに自由市場では限界があることにつき、少なくとも暗黙の認識があった。国家が支援するある程度の社会保護は、効率の観点からも社会安定の確保のためにも必要とされた。しかしこれは現状の富の分配を変える必要を問うものではなかった。現状の分配の擁護者も社会保護の支持者も、現状を競争市場の機能を含む自然な過程の結果とみなしており、政策によって変更されるべきものではなかった。マイナスのショックはある程度は緩和されるべきであるとしても、貧困の継続は自然の秩序の一部であるとみなされていた。実際に、多くの人々に影響を与えるショックにさらされることは、社会秩序への脅威とみなされており、多数の人々にとって投票を通じた抗議が選択肢でないときでさえ、さまざまな形での抗議行動が出現したのであった[28]。

16―18世紀には、貧困者や浮浪者の増大もあって、ヨーロッパで初期段階の社会政策が出現した[29]。主要都市の路上には失職者と無業者と物乞いが増加していた。貧しい人々の道徳面の弱さを原因と考える者もいたが、根本の要因としては、生産組織に起きつつあった重大な変化があった。多くの共用農地を私有化した18世紀イギリスの囲い込み運動のような農業の変容により、平均農業生産性は上昇したが、多くの労働者が土地から追い出され、そのすべてが都市・工業部門で吸収されたのではなかった。人の移動が増大し、高齢者を家族が支援する条件が失われ始めた。

物乞いの怠惰さは主要な社会問題とみなされていた。彼らの怠惰さそれ自体が嫌悪感を引き起こすものであった。17世紀中ごろの影響力のある重商主義者であるウィリアム・ペティは、怠惰な貧しい人々を怠惰なままにするよりも、何らかの完全に無駄な方法で雇う――彼の有名な例はストーンヘンジの石をヒル塔に動かす公共事業であった――ほうがまだよいと主張した[30]。実際に社会政策として行われたことは、公共の救貧院（workhouse）であった。救貧院は16世紀末に初めて出現した。その考えは、福祉の受益者は拘束され、彼らの維持管理を賄うため仕事の義務を負うことに同意する必要がある、ということであった。救貧院に関するウィキペディアの（優れた）記事は、実際に行われた仕事に関して次のように記している。

収容者の中には病人の看護や指導といった彼らの能力を超えた仕事を割り当てられていた者も多くいたが、ほとんどの収容者は、石を割るとか電信線から麻を取り除くといった概して無意味な仕事で雇われていた（中略）。1845年に政府がアンドーバー救貧院の状況に関して行った調査により、砕くように割り当てられた腐敗した骨を飢えた収容者が奪い合い骨髄にかじりついていたことが明らかになるまでは、骨を砕いて肥料をつくる作業はほとんどの収容者が行いえた仕事であった。

生み出されたなけなしの産出高では、救貧院の運営費用を賄うに十分な価値はなかった[31]。しかしながら、それは救貧院の目的ではなかった。救貧院の方針は、貧困は悪い行いによりもたらされており、そのような行いは制御することができ、（うまくいけば）救貧院によって正すことができる、という広く抱かれていた見方に基づいていた。設立当時から、救貧院は「自動ターゲティング」（self-targeting）という考えを採っていた。すなわち、最も困窮した人々だけが自ら進んで収容されることを受け入れるだろうし、それゆえ費用対効果の高い貧困救済を行うことができる、と考えられていた[32]。この自動ターゲティングという考えは、少なくとも古代ローマまで遡るものであり、そこでは食用穀物の配給は人前で行列に並ぶ意思のある人には誰にでも提供された（第10章でこれらの政策に関する議論に立ち戻る）。

確たる証拠はないが、16世紀初めにはイギリスやヨーロッパの大都市において、多数の物乞いや浮浪者が見られたように、貧困率が社会に受け入れられない水準にまで高まっていたことは、歴史記録から明らかである。このような状況の下で、貧困政策を考える枠組と実際対応案の両方が求められた。貧困政策に関する学術思想の初期の影響力のある例として、ファン・ルイス・ビベスは貧困救済を正当化する根拠と行動に向けての指針のあらましを述べていた（Vives,［1526］1999）。これはブルージュ市（Bruges）の招きに応じたものであった。ビベスの著作は多大な成功を収めた。複数の言語に訳され、ウェッブ夫妻によって当時のベストセラーであったと述べられている[33]。

最初の段階として、ビベスは貧しい人を対象とした全数調査を提案した。これらのデータを整備して、彼はすべての貧しいが身体壮健な男性に民間あるいは公共の仕事が与えられるべきであると主張した。彼はさらに、戦争難民を例外として、移民受入れを認めないように進言した。もしある人が雇用から十分な稼ぎを得られないなら、基本の必要を満たすために追加の現金支援を行う役割が国家にはある、とビベスは主張した[34]。

これらすべてのためのビベスの正当化根拠もまた保護であって押上げではなかった。貧困対策はかなりの程度、豊かな人々の利益を守ることが主眼であった。地域での貧困救済は、地域での労働力不足と賃金上昇をもたらす恐れがある域外への移住を防ぐのに役立つであろう。「貧しい人々を取り締まる」（policing the poor）という文字通り貧しい人々から豊かな人々を守る役割もあり、公共制度は貧しい人々をも犯罪と暴力から守らねばならないことは語られることはなかった[35]。救済のない状態で貧困を放置することは、社会の不安定と疾病をもたらす恐れがあった。すべての壮健だが貧しい男性に仕事を与えることは、国民統合と国家の存続のために不可欠であった。貧しい人々の疾病から豊かな人々を守ることも、ビベスの正当化根拠の重要な部分であった[36]。貧困から派生する問題から貧しくない人々を守るという課題は、政策に関する議論において昔から重要であった[37]。移住を防ぎ農繁期における労働力不足を避けるための手段として行われた農閑期農村での公共事業もまた、同様であった[38]。

ビベスの提案はその前からの考えに基づいたものであったが、一貫した枠組に即して提示されたものであった。それはヨーロッパとアメリカで影響力を持った。ビベスの提案と同様のもので最も有名なのは、16世紀のイングランドでの一連の旧救貧法の最初のものであり、まずヘンリー8世の下で成文化され、エリザベス1世の下でさらに正式な法律文書となった[39]。これは、高齢、配偶者との死別、障害、病気、失業などの特定の状況を条件とした、地方ごとに賄われる公共の給付支出の制度であった。要するに、中央政府は地方行政区に対してどのように貧困問題に対処するかの命令を下したが、財政負担は地方行政区に委ねられていた。とりわけ、救貧を求める人が身体壮健であるとみなされた場合は、救貧院への収容その他の就労の要件がしばしば求められた。18世紀末には、救貧法の下での貧困救済への公共支出の合計はイングランドの国民所得の2％に達した[40]。

旧救貧法の頂点は、バークシャーの判事たちによって導入された1795年のスピーナムランド制度であった。一連の凶作があった上に、フランスとの戦争によって食料輸入への制限がされなければならなかった。食料価格が急激に上昇し、食料を求める暴動が頻発した。その対策として、スピーン地方行政区は貧困政策実施のための最初の貧困線と言えるものを制定した[41]。バークシャーの判事たちは、法定の最低賃金率を課すことを検討したが、代わりにターゲットを定めた給付金制度を導入することを決定した。これは、地域の労働者階級の住民に、1週間に成人男性単身者には3ガロンのパン、被扶養者（妻または子ども）には1人当たりその半分の追加、の購入費用に設定された基礎所得を保障するものであった。その金額はパンの価格におおよそ連動していた[42]。家族の所得が貧困線に達するように賃金収入への上乗せがなされ、非就業者は全額を受け取った。

スピーナムランド制度は、とりわけ食料暴動を防ぐことに成功したとみなされたようであり、同じような制度がイングランド南部ですぐに導入された。しかしながら批判者もいた。主に二つの懸念が生じた。第一に、批判者はその制度が誘因面での望ましくない影響――すなわち怠惰と（早婚による）多産――を引き起こしたと主張した。その制度は、(文言上は)仕事をするしないにかかわらず最低所得を保証するものであったので、批判者に一理があったと言えよう。しかしながら、判事達は明らかに誘因の問題を意識しており、失業者が職を見つけた場合も支払いが継続された[43]。基礎受給額は極めて低い水準に設定されていたので、これが追加の仕事をすることを妨げるものであったかどうかは明らかではない(第10章でこの問題に関する詳細な検討を行う)。批判者達の第二の懸念は、その差を政府が補填するので、労働者たちが低い賃金を受け取る一方で高い家賃を払うことになるであろう、ということであった。この批判は、給付金を受け取る労働者が雇用主や地主から搾取されるかもしれないということを想定していた。しかしながら、この制度が食料を求める暴動を止めることに効果があったという事実は、労働者たちに確かに利益があったことを示唆している。

ヨーロッパの他の所では、救貧は依然として主には民間の慈善行為を通して行われていた。教会と民間からの貧しい人々への救援金は、その問題の大きさに比べれば明らかに小さく、ほとんどの国で国民所得の1%よりもずっと低いものに過ぎなかった[44]。一方で、イングランドとウェールズの旧救貧法の下での支払は、大部分が地方の財産税によって賄われていた。民間の慈善は存続したが、明らかにある程度は減少した[45]。旧救貧法が社会保護において有効であったことは確かであろう。17世紀末には、イングランドとウェールズのほとんどすべての地方行政区で旧救貧法が実施され、そこではすべての人々が救貧給付の受給資格を有した。

地方行政区は、中央当局の監視に従いながら、実施の責任を有していた。地方行政区を主体とすることは、便利ではあったが、決して理想に近いとはいえなかった。というのは、多くの地方行政区はとても小さく、リスクをプールしたり(救貧院の建設のような仕事に)規模の経済を働かせたりする余地が限られていた[46]。疑いなく、相当程度の横の不平等(異なった地方行政区に住む同じように貧しい人々が異なった扱いを受ける)があった[47]。これらの政策が富の分配に大きな影響を与えるとは期待できなかった。しかし、救貧法は貧しい人々への一定程度の社会保護を提供したことは明らかであり、歴史上で続いてきた凶作と死亡率の間のつながりを断ち切る一助となったと論じられている[48]。

旧救貧法は社会保護政策として19世紀まで長く続き、人によっては、成功であったとする。ピーター・ソーラーは、海峡を越えてフランスでの大きな不安定がイングランドに伝播しかねないことへの憂慮が大いにあった18世紀末を含め、長きにわたりイングランドが社会の安定を保つ上で、旧救貧法は極めて重要であったと論じている（Solar 1995）。旧救貧法は、労働者階級を従順で安定したものにする上での一助となり、富の分配がおびやかされることはなく、エリート層にとって最も納得できた社会政策であった。

今日であれば、旧救貧法は「ターゲットされていない」政策とみなされるものであり、それがもし今日の途上国で行われたならば、ターゲットしたほうがよいという提案がなされるだろう。しかし、それが誰にでも適用されたことが、旧救貧法が300年という長きにわたり成功した重要な理由であった[49]。旧救貧法への広汎な政治上の支持は、必要となれば誰でも救済対象となりうるという事実によって保証されていた。例えば、配偶者との死別は、通常は地方行政区に助けを求めようとはしない多くの人々にとっての脅威であった[50]。その当時の小説が示しているように、裕福な中間層の家族でさえも貧困に陥ることがありえた。これは19世紀に人気があった小説家であるチャールズ・ディケンズのお気に入りのテーマであった。ディケンズは中間層の家庭で生まれ育ったが、12歳の時に父親が債務不払いによって投獄されてしまい、貧困状態に追いやられたのであった。

イングランドの救貧法は「正義の徳」よりも「慈善の徳」によって動機付けられていたと言われており、分配上の正義を実現するという現代における公共政策の役割の始まりとはならなかった[51]。旧救貧法の動機は、少なくとも慈善や正義と同じくらいに、社会安定を維持することであった、と推測することができる。しかし、政策立案者の動機がどうであったにせよ、旧救貧法は、特定のショックに際して限定された救済を行う法律上の拘束力を持つ国家の政策であったのである。地方行政区の住民は——当時の定住法の下で外部者とされた者は除かれた——旧救貧法により法律上の手段を与えられたのであり、それこそがこの政策が300年以上にわたって社会安定を保証することに役立った理由であった[52]。旧救貧法は、分配上の正義に寄与する政策の先行例とみなしてよいほどのものであったと思われる。

それにもかかわらず、旧救貧法の無視されるべきでない側面は、明らかにそれが押上げではなく保護を意図していたことである。旧救貧法は、不確実な雇用、健康上の危機、凶作、また単なる不運、などから生じる保険のない多くのリスクに直面していた貧困層や中間層の人々に向けられた、組織化された社会保障の初期の形態であった[53]。地方エリート層への資金上の負担があまり大きくない限りは、それは受け入れられる社会保護政策であった。それがない場合には、一時の貧困から、病気、犯罪、社会不安定のような悪影響を被りかねないからである。

富裕な人々を犯罪から守ることは警察活動と貧困政策の両方にとって長く重要な動機であり続けた。イングランドの最初の警察は、1800年にパトリック・コルクハウンによって作られたテムズ河川警察であり、それは広範に見られた略奪行為に対処するため、河川貿易に従事する労働者を見張るために設立されたものであった。歴史上で、そして今日に至るまで、貧しい人々やその他の不利な立場の人々を犯罪や暴力から（そしてしばしば警察からさえ）守ることには、それほどの注意が払われてこなかった[54]。不平等は、犯罪防止の動機の中心となるものであるが、その保護の費用と利益が社会経済上でどのように生ずるかにも反映されうるものであった。

旧救貧法はリスクに対する保険機能を高めることで、貧困からの押上げという長期の利益をもたらしたと言われてきた[55]。社会安定を確保することでもまた、長期の利益をもたらしたであろう。しかしながら、それは保護を通した押上げであったことは明らかである。明らかに旧救貧法の主要な目的は保護であると見られていた。旧救貧法の批判者は、その法律上妥当な役割が短期の緩和でしかないのに、それが依存を生じさせたと憂慮していた[56]。

その動機が慈善か正義であるかにかかわらず、旧救貧法（あるいはカウティリヤの飢饉救済策）が貧困に対する包括政策とならなかった理由は、これらの政策が富の分配の定常状態を変えそうになかったことにある。これらの政策がしていたことは、「富の貧困の罠」にとらわれていたか、あるいはある低い富の水準に留まっていた、貧しい人々の消費水準がさらに落ちることを防ぐことであった。それらはある程度の保護は提供したが、貧困から抜け出すにはほとんど役に立たなかった。重商主義者の経済論理によれば、富の分配にはほとんど脅威とはならない限定された社会保護によって、旧救貧法は労働者階級を手なずけるのに寄与するという意義があった。しかしその後18世紀末までの間に、考え方の大きな変化が進行していた。

1・4　第一次貧困啓蒙期

18世紀末は、イギリス、西欧、北米で、工業化による経済の変容が始まった時期であった。産業革命は、イングランドにおいて生産における巧みで収益の高い数々の技術革新をもって始まった。重要な初期の例は、連続回転運動を行う能力を持ったジェームズ・ワットの定置蒸気機関であり、製造業で多く採用されることとなった。この革新は広範にわたる影響を及ぼした。例えば、それは都市の工業化を促進するのに役立った。というのは、工場が水車に動力を供給するための速い流れの水源（多くは農村地域にあった）をもはや必要としなくなったからである。輸入綿花を用いる蒸気紡績工場を含む繊維産業での紡績と織布の機械化は、マンチェスターのようなイングランドの都市に製造業ブームを作り出した。

イングランドで産業革命が起きたのは偶然ではなかった。革新を促すような制度を有していたからである。[57] イングランドは君主制と国民の利益を代表する政治制度の間の権力を均衡させることにおいて、他の西欧諸国よりも進んでいた。鍵となった転換点は1688年の名誉革命であり、それによって貴族と議会と新たな王の間の権力の再編成がかなりの程度に達成された。これらの政治変化の結果として、イングランドの特許法は18世紀末までに他国よりもよく整備された。18世紀にはまた、製造業へのさまざまな課税が除去され、数多くの王室の独占が削減され、対等な競争の場が作り出された。

制度・政策の変化は産業革命の原因でもあり結果でもあった。ワットの最初の発明は、明らかに彼自身の科学探求によってもたらされ、おそらく特許がなくても起きたであろう[58]。しかしながら、イングランドの特許制度は、着想を適用可能なものとするのに不可欠である融資を得るのに役立った[59]。当然、新しい技術革新に対していくらかの政治上の抵抗はあった。社会各層で得をする人も損をする人もいた。フランスの場合には、政治革命が産業革命の開始のために必要であった。フランス革命には多くの要因があったが、イングランドの新しい技術の採用の遅れがその一つであったことは明らかである。フランスでは1789年の新憲法で封建制が廃止され、長く続いた王室と貴族の特権（非課税特権）が取り除かれた。

ある程度の抵抗はあったにせよ、近代化を起こす制度改革と新技術はかなり急速に北米と（やがて）西欧の大部分に広まっていった。工業化は、19世紀の中頃には今日の先進国のほとんどで進行していた[60]。しかし他のところでは、これらの技術革新で不利となる人々がその採用を妨げるだけの政治上の力を持っていた。例えば、オーストリア＝ハンガリー帝国やロシア帝国では、その権力が脅かされることを恐れた支配者たちが新しい政策と技術に対し強力な抵抗を行った[61]。

それらの重要な変化に向かう中で、分配上の紛争が激しくなった。おそらく貧困と不平等が高まっており、社会不安定の増大、そして労働者階級の反乱、が起きるのではないかと懸念が高まっていた。さらに、中間層の間では社会地位の向上への制約に不満があった。当時の主流の現状擁護の論調には明らかな弱点が見られた。代々引き継がれた機会の不平等と操作され競争が抑えられた市場過程（時には政府によって助長された）は、富の分配の決定において重要な役割を果たしているとみなされ始めていた。これは、現状の分配を人々の間に内在する差異でのみ決まる自然秩序として擁護することとは、はっきりとした対照をなした。

大衆は、彼らが直面してきた権利剥奪や欠乏に対して長い間なされてきた言い訳に対して疑問を投げかけ始めていた。もちろん、以前にも貧困層の利益のための散発の抗議運動は存在した。例えば、内戦中の17世紀半ばのイングランドで参政権と宗教上の寛容を求めたレヴェラーズの運動が（短期間ではあったが）存在した[62]。しかし18世紀末には、イギリス、ヨーロッパ、アメリカで新しい考えそして変化を求める広範な要求が生じた。ロンドン、パリ、その他ヨーロッパのいたる所のカフェや酒場で、大衆政治が花開いた[63]。歴史学者であるクレーン・ブリントンは、ヨーロッパでの考えの変化の本質をなす特徴を次のように述べている。すなわち、「この地上での人生は永遠の世界へ行くまでの束の間で、悲惨さを免れることはできない」という見方から「通常の人間の欲求として想定されるものをこの地球上で調和をとれた形で満たしうるとの主張」への移行、である（Brinton 1934, p.281）。すべての人々の物質面の必要を満たすことに資する経済・政治制度を視野に入れる大衆の意識が生まれた。政治面での代表権、とりわけ参政権、が鍵であると広く見られていた。確立された社会上の地位への疑問が新たに生じ、特に18世紀後半のフランスで顕著であった。ピエール・ボーマルシェの戯曲「フィガロの結婚」は、パリの観客に従者の側に立って貴族を嘲りの的とさせ、貴族の特権を根本から問い直させた[64]。この戯曲はフランス革命の前兆として広く考えられている（Beaumarchais 1778）。

18世紀の後半は、書き物に貧困への言及が急激に増えた時期であった。このことは、*Google Books Ngram Viewer*（以下 *Viewer*）で「貧困」という言葉を検索してみれば明らかに見ることができる[65]。*Viewer* はその年に使われた単語の総数で標準化された言及数であり、われわれはその標準化された頻度を「出現比率」と呼ぶこととする。図１・２はイギリス、フランス双方における１７００年から２０００年の間の「貧困」という言葉の出現比率を描いている[66]。貧困への言及は１７９０年頃にピークに達した。英語では貧困への関心の高まりが長く続いた後の最高点であったのに対し、フランス語ではフランス革命の時期に一時の顕著な高まりであった。

この時期の高邁な理想を表す三つの言葉は「自由、平等、友愛」であり、それはフランス革命のスローガンでもあった（そして19世紀末以降は国としての理念でもある）。これらの理想は長く続く影響を有したが、貧しい人々に即時の利益をもたらしたことはないようである。慢性貧困との戦いに真剣な努力が新たになされた兆候はなく、フランスの新たな指導者の努力はヨーロッパの隣国と戦うことに向けられ、貧しい人々はその目的のための歩兵の供給源として

図1.2　Google Books における貧困への言及、1700年から2000年

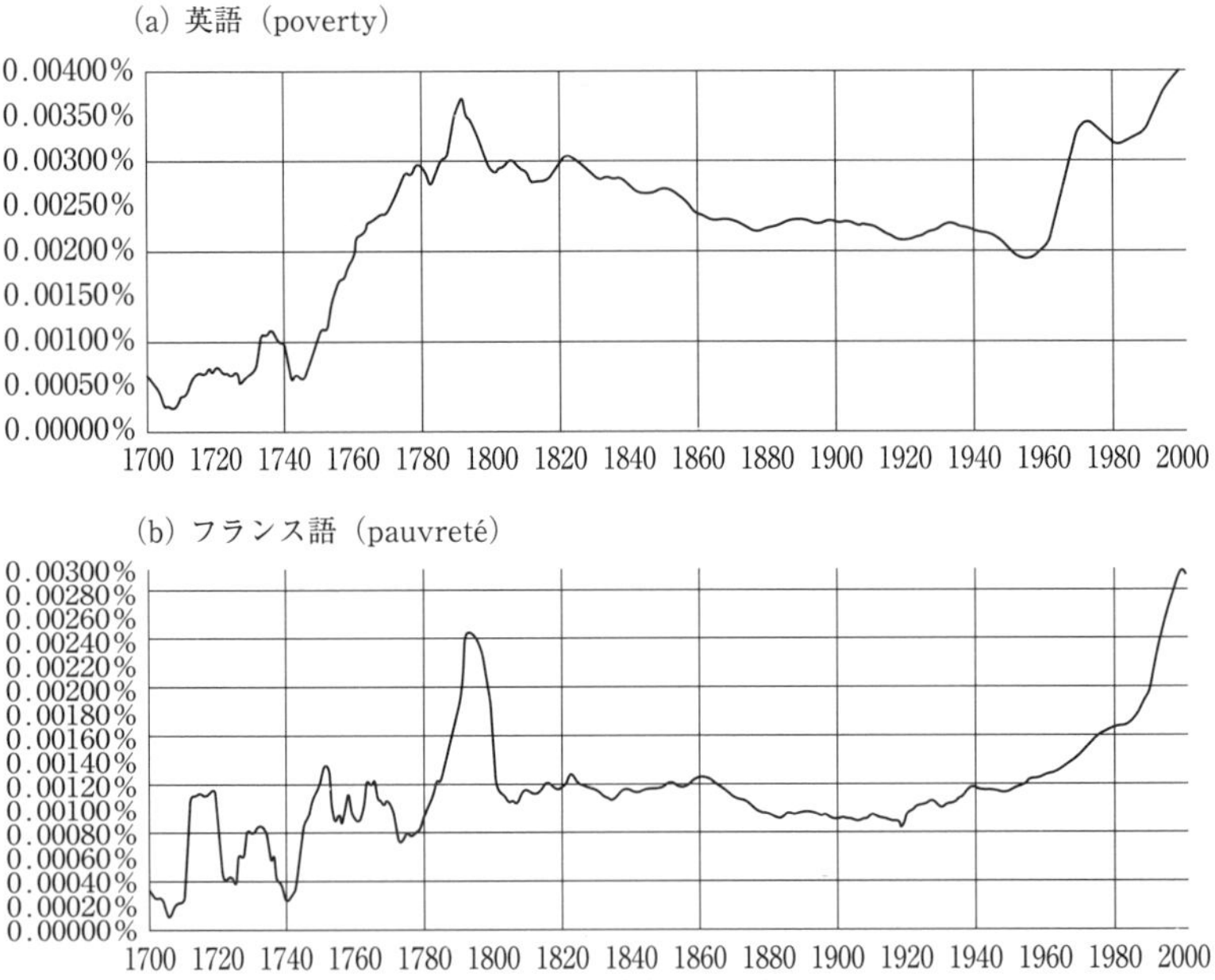

出所：*Google Books Ngram Viewer* を用いて筆者により得られたデータ。

あてにされた[67]。参政権は主として有産者である男性に限定されていた。

「自由」は現代における用法と同様に理解されており、個人は他の人々の同様の自由と両立するあらゆる自由を有するとされた。しかしながら、「平等」は結果の平等としてではなく、機会に対する法律上の権利の平等として理解されていた。すなわち、法はすべての人を同一に扱わなければならず、公共の地位や職務についてすべての市民に能力に応じた平等な機会を与えなければならない（これら一連の考えは１８０４年のナポレオン法典で成文化され、影響力を持った）。報酬の再分配における国家の役割が認識された兆候はほとんどなかった。もっとも、そのような要求が１７９０年代に左寄りのジャコバン派や（とりわけ）フランソワ・ノエル・（グラキュース）・バブーフらとともに現れ始めたことは確かである[68]。Ｂｏｘ１・８では、機会の不平等と結果の不平等の違い、そして他の種類の不平等、が議論されている。

その新しい考え「自由、平等、友愛」の中で、

Box 1.8　「不平等」の概念

何をもって「不平等」とするかは人によって異なる。違いの１つは、「結果の不平等」と「機会の不平等」の間での違いである。前者は、結果（消費、所得、富など）につき選ばれた指標の水準における差のことである。結果の不平等の中には、なされた努力の違いに起因するものもある。勤勉に働いた者が他よりも多く稼ぐ、というようなことである。結果の不平等の中には、ジェンダー、人種、相続した富、親の状況、生まれつきの能力、といった個人の努力とは無関係な状況に起因するものもある。全体としての結果の不平等は、努力と状況の両方を反映する。現代の言葉使いでは、機会の不平等とは、結果の不平等のうちで、努力の違いではなく、状況の違いに帰せられる部分である。機会の不平等は、不公平であるとみなされ、社会にとってマイナスが大きく避けられるべきである、としばしば主張される。努力の差に起因する不平等は、問題視されないことが多い。（倫理上でも経済上でも）努力に対して報酬が与えられるのは妥当なことと考えられる。

相対不平等と絶対不平等との区別も明確に理解されねばならない。相対不平等とは、社会における差異を相対比で見ることに基づく。例えば、所得の比率を見ることである（豊かな世帯の所得を Y^R、貧しい世帯の所得を Y^P とした場合に、Y^R/Y^P で表される）。これに対し、絶対不平等は絶対差に基づくものである（上の例では、Y^R-Y^P で表される所得の差を見る）。人々が「豊かな人々と貧しい人々の間の格差が広がっている」と言うとき、絶対不平等を念頭においている場合が多いように思われる。第Ⅱ部では、絶対不平等と相対不平等の間の区別についてさらに論ずる。

さらにもう１つの区別は、縦の不平等と横の不平等の間でなされる。われわれが「不平等」というとき、豊かな人々と貧しい人々の取り分の間の差異（絶対であれ相対であれ）を意味していることが多い。しかし、当初は同じ所得であった人々が、異なった影響を受けたり、異なった努力をする、という意味での不平等も存在する。例えば、貿易自由化によって食料の相対価格が上昇するとき、同じように貧しい人々の中で、食料の生産が消費を上回る人々は利益を得る一方、食料の生産よりも消費のほうが多い人々はマイナスの影響を被る。このような横の不平等は、政策変化を評価する際にとても重要である。横の不平等と縦の不平等の区別については、第Ⅲ部で立ち戻る。

最後に、良い不平等と悪い不平等の間の区別という評価の観点を論じよう。良い不平等とは、革新、企業家精神、成長、の促進に必要とされる誘因を反映しまた強めるものである。他方、悪い不平等とは、個人の市場への参入を妨げ、人的・物的資本の蓄積を制限することで、上と反対の作用をするものである。このような区別は、一般の論調にも学術上の議論にもしばしば見られる。後者の例としては、ジョン・ロールズによる『正義論』(*Theory of Justice*) が挙げられる (Rawls 1971)。同書でロールズは、(財の消費可能性、自由、機会、における) 不平等は、それが最も貧しい集団に利益をもたらす場合のみ、正当化される (すなわち「良い不平等」とみなされる) とした。ロールズをめぐる議論については第2章で立ち戻ることとする。

さらなる学習のために:機会の不平等に関しては、ジョン・ローマーの *Equality of Opportunity* ならびに研究論文、世界銀行の報告書を参照 (Roemer 1998, 2014; World Bank 2006)。上記のそれ以外の概念に関しては、筆者の研究論文を参照されたい (Ravallion 2003a, 2014d)

貧しい人々のために長く続く希望があったとすれば、それは「平等」よりも「友愛」のほうにおいてであった。ブリントンは次のように述べている。「希望あふれる18世紀には、友愛は、時代が好んだ徳である慈悲の心をすべての人に、とりわけ虐げられた人々や隔てられた人々に、農民、中国人、南の島の人々にまで、注ぐことを意味した」(Brinton 1934, p.283)。同様の見解はアメリカにおいても聞かれ、貧困との戦いにおいて国家の大きな役割を提唱した人々は、それを「偉大な友愛ある社会」であるための不可欠な要素であると考えていた[69]。

18世紀半ばからの哲学と経済学における新たな思潮が、同世紀の最後の数十年にわたった第一次貧困啓蒙期への途を開いた[70]。分配に影響を及ぼす国家の役割に関する主流の見解にかなりの亀裂が現われ始めた。哲学における重要な一歩は、存在する不平等は不可避なものであるという見方を拒否することであった。(しばしばトマス・ホッブズに由来するとされる) 17世紀に現れた社会契約説のアプローチは、どのような政府がよい政府であるかをどのように決めるべきなのか、という根本の問いを投げかけた。現代の言葉で言うならば、これは評価に関わる問題であり、重要な反事実想定（counterfactual）は政府が存在しない「自然状態」であった。あらゆる反事実想定と同様に、自然状態は知りようがなく、あらゆる議論の余地があった。[71]ホッブスは、自然状態は「万人の万人に対する」闘争の状態であろうと唱えた。この問いはジャン＝ジャック・ルソーによって18世紀末に再び取り組まれ、国家の分配上の役割についての考えに重要な新しい道が開かれた。その著作『人間不平等起源論』において、ルソーは、自己利益は自然状態における一つの動機であるが、他者の状態への共感もまたそうである、と主張した。[72]ルソーは、人間の制度はそのようなわれわれの自然な共感を発展させることも阻害することもできる、とする。またルソーは、貧困や不平等は（それだけではないにせよ）少なからず悪い制度から生じると考えていた。悪い制度とは、「他の人々に害を与えることで一部の人が享受する、より豊かで、より大きな栄誉を受ける、より大きな力を持つ、従属を求めうる地位にある、といったさまざまな特権」を作り出すような、社会の取り決めのことである。ここでルソーは、政府を含む制度が分配に影響を及ぼす役割を持つことを認識する上での鍵となる一歩を踏み出した。[73]この認識に立てば、貧困は不可避ではないのであった。

著名な哲学者の著作が貧しい人々を仲間の市民として尊重するように要求し、パターナリズムに疑問を投げかけた。イマヌエル・カントは、すべての理性ある人は「決して手段としてではなく、まったき目的として」扱われなければならない、という考えを示した（Kant 1785, p.62）。これは実に根本の考えであって、貧しい人々に豊かな人々と同じ道義上の価値を与えたのであった。もちろん、貧しい人々へのある程度の尊重はデ・マンデヴィルの初期の著作においてさえもあったが、それは、彼らに生まれながらに割り当てられた役割と一致した、彼らの労働に対する尊重にすぎなかった。貧しい人々は単に目的のための手段にすぎなかった。それに対して、カントにおいては、すべての理性を持つ主体とその選択に対する尊重が、その経済状況に関わらず、唱えられたのである。それは、ずっとまだ先の話ではあったが、政治での平等と包括貧困政策への不可欠な一歩であった。

古代ローマのキケロにしばしば帰せられている長く続いた見方が、慈善から正義を区別し、正義だけが国家に求められる役割であるとしてきた、ことを思い出してほしい。慈善は個人の選択の問題であり、多くの宗教によって推奨され促進されてきた。宗教組織は貧困の緩和に十分取り組んでおらず、国家が責任を持つべきである、という批判が時にはあった。例えば、ビベスはオランダにおける聖職者に関してそのような見方を表明している（Vives 1526)。カントはさらに深い議論をしており、慈善は与え手と受け手の間の不平等な関係であるほかないと論じた。カントは自尊心を満足させるために行う施しを美徳とすることを疑問視した。フレイシャッカーが述べるとおり「カントは、豊かな人々が貧しい人々に気前よく与えるという関係に道徳の堕落を見出しており、国家が豊かな人々と貧しい人々の間に互いを尊重する関係をもたらすように期待していた」のである（Fleischacker 2004, p.71)。慈善に関して確立された考えに対してなされた哲学からのこのような挑戦は、貧困との戦い、そしてより一般に分配、における国家の役割に関する公共の議論と、その責任の宗教組織から国家への移管、への道筋をつけた。

新しい政治哲学とともに経済学の考えもまた前進した。アダム・スミスは、一国の経済厚生は貿易収支によって判断されるべきであるという、重商主義者の見解を厳しく批判した（Smith 1776)。この見解は（価格変化を通じた収支是正の調整を無視しているなど）長らく疑わしいものであった。[74] スミスは全住民の（奢侈財のみではなく基礎消費財と余暇もまた含む）消費可能性に基づく厚生の広範な概念を主張した。それゆえ、スミスは貧困に対する進展を、発展への脅威ではなく発展の目標として見る途を開いたのである。[75] スミスは「構成員の大部分が貧しくみじめであるような社会が繁栄し幸せになることはない」という彼の見方において、根本から反重商主義者であった（Smith 1776, bk. 1, ch.8)。同様に彼は、優勢であった重商主義者とは対照をなし、労働者の実質賃金を引き上げるのはよいことであると考えていた。

これは経済思想にとって鍵となる時期であった。スミスは利己心を人間行動の唯一の動機とは考えていなかったが、その長所を認めていた。[76] 利己心に基づく人々の行動が、確実な財産権を伴った競争市場という制度環境においては全体の厚生を促進しうる、と考えていたのである（Box 1・9参照）[77]。これは経済政策の中心をなす信条ともなった。新たな考えに応じて求められた制度改革は時とともに進行したが、その速度は近い将来に経済利害が影響を受ける人々の間の力のバランスに左右された[78]。よくあることだが、健全な新しい経済思想がやがてはより良い政策を生み出したものの、その過程は不可避に政治の影響を受け、そのために要する時間が異なった。

政策課題の中心は、競争があり変化する市場経済にとって重要な経済制度の公正面での影響に関わるものであった。彼の友人であるデイヴィッド・ヒュームに引き続いて、スミスは、貧しい人々を助ける必要とより広範な平等への願望とに、確立した私有財産権制度が軋轢を引き起こしうるものであることを認識していた[79]。しかし私有財産権の保証がないならば、恣意での接収のリスクが投資を阻害し、紛争が広まり大きな損害を生じてしまうであろう。法律上で強制力のある契約がないならば、革新者や資本家がお互いを信頼しないだろう。確実な私有財産権のような制度はそれ自体が目的ではなく、（究極において）貧困削減を含む社会の進歩のための手段であった[80]。したがって、この見方によれば、私有財産権の制度は、貧しい人々には守るべき資産がほとんどない一方で豊かな人々は莫大な資産を持つという際立った格差を生むかもしれないが、それは長期の発展のために支払わなければならない代償なのである。この見方では、今日の不平等は明日の貧困を避けるために必要であった。この見方は発展に関する考えに長く影響を及ぼしたが、しばしば疑問視もされてきた。われわれはこのテーマに第2章と（より詳細に）第8章で立ち戻ることとする。

自らの議論を組み立てた際に、スミスは、それまでの経済思想の通説の多く、特に重商主義と結びついていたもの、を捨て去った。例えば、貧困の効用という考えとか、個人は右下がりの労働供給曲線を持つというような通説である[81]。そして（非介入主義者であると見なされることもあるが）スミスは「庶民」の基礎教育の授業料を負担するための限定された政府の補助のような押上げ型の貧困政策を支持した[82]。このことや他の社会課題において、スミスは明らかに彼の同時代人の大部分よりもずっと進歩派であった。

Box 1. 9　自由市場はどのようなときに効率よく働くのか？

アダム・スミスの「見えざる手」という考えは経済についての一般の人々の考えに強い影響を与えた。その考えの根幹は、ある条件の下では、個人の私益の追及が社会にとって有益な結果を約束すると信じうる、というものである。

今日の経済学者は、これを、競争経済が効率高く働く条件を設定する厚生経済学の定理として認識している。「効率」とは一般にはさまざまな意味で用いられるが、経済学者にとっては、「効率がよい」とは一般に、他の誰かの効用を下げることなしに誰の効用も高めることができないこと、を意味する。そのような意味での非効率がないとき、「**パレート最適**」と呼ばれる状態にある。これは、19世紀末イタリアの経済学者であるヴィルフレド・パレートに因んで命名された。この定理を確立することは、経済学の発展において重要な一歩であった。

市場が効率よく働くためには、経済におけるすべての主体が、以下の条件を満たさねばならない。

- （消費者の効用であれ生産者の利潤であれ）自身の私益を最大化する
- 確かな所有権（特定の資源に対する実効をもつ支配）を有している
- 決定に関わるすべての価格を知っている
- それらの価格を所与のものとする（誰も独占力を持たない）
- あらゆる財の市場——そこでは柔軟な価格が自由に調整して需要と供給を均衡させる——にアクセスできる

これらはとても強い仮定であるとみなされており、現実世界における自由市場は一般に完全には効率高く働かないと想定されなければならない。例えば、価格を正しく知らない人々は、異なった市場間で利益となる取引をすることを含めて、よい決定をするとは期待できないだろう。よりよい情報からは大きな厚生上の利益がありうる。

完全な情報がある場合でさえも、市場は不完全でありうる。あらゆる財に市場が存在するというのも難しいことである。市場が完備しているには、（天気のような）異なった自然状態ごとの各財の市場や、ある主体の選択が他の主体の効用や利潤に直接に影響するような非金銭外部経済の市場、の存在が必要とされるからである。

「外部経済」は、自由市場の効率に関してかねてからの懸念事項である。これについて理解するために、利潤最大化を図る企業が水や空気を汚染する例を考えよう。この場合、この企業は、何らかの製品と公害との、２つの種類の産出を行う。市場が存在するのは製品だけである。この製品の市場が完全であったとしても、この企業は製品と公害の両方を過剰に産出する。公害に対する市場を作り出すことは困難である。しかしより簡単な解決策がある。公害を起こしている企業の製品の生産に対して課税を行うことで、その企業が社会として最適なもっと少ない量の生産をするように導くことができる。その企業は、以前よりも公害を気にかけるわけではないが、製品の生産を減らすことで、社会にとってよいことをするよう十分に気にかけているかのように行動する。適切に誘導された見えざる手が、最善の結果をもたらすのである。しかし、自由市場は「公共財」として知られる一連のものを過少供給してしまうと信じるに足る理由がある。これに関してはBox1.14で立ち戻る。

パレートの意味で経済の効率が高いとしても、配分の結果が公正または公平であることを保証するものは何もない。それは、生産要素賦存の当初の分配、人々の選好、生産技術、に依存するであろう。もちろん、自由市場の効率がよいとは限らないとしても、市場を放棄するべきであるということにはならない。代わりの配分メカニズムのほうがよいと自信を持って言えなければならない。そして、（市場メカニズムを使うものも含めて）政策が市場の効率を高める場合もある。

さらなる学習のために：このトピックは多くの教科書で扱われているが、ジーン・ヘンドリクスとガレス・マイルズの *Intermediate Public Economics* を薦める（Hindriks and Myles 2006）。よりよい情報がもたらすプラスについての興味深い例として、インドのケララ州で漁師が携帯電話サービスが利用可能になったことの影響を論じたロバート・ジェンセンの研究がある（Jensen 2007）。

一般でのそして学問上の論調の変化は、所得分配に関係する他の政策上の議論にも影響を及ぼした。そのようなかねてよりの議論の一つで今日まで続くものとして、所得税の累進の程度と負担者をめぐるものがある[83]（Box 1・10で累進課税と所得再分配のための財政政策の他の手段について論じている）。当時の社会状況は累進課税に賛成する主張を後押しするものであった。スミスは生存維持賃金の控除を強く主張し、その後に賛同者が現れた。その中には、控除額を超える所得には比例税を適用し全体として累進税制とする、提案もあった。

政策上の他の議論は、自然資源、中でも特に農地、からの利益の分配に関わるものであった。（フランスの新たな共和国の政府に宛てられたが、より広く妥当する）小文で、トマス・ペインは、農地はすべての人々が正当な請求権を有する「自然財産」であると唱えた（Paine 1797）。それにもかかわらず、私有のほうが効率が高いので、国有化する代わりに、農地は課税対象となるべきであり、その「地代」からの収入は社会のすべての成人に等しく割り当てられるべきであると主張した（さらに老齢年金の原資ともした）。そして、これは慈善ではなく権利として明示されていた。ペインの提案は貧困政策と言えるものであった。実に、それは「ベーシックインカムの保障」を求めた最初の提案であったと思われる。ベーシックインカムという考えに関しては、本章の後段と第10章であらためて取り上げる。

やがて出現する押上げ型の政策の重要な先駆けとして、「学校教育」の重要さに関するブリントンの次のような新しい考えがあった。「非識字は人生で当たり前のものであったのが恥辱と見られるようになった」（Brinton 1934, p. 279）。18世紀末のフランスの哲学者であり数学者でもあったコンドルセは、無償ですべての人に開かれた基礎教育を主張した（もっとも、彼は考えの多様さをとても重視していたので、道徳や政治の問題に国家が指示を下すことを警戒していた）。コンドルセはさらに、女性とすべての人種への平等な権利をも主張した[84]。しかしながら、これらは当時では過激な考えであり、実際に受け入れられるのははるかに後のことである。19世紀に政策に関する論調を支配するようになった古典派経済学者も、特に「道徳の改善」を通じて人口成長を減らすことで、教育は経済成長の貧困削減効果を強めうると考えていた。しかし彼らは、大衆教育に成長を促進する役割があるとは考えておらず、大衆のための公教

Box 1. 10 所得再分配のための財政政策手段

再分配政策は、課税と支出の両面に見られる。課税面では、高所得であるほど所得に課される税率が高いなら、税制は「累進」であると言われる。逆に、所得が上がるにつれて税率が下がるなら、税制は「逆進」であると言われる。比例税の場合は、所得水準に関係なく、一定の税率が課される。累進課税は所得の相対不平等（Box1.8）を減少させるだろう。

税制全体としてどの程度に累進であるかは、多くのことに依存する。所得税の場合に鍵となる要因は、どのように徴税基盤が定義されるか、すなわち何が課税されるか、ということである。アダム・スミスが気づいていたように、比例課税の対象となる所得が全所得に占める割合が高い場合には、全体としては累進課税になる。消費に課される間接税の場合には、鍵となる要因は、その対象に何が含まれるかである。例えば、貧しい世帯ほど食料への支出の割合が高いという傾向がある（これは「エンゲルの法則」と呼ばれ、Box1.16で詳しく扱われる）ので、食料品は課税されないのが通例である。この措置により、間接税につきものの逆進の度合が緩和される。

公共支出の面では、貧しい世帯のみにターゲットされる支出項目がある。ある水準以下の所得の人々にのみサービスが提供される場合には、正式の「資力調査」（means test）が行われるかもしれない。これは、所得を知ることが困難な貧しい国々ではあまり用いられない。その代わりに、「指標を用いたターゲティング」（indicator targeting）または「代用資力調査」（proxy-means test）が用いられ、それによって貧困と相関するような特性を有する人々だけがターゲットとされるようになる。また、意図してターゲティングに努めなくても、利益が貧しい人々に集中して発生するような「自動ターゲティング」（self-targeting）のメカニズムが働き、支出がなされる場合もある。これは、（保健や教育の基礎サービスのような）ある種類の公共支出項目が貧しい人々によって多く利用される傾向にあるとか、公共プログラムの参加に適用される条件が、（救貧院での労役義務のように）貧しくない人々の参加をやめさせるように働くときに起こる。第10章でこれらの問題を詳しく論ずる。

育の意義は見出していなかった[85]。

支配エリート層の間では、より多く教育を受けた労働者階級は彼らの権威を尊重しなくなるであろうことに、懸念があった。そして、労働者階級は、支配階級の権力の損失を後に保障する信用できる約束をする手段がなかった。この最後の点は、不適切な制度や政策を存続させうる「約束の問題」(commitment problem)の一例である[86]。選挙による民主主義の形で政治権力の分配の変化が起きることが必要であったが、その実現は大衆が貧しく不十分にしか教育を受けていないときには困難であった。また、児童労働に頼っており賃金支払いが増えることを恐れていた雇用主からの反対もあった。(イングランドを含む)いくつかの地域では、宗教組織もまた公教育の普及に恐れを抱いていた。というのは、それらが所有する宗教学校が貧しい家庭の子どもたちにとって唯一の学校教育への希望であったからである。普通選挙権(少なくとも男性の普通選挙権)と並んで、大衆のための公立学校が現実のものとなるには、とても長い時間がかかった(学校教育については第9章で立ち戻り検討する)。

第一次貧困啓蒙期は、貧困に関する実証研究の誕生を画した。もしこの点で先駆の業績と主張できる研究を一つ挙げるとするなら、それはフレデリック・イーデン卿が1797年に著した重厚な3巻本である *The State of the Poor*(『貧しい人々の現状』)である(Eden 1797)。これは(凶作とナポレオン戦争による需要増の両方から生じた)食料価格の高騰の貧困への影響に関する懸念を動機としたものであった。この著作は、貧困の歴史を含む広い範囲を対象としていたが、最も際立った特徴はその実証主義にあった。同時代の同じような表題の多くの小文や書籍が、貧しい人々の悪い行いの印象の粗雑な描写に頼っていたのとは対照をなして、イーデン卿は、イングランド、スコットランド、ウェールズから選ばれた貧しい家族のひどく惨めな生活状況をもたらしていた、稼得所得と支出、賃金率と価格といった「家庭経済」を観察して(そして極端なまでに詳細に)描くことに徹した。価格変化の厚生面の影響を研究するための現代の経済学のツール(これは第3章で学習する)こそ持ってはいなかったが、彼の基本の直観は正しかった。これは単なる学問上の努力ではなかった。それは、とりわけ救貧法に関する進行中の政策議論のために確かな実証根拠を提供することを明確に意図したものであった[87]。

第一次貧困啓蒙期の最も重要な貢献は、貧困をなくすことに向けた公共の取組という考えの道徳上の根拠を確立したことにある。その道徳上の根拠とは、勤勉に労働するが貧しい人々に人間として敬意を払うという、支配層の一部に新しく生じた態度――「一体感」(emotional identification)[88]と呼びうるもの――から発したものであった。重要な新しい進んだ考えが、スミス、ルソー、カント、フィヒテ、コンドルセ、バブーフなどの著作に現れた。しかしながら、包括貧困政策が策定されるまでには依然として長い道のりがあった。第一次貧困啓蒙期は貧困政策に重要な新しい考えをもたらしたが、貧しい人々の生活に大きな変化はなかった。そして依然として自らの貧困状態の責を負わされており、それは19世紀と20世紀にも存続した[89]。イングランドとウェールズの救貧法の下での救済を除けば、ヨーロッパにおいては、貧しい人々に対する民間・公共いずれの支援も、低い水準に留まった[90]。第一次貧困啓蒙期の経済面での主要な受益者は、おそらく、排除されていた富と権力の源を求め始めた既存の中間層であったであろう。

1・5　19世紀と20世紀初めにおける論調の変化

産業革命と貧困

労働者は産業革命によってもたらされた新しい経済機会の多くと無縁である、と当時広く信じられていた[91]。産業革命の始まりからはるかに経っても、貧困は変わらずにいたるところにあった。(チャールズ・ディケンズの『オリヴァー・ツイスト』や『ハード・タイムズ』、ヴィクトル・ユーゴーの『レ・ミゼラブル』、エリザベス・ギャスケルの『北と南』のような)社会派小説や、(エンゲルスの著作[Engels 1845]のような)定性観察に基づく研究は、19世紀半ばの西ヨーロッパの新しい産業都市での劣悪な衛生環境や厳しい労働条件につき記している。

スミスに続く古典派経済学者たちは、新興の工業部門の成長を通して貧困削減を達成しうるという彼の楽観に同意しなかった。彼らは、工業部門における非熟練労働者への需要増は賃金率の持続する上昇をもたらさず、賃金率は生存維持水準の消費の底に戻ってしまう、と論じた。その主な理由は、賃金率が生存維持水準を上回ると、（早婚と結びついた）出産率の上昇ないしは幼児死亡率の低下によってもたらされる人口成長率の上昇とその結果としての労働の総供給の増加を生じ、賃金率を押し下げてしまうだろう、ということであった。トマス・ロバート・マルサスはこの議論で有名であるが、同様の考えはスミスにも見られる(92)。技術進歩があっても人口成長のために実質賃金が一定に留まり続けるであろう、という考えは19世紀の終わりでさえも広く受け入れられていた（Malthus 1806）(93)。

マルサスは、人口成長が食料供給を上回る――すなわち、人口は幾何級数で増加するが、食料供給は算術級数でしか増加しない――という彼の想定から、継続する貧困と飢饉を予想したことでも有名である。食料の総供給が持続可能な人口規模を決める一つの要因であることに疑いはないが、マルサスの悲惨な予想がその後の歴史で実現することはなかった。

なぜマルサスが（ありがたいことに）間違っていたかということを理解するために、食料供給と出産率および死亡率をつなぐメカニズムを詳しく調べなければならない。現代のわれわれには納得しがたく、パターナリズムの趣きを感じるだろうが、問題は貧しい人々の「道徳の弱さ」にあるとマルサスは考えていた(94)。工業化以前のイングランドで高賃金が早婚と大きな家族規模をもたらしたであろうというのはありそうなことである。所得が高まれば大きな家族規模が望まれると信じることには経済学上の根拠があり、道徳判断を要することではない。公式の社会保障のない経済で生きる貧しい親にとっては、子どもは将来への貯蓄の一つの形であった。地位の向上への望みはほとんどなく、労働者階級の子どもは、労働者階級のままであったであろう。したがって、貧しい親が子どもの「質」に投資することで期待できる収益はほとんどなかった。非熟練労働者の賃金率（維持費用を差し引いて）がこの形での貯蓄への収益であった。それゆえ賃金が高いと、子どもへの需要を高め将来の労働供給を増やすことになったのである。Ｂｏｘ

Box 1. 11　子どもの質と数

親たちは今日の消費と明日の消費を考慮し、出産率を制限しうる、と想定される。さらに、Box1.4の場合と同様に、彼らの効用関数は滑らかな凸型の無差別曲線を描き、ただここでの場合には両軸が「今日の消費」と「明日の消費」であることだけが異なっている、と想定してほしい。（1人の子ども当たりcの）扶養費用がかかり、労働年齢に達すると賃金からの収益があるが、依然として親に扶養されるものとする。この仮定のもとで何人の子どもを持つかを決定する親の均衡は、今日の消費と将来の消費の間の限界代替率が、純賃金率（賃金率から扶養費用を差し引いた値）の扶養費用に対する比率に等しくなるところで与えられる（$MRS=(w-c)/c$）。ここでwは子どもが受け取る賃金率である。子どもの賃金率が高いと、子どもという形の貯蓄から得られる収益が高く、それゆえ望まれる子どもの数が多い、ことを意味する。実際の出生率は、予期される乳児死亡率にも応じて決まるだろう。

さらなる学習のために：上で描かれた種類の主張は、ゲーリー・ベッカーによって導入された「人的資本」アプローチの適用である（Becker 1964）。親たちは、学校教育の限界収益の期待値と限界費用とを比較衡量する、とされる。ある条件の下では、子どもへの教育投資に一意な最適水準が存在する。

1・11ではこれを詳しく論じている。

このように議論すると、いくつかの但し書きが必要なことが明らかである。この議論では、単に子どもを多く持つ代わりに、子ども一人ひとりにより多くの投資を行いうることを、あまりに軽視しているかもしれない。マルサスの時代にはおそらく労働者階級の子どもが社会階層を上昇する望みはほとんどなかったとしても、技術変化と大衆への教育が貧しい家族の子どもたちにもその望みをもたらしたとすると、この但し書きは無視できない。同様に、子どもに対する需要への所得効果に関する標準の議論は、他の（より費用のかからない）貯蓄手段がまったくないと想定している。後に金融部門の包摂度が高まったときには、この議論は深刻な批判を免れないであろう。

これらの要因は、やがて、破滅への

マルサスの予言を阻むのに貢献した。しかし疑いなく最も重要な要因は、マルサスが決して想像しなかったような速度で農業の生産性を高め続けることを可能とするような新しい技術が現れたことであった。その後２００年にわたって、世界の極貧者の比率は顕著に減少した。ただし、世界の貧しい人々の数が減少するにはずっと長い時間がかかった。

マルサスの友人の一人であり、19世紀前半に最も影響力のあった経済学の著作である『経済学および課税の原理』の著者であるデヴィッド・リカードは、経済の拡大を通した長期の貧困削減についてのマルサスの悲観を共有していた（Ricardo 1817）。しかしリカードにとっては、自然資源の制約と収穫逓減が問題であり、それが進歩の制約となり、ゼロ成長の世界を不可避にもたらすであろう、と考えていた。リカードが著作を執筆していた時代には、農業は依然として経済活動の大部分を占めており、農業は彼の理論にとって重要であった。収穫逓減という考えは、農業についての考察から生まれた。その考えは、その後の２００年間にわたって諸経済理論の重要な要素となった。Ｂｏｘ１・12はこの重要な考えを詳しく説明している。

リカードの考えでは、経済学の主要な任務は、一定の総生産が三つの生産要素である土地、労働、資本に対応する地主、労働者、資本家という階級の間でどのように分配されるか、を説明することにあった。[95] 労働者階級は「貧困層」を構成し、その経済厚生を決定する主要なパラメーターは（上で説明されたように）生存維持水準で固定された賃金率であった。技術進歩は労働増大型である――すなわち、どのような賃金率でも労働需要を増加させる――と想定されていたが、賃金率はやがて生存維持水準に戻り、貧しい人々への利益は消えてしまう。

スミス以後の最も影響力のある古典派経済学者たちは、貧困との戦いへの政府の直接の介入を支持することもなかった。実のところ、マルサスやリカードのような影響力のある古典派の経済学者たちは、誘因に関する議論を重視して、貧困政策という考えに強い反感をもっていた。そのような政策は勤労意欲と貯蓄を阻害し、貧困を取り除くよりも逆に作り出す、と主張された。この当時に貧困政策への批判者の間でなされた誘因面での影響についての大げさと

Box 1. 12　生産における収穫逓減

Box1.4を思い出してほしい。そこでは消費と余暇に対する効用逓減という考えが、消費者の無差別曲線の形状に反映されていた。基本において同じ考えが、生産の経済学にも見られる。この考えはしばしばリカードに帰せられている。彼は19世紀初めのイングランドにおける農場実験の研究からその考えを得た。

米を生産するために土地、雨、労働時間、種子を使う農場を想像してほしい。土地面積、降雨、種の数、は一定とし、労働時間を1日当たり0時間から24時間まで変える、と想定しよう。最初の種がまかれると、労働を増やすことは、生産量を増やすことを意味する。労働を増やしたときの生産の増加分は、労働の「限界生産物」（*MPL*）と呼ばれる。しかし、他の投入の値が一定の下では、ある点以上では、労働者が農場でさらに多くの時間を費やすことから得られる米の生産の増加分は減り始めるであろう。労働時間を増やすことで米の算出は増えるだろうが、労働の効果は低下する。種子がなくなった後も、（例えば雑草取りなどに）労働をさらに増やすことで生産を増やすことはまだ可能かもしれないが、労働を増やせば増やすほど、産出の増加分はますます少なくなるであろう。

この状況は図 B1.12.1に描かれている。図の曲線は、横軸で示される労働投入の下で技術上最大可能な生産量を示している。ある点における平均生産

図 B1.12.1　労働投入の関数としての生産量

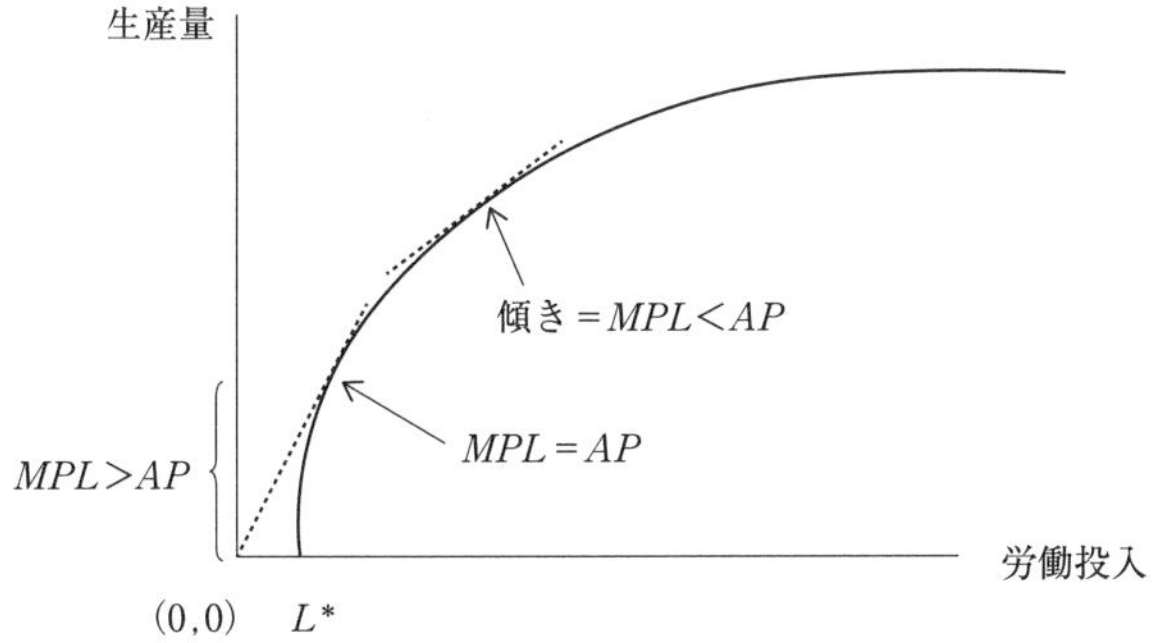

物（AP）は、原点（0,0）からの直線の傾きであり、その角度のタンジェントの値である。より一般に、収穫逓減の法則は、１単位の投入物の限界生産物――すなわち他の投入物と技術を一定とした下でその投入量の増加１単位がもたらす生産量の増加分――がその投入量が増えるにつれて減少することを意味する。

農業労働に関する収穫逓減という考えは、古典派経済学の人口成長に関する思考に――最も有名なところではマルサスの考えに――深い影響を与えた。労働に関して収穫逓減があるとき、所与の技術の下で生産量が増えるにつれて、それ以上では労働の限界生産物が平均生産物以下になる点が不可避に存在する。労働投入がゼロのときの生産量がゼロである場合には、これはゼロから直ちに成り立つ。より一般には、図 B1.12.1のグラフで示されているように、生産が生じるには、労働投入がある臨界値以上なくてはならないと想定する（この点がグラフの L^* で示されている)。生産量が十分に小さい場合は、労働の限界生産物は、平均生産物以上になる。

考えてみると、限界生産物が平均生産物より小さいとき、労働を増やすと平均生産物が下がることは明白である。労働を増やすことで生じる生産量の増加分は平均以下であるから、労働を増やすことで平均生産物は下がることになる。それゆえ、労働供給が増えるにつれて、労働者１人当たりの農業生産量は下がる傾向にあると主張された。これが、人口成長が生活水準に悪影響を与え貧困をもたらすというマルサスの見方の根幹をなす要素であった。

これが収穫逓減の法則として知られるようになった。この考えは多くの状況において、もっともらしいものであるが、これは「法則」では決してなく、生産に用いられる技術の性質に関して経済学者が置く仮定である。労働に関する収穫逓減に基づくマルサスの主張は、技術を所与としたことにも注目してほしい。より一般には、人口成長が技術進歩――すなわち同じ労働投入でより多くの生産を可能にする革新――を引き起こすことを助けるので、人口成長が必ずしも高い貧困率をもたらすとは限らない、とも主張されてきた。別の主張は、人口の増加が公共財の改善――とりわけインフラの改善――をもたらし、そのことも所与の投入量の下で生産を増やすことを可能にする、というものである。

さらなる学習のために：多くの標準的な教科書がこのトピックを扱っている。マーク・ブローグは *Economic Theory in Retrospect* で、経済思想の歴史を概観することで、これらの考えが経済学の中でどのように展開されてきたかを論じている（Blaug 1962）。人口成長が時として技術革新を促進したことについては、エスター・ボーズラップの『人口と技術移転』を参照されたい（Boserup 1981）。

も見える主張は、第一次貧困啓蒙期に対する政治上の反発を学問により合理化したにすぎなかったかもしれない。これは、フランスから流入する新しい自由の考えに抵抗するイングランドのエリートの間でとりわけ顕著であった。経済学が決定要因となることはなかった。マルサスでさえ、『人口論』の後の版ではその見解を修正し、労働者階級の家族が良い健康と教育を受ければ、賃金の上昇が人口の増加をもたらすという彼らの傾向を断ち切りうる、ことを認めるに至った。

救貧法をめぐる論争

19世紀初めには、イングランドの救貧法に関する大きな論争が公の場で始まった（貧困救済に関する議論は遅くとも17世紀末から存在した）。旧救貧法の下での救済は地主に対する地方税によって賄われていたことを思い出してほしい。1818年には必要な税率（「貧困税」として知られた）は18世紀半ばの6倍の水準に上っていた[96]。改革に対する最も強い政治上の要求は地主階級から生じた。彼らは当時、イギリス議会の多数を占めるようになっており、もはや革命を差し迫ったものとして憂慮していなかった（ように思われる[97]）。救貧法に対する反対勢力は、誘因に関する議論を引き合いに出し、イギリスの古典派経済学者たちが、旧救貧法の批判者として広範に引用された[98]。この頃、「援助に値する」貧民と「援助に値しない」貧民の区別が現れ、政策論争にも影響を与えた[99]。

これは貧困に関する考えの歴史において重要な論争であった。実際に、今日も聞かれる援助対象を所得でターゲットすることに賛成する主張は、この頃のイングランドで現れたように思われる。ただし、それがヨーロッパ、北米、オーストラリアで1980年代の社会政策の議論の焦点として復活するまで、しばらく注目されなかった時期もあった。ほぼ同じ頃には、発展途上国でも、ターゲットは支持されるようになった。したがって、イングランドの救貧法に関する1830年代の議論を詳しく見るのは興味深いことである。

救貧法の下での救済への要求は19世紀の最初の数十年の間に相当高まった。工業化に反応した都市への移民のため、行政区が子どもや老人への支援のための支出の増加への資金手当てをしなければならなかった。農村から移動したすべての壮健な労働者が仕事を見つけられたわけではなく、失業者は自らと家族が生き延びられるよう国に支援を求めた。凶作が続いたことやナポレオン戦争終結の結果として失業者が増えたことも、救貧法の下での救済への要求を強めた。

しかし、これらは、救済への支出の増加に関しての説明として政治上の支持を得ることはなかった。むしろ、救済があることで望ましくない行動上の反応が起こることが、その理由であると見られた。ジョセフ・タウンゼントによって書かれた影響力のある小文 *A Dissertation on the Poor Laws*（『救貧法論』）は、「これらの法律は、理論としては見事であるが、それらが改善しようとしている害悪をかえって助長し、和らげようとしている苦痛をさらに激しくしている」と記している（Townsend 1786, p.17）。この見方は、チャールズ・ターナーを含む他の多くの人々によっても共有されていた（Turnor 1818）。マルサスやリカードなどの著名な古典派経済学者たちも、救貧法は廃止するか、少なくともより良いターゲッティングをするように改革するか、を主張した（Malthus 1806, ch. 5, 6; Ricardo 1817）(100)。アレクシ・ド・トクヴィルのような著名な観察者もまた、（国が豊かであるのにイングランドにはなぜ多くの貧乏人がいるのかを説明しようとした文書で、）救貧法は勤労意欲を阻害し、結果として解決しようとしている貧困問題を作り出すことを助長している、と主張した（de Tocqueville 1835）。誘因に関する想定がこれらの主張の中心であった。タウンゼントは、慢性飢餓への公共の救貧が勤労意欲を阻害し、土地所有層の担税負担が製造業の成長と農業への革新を阻害する、と主張した（Townsend 1786, sec. 5）。リカードは、（明らかに誇張であるが）救貧法に関わる費用は制御不能なまでに高くなると予測した（Ricardo 1817, p.61）。

立法機関は慈悲深く貧しい人々の状況を改善しようと意図したが、豊かな人々と貧しい人々双方の状況を悪化させてしまった。貧しい人々を豊かにするどころか、救貧法は豊かな人々を貧しくしてしまう。貧しい人々の生計を維持するための資金が国の純収入すべてを使い尽くしてしまうまで増え続けるであろうことは、自然の成り行きである。

マルサスは、（高齢者支援は出産率を減らすであろうという逆の主張もなしえたけれども）救貧法は早婚と高い出産率を推奨すると主張した。リスクの高い行動をとって失敗するような人々への支援が過度に危険な行動を推奨してしまうという、モラルハザードも懸念されていたと思われる。救貧法は貧困を緩和するよりむしろその原因となっていると多くの人から見られるようになっていた。同様の議論はアメリカの救貧法についてもなされ、高まる費用を削減するための改革が求められた[101]。

救貧法への行動上の反応が（同法が取り組もうとしていた）貧困の重要な原因であるという主張には、はっきりとした証拠はなかった。証拠とされたことの大部分は、適当に操作された逸話や性格描写に基づいているようであり、それらの出所は明らかでない。例えば、問題とされた飲酒の蔓延は、貧困の原因か結果かどちらであったのであろうか。さらに、不介入が社会にとって費用の高いものになりうることの認識が弱かった。すなわち、多様なリスクや非対称な情報といった問題が民間保険の利用を不可能なものとし[102]、保険でカバーされないリスクが貧しい人々の生産や投資の決定に影響し、貧困から逃れる長期の見通しを妨げていたかもしれなかった。例えば、救貧法が労働供給を減らすという懸念とは反対に、賃金労働者になることを検討している小農に対して失業のリスクに関して保険を提供することで旧救貧法はむしろ労働供給を増やした、という見解もある[103]。

誘因面での影響と依存は正当な懸念ではあったが、イングランドの旧救貧法に反対する経済面の主張は政治目的に沿うように誇張されていたであろう（そういうことはこれが最初でも最後でもなかった）。「証拠」は弱く、議論は偏ったものであり、経済面での多くのありうる利益は無視された。

救貧法に対する重要な改革（スピーナムランド制度の廃止を含む）が１８３４年に実施された。支出はピークであった１８３０年の国民所得の約2.5％から１８４０年の１％まで極めて大幅に削減された[104]。救貧院（workhouse, アメリカでは poorhouse と呼ばれた）がもっと多く設けられることとなった。救貧院は長い間存在し、１００年以上にわたって救貧法の一要素であった[105]。18世紀末には、ロンドンの人口の１—２％が約80ほどの救貧院に救援を求めていた[106]。１８３４年の改革のもとで、ターゲティングをより確実にするようにその役割はかなり拡大した。イングランドの19世紀の新しい救貧院は、過去よりさらに不快で懲罰の色彩が強くなったように思われる（『ロンドン物語』[*London Lives*] によく描かれている）。救貧院で宿泊場所と食料（薄い粥が主であったようである）が現物支給され、自動ターゲティングが働くようにわざと貧弱なものにしていた。「貧しい人々には選択肢がある。（中略）救貧院で少しずつ飢えていくか、その外でただちに飢えるか、である」（Dickens 1838, p.18）。

この政策は、貧しくない人々を対象から外したという意味ではより良くターゲットされるようになったと言えるが、救済対象とした貧しい人を減らすというマイナスも伴っていた。ディケンズはさらに「救援は救貧院や薄い粥と不可分だったので、人々を怖がらせてしまった」と書いている。ほとんど即座に、新救貧法は社会の批判にさらされることになった。受益者を救貧院に閉じ込めることで、改革後の政策は貧しい人々を犯罪者として扱っていると批判された。収容者がおかれた状況が特に批判の対象となった。よく知られたものに、ディケンズの『オリヴァー・ツイスト』（Dickens 1838）の最初の数章がある。メディアや文学における共通の批判は、あまりに貧弱な給付を含め救貧院が収容者を人間扱いしていないことに関してであった。係官や地方の業者が救貧院への割当を掠め取ってしまうというような、汚職についての数多くの話があった[107]。そして、新救貧法への（ほとんど即座に始まった）批判は、社会批評家のみではなく、ベンジャミン・ディズレーリなど保守党の指導者層からも発せられた[108]。改革によって、300年間にわたって旧救貧法が受けていた広範な一般の支持が失われてしまった。

アメリカにおける機会の喪失

南北戦争（1861―1865年）の直前にアメリカ南部諸州には400万人の奴隷がいた。北部の勝利は連邦の存続と奴隷制の廃止を確かなものとした。解放された奴隷はただちに支援を必要としたが、それは新しい政府機関である解放奴隷局（Freedmen's Bureau）によって運営された食料、衣服、燃料などの給付として実施された。これは1年程度の短期の救援を意図したものであった。しかしまた、南北戦争の終結近くに押上げ型の貧困削減の重要な提案もなされた。ウィリアム・シャーマン将軍は特別軍事命令（Special Field Orders）を発し、アメリカ南部の大西洋沿岸の40万エーカーの土地を接収することで、奴隷であった黒人1家族当たりに40エーカーの土地を分配することを命じた[109]。

そのような土地改革の提案が特に急進の考えというわけではなかったことから、その当時の大勢の考えがわかる。さまざまな「ホームステッド法」の下で、その前にも後にも多くの事例があった。シャーマン将軍も提案を長期の押上げ型の政策と見なしていたわけではなかった。将軍は、支援を求める数多くの避難民という当面の問題のほうを懸念していた。しかし、この再分配としての土地改革は米国南部の大部分を貧困削減をもたらす成長――すなわち「貧困層を益する（Pro-Poor）成長」（これには第8章で立ち戻る）――の新しい経路に乗せることができたかもしれないものだった。

しかし残念なことに、この約束が実現することはなかった。シャーマン将軍の命令は、アンドリュー・ジョンソン大統領（暗殺されたアブラハム・リンカーンの後継者）によって撤回されてしまった。奴隷が自由を得たことは明らかに大きな利益であったが、農地を所有しなかったために、新しく自由になった人々は賃金労働に依存せざるを得ず、有り余る労働供給によって彼らの賃金は低かった。投票のための識字テストや劣悪な隔離された学校など、黒人の経済・政治機会を大幅に制限したさまざまな州レベルの立法や政策（「ジム・クロウ法」と呼ばれた）によって、その後の数十年にわたって貧困の継続が強められることになった。連邦はいまや堅固であったが、大農園に基づく南部の経済はそのままであり、黒人の貧困は続いた。

功利主義

ホッブスやルソーによって展開された社会契約説は、権利と自由を強調した。しかし19世紀には競合する学説である功利主義が優勢になった。功利主義は18世紀後半の第一次貧困啓蒙期に出現し、所得がどのように分配されるべきかを決める役割が国家にある、という考えへの限定された支持を示した。しかし、それが権利を基礎とする理論でないことは認められていた。功利主義の創始者として広く知られているジェレミ・ベンサムは、現実指向の法制・政策改革に動機付けられており、彼の介入への姿勢は「自然権」のような考えを拒絶させた[110]。功利主義では、社会の選択は個人の効用への影響に基づいてなされるべきであり、（効用を得る者と失う者がいるときは）その選択は当該社会の全個人の効用の合計を最大化するべきである、と唱えられた。「効用」とはそもそも主観概念であり、しばしば「幸福」と同じとされるが、少なくとも理論上では幸福よりも広いものである。根本において、それは何であれ人々が気に掛けることである。

これは考え方において重要な一歩であった。アダム・スミスが、社会厚生の評価にあたり重商主義者が貿易収支を基準としたことを批判し、代わりに経済全体としての消費可能性に焦点を当てるように主張した、ことを思い出してほしい。これは、社会での消費あるいは所得の不平等には中立であった。功利主義は、社会の中で所得がどのように分配されるべきかを考える基礎を提供した。所得の限界効用が逓減することは、新ベンサム派の功利主義の直観に強く訴えた[111]。そして、それが所得不平等に反対する（限定されてはいるが）根拠をなすことはすぐに認識された。ここで、平等は手段として見られていた。平等はそれ自体として望ましいのではなく、総効用を高める手段としての意義を認められたのであった。平均を不変に保つように豊かな人から貧しい人への所得移転を行えば、豊かな人の限界損失よりも貧しい人の限界利益のほうが大きいのである。Box 1・13はこの考えについて説明している。

しかしながら、功利主義は再分配のための介入を急速に進めることはなかった。所得の限界効用の逓減と共通の効用関数を仮定すると、もし総所得が分配に影響を受けないならば平等な所得分配が最適である、ことを示しただけであった。もし、ベンサムが予想していたように、所得再分配が全体の産出量を下げてしまうなら、その場合の評価は不明確であった。誘因面での影響を別にしても、（所与の所得水準における効用評価が異なるといった）個人間の相違を導入するだけで、所得の平等が社会厚生を最大化するという主張は覆されえた（この点は、成長と公正のトレードオフほどの注意を引くことはなかったようであるが）。

この新しい考え方は、貧しい人々を益するような限定された所得再分配政策などある種の介入を許容したが、総効用を高めないような介入に反対する議論にも用いられた。誰の効用を高めるのにも役立たないような介入には根拠が与えられなかった。誰も望まないものならば、それを提供する根拠はないとされた。

その後の200年にわたって、功利主義は、「伝統厚生経済学の公式の理論」として経済学に多大な影響を与えることとなった[112]。功利主義の魅力は、推論と（しばしば単純なものではあったが）実証から政策上の含意を引き出しうることにあった。ベンサムとその後継者たち、とりわけジョン・スチュアート・ミルは、政府を必要悪とみなしており、どのような実施中のまたは考慮中の政策に対しても、功利主義の検査（utilitarian test）を行った。文献の中にはこれをあざけって「自由放任」の時期と特徴付けたものもあったが、多くの経済学者には、それは最大の社会厚生を得る上での健全な政策立案への歓迎すべき規律であった。実際の問題として重要であったのは、「社会厚生」とは何を意味するかであった。功利主義者に先立って権利に基づいて政策を考えたコンドルセのような影響力のある論者も、より高い社会厚生を主張したであろうことに疑いはないが、厚生を「幸福」や「効用」と同一視するような試みは拒絶

Box 1. 13　所得不平等に反対する功利主義の議論

所得不平等に反対する功利主義の議論には、3つの鍵となる仮定がある。第1は、社会の状態は「幸福」または「効用」の総計で与えられる「社会厚生」(social welfare) により評価されるべきである、というものである。(これはしばしば「ベンサムの目標」[Benthamite objective] と呼ばれる)。人口規模 n である集団における社会厚生 (SW) は、個人の効用の合計として書くことができる。

$$SW = \sum_{i=1}^{n} u_i(y_i) = u_1(y_1) + u_2(y_2) + \cdots + u_n(y_n)$$

ここで y_i は個人 i の所得、$u_i(y_i)$はその所得水準に対して社会評価者が付与する (所得に関して厳密に増加する) 効用である。第2は、すべての人々が、同じ所得の下では同一の効用を得ることである。すなわち、すべての個人 i に関して $u_i(y_i) = u(y_i)$ が成り立つとする。第3に、所得の限界効用は逓減すると仮定する。すなわち、この仮定は、所得の増加から生じる効用の増加分は当初の所得が低いほど大きい、ことを意味する。これは、図 B1.13.1で説明されている。縦軸には効用が示され、横軸にプロットされた所得に応じて異なる値を取る。ある所得水準 y_A における限界効用は、その点における効用関数の接線の傾きとして定義される。上の第3の仮定は、各人について、当初の所得が $y_B(> y_A)$ であればそれが y_A であるときよりも所得の増加から

図 B1.13.1　所得の関数としての効用

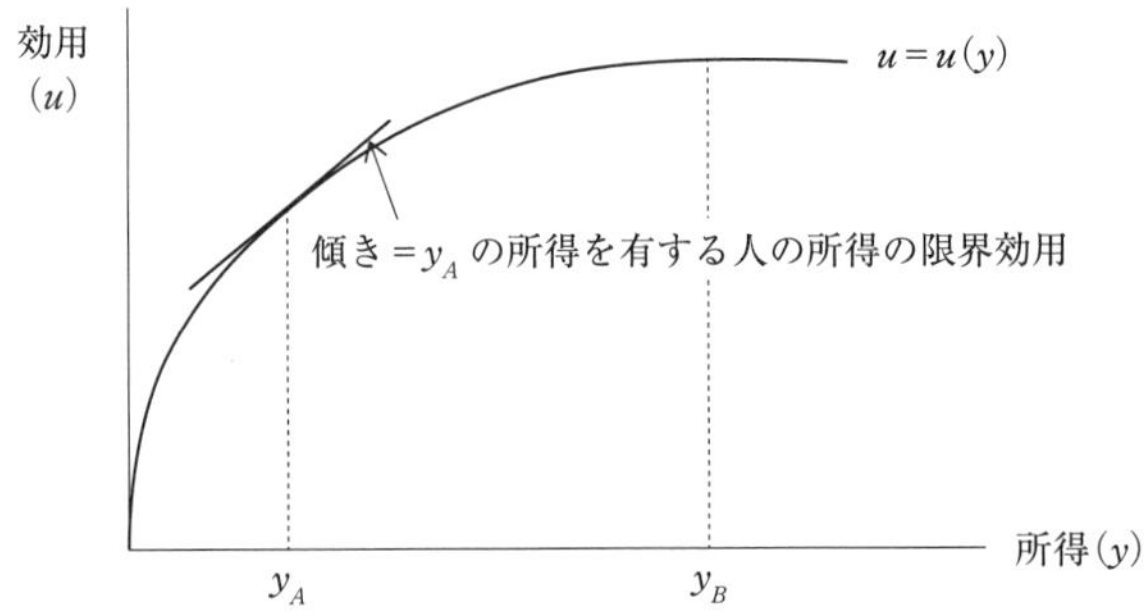

生じる限界効用は低いこと、換言すれば効用関数が所得に関して凹であること、を意味する。

全体の平均値を不変に保ちながら、貧しい人（図で y_A にある）の所得の一部を豊かな人（図で y_B にある）に与えるとすると、効用の合計は下がる。貧しい人の効用の損失分は、豊かな人の効用の増加分より大きいからである。同様に、同じ平均所得を持つ2つの社会を比べれば、不平等の低い社会のほうが高い社会厚生を持つ。しかし、この社会厚生の定義によれば、最も貧しい人の効用の低下があっても、最も豊かな人の効用の増加がそれを上回れば、社会全体としてはより良い状態とみなされる、ことに注意してほしい。功利主義者が問題とするのは、効用の総計のみなのである。

ベンサムの目標は、政策立案者（または独立した観察者）が直面する、異なった厚生水準にある人々の間の倫理上のトレードオフ、を要約する多様な「社会厚生関数」（*social welfare function*）の一例である。所得の限界効用が逓減すると想定することで、所得不平等の存在は社会全体の厚生の評価にあたって不利になるようにされてはいるが、上式のベンサムの定式化では、合計するときにすべての人に同じ重みが与えられている。この考えに対して、厚生の低い人々に大きな重みを与えるべきであると主張する人もいる。

さらなる学習のために：このトピックに関する解説は、アンソニー・アトキンソンとジョセフ・スティグリッツの *Lectures on Public Economics*、ジーン・ヘンドリクスとガレス・マイルズの *Intermediate Public Economics*、ルイス・カプローの *The Theory of Taxation and Public Economics* などの公共経済学の文献に含まれている。（Atkinson and Stiglitz 1980, lecture 11; Hindriks and Myles 2006; Kaplow 2008, pt.5）

したであろう。[113]

功利主義において長く続く問題は、社会の進歩を判断するのに人口全体の総効用と平均効用（総効用を人口規模で割ったもの）のどちらを基準とするべきか、というものである。これは人口規模が変わるときに問題となる。いかなる個人が人口に加わっても総効用は増加するが、もしその個人が当初の平均効用以下の生活をしているなら、平均効用は下がるであろう。平均効用を用いることの倫理上のジレンマは明白であった。貧しい人々が死ねば平均効用は上がるからである。しかし総効用を支持する人々にも難問があった。どんなに貧しい人々であっても、新しい人々が加わることはよいことと判断されてしまうのである。[114]

この問題を克服する一つの方法は、もし新しく追加された人々がある臨界最小値以上の生活水準（われわれはこれを基準としての貧困線と考えることができる）を有している場合のみ、人口が増えることで社会厚生は増加するという、より一般の形で功利主義を定式化することである。[115] しかし、この貧困線以下の人々が死ぬとき社会厚生は高まるとみなされていることに注意されたい。実際に、貧しい人々を貧困線以上に押し上げるには貧しくない人々に負担が掛かるなら、彼らを死に絶えさせてしまうほうがよいということになる。もちろん、これは倫理上で受け入れられないことである。

功利主義は、おそらく、哲学者が「帰結主義」と呼ぶものの最も影響力のある例であったであろう。この考えは「結果が手段を正当化する」――すなわち行動はその結果によって判断されるべき――というものであり、関係する個人の振舞いや社会・政治過程によって行動を判断する、権利と公正に関する義務論の考えとは区別されるものである。主流の経済学の（再分配政策を含む）政策の評価は、結果主義、とりわけ功利主義、を採用するようになった。厚生経済学が手段への関心を欠いていると言うのではない。実のところ、その後１００年間に現れた経済学は交換自由と消費者主権に大きな長所があるという考えに非常に重きを置くようになった。しかしそうではあっても、交換の自由と消費者主権は主にその結果によって判断されていた。そして他の自由をどのように見るかに関して不一致があった。例えば、集団交渉のため労働組合を組織する労働者の自由は、主流派経済学からほとんど注目も支持も得ることはなかった。

19世紀の半ばには、「自然の不平等と不正を正すこと」（Mill 1848, p.805）に国家が役割を持つことが重要な進歩派の人々の間で受け入れられるようになっていた。そうではあっても、貧困が依然として当然の事態として広範に受け入れられていたことも明らかである。貧しい人々は自身の貧困に（とりわけ高い出産率によって）責任があるとされ、国家の役割はほとんどないとされた。保護でさえ、ますます極度の場合に「ターゲット」されていった。期待しうる最善のことは、もっと小さな家族規模を望む知恵を労働者がなんとかわかるようになることであった。（ミルのような）当時の最進歩派の功利主義者の主張の間でさえ、押上げ型の政策に最も近いものは、人口成長を減少させる上で労働者階級のための（民間）教育の役割を指摘したことぐらいであった。

慈善の限界

貧しい人々を助けることへの道徳上の根拠を明らかにすることと、効果を生む行動を実施することとは、まったく別のことである。貧困との戦いにおいて政府の役割を重視するようになったのは、民間の慈善活動が十分な役割を果たせているかどうかに疑問を投げかけることを前提にしていた。慈善に基づく救貧活動が物乞いへの誘因を作っていたことへの懸念があった。物乞いは貧困から生じる悪影響の主なものであるとみなされていた。また、支援を必要とする人々のうちで慈善活動の対象にむらがあることへの懸念もあった。民間の施しは、同じくらい助けを要する特定されない（遠方の）大衆の必要にではなく、直接に知っている特定個人の状況によく反応する、ことが知られている。これは施しを与える人に共通な心理上の特徴であると考えられている[116]。

裁量での施しに関わるもう一つの重要な限界は、経済学者が奇妙にも「フリーライダー」と呼ぶものである（Box 1.14）。18世紀半ばまでには、自由市場経済の効率が広く認められるようになっていたようである。しかしある種の財――それは公共財として知られるようになった――の過少供給が深刻な問題であると理解されるようになってきた。ミルは『経済学原理』（Mill 1848, bk. 5, ch.11）――疑いなく19世紀後半の最も重要な経済学の教科書である――の中で、集団にとって大きな利益を生むような行動に関わるのに個人への誘因は十分に強くないかもしれない、と述べている。ミルは盗みと詐欺を罰する法律の必要の例を与えている。「誰も盗んだり騙したりしない状態は、誰にとっても望ましい。しかしすべての他人が盗んだり騙したりする状況なら、自分だけがそうしないことは何の利益も生

Box 1. 14 構成員からの貢献が任意である場合の公共財の過少供給

労働者の集団としての利益を推進するために労働組合の結成が必要とされている、と想定しよう。労働者による（現金または役務提供による）自発の貢献がこの組合を結成し維持するための唯一の利用可能な方法であるが、労働者は誰も他の労働者がどれだけこの組織を重視するかはわからない。これは、「非協力ゲーム」と呼ばれる――すなわち、皆が公共財（この場合は労働組合）の自己にとっての価値を認めるが各自は自分以外の選好はわからないという状況で、プレーヤーが互いに独立に行動する――状況である。公共心のある労働者が貢献しようとするのは疑いないであろう。しかしすべての労働者は、自ら貢献しなくても、組合の努力の成果としての利益を享受できることもわかっている。労働者たちは組合へ貢献する意思があると表明するかもしれないが、組合への期待を実際より控えめに述べる、あるいは何も貢献しないことにする、といったことが起こるであろう。これは「ただ乗り」（フリーライディング［free riding］）の例である。このような状況の下で、組合は結成されないかもしれない。

同じことは貧困にもあてはまる。誰もが貧困のない世界に住みたいと望むのかもしれない。しかし、フリーライディングのために、個人の慈善活動だけではあまりにわずかな貧困削減しかもたらさないという結果になるだろう。

フリーライディングはいつでも起きるというのではない。現実の人々の間でなされたゲームでは、経済学の標準のモデルが予測するよりも頻繁に（公共財の供給のような）協力行動が起こるようである。特定の公共財の供給における国家の役割があるかどうかを評価するために、われわれは民間の供給が適切に必要に応じているかを見定める必要がある。

さらなる学習のために：ジーン・ヘンドリクスとガレス・マイルズの *Intermediate Public Economics* には公共財についての秀逸な議論が含まれている（Hindriks and Myles 2006）。フリーライダー問題のゲーム理論での解釈の優れた論述はケン・ビンモアの *Playing for Real: A Text on Game Theory* に見られる（Binmore 2007）。エリノア・オストロムの *Governing* *the Commons: The Evolution of Institutions for Collective Action* は、コミュニティが共有資源の管理にあたってフリーライダー問題を解決するために用いる慣行について、興味深い議論を提供している（Ostrom 1990）。

まない」（Mill 1848, p.583）。

同じことが貧困についても言える。貧困の救済が集団にとっての利益を生むが、個人の慈善という各自の裁量での行為に頼っている場合である。多くの人々は貧困が少なくなることで利益を得るだろうが、そのための費用への相応の（あるいはまったく）負担をしないで利益だけを享受することも可能であるので、個人として行動するための誘因は弱過ぎるのである。道徳上の根拠はとても強く、すべての人々への潜在利益も大きいとしても、フリーライダーの問題を解決するような制度がない限り、個人としての行動は最適水準を下回るであろう（これについては、Ｂｏｘ １・14で説明される）。宗教または世俗道徳の善行の美徳の訴えは、すべての人々のためになる協調の成果を得るための努力として解釈されうるだろう。しかしながら、フリーライドへの誘惑は大きい。与えることの道徳上の意義についての著名な提唱者であるピーター・シンガーは次のように語っている。「われわれは皆、世界の最も貧しい国々の極度に貧しい人々を助けるべきであるという訴えを見たり読んだりする。しかしわれわれの多くは『他人にしてあげなさい』という呼びかけを拒絶してしまう」（Singer 2010, p.22）。

フリーライダーの問題に対するかねてよりの解決法は、フリーライドされやすい行動を法律や規制によって義務にすることである。ミルは述べている。「自らの利益に適う各人の判断に優越するのではなく、各人の判断が実効を持つようにするために、法による介入が求められる事柄がある」（Mill 1848, p.581）。このように、ミルは貧困との戦いにおいて国家には重要な役割があると認識していた。ミルは「極貧だが壮健な人々への救援は自発の慈善に頼るべきではなく、彼らの生存の確保は法によって明確に示されることが極めて望ましい、と私は考える」と述べている（Mill 1848, p.581）。しかし、貧困に対するかなり広範な公共の取組が実現するのはずっと先のことであった。

学校教育に関する論争

貧しい家庭の子どもたちは早くから働き始めるのが通例であった。証拠は不完全であるが、19世紀半ば以前のイングランドの労働者階級の子どもたちは、仕事があったなら7歳からお金を稼ぐ労働を開始するのが普通であった[117]。家族の生存のためには、働ける者はすべて働くことが必要であった。必要とされた技能は家庭の中で伝えることができるものだけであった。何もしていない貧しい子どもは豊かな人々にとって許しがたいものであり、働くことが唯一の解決策と見られていた。児童労働は、広範に許されていただけでなくむしろ望ましいものとみなされており、貧しい子どもたちの失業のほうが大きな社会問題とみなされていた。大衆向けの公立学校という考えは、19世紀の後半に至るまでほとんど支持を得ていなかったようである。実際に、デ・マンデヴィルの見方と同様に、大衆向けの学校教育は浪費であり危険でさえある、というのが普通の考えであった。19世紀の半ばでさえ、イングランドとウエールズの5歳から9歳の子どもたちの約40％が就学していなかった[118]。

学校教育の提供に国家が重要な役割を負うとも考えられていなかった。19世紀以前、そして（イングランドを含む）いくつかの国々では19世紀になっても、貧しい家庭の子どもたちが受ける学校教育のほとんどすべてが宗教団体によるものであった。イングランドとヨーロッパの他の地域で、任意の学校教育の制度は明らかに極めて階層化され不平等なものであった。宗教団体による学校教育には長所も短所もあった。イングランドでは、教会は公教育の提供に抵抗したが、需要への対応は極めて不十分であった[119]。イングランドでは大衆向けの学校への就学機会をめぐる論争は19世紀後半まで続き、その豊かさにも関わらず、イングランドは学校教育の達成においてはヨーロッパと北アメリカの大部分よりも遅れをとった。

貧しい家庭は、教会学校を必ずしも彼らの利益に適うものとみなしていなかった。インフォーマルな私立学校は、お金を払う余裕のある人々にはもっと期待のできるものであった。オーストリアやプロイセンの「裏通りの学校」は、「宗教の教えよりも識字能力を重視して」効率のよい教育を行っており、子どもたちが効率よく学習し雇用への途を開くことに熱心であった貧しい親たちからしばしば好まれたようである。[120]「裏通りの学校」は識字能力を身につけるための費用対効果の高い方法を提供すると、貧しい家庭からみなされていた。[121]このような記述は、今日のインドのいたるところにある「裏通りの学校」を想起させる。その状況は国家が運営する学校教育制度の明らかな失敗を反映している。[122]

ヨーロッパの大部分と北米では、19世紀半ばから貧しい家庭の学校教育に関する一般の見方の変化が明らかになりはじめた。当時の子どもたちが工場で置かれた労働環境が、労働運動家、社会派小説、そして、カール・マルクスとフリードリヒ・エンゲルスをはじめとする資本主義への声高な批判者、を焚き付けることとなった。子どもたちの労働条件の改善と失業への取組のためのよい方法としての学校教育への、有力な呼びかけが聞かれ始めた。貧しい子どもたちのための学校教育は、彼らの自己改善と変化のための鍵であるとみなされるようになった。大衆向けの学校教育は、犯罪の減少のような良い効果を生むともみなされていた。

19世紀末には、ヨーロッパと北米で義務教育の法制化が広範にみられるようになった。[123]これは長期にわたる公の論争の後で起こった。[124]私人の意思決定への国家によるほとんどいかなる介入にも反対した者もいた。[125]貧しい人々に学校教育を行うことが、彼らに非現実的な志を抱かせると心配した者もいた。[126]児童労働に頼っていた産業は、早くから義務教育に反対するロビー活動を展開した。しかし、19世紀を通して、新しい技術に必要とされるような熟練労働者を確保するために、産業家は次第に大衆向けの学校教育を支持するようになっていったようである。[127]これは単に新しい技術の必要に対応している学校だけの問題ではなかった。学校教育に関わる論争は広範であり、産業家が大きな影響を持ったかどうかは不明である。[128]貧しい親と地方コミュニティも、大衆向けの公教育への要求をますます強めるようになっていた。19世紀の後半には、貧しい労働者階級の親が子どもたちによりよい生活を望むことが現実味を増したようであった。その実施には克服すべき行政上の制約もあった。不登校法が適切に履行されるようになったのは、19世紀半ば頃に出生登録の制度が整備されてからであった。[129]全体として大衆向けの公教育の推進に進展があったが、その速度は不均一で、アメリカとヨーロッパの間で見られたような教育政策の違いが顕在化した。アメリカはすべての人々のために良質の公教育を整備することに優れており、そのことが20世紀後半まで続く「平等を伴った成長」の鍵を支える基盤となった[130]。

社会主義と労働運動

貧困の広がりと、支配層の無関心は、社会主義の出現を招いた要因の一つであった[131]（別の要因としては、労働者の組織化を容易にした都市工業化があった）。社会主義思想の中心学派であるマルクス主義は、貧困の根本原因は資本主義それ自体であるとみなした。その考えによれば、資本家階級によって享受されている利潤は、労働者の貧困と裏腹をなすものであった。そして、利潤はすべて労働から生じると考えられた。実際に、マルクスは、すべての価値は労働に基づくとし、これを基礎に彼の経済学を確立しようとした（Marx 1867）。その考えの大部分はリカードの労働価値説から借りていたが、リカードよりもそれをずっと真剣にとらえていた[132]。

マルクス主義者は、資本家階級が国民所得の増加分の多くを奪ってしまうので、資本主義の下では不平等は上昇すると考える。利潤がすべて資本家によって消費されるわけではないことは認めていた。蓄積への渇望によって、利潤の大きな部分が再投資されると確信していた。これは19世紀のヨーロッパには妥当した。労働者は貯蓄するにはあまりに貧しく、金融市場はほとんど存在しなかったので、再投資された利潤が工業化を支える主要な資金源であった。しかし、この再投資は、将来の貧困削減の手段としてではなく、労働の搾取を続ける手段であるとみなされている。

マルクスは、誘発された人口成長が一定の「生存維持」水準に賃金率を保つという古典派経済学者の見解を受け入れなかった[133]。実際に、彼は、貧困が何らかの自然状態であるといういかなる見解も拒絶した。しかし彼は、市場を均衡させるように賃金率が自ずと下落するとも想定しなかった。社会環境や時代によって異なりうる重要な社会規範が賃金の決定に影響すると見られていた。労働者は高い賃金を勝ち取るために組織化できるとした。しかし強力な労働組合がなければ、余剰労働の存在（「産業予備軍をなす失業者たち」）は、持続した賃金上昇の見通しを制約するとし、したがって資本主義の下での経済成長から貧困家庭が得る利益を制限するとした。

マルクス主義者たちは貧困政策に対して相反する二つの見方を持っていた。貧困への解決策は、資本主義経済の下での小手先の再分配政策ではなく、共産主義であるとみなされた（彼らはなぜ共産主義の下ではよくなるのかという根拠を確立することにはあまり注意を払わなかったが）。そのような政策は、強硬論者にとっては、緩やかな緩和措置に過ぎず、革命への変化を遅らせる危険もありうる、とみなされる。再分配における政府の役割を指摘する哲学思想や経済思想に価値を見出すこともなかった。例えば、マルクスは、ベンサムと同様に、「権利」についての議論を軽視していた。[134]

それにもかかわらず、ほとんどのマルクス主義者が資本主義経済の下での再分配政策に嫌々ながらも支持を与えてきた。マルクスとエンゲルスの『共産党宣言』に示された要求のいくつかは、累進所得税や公立学校における無償教育のように、今日では広範な政治上の支持を得て主流の貧困政策として認められているものである（Marx and Engels 1848）。

労働価値説――それはマルクス経済学の鍵をなす分析要素である――は主流の経済思想には持続する影響は与えず、マルクスの主要な著作『資本論』のすぐ後に現れたレオン・ワルラスの一般均衡競争モデル（Walras 1874）に凌駕された（Marx 1867）。そうであっても、ワルラス型のモデルは、マルクスにおいて見出されていたような、経済を形作る歴史、社会、政治の諸力への理解を欠いていた。産業予備軍をなす失業者たちという考えは、開発経済学を含めて、その後しばしば登場するものであった（第2章と第8章でこれに立ち戻る）。人間の性質は大部分が社会の文脈の産物であるという強い主張は、政治哲学に持続する影響を与えてきた。[135] 貧困を個人の属性の結果とみなさず、個人の行動への社会の影響を見るべきとした。もちろん、この考えにはマルクスに先立つ前例があり、とりわけルソーにも見られたものであった。

Box 1. 15　ロンドンでのコレラ発生地図

インパクト評価（第6章で学習する）として知られることになるものの初期の例として、ジョン・スノウ医師は、1854年のロンドン（当時の世界で最大の都市であると同時におそらく最も悪臭のひどかった都市）において、限られた地区で多発したコレラによる死亡が発生した場所を地図に示す作業を行った。その地図は、コレラによる死亡の発生が、そばの汚水溜により汚染されていた特定の飲料水供給源（ソーホーのブロード・ストリートにあるポンプ）と関係があることを示していた。それ以前に有力であった考えは、コレラは（水感染ではなく）空気感染する病気であるというものであった。その後10年以内に、ロンドンで現代につながる下水網のインフラが整備された。スノウ医師の研究は世界中で公衆衛生に多大な影響を与え、世界の貧しい人々に莫大な利益をもたらした。ただし、今日においてもその利益がまだ及んでいない人々は多くいるが。

さらなる学習のために：ジョン・スノウは現代の疫学の開拓者の1人とみなされている。スティーブン・ジョンソンの *The Ghost Map* は、当時の状況とスノウ医師の地図の影響を詳しく述べている（Johnson 2007）。

ヨーロッパと北アメリカに現れた社会主義の政治組織と労働運動は、19世紀末以降の進歩派の社会政策の策定に重要な役割を果たした。これには二つの側面があった。第一に社会不安、場合によっては革命への恐れから、保守主義者に貧困と不平等に対処する行動を取ることを勧めたことである。社会主義運動からの批判は、資本主義の下での不平等の過酷な側面を緩和するような、貧困者を益する改革を行うように促した。有名なものとして、1880年代のドイツでは、ビスマルクが「労働者を社会主義者から切り離す」ために広範な社会保険を導入した[136]。

第二に、19世紀末のヨーロッパと北アメリカで、より広範な貧困政策を求めた働きかけを行うため、労働者と社会改革者の間の政治上の連携が形成された。労働組合は、事故、病気、老齢などにつき組合員を助けるために労働者自身の負担金で賄われた社会保険を引き受けていたが、対象者は限られていた。国家が皆保険と貧困救済を提供しなければならないことが認識されるようなった。その目的に向けた政治の戦いは何十年もかかったが、20世紀後半には、ほとんどすべての豊かな国々で現代の福祉国家が出現することとなった。

貧困に関する社会調査

18世紀終わりのイングランドの貧しい家庭の生活状態を記録したフレデリック・イーデン卿による先駆の著作の後、しばらくの中断があって、19世紀半ばに社会問題に関する新たな調査が現れ始めた。この時期には、公衆衛生の分野で、汚物による飲料水の汚染とコレラの間の関連が知られた時期であり、水道管施設による清潔な飲料水の供給が公共事業として取り組まれることとなった（Ｂｏｘ１．15）。これは、貧困を永続させるような市場の失敗に取り組む公共行動に情報を与えた調査の初期の例であった。ここでの政策は、貧しい人々が使える現金を増やすのではなく、公共部門による供給という形であった。

19世紀の中頃から、社会調査とジャーナリズムのおかげで、裕福な市民が恵まれてない人々の生活状態を知るようになり、貧困政策に関して情報に基づいた公の議論が促進された。有名な例としては以下のようなものがある。

- フリードリヒ・エンゲルスによる、１８４０年代のマンチェスターでの過酷な労働条件と貧弱な衛生環境に関する記述（Engels 1845）[137]
- ヘンリー・メイヒューの１８４０年代のロンドンの貧しい人々に関する新聞記事（Mayhew 2008）
- フレデリック・ル・プレーによる19世紀半ばのヨーロッパの労働者階級の家庭の予算に関する研究[138]

●マシュー・キャリーによる１８３０年代のフィラデルフィアの「自己満足に浸っている人々を驚かし施しを与えるようにさせる」ための貧しい家庭の予算と賃金に関するデータの使用[139]

●１８８０年代のニューヨーク市のスラムを捉えたジェイコブ・リースのフォトジャーナリズムのように、写真による貧困の記述の補完（Riis 1890）

19世紀半ば以降、定量データと統計分析も貧困に関する知識を改善することに重要な役割を担いはじめた。これに関する先駆者は、ドイツの統計学者エルンスト・エンゲルであり、家計の食料消費と総消費の間の研究を行った（Engel 1857）。彼は、「エンゲルの法則」として知られることとなるもの――すなわち、貧しい家庭ほど予算のうちで食料に充てられる割合が高いこと、あるいは（言い換えれば）食料需要の所得弾力性が1より小さいこと、を発見した（エンゲルの法則については、Ｂｏｘ　１・16を参照）。

しかしながら、イーデン卿の『貧しい人々の現状』以降で、近代科学の方法による貧困研究として最も重要な貢献は、明らかに、19世紀後半のイングランド（ロンドンおよびヨーク）の貧しい人々の生活状態を記録したチャールス・ブースとシーボーム・ラウントリーの研究であった。これらは注意深くなされた家計調査を用いて先駆的な測定を行ったものであり、貧しい人々がどのように暮らしているかを貧しくない人々に示した（家計調査に関してはＢｏｘ　１・17を参照）。彼らの研究は、多くの注意を引いた。それに先立つ50年間にイングランドの労働者階級の生活に改善があったが、貧困は残っていた[140]。１００年前にスピーナムランド制度の基礎所得などの先例はあったが、「貧困線」という考えはブースの功績であるとされている。当時、１００万ものロンドン住民――全住民の約3分の1に相当する――が、彼の定めた極めて低い貧困線以下で生活していたということに、イングランドの公衆は衝撃を受けた。筆者の計算では、その極めて低い貧困線は、1日1人当たり1.5ポンドの良質な小麦に相当するものであり、それは今日

Box 1. 16　需要の所得弾力性とエンゲルの「法則」

エンゲルの法則の鍵は、**需要の所得弾力性**の概念にある。これは所得の変化に対する食料（または他の財）への需要の反応の程度を測定するものである。食料消費量のパーセント変化を（それをもたらす）所得のパーセント変化で割った比率、として定義される。したがって、所得の10%の増加の結果として食料需要が５%増加するなら、弾力性は0.5である。

世帯の全支出が増加するとき、食料消費もまた増加すると予想される。これは食料需要の所得（または全支出）弾力性がプラスの値であることを意味する。1857年のエンゲルの最初の貢献以来、家計調査を用いた需要行動に関する研究はこれを確認し、さらに通常はこの弾力性の値は１より小さいことを見出した。このことにより、弾力性が１より大きい財（奢侈品）とは異なり、食料は「必需品」であることを意味するとされた。直観でも、生存するだけのためにも最低限の量の食料が必要とされるので、その意味で食料はまさに必需品である。弾力性が１より小さいということが意味するのは、総支出が増えるにつれてその内で食料に向けられる割合が下がるということである。その様子が図 B1.16.1に描かれている。

エンゲルの法則は、食料への需要を決定する要因として１つ、すなわち所得、のみを関心の対象とする。しかし、エンゲル曲線は、価格や世帯構成のような他の要因によっても影響を受けると予想される。例えば、食料需要は食料価格その他の財の価格にも反応するだろう。そして、食料価格が上昇し

図 B1.16.1　理論上の食料エンゲル曲線

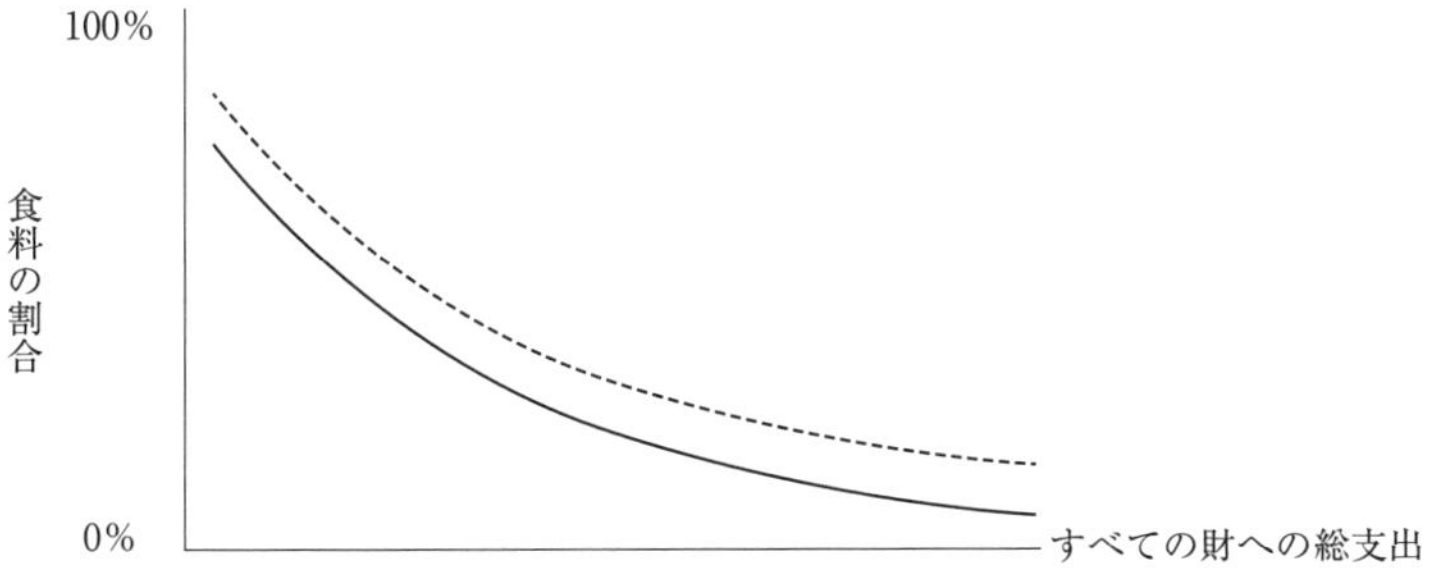

図 B1.16.2　国間クロスセクションでの実証上の食料エンゲル曲線

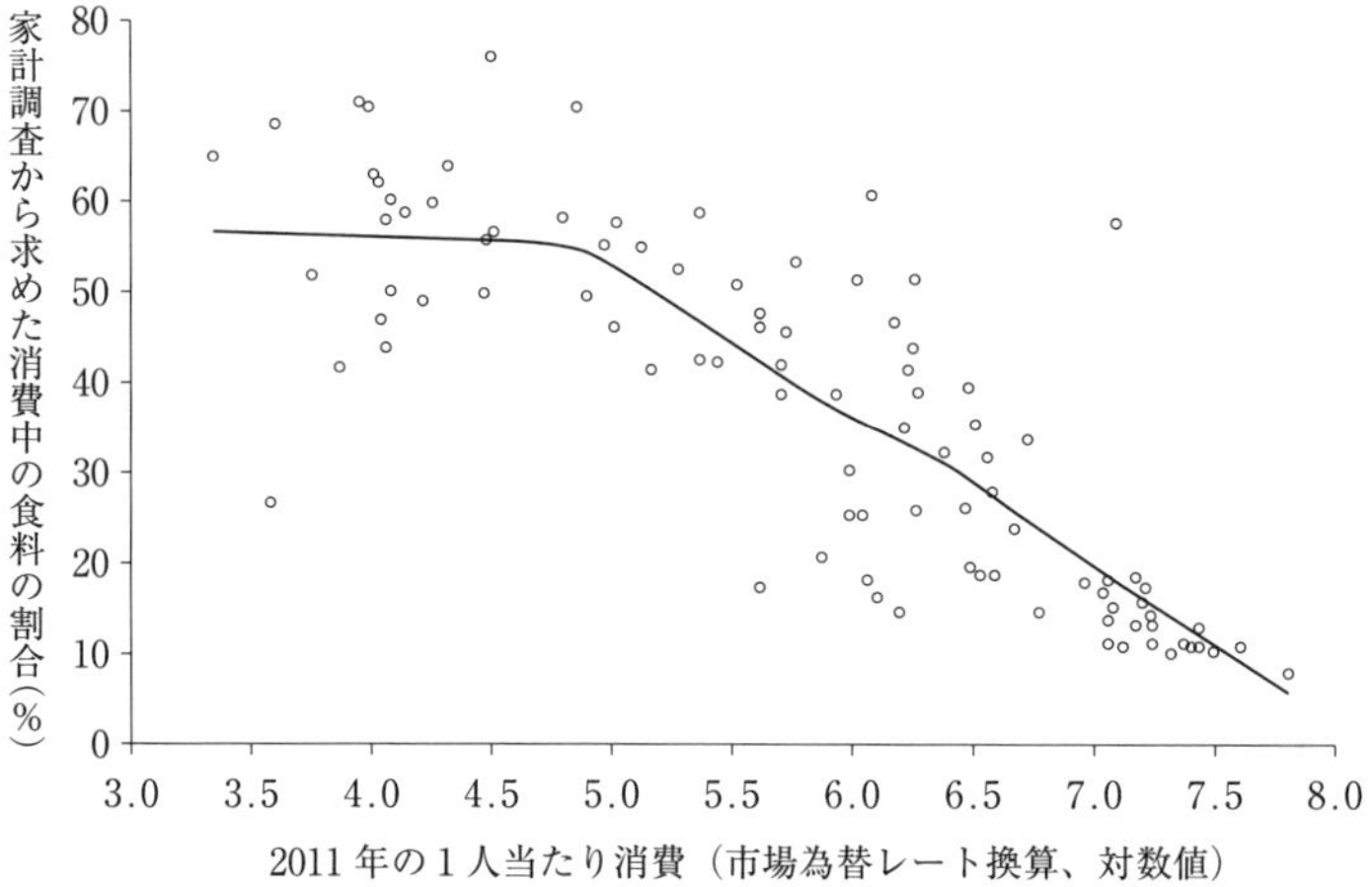

出所：Ravallion and Chen（2015）

た際の反応として、貧しい人々のほうが食料購入量の変化が大きい、という傾向がある。より正確に言えば、貧しい世帯ほど食料需要の価格弾力性が（絶対値で）大きい傾向がある。（所得弾力性と同様に、価格弾力性は、食料消費量のパーセント変化を食料価格のパーセント変化で割った比率である）。他の例としては、エンゲルが主張したように、所与の総支出の下で子どもの比率が高い世帯ほど食料への支出の割合が大きいと予想される。この場合が図B1.16.1の破線で示されている。

図 B1.16.2は、国間クロスセクションでエンゲル曲線がどのようになるかを示している。横軸は、貧しい国々のプロットが密集し過ぎないように、対数目盛を用いている（それで、図 B1.16.1と比較して曲線の曲がり方に違いがある）。貧しい国々の間では、食料消費の割合は 1 人当たりの消費量が増えてもほとんど下がらず、全支出の約57%である。したがって、エンゲルの法則は貧しい国々の間ではかなり弱いということになる（すなわち、食料需要の所得弾力性は 1 に近い）。ある水準を超えると、食料消費シェアは急激に下がり始め、最も豊かな国々では約10%になる。

歴史メモ：エンゲルの「法則」の最初の定式化から100年後、ヘンドリック・ハウタッカーは、食料支出（対数値）を総支出と世帯規模（いずれも対数値）の関数として示す統計モデルにより、30カ国での調査データを用いてこれに支持を与えた（Houthakker 1957）。Box1.19ではこの種のモデルについて詳しい説明がなされる。

参考文献：需要行動を研究するためのエンゲルのアプローチに関して、より高度な分析手法を用いた優れた議論が、アンガス・ディートンとジョン・ミュエルボーによる古典と呼びうる教科書 *Economics and Consumer Behavior* にある（Deaton and Muellbauer 1980）。

の発展途上国での貧困線と大差ない水準にあった[141]。

ブースの研究は、議員の間で明確さとデータが求められたのに応えたものであった。高齢者の貧困とその地域による違いについての彼の実証研究は、イギリスでの１９０８年の公的年金と、１９１１年の国民保険の導入に影響を与えた[142]。ブースとラウントリーの研究は、どの都市あるいは地方で貧困が多いかに関する論争を生んだ。１９００年頃には、イングランドの人口の約30％が貧困状態にあると広く信じられていた。これは、ラウントリーがヨークの人口の28％が貧困であるとし、ブースがロンドンの人口の31％が貧困であるとしたことに基づいていた。しかし、彼らは異なった貧困線を用いていたので、絶対貧困の指標としてこれら二つの数値は比較可能なものではなかった（Ｂｏｘ １・18）。

貧困状態の国別比較も、早い時期からメディアに好まれたトピックであった。例えば、ブースの著作が現れた15年後に、アルフレッド・マーシャルは、ブースの数字に示されたイングランドの場合よりもドイツのほうがさらに貧困が多い、と強く主張した。これは、「イングランドに関してドイツ人皆が確かに知っている数少ないことの一つは、ロンドンには飢えの危機に瀕する極めて貧しい人々が１００万人もいるということである」という認識に対応したものであった（Marshall 1907, p.12）。

ブースとラウントリーの綿密な観察に基づいた貧困の研究は、社会科学における研究にも影響を及ぼした。ロバート・ハンターはアメリカにおける貧困研

Box 1. 17　家計調査

正式な家計調査では、世帯の無作為標本から、面接によりデータを集める。一般に標本設計では、最初に村のような第 1 次標本抽出単位（primary sampling units: PSUs）の無作為標本を抽出する。PSUs は人口規模に比例する確率で選ばれる。第 2 段階では、通常は選ばれた PSU に含まれるすべての世帯をリストアップした後に、世帯の無作為標本を抽出する（より複雑な多段階の標本設計が用いられることもあるが、最終の推計の正確さを過度に損なわないように注意しなければならない。実際には、単純な 2 段階の標本抽出方法のほうが望ましいことが多い）。

調査手段（質問票）の多くは、特定の目的のために設計される。世界銀行の生活水準測定調査（Living Standards Measurement Study: LSMS）のように、複数の目的に応える調査もある。この種の調査は、所得源や（農産物など自家生産物の消費を含む）消費支出に関する詳細な質問を含む。これらの詳細な質問は、所得ないしは消費の包括指標を得られるように設計されている。

実施機関は、通常、調査結果を要約した統計概要を作成する。しかし、これはしばしば限定された分析上・政策上の関心に適うものにすぎない。今日、多くの利用者は、貧困や不平等を測定する、貧しい人々の特徴を記述する、貧困プログラムへの参加率を見積もる、行動上の反応をモデル化する、ことなど特定の課題に取り組むためにミクロデータにアクセスしている。

さらなる学習のために：第 3 章では、利用者が自覚すべき方法論上の事項を含め、家計調査の詳細を論じ、参考文献を紹介している。

Box 1. 18 「イングランドの人口の30%は貧困である」——貧困分析における初期の教訓

ラウントリーはヨークの人口の28%が貧困であるとし、ブースはロンドンの人口の31%が貧困であるとした。他のデータがなかったので、イングランドの人口の30%が貧困であるというのが1900年頃の通説となった。しかし、ラウントリーの貧困線はブースのそれよりもずっと高かったことがわかっている。ここではデヴィッド・マクレガーによって行われた計算を紹介する（MacGregor 1910）。

貧困である人口（%）	ヨーク	ロンドン
ブースの貧困線	3	31
ラウントリーの貧困線	28	50

どちらの貧困線でみても、貧困率はロンドンのほうがずっと高いことがわかる。したがって、イングランドの人口の30%が貧困であるという主張は、ヨークにおける貧困はロンドンにおける貧困と同じくらい高いという主張と同様に、疑問視して差し支えない。

後に、ハーマン・ミラーは、アメリカでの貧困測定がどのように変わったかに関して同様の観察を行った。1935年において当時の基準で貧困率は28%であり、1960年には10%に減少したと考えられていた。しかし、貧困線の実質値は時とともに上昇してきた。ミラーの計算の結果、もし1960年の貧困線を1935年に適用したとすると、貧困率は47%であったであろうことが明らかになった（Miller 1964）。

究において彼らに倣い、アメリカにおける貧困率の最初の推計値を与えた（Hunter 1904）。ハンターは１９００年頃のアメリカでは１０００万人が貧困状態にあると推計したが、それは１９００年にアメリカで１０６０万人が貧困状態にあるとした図１・１にある推計に極めて近い[143]。そのことは、暗黙のうちに、ハンターの用いた貧困線が図１・１の推計の基をなす「１日１ドル」貧困線に近かったことを示唆している。

ブースとラウントリーの影響はそれに留まらなかった。マン博士とその協力者たちによってなされたインド農村の研究は、ブースとラウントリーの影響を受けていた[144]。選定された農村への定量経済学研究は長く際立った伝統となった[145]。ブースのアプローチはイギリスとアメリカの両方で定量社会学の発展にも影響を与えた[146]。80年後に行われたピーター・タウンゼントによるイングランドの貧困研究は、明らかにブースとラウントリーに多くを負っている（Townsend 1979）。それは、１９３０年代のアメリカで都市貧困の研究を始めたシカゴ学派の社会学についても同じであった。

19世紀末は、後に、貧困と貧困政策に関する研究を含み経済学と社会科学全般に大きな価値を持つことになる統計手法が誕生した時期でもあった。その例として、線形回帰という考えがあり、生物学、とりわけフランシス・ゴルトン卿の有名な遺伝の研究で初めて現れたものであった[147]。カール・ピアソンは、誤差の分散の最小化という目的から、回帰直線と相関係数の現代の定式化を行った（Pearson 1896）。Ｂｏｘ １・19で、本書でしばしば言及するこの統計手法の考えを説明している。生物学におけるこれらの考えの出現のすぐ後に、これらの経済・社会行動への適用がなされることとなった[148]。

20世紀初めにおける新しい思想

20世紀への変わり目近くに書かれたアルフレッド・マーシャルの『経済学原理』には、この章の初めに引用された問いが記されている（Marshall 1890, p.2）。マーシャルは貧しい親を持つ子どもたちがあまりにわずかな学校教育しか

Box 1. 19　経済学者の最も好きな統計分析：回帰

回帰直線とは、従属変数（y）を1つまたは複数の説明変数（x）に関連付けて当てはめた線である。通常、関心は直線に限定される。その当てはまりは決して完全ではなく、何らかの誤差項（ε）は残る。「最も当てはまりの良い」直線は、通常、誤差の分散——すなわち、従属変数の予測のために回帰直線を使う際の誤差の二乗の合計——を最小にする線として特定される。誤差項の測定値はしばしば「残差」（residual）と呼ばれる。回帰直線の傾きはβで示され、切片（すなわち、$x = 0$のときの値）はαで示される。したがって観測数がnである場合の回帰直線の式は次のように示される。

$$y_i = \alpha + \beta x_i + \varepsilon_i \ (i = 1, ..., n)$$

ゴルトンの最初の回帰分析では、子世代のスイートピーの種の重さ（従属変数y）を親世代の種の重さ（説明変数x）に回帰した。ゴルトンは1より小さい正の傾きがあることを発見した。これは「平均への回帰」として知られるもので、世代を経ることで体重が増加するという性質が体重の軽い親をもつ子どもほど大きくなる傾向にあり、したがって世代を経ることで体重は平均に収束するであろうことを意味する。100年後、この性質は経済成長の文脈で重要になった（第8章参照）。

本書の主題に近い例として、図B1.19.1は、1日当たり1.25ドル貧困線を用いた貧困率（H）の自然対数値を、上の定義で人口の1％以上が貧困である発展途上諸国での平均消費または平均所得（M）の対数値に対してプロットした散布図を示している。図には回帰直線も描かれている（観測数$n = 76$）。

$$\log H = 9.29 - 1.42 \log M + \hat{e}$$

ここで$\hat{e}$は回帰残差である。傾き$\hat{\beta} = -1.42$は、1％の消費または所得の平均の増加が平均して1.4％の貧困率の低下と結びついている、と解釈できる。

全体としての当てはまりの良さは、通常、相関係数の二乗（R^2）で評価さ

図 B1.19.1　国間クロスセクションで平均消費（対数値）に対してプロットされた貧困率（対数値）

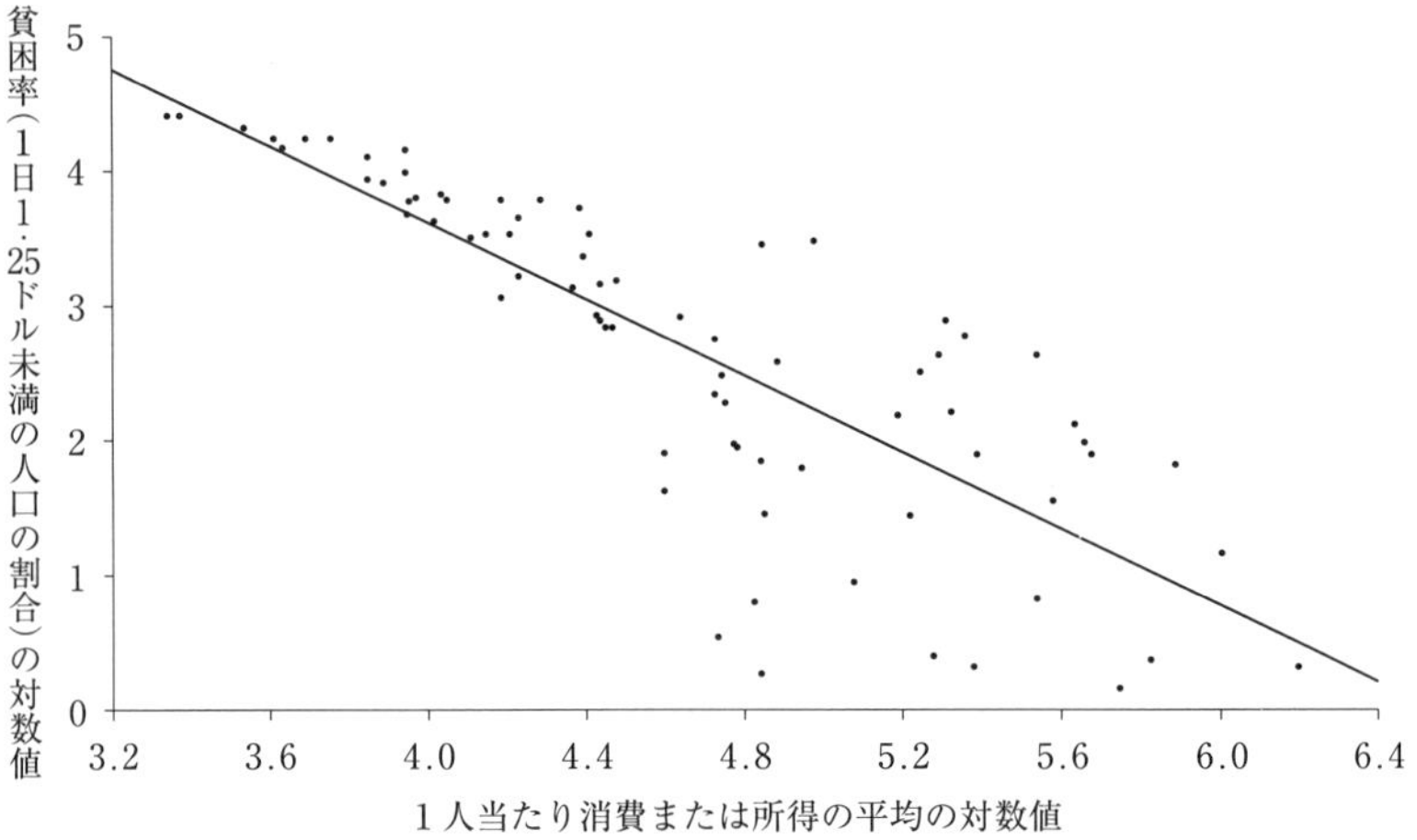

れる。これらのデータの場合は、$R^2 = 0.67$ であり、相関係数は 0.82 である。これは、従属変数の分散のうち説明変数に帰することができる割合を示しており、この場合は、貧困率の対数値の分散の約 3 分の 2 が、消費または所得の平均の対数値の分散で説明され、残りは残差の分散に起因することを意味している。回帰分析を評価する際に、傾きがどれだけ精密に推定されているかも知りたいことである。これは傾きの標準誤差（$se(\hat{\beta})$）で与えられ、この場合は 0.12 である。傾きについての95%信頼区間は、下限を $\hat{\beta}-2se(\hat{\beta})$、上限を $\hat{\beta}+2se(\hat{\beta})$ とする。したがって、この場合には95%の確率で真の値が -1.66 から -1.18 の間にあることになる（標準誤差を計算する方法は、誤差項の分散が一定であると仮定している。上のグラフからは、消費または所得の平均が大きくなると誤差項の分散が大きくなる傾向にあることがわかる。この点を修正した場合の標準誤差は 0.10 になる）。t 統計量 $t = \hat{\beta}/se(\hat{\beta})$ は、$\beta = 0$ であるという帰無仮説を検定するために用いられる。

回帰直線を当てはめることは、x が y の原因であるということを意味しない。相関関係は因果関係を意味しないのである。この回帰における因果関係が疑わしい 1 つの理由は、調査における測定誤差があるので、もし消費または所得の平均を過大推計しているなら、おそらく貧困指標を過小推計していることである。

　他の懸念は、回帰において重要な欠落変数（*omitted variables*）があるかもしれないことである。回帰にあたり、式に含まれている説明変数と相関している脱落変数があることがしばしば懸念される。そうであると、明らかに推定に偏りが生じる。推定された係数が（欠落変数のではなく）その変数の効果をどれだけ正しく反映しているかわからない、のである。

さらなる学習のために：回帰分析へのよい導入としては、ジェフェリー・ウルドリッジの *Introductory Econometrics: A Modern Approach, 5th ed.* を参照せよ（Wooldridge 2013）。第6章では、データから因果関係を推測する問題に取り組むための高度な方法について論ずる。

受けていないことを嘆き（p. 467）、貧困政策を素描した（pp. 594-599）。道徳心からの一時しのぎとしてではなく、継続する貧困それ自体が富の産出への制約であるという認識に立っており、100年前の経済学における主流の見方とは明らかにはっきりと異なったものであった。マーシャルは「悪の累積」について次のように述べる。「ある世代の子どもたちの食事が乏しければ乏しいほど、彼らが成長したときに僅かしか稼ぐことができず、彼らの子どもたちの物質面の必要に十分に応える能力に欠けるであろう。そしてそれがさらに次の世代にも続くのである」（Marshall 1890, p.468）。それゆえ、「富の不平等、とりわけ最貧層の極めて低い所得は、（略）彼らの欠乏の充足を制約するだけでなく、活動を妨げるのである」（p.599）。

　ここでマーシャルが、「欠乏の充足を制約する」という直接に低所得に関連することのみでなく、「活動を妨げる」ことにも言及していることは、ある種の不平等が経済の全般にわたる進歩を阻害する重要な要因であるとみなされる、今日の開発分野での考え方において顕著な視点を、先取りしている。マーシャルは浅はかな空想に過ぎない理想を避けることに注意深かったが[149]、彼の著作は、競争ある市場経済に潜む選択可能な機会をすべての人々に広げる手段として、社会政策をはっきりと肯定する観点を示していた。ここで彼は、

「子どもたちは、いったん貧困状態の下に生まれたならば、そこから抜け出せるように助けられるべきである」(p.598) としたように、押上げ型の政策を率直に明白に提唱している。さらに彼は、累進所得課税を通じた資金手当を支持して、次のように述べる。

> 啓蒙が広がり、豊かな人々が公共の福利に貢献するなら、豊かな人々の資源を貧しい人々に役立たせることができ、貧困がもたらす最悪の事態をこの地上から取り除くであろう。
>
> (Marshall『経済学原理』1890, p.599)

重要なことは、貧しい親たちにこの新しい楽観主義が共有され始め、彼らの子どもたちへの学校教育への需要を高めていたことであった。19世紀末には、ヨーロッパや北米の貧しい親たちのほとんどが、彼らの子どもたちには、彼ら以上によい経済機会があることを期待していたようである。貧しい人々の願望は変化していたのである。それに先立つ時期には、貧しい労働者階級の子どもたちはその階級に留まる以外に望みはなく、親たち同様に貧しい労働者となるほかなかった。子どもの生存機会を改善し平均余命を高めた医学や公衆衛生の重要な前進に助けられて、子どもの学校教育に投資することは前の時期よりもはるかに危険が小さくなった。それゆえ、大衆向け教育への需要も供給とともに高まっていった。親たちは依然として、彼らの将来の生活の保障のため子どもたちに投資していたが (公の社会保障制度はまだ普及していなかった)、彼らは子どもたちの質に投資するようになっていた。出産率は低下しつつあった。

20世紀の到来までに、道徳の弱さによって貧困は引き起こされるとした長く続いた考えが衰退し (それはその後も決して消滅することはなかったが)、代わりに、貧困の主要な原因として当初の不平等と相互に作用するショック要因と個人を超える経済要因を重視する考えが支持を得るに至った。一般の考えにおけるこの変化は、貧困の諸側面と諸原因についての新たな社会調査からの情報が、識字の普及に伴ってマスメディアを通じて多くの人々に届くようになったことで促進された。行動様式を変化させるための努力は依然としてなされたが、それらはとりわけ疾病の抑制のために、新しい科学知識を適用することのほうに向けられるものであった。歴史家であるスティーブ・ボードウィンは、アルベルト・シュヴァイツァーが現在のガボンで彼の有名な病院を設立した1913年が「伝統の慈善と現代の非宗教の救援」の間の移行を画す、と記している（Beaudoin 2006, p.78）。

その頃には、新しい技術が可能な生産の幅を広げつつあり、やがて全世界にわたって人々の生活を変革することとなった。代表例としては、アンモニア合成のハーバー・ボッシュ法が1913年に商用化されて窒素肥料の大量生産を可能にし、作物収量の大幅な向上をもたらしたことがある。新しい農薬と相俟って、この技術進歩は20世紀中に1エーカー当たりの食料産出量を4倍増へと導いた[150]。合成窒素肥料への依存としばしば非常に非効率な使用が環境への負荷にはなったが、増加する人口に食料を供給し、マルサスが唱えた宿命と貧困の増大を回避することを助けたのである。

20世紀が始まる頃にアメリカでは、さまざまな「トラスト」による市場と政治における支配力を抑制しようと、変革を求める大衆運動が見られた。トラストとは、19世紀後半に巨大な力を得た独占企業のことであり、市場の歪みと富の不平等の著しい増大をもたらしていた。シャーマン法の制定（1890年）と一連の改革志向の大統領（セオドア・ルーズベルト、ウィリアム・タフト、ウッドロウ・ウィルソン）が続いたことで、政策措置が取られた。ウッドロウ・ウィルソンの下で、反トラスト法制と金融部門規制が強化され、連邦取引委員会と連邦準備制度理事会が設立された。

第一次大戦後、西洋では貧困対策のための政策介入を求める一般の熱意が高まっていた[151]。貧しい境遇で育つ子どもの福祉がしばしば中心の動機であった。第一次大戦後には、最低就学年齢を確実にしまた子どもを危険な労働環境から守るために法制の強化が行われた。また、寡婦への現金給付プログラムが現れた。アメリカでは扶養児童のいる貧しい家庭への最初の福祉プログラムである「母子年金」（Mothers' Pension）がイリノイ州で第一次世界大戦の少し前に導入され、戦後20年間に他のほとんどの州にも広がっていった。これは、小さい子どものいる寡婦とシングル・マザーに現金給付を行うもので、その主要な動機は貧しさの中で育つ子どもたちの福祉であった[152]。

この時期に、経済学は貧困に関する考えにおいて際立っていたようには思われず、他の社会科学や統計学が主導権を握っていた。確かに、アーサー・ピグーのような傑出した経済学者の著作においては、「国民配当」の損失は貧しい人々への利益によって正当化されうることが受け入れられた（Pigou 1920, pt4, ch1）。しかし、経済学における主流の論調は、功利主義の道徳哲学から離れて、あらゆる個人間の厚生の比較を「科学ではない」として避けるような科学としての地位の追求に向かっていった。この新しい方向のため、分配政策はいかにあるべきかという議論に経済学者は大した役割を果たさなくなってしまった。

経済学におけるこの新しい方向の出現を画した人物を1人挙げるとすれば、それは確実にヴィルフレド・パレートであろう。彼の（イタリア語での）著作『政治経済学』は、とりわけ個人間の比較を必要としない形で最適化を特徴付けたことで、（やがて）非常に影響力のあるものとなった（Pareto 1906）。Ｂｏｘ　１・20でその詳細を論じている。パレートはあらゆる個人間厚生比較を避けようとした（それゆえベンサムやスミスに遡る経済学の伝統を拒絶した）が、パレートの所得と富の分配に関する純粋に実証を指向する研究は、貧困と不平等を測定する上での重要な試みであった（Ｂｏｘ　１・21）。

しかしながら、より広く社会科学の中では、絶対貧困の程度が社会の進歩を測定する重要な尺度と見なされるようになった。ロンドン・スクール・オブ・エコノミクス（ＬＳＥ）での統計学の初代の教授であったアーサー・ボウリーは、「おそらく、ある国の進歩を調べるのに、貧困者の割合がどの程度であるかを示すよりも良い方法はないだろう。そしてその進歩を観察するためには、時間を通して厳密に不変であれば、どのような基準が選ばれるかはそれほど重要ではない」と記している。アメリカでは、オーリン・ヤングが、不平等の測定につき、ジニ係数を含む新たな

Box 1. 20　パレートの厚生経済学

ベンサムやミルのような古典学派の功利主義は、個人間で比較可能な基数効用関数という考えに基づいていた。この考えは、各個人の効用にその大きさを表す数を割り当て、それは足し合わせることができるとした。パレートは、「効用」はこのような方法では測定できないと主張し、基数効用という考えと（それゆえ）古典学派の功利主義を拒絶した（何よりも、もし効用が基数として人々の間で比較可能でないなら、それを足し合わせることについて話すのは無意味である）。代わりにパレートは、純粋に序数としての選好——すなわち諸バンドルの順位付け——に基づいて彼の経済学を築いた（特定個人の効用関数はありうるが、それは序数としての選好を表すための分析装置にすぎないとみなされ、その目的のためには選好順位を表すどのような関数でも十分である）。これを出発点として、他の誰かの状態を悪くすることなしには誰の状態も良くできない（各当事者が自身の選好に基づき状態を評価する）ときに、財の配分が最適であるとみなされる。

パレートは、自由な交換の過程を通してそのような最適な配分に至りうることを示した。（Box1.4の滑らかな無差別曲線を含む）いくつかの条件の下では、任意の所与の初期配分（「賦存量」[endowments] と呼ばれる）の下で、パレート最適な財の配分が一意に存在する。さらに、Box1.9の諸条件（最重要である条件は、価格は所与のものとされることと、すべての市場が存在すること、の2つである）の下で、パレート最適な配分は相互に利益のある交換によって達成されうる。これは後に、競争市場の均衡はパレート最適である、という厚生経済学の第1基本定理として公式化された。

しかし、これは分配に関する政策の議論には役立たなかった。初期の賦存量の割当を所与のものとはみなさないとすると、人々の間に無限に多くのパレート最適な財の配分が存在することになる。パレート流の経済学の信奉者（の多く）は、経済学者は、ある人の厚生を他の人と相対比較して「科学として」判断する——すなわち、ある人が他の人よりよい状態にあると言う——ことはできないとする。（後にロビンズによって主張されたように）このような判断は経済学の外でなされるべきこと、とみなされるようになった

（Robbins 1935）。

効用は基数としては測定可能でないとすることで、財の需要と供給という観察可能なデータを除いて、厚生比較を行うためのあらゆる種類のデータを拒絶していると解釈されうる。そのように捉えると、パレートの厚生経済学は、社会選択や政策に関する問題につき経済学者が用いうる情報を、恣意により始めから制限してしまっている、と言える。

歴史メモ：ヴィルフレド・パレートの（イタリア人の父とフランス人の母の間に1848年にパリで公爵として生まれたという）貴族としての出自は、彼に長く続く影響を及ぼしたように思われる。彼は倫理についての思索を斥け、経済学から功利主義の基礎を取り除く方途を見出すことを求めた。

方法よりも、所得または富の水準の分布に焦点を当てる方法を推奨した（Young 1917）[153]。

貧困に焦点を当てることは、その後の数十年間に政治上で勢いを得ており、大恐慌があって際立ったものとなった。例えば、フランクリン・ルーズベルトは、彼の二期目の就任演説（1937年）で「われわれの進歩の証は、富を多く持つ人々をさらに豊かにするかどうかではない、富をわずかしか持たない人々に十分なことをできるかどうかである」と述べた。

ルーズベルトは、しばしば一括して「ニューディール」と呼ばれる施策の中にいくつかの新しい社会プログラムを導入した。老齢年金を導入した社会保障法、児童扶養世帯への給付、失業手当、などである。これに先立つ（タフト大領領による）連邦所得税の導入により、累進の性格を持つ財源が確保された。

20世紀が始まる頃から、貧困や不平等のような社会問題の公の議論に統計情報が用いられるようになった。方法論上での重要な争点は、センサスの代わりに家計標本調査に頼ってよいかと、どのように標本抽出がなされるべきか、であった[154]。20世紀の最初の何十年間かにおいて、アーサー・ボウリー、ロナルド・フィッシャー、イェジ・ネイマンのような統計学者が、無作為標本抽出に基づく統計推測の理論を発展させた。1928年にLSEで組織された（ボウリーに指導された）研究チームは、

Box 1. 21　パレートの「法則」

パレートは、所得または資産の分布の上側の裾（upper tail）における規則性も研究した。図 B1.21.1にあるインドのビハール州の農村部における資産の度数分布を見てみよう。

大きなグラフは、（横軸に示されている）資産の指標の各水準以上の観測数が標本全体（$n = 3700$）に占める割合を示している。これは「生存関数」と呼ばれるものである（これは、1から累積分布関数を引いたものに等しい。図の右上部に挿入されたグラフは対応するヒストグラムである）。ヒストグラムを見ると、分布は完全に滑らかではない。しかし最頻値（資産の指標は約2.5）より大きい部分の図の形状を見ると、滑らかに減少する関数が当てはまることをイメージすることができる。

このようなデータ（主にヨーロッパのデータを用いた）の特徴を研究することで、パレートはべき関数が生存関数にとてもよく当てはまると結論付けた。y より大きい資産を持つ観測数の割合は $(m/y)^{\alpha}$ と表され、m は、その値よ

図 B1.21.1　インド・ビハール州農村部における資産の分布

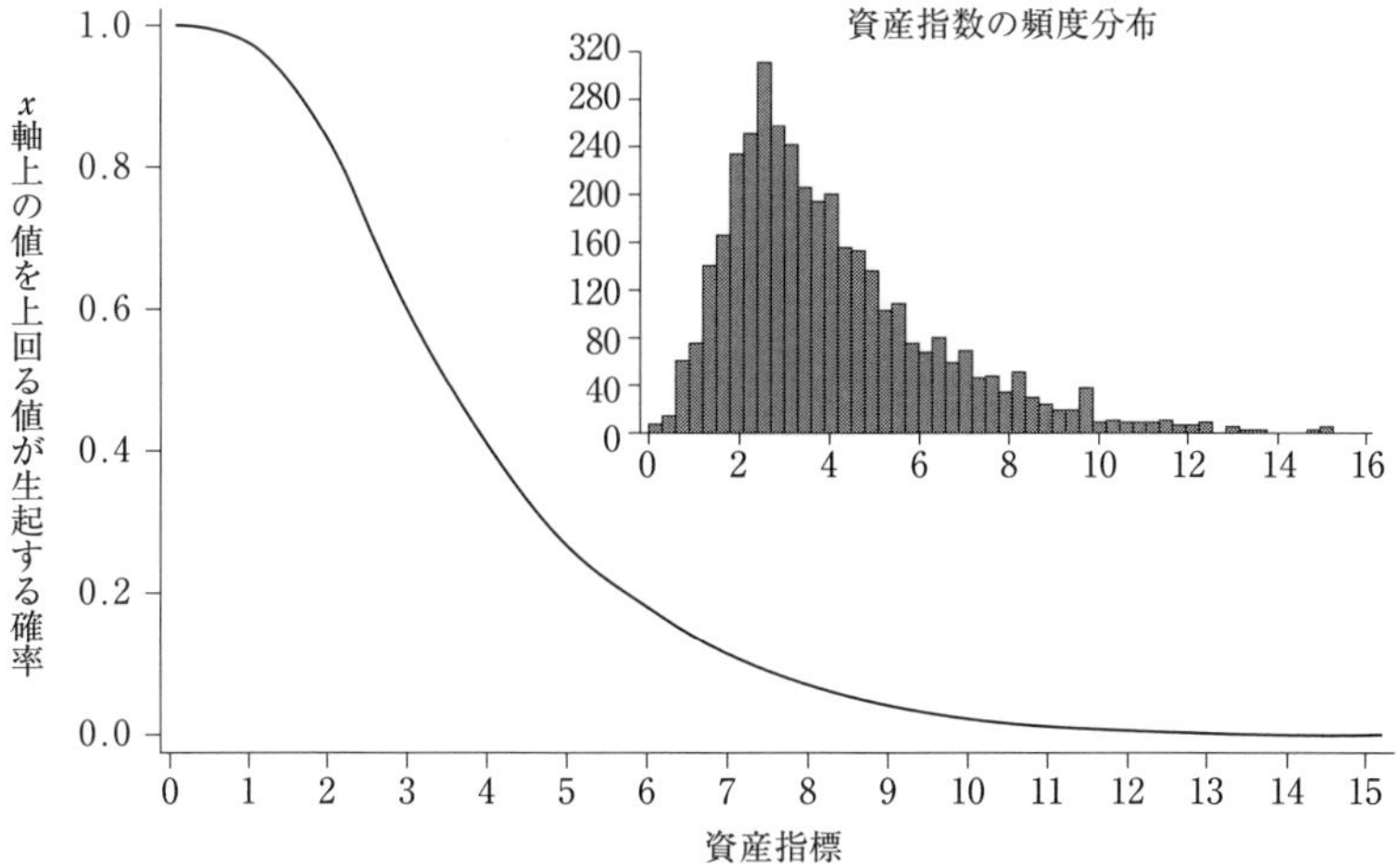

出所：Dutta et al.（2014）で用いられた2010年のビハール州農村部のデータより筆者が計算

り大きいと生存関数が厳密に減少する資産水準の最小値であり、$\alpha > 0$ は各データセットに特有なパラメーターである。このパラメーターは後にパレート指数として知られるようになるものである。図 B1.21.1のデータでは α は約 2 である（これは「モーメント法」による推定量で求められる値であり、標本の大きさ n においては $\hat{\alpha}=(\bar{y}-m/n)/(\bar{y}-m)$ で与えられる）。

先行研究に関するメモ：「パレートの法則」に対してなされてきたさまざまな解釈に関しては、フランク・コウエルの *Measuring Inequality* の第 4 章の諸注を参照（Cowell 1977）。パレートの法則は現代における豊かな人々の所得と資産の上昇に関する研究において重要となった。アンソニー・アトキンソンらの論文とトマ・ピケティの『21世紀の資本』における議論を参照されたい（Atkinson et al. 2011; Piketty 2014）。図 B1.21.1の基をなすデータと方法は、プジャ・デュッタらの *Right-to-Work? Assessing India's Employment Guarantee Scheme in Bihar* で述べられている（Dutta et al. 2014）。

ロンドンを対象とし貧困に焦点を当てた大がかりな一連の調査を行った。その新しい調査はそれに30年先立って行われたブースの研究に影響を受けてはいたが、家計の標本抽出に関する正式な方法に基づいていたという点に特徴があった[155]。しかしながら、標本抽出が社会・経済調査のための慣行になるにはまだ時間がかかった[156]。フィッシャーは、しばしば自身の農業実験での研究の副産物として、多くの手法を発展させた。彼の『実験計画法』は、生物学における実験方法の基礎となったが、（第6章で詳しく論じられるように）ずっと後に貧困プログラムを評価することにおいても重要なものとなった（Fisher 1935）。

貧困の測定は、社会統計の主要な適用例となった。やがて、無作為標本抽出の方法は、世界中の国家統計局によって行われる世帯の所得ないしは消費の標本調査データの体系立った収集に大改革をもたらした。インドは、早い時期からこの分野において世界を先導した。著名な統計学者であるプラサンタ・マハラノビスによってインド統計研究所が設立され、直ちに1950年に全国標本調査（National Sample Surveys: NSS）が開始された。これは今日においてもインドでの貧困の測定のために用いられている。マハラノビスは以下のように述べている。「統計学は応用科学であり（中略）その主要な目的は現実の問題の解決に役立つことである。貧困は、この国における最も基本をなす問題であり、統計学はこの問題を解決するのに役立たねばならない」（Mahalanobis 1963）。

戦間期には、主流派の間では、貧困は主に貧しい人々の悪い行いによって引き起こされるものとはもはやみなされず、より深い経済・社会問題を反映しているとみなされるようになった。とりわけ、大恐慌時における大量の非自発失業を目の当たりにしたことで、この見解は強められた。そしてこの見解は、当時のさまざまなメディアを通して大きな力で世の中に広められた[157]。（アメリカのニューディールのような）大規模な救援の取組がそれに続いた。それらは、押上げではなく保護を主な目的としていた[158]。

大恐慌はさらに、マクロ経済安定化における政府の役割について経済思想上の重要な変化を引き起こした。ケインズ革命である。大恐慌時における大量の失業によって生み出された貧困は、経済学におけるケインズ革命の背後にある動機であった。大恐慌時における大量の失業によって生み出された貧困は、経済学におけるケインズ革命の背後にある動機であった。主要な焦点は総有効需要を刺激して経済成長を回復することであったが、分配上の問題も無関係ではなかった。ケインズによる『雇用、利子および貨幣の一般理論』における失業の原因に関する解釈は、完全雇用を妨げるのは総需要の不足であるとの理解を含んでいた（Keynes 1936）。これは、完全雇用に達するまでは、貧しい世帯の国民所得の取り分が高いほうが経済成長を促進することを示唆した（Ｂｏｘ １・22）。これは成長と平等の間のトレードオフを強調していた過去の考えからの重要な離脱であった。

大恐慌が視界から消えていくにつれて、経済学者は長期の経済成長について再び関心を持つようになった。ロイ・ハロッドによる１９３９年の論文"An Essay in Dynamic Theory"は長期の経済成長への真剣な関心の始まりを示すものであり、エブセイ・ドーマーも同様な研究を開始していた（Harrod 1939; Domar 1946）。ハロッド＝ドーマーモデルは、特に開発政策に多大な影響を及ぼすことになり、第二次大戦後の多くの開発計画の理論上の基礎となった。同モデルは、資本産出比率と貯蓄率が一定であると仮定する過度に単純なものであった（第8章でさらに論じられる）。こ

Box 1. 22　どのように不平等が経済発展を妨げるかに関するケインズの主張

ジョン・メイナード・ケインズは貧困と不平等に関して多くを書かなかったが、彼の経済学は高い貧困率の重要な原因である大量失業を理解することに向けられており、それを経済における総有効需要の欠如に起因するとした。しかしながら、彼の主要な著作である『雇用・利子および貨幣の一般理論』の第24章で、ケインズは「成長と分配」の間に重要なトレードオフがあるという考えを明確に否定する主張を行った（Keynes 1936）。その考えは単純なものである。ケインズは、貧しい世帯では、豊かな世帯よりも、所得が増加した際に高い限界消費性向（MPC）を持つ傾向があり、MPC は所得が上がるにつれて減少し続ける、と主張した。それゆえ、豊かな人々から貧しい人々への再分配は、総有効需要を増やし、総失業を減少することに役立つ、としたのである。

（第 3 章で学習するフリードマンの恒常所得仮説のような）それに続く異時点間の消費行動に関する研究を踏まえ、ケインズの主張は――とりわけ長期の再分配について――疑問視されるようになった。すなわち、長期においては消費は恒常所得に一致するので、再分配の総消費への影響は消滅するであろうことが主張された。ケインズの関心は短期の問題に向けられていた。彼は次のように書いている。「長期にはわれわれは皆死んでしまう。もし大嵐のときに、暴風雨が過ぎ去れば海は再び穏やかになるだろうというようなことしか言えないなら、経済学者はあまりに安易で無意味な仕事しか自らに課さないことになってしまう」。

れらの欠点に取り組むことで、成長理論と分配上の変化に関する重要な経済学上の文献が生み出されることになった。そのような進展は第二次大戦後まで待たなければならなかった。

第2章　貧困に関する1950年以後の新たな論調

20世紀半ばに、世界での極度の貧困との戦いにおいて重大な転機が訪れた。図2・1には貧困率の二つの系列が示されている。[1] 1950年前後に明確な屈折点を見て取ることができる。この屈折がなければ、さらに15億人が貧困状態にとどまったであろう。[2] 次のようにも述べることができる。極度の絶対貧困にある人口の比率が今ほど低かったことはない。過去100年ほどの間、極度の貧困を根絶すべしとする声がたびたび挙げられたが、いまやその見通しが立つようになった。

このように貧困率が減ろうとしていたのと時を同じくして、経済学や哲学での論調が変わり貧困政策に影響を及ぼした。

2・1　第二次貧困啓蒙期

1960年頃から、発展途上地域の新独立国を含め世界中で、貧困との戦いの見通しについて政策立案者の間で新たな楽観が抱かれるようになった。貧困に対しての人々の関心の変化について、図1・2で見たように当時の書き物で「貧困」という言葉が用いられる頻度が著しく高まったことを、証拠として示すことができる。それは、英語では1960年頃に起こり、仏語ではその少し前に起こった。経済学者の間では、所得分配の研究への関心の高まりが見

図2.1　世界の貧困率（1820-2005年）

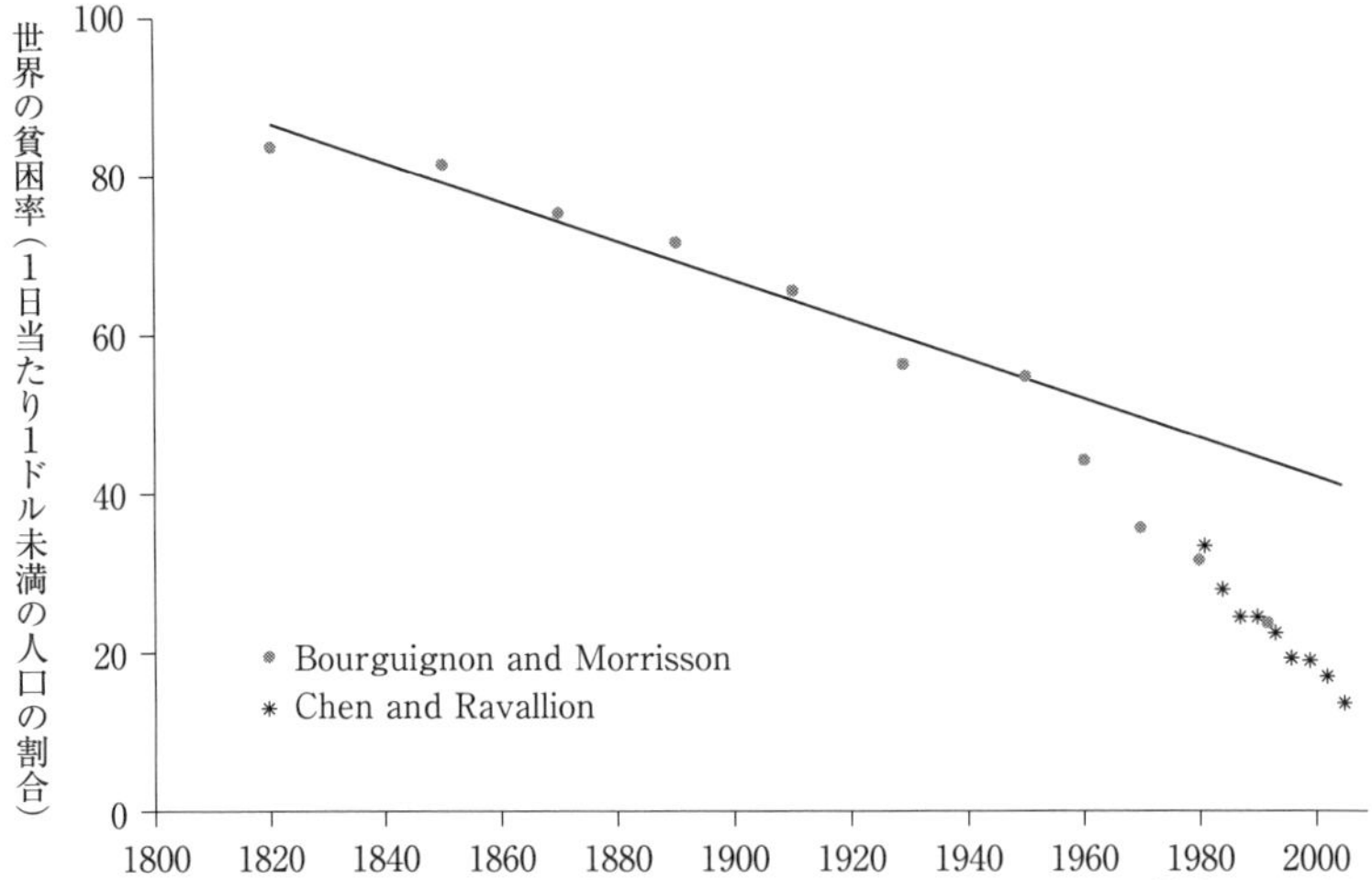

出所：Bourguignon and Morrisson（2002）で用いられたデータベース（著者のご厚意により提供された）に基づく計算、および Chen and Ravallion（2010a）。

られた。2000年には「貧困」が言及される頻度は過去300年間で最高に達した。同様の傾向は2000年以降も（執筆時にデータが利用可能な最終年であった）2008年まで続いた。データを多少滑らかにして見ると、2008年は1600年以降で書き物での貧困への関心が最も高かった年であった[3]。図1・2と図2・1を比べると、現在、貧困への関心は歴史上で最も高く、極度の貧困は最も低率であることがわかる。

第一次と同様に、第二次貧困啓蒙期も根源からの問いと不安定の時代であった。しかし、第一次とは異なって、第二次は豊かな国々での絶対貧困率の上昇に続いた時期ではなかった。世界中で新たに自由を求める声が上がった。豊かな国々では社会が動揺し衝突が起こった。貧しい国々では政治上の独立を達成した中で政治と経済の混乱が多く見られた。1960年代に西側の国々で、平和そして人種や男女の平等、を求める声高な運動があったことはよく知られている。発展途上地域でも多くのことが起こっていた。1960年代だけで、アフリカで32の新たな独立国が生まれた（もっとも、多くの国境紛争を伴ったが）。中国では、1966年に始まった「文化大革命」が10年間にわたって混乱を引き起こした。南アジア（バングラデシュとインド）とアフリカの一部では、1960年代、1970年代に飢饉に直面していた。そして、世界中で政治が不安定で、自決を求めて多数の独立運動が戦われていた。(4)

貧困についての経済学の新たな論調

第一次貧困啓蒙期と同様に、新たな学問上の論調が貧困政策に影響を与えた。1960―1970年代には、貧困、不平等、その他を含み、公共政策の基盤として、古典としての功利主義のパラダイムが適切かどうか、哲学と経済学において新たな問い直しがなされた。ベンサム流の平均効用最大化目標は、一定の属性を共有する人々の間での所得不平等の忌避を組み込んでいる、ことを想起されたい。重要な仮定は所得の限界効用の逓減である（Box 1・13で説明されている）。しかし、その功利主義の目標は、厚生の不平等には注意を払わず、個人の権利や自由についても何も語らない。功利主義への批判者たちは、最貧層の厚生を損なうような政策が最富裕層に十分に大きな利益をもたらすという理由で正当化されうるか、と問うた。近代における正義の原理の定式化において初めて、最も貧しい人々を助けることを倫理上の優先課題とすべきである、という主張が現れようとしていた。これについては後に立ち戻る。1970年代には、功利主義の枠組を広げ効用の不平等の忌避を組み込もうとする試みがなされた。これは、効用水準が高まるにつれ限界社会厚生が低まるようにすることでなされた。ここで限界社会厚生とは、個人の効用の高まりに対応する社会厚生の増分のことである。原理上は、効用水準が十分に高ければ、限界社会厚生は極めて低い水準になりうる。さらに一歩進めて、効用水準がある値を超えるなら限界社会厚生はゼロとなりうると考えれば、貧困削減を重視する立場となる。(5) その一歩を進めたかどうかは別として、公共政策の社会厚生目標に関して、新たに台頭した諸学派は共通する志向を持っていたことは確かである。

多くの経済学者にとってそれ以上に議論を呼んだ（そして現在も呼んでいる）のは、「権利」や「自由」それら自体に価値を付与することである。第二次貧困啓蒙期には、個人の権利や自由への世の中の関心に経済学が注意を払わな

Box 2. 1　ファンクショニング、ケイパビリティ、効用

アマルティア・センが提唱した考え方は次のようなものである。「ファンクショニング」とは、生活における「であること」と「すること」であり、例えば、安全である、老齢まで生き続ける、雇用される、社会経済活動に参加する、といったことである。「ケイパビリティ」とは、ある人がその置かれた状況の下で実際に達成しうるファンクショニングの集まりであり、その人自身の特徴と環境要因により規定される。センは、個人の厚生はその人のケイパビリティにより判定さるべきである、と唱えた。

センの考えは、経済学の主流である「厚生主義」の発想への代替案として提示された。「厚生主義」では、人々はその選択において「効用」を最大化するとして、「効用」を厚生比較（誰が貧困者であり誰はそうでないかなど）と政策（介入の効果とコスト）の判断において唯一の基準とする。ケイパビリティ・アプローチは厚生主義のいくつかの問題に応えようとした。その１つは、厚生主義が消費可能性を過度に重視しているように思えることだ。もう１つの問題として、権利や自由への関心が明示されていないことがある。その他の問題としては、人々が誤った選択をしたり選好を状況に適応させたりするかもしれないこと、個人間比較をなしうるように「効用」を特定し測定すること、などがある。

ケイパビリティ・アプローチの背景にある厚生主義への批判では、人々が合理判断をする（効用を最大化する）ことや、社会厚生が個人の厚生水準に基づき判断されるべきこと、は否定されていない。重要な相違点は何を「厚生」として見るかにあり、とりわけそれが（人々の間の他の違いを無視して）消費可能性のみで決定されうるか、そしてそれが個人の選択において最大化されるものと同一視されうるか、という点にある。

さらなる学習のために：センの多くの著作で論じられているが、とりわけセンの1999年の『自由と経済開発』の第３章と第４章での論述をお薦めする。同書第３章では、「厚生主義」と「非厚生主義」の両学派の間の論争、そして政策との関わり、が詳しく述べられている（Sen 1999）。

いことへの不満が明らかに高まっていた。もちろん、経済学において交易の自由には高い価値が与えられることがしばしばあった。しかし、これは手段としての価値であった。市場競争の効能は、旧来からの（ベンサムやパレート流の）政策目標の定式化から導かれたものであった。ある種の権利を他のどれよりも上位に置かない限り、政策は常に倫理上の批判にさらされかねなかった。そのような学界の状況の中で、貧困についての主要な論調の中で自由を中心テーマとする非功利主義の定式化への関心が高まりを見せた。その中で最も重要であるのはアマルティア・センの一連の貢献（Sen 1980, 1985a, 1999）である。根本において貧困とは望む生活を送る自由を持たないこと――センの用語では、基本「ケイパビリティ」の深刻な欠如――であり、そのような自由は他の何よりも大きな倫理上の価値を有する、という考えは第二次貧困啓蒙期にまで遡るものである（Ｂｏｘ ２・１）。

政策目標を広く考えるこれらの論調を支えていたのは、経済学から個人間の厚生比較を追放しようとしたかつての試みを問い直すことであった。その試みは、最適状態についてのパレートによる特徴付け（Ｂｏｘ １・20）に起源を持ち、ライオネル・ロビンズの大きな影響を持ったエッセイから力を得た（Robbins 1935）。１９５０年頃までは、経済学では、科学にふさわしくないとして個人間の比較を避けるよう努めていた。そのため、貧困あるいはより一般に所得分配について、経済学の規範分析がなしうることはわずかであった[6]。

その後、ケネス・アローやセンによる社会選択に関する理論の展開があって、貧困政策などの議論において何らかの個人間比較の必要が再び認められるようになった（Arrow 1951; Sen 1970）[7]。その後すぐに経済学での政策分析に倫理判断がまた含まれるようになった。倫理学は経済学の外にあるとの位置付けではあったが、避けられることはなくなった。倫理学は、どのようなときに倫理判断が政策推論にとって不可欠であるかを厳密に特定することなど、経済学者が倫理判断を形式立って行ったり解釈したりするのを助けた。例えば、累進所得課税についての次のような判断にあたってである。すなわち、不平等を忌避する程度がどれだけ大きければ、誘因面での影響を勘案しても、累進課税とするのが妥当であろうか。同じ頃に、観測しうる需要と供給の行動のみから比較可能な効用を推測しようとしても無理であることが受け入れられるようになった。[8] もっと多くの情報が求められることは明らかだった。厚生の個人間比較のために情報基盤を拡張しようとする試みは、一部は並行する二つの途を辿った。途の一つは、厚生の自己評価に基づく主観データを求めた。他の一つは、通常の社会活動をなしうるだけの栄養が取れていることなど、いくつかの基本「ファンクショニング」(functioning) の達成についての客観データを求めた(これら二つのアプローチについては第3章で詳しく取り上げる)。

この時期に起こった重要な変化として、所得分配についての関心が生産要素間から個人間へと移行したことがある。所得分配は古典派経済学の一つの中心論題であり、リカードの見解では、経済学を経済学たらしめている論題であった(Ricardo 1817)。リカードによる階級を基盤とする所得分配の特徴付け(労働者階級は労働のみを提供し、資本家は資本から所得を得て、土地所有者は地代から所得を得る)は、19世紀において巨大な影響力を有しており、マルクスによる資本主義の階級分析に受け継がれたこともあって、その影響は社会主義の台頭にも及んだ。個人を生産手段との関係により分類する階級の定義は、まったく意義を失ってしまったわけではないが、今日では19世紀におけるほどは妥当しないことは明らかである。時とともに、階級を基盤とする不平等のモデルは現実記述に適していないとみなされるようになってきた。労働市場での階層化が進み、賃金労働者であっても貧しいとは限らず、また、年金や投資信託といった金融面での新たな展開もあって資本の所有の多様化が進んだ、からである。[9]

論調の変化については多くの議論が戦わされ、しばしば政治上の対立を伴った。個人間の分配を論じることへの反対は右派にも左派にも見られた。右派にとっては、アメリカでの「不平等」を語るのは「階級戦争」を煽るための危険な思潮であり、無視するのみのことである。極左派にとっては、個人間の分配を論じることは、生産手段所有の関係から目をそらさせ労働者階級の中に亀裂を生もうとする「ネオリベラル」の試みと見られる。このような左右両派の極端な見解は消えてはいないが、いずれも現実からますますかけ離れており、いまでは政策論争でのまったくの端役に過ぎない。

1970―1980年代に市場経済がますます複雑になるにつれ所得と資産の個人間分配への関心が高まり、それに応じて貧困と不平等の測定の理論上の基礎を強化しようとする努力が新たに見られた⑽。1970年頃から、貧困と不平等の測定の理論と実際の両面で急激な関心の高まりが起こった⑾。当時においてこれは主流の経済学からは外れた展開であったが、今日ではそうではない⑿。

厚生経済学の他の基本前提も問い直されるようになり、その一つとして合理行動がある。しかし、行動経済学が唱える「非合理」の中には、効用関数の特定の定式化や、誤りを考慮に入れないこと、によるものがあるように見受けられる。その他に、個人効用水準が誰かは上昇し他の誰も低下しないなら社会厚生は高まるという考え（パレート原理）も、政策立案の基盤として十分であるかそして道徳上必然であるか、との問い直しを受けた⒀。パレート原理は個人の自由の緩やかな要請と対立することが示された⒁。

貧困の原因の理解については、1960年代には人的資本の経済収益があらためて強調され、就学への投資に関わる選択において将来に期待される収益と現在求められる費用がどのように比べられるかが検討された（シカゴ大学のセオドア・シュルツとゲーリー・ベッカーが新たな教育の経済学の台頭にあたって大きな影響力を持った［Schultz 1961; Becker 1964］）。競争市場での配分の効率をめぐっての深い問いも提起された。「市場の失敗」という用語は1950年代末に現れ、あっという間に広く使われるようになった⒂。とりわけ労働市場と信用市場の不完全さが貧困を理解する上での鍵とみなされるようになった（Ｂｏｘ　2・2を参照）。

労働市場で競争が働き賃金率の変化を通じて失業が解消されるという考えは、大恐慌を経て信用されなくなっていた。1960年代に豊かな国での貧困を理解する上で、二重労働市場の考えが台頭した⒃。一つの労働市場では賃金は高く福利厚生が恵まれているのに対し、もう一つでは賃金は低く福利厚生は乏しい。ある種の仕事で労働努力を監視するのに大きな費用がかかる場合には、このような二つの市場の並存は均衡状態でありうる、ことが示されている⒄。監視費用が高いときには、利潤最大化を図る企業は、市場で受給の一致をもたらす水準を上回る賃金を労働者に支払

Box 2. 2　市場の失敗

市場の失敗（「市場の不完全さ」と呼ばれることもある）とは、自由市場が高い効率をもたらすために必要である条件が満たされない状況を指す。そのような状況では、アダム・スミスが唱えた「(市場という）見えざる手」が経済を効率の高い資源配分に導くことはない。自由市場の効率の高さには、価格支配力のまったくの欠如、すべての財についての市場の存在、受給一致の瞬時の達成、といった要件がある（Box1.9)。したがって、市場の失敗は、価格に影響を及ぼしうる市場参加者の存在、調整コストの存在、外部効果などについての市場の不在、といった要因により起こりうる。

市場が非効率である例として、ある財の売り手が１人のみである場合（独占）がある。その場合には、売り手が設定する価格は限界費用（その財をもう１単位生産するのに要する費用）を上回る。

外部効果についてはBox1.9で取り上げた。そこでは、大気汚染を生じさせることにつき何の負担も負わない工場の例を見た。その工場にとって、生産の限界費用は社会にとってのコストのすべては反映していない。市場価格の下では、この工場の生産と（それに伴う）汚染は過大であり、社会にとって最適な状態は達成されない。

市場の不在の例としては、抵当を提供できる高資産所有者のみに融資が利用可能である状態がある。貧しい家族は、十分な資産を有しないがゆえに、必要はあっても資金を借りることができない。非常に貧しい借り手に対し、返済不履行の時に実効を持つ制裁を課することができないからである。

市場の失敗は政府による介入を正当化する。市場の失敗が続いている事態は、しばしば政府の失敗のためである。

さらなる学習のために：Box1.9の同項を参照。

い、企業が望むような仕事をするようにさせる誘因とする[18]（それが労働者に誘因として働くのは、解雇された場合に他で得られる賃金はもっと低いからである）。監視費用が低い他の仕事ではそのような賃金の上乗せはない。貧困勤労者はこのような低賃金の労働市場に属する。

この時期の研究上のもう一つの展開として、借り手のほうが貸し手よりもプロジェクトのことをよくわかっているといったように、情報の非対称のために信用市場で市場の失敗が起こり融資へのアクセスが制約されうることが、ジョージ・アカロフによって示されたことがある（Akerlof 1970）。これにより、情報伝達の改善や契約形態の多様化をもたらし効率を高める上での制度や政府の役割の解明が進んだ[19]。

新たな情報経済学は持続する貧困の理解にとって重要な鍵を与えた。信用市場が完全であれば、貧しい親でも学費のために融資を受け、後に子どもが収入を得るようになってから返済することができる。しかし、貧しい親がそうでない人よりも融資を得るのが難しければ、就学を経済要因が規定する、つまり貧しい家庭の子どもほど就学の程度が低い、ということが起こる。これは実際にどこでも見られることである。貧しい家庭では子どもが就学せずに働いていることが、あまりに多い。このようにして貧困は世代を超えて受け継がれる。保険市場の失敗も同様の結果を生む。就学からの経済面での収益が低いというリスクに対して保険を掛けることができなければ、子どもの就学への親の投資は少なくなるであろう。

経済学におけるこの新展開は、資産の分配における初期の不平等が持続し経済全体の発展を阻害する重要な経路を明らかにし、また、押上げ型の貧困政策に求められることを明らかにした。それは、信用や保険の市場の失敗を補うための政策であり、義務教育、（とりわけ貧困家庭への）就学支援、といったものである（これらについては第9章、第10章で再び取り上げる）。

ロールズによる正義の原理

第二次貧困啓蒙期を画する哲学の著作を一つ挙げるとすれば、ハーバード大学の哲学者ジョン・ロールズによる『正義論』をおいてはない（Rawls 1971）。この書では、現実世界での自らの立場についての「無知のベール」の下で同等者の間で合意される社会契約として正義の原理が提示される。[20] ロールズは二つの原理が現れると説く。原理の一つは、各人は、他のすべての人の同様の権利を侵さない限り、最大限の自由を享受する同等の権利を有するべきである、というものである。もう一つは、自由を侵害しないという条件の下で、両当事者がその結果としてより良い状態になるという意味で効率を高める時にのみ、社会選択は不平等を許容すべきである、というロールズが「格差原理」（difference principle）と呼ぶものである。

ロールズは、（ホッブスに遡る）初期の社会契約論の定式化、カントやスミスの著作など、それまでの哲学や経済学の影響を受けている。[21] 自由についての彼の考えが、第1章で見た18世紀末の論考に大きく依拠していることは明らかである。格差原理は、（そのもとはスミスに見られるとはいえ）それまでとははっきりと異なる考えである。その考えは、常に効率よりも平等を優先させるという平等根本主義とは異なる。この道徳原理の下では、ある社会と他の社会を比べて、不平等度は高いとしても最も貧しい人々がより良い状態にある、そのような社会のほうが高く評価される。この原理は最も恵まれない集団の利益を最大にすることに帰着し、そのため「マキシミン」（maximin）原理として知られることとなった（Ｂｏｘ ２・３）。

ロールズのマキシミン原理は、社会の進歩を測るのに絶対貧困の指標を用いるべきとする主張の倫理上の根拠として、時として解釈される。しかし、Ｂｏｘ ２・３で詳述されているように、その解釈にはいくつかの問題がある。ロールズの発想からすれば、最貧層にとっての期待される生活水準──「消費の底」──の上昇に焦点を当てるほうが妥当であると思われる。この点については第５章で取り上げる。

第二次貧困啓蒙期は第一次からの知の伝統を受け継いでいる。ロールズは、格差原理は（フランス革命のモットーで

Box 2. 3　マキシミンと貧困

ロールズの格差原理は、最も貧しい人の所得の最大化を提唱するものとしばしば解釈されるが、そうでないと明言されている。そうではなく、社会における「最も恵まれない集団」の厚生を最大にすることが提唱されている。この原理は、2つの社会状態の比較において、最も恵まれない集団の厚生が等しいときにはその次に恵まれない集団の厚生を比べる、というように順次に展開して、「レキシミン」（leximin）の考えに至る。

ロールズは、「最も恵まれない人々」を特定するには何らかの平均を取る必要があることを強調する。次のように述べる。「このような状態にある人々を代表する個人が期待しうる厚生水準を特定しうると仮定する」（Rawls 1971, p.56）。このような期待の定め方は実際上でも理に適っている。調査データで観測される最低の生活水準（消費水準により測定される）は、そのときのみの状態を表している場合があり、また大きな測定誤差を含むかもしれない。ロールズの原理に従うには、貧しい人々のある層につき観測された消費水準の加重平均を取るのがよいと考えられる（Ravallion 2014f）。

「最も恵まれない人々」は、ロールズが「基本財」（primary goods）の消費可能性と呼んだものに基づき特定される。基本財とは、欲する生活を人が送る自由を保障するのに必要なすべてのものである。これは、しばしば「ベーシックニーズ」（basic needs）と呼ばれるものよりも広い範囲のものを含む。そこには、社会との関わりの必要や基本の自由などが含まれる。約言すれば、資源のみならず権利も含まれている。

ロールズは、最も恵まれない人々を特定するには何らかの指数を用いる必要があることを認める。確かに、功利主義と完全に決別するとの強い気持ちのためか、ロールズは「効用関数」（あるいは「厚生関数」）という用語を用いることはしない。しかし、ロールズは「指数問題」を論ずる際に、受け入れられたトレードオフを表す何らかの関数を念頭に置いている（Rawls 1971, p.94）。ロールズはまた、これらのトレードオフは諸基本財についての個人の選好と整合するものであることを要する、との考えに同意する。ただし、どの基本財についても貧しくない人々の消費量は貧しい人々を上回ると仮定すれば、貧しくない人々の選好に配慮する必要はない、と論ずる。すなわち、諸基本財につき集計するにあたり、最も恵まれない人々の効用関数のみが関わりを持つ。「注意を向けねばならないのは、最も恵まれない人々のみを対象とする指数問題である」(Rawls 1971, p.93)。

選好を知ることなしに諸基本財の束につき十分に明確な順序付けを実際になしうるかどうかは、解決されていない課題である。数学上厳密な効用関数を用いる必要はないかもしれない。アトキンソンとブルギニョンが示したように、関数のある面での一般の特徴を特定するだけでも部分順序付けには十分かもしれない(Atkinson and Bourguignon 1982)。しかし、これはつまるところ実証上の検討課題である。

ロールズのマキシミン原理は、すべての人がある絶対基準を上回っていれば不平等には注意を向けなくてよい、とは唱えていない。彼が唱えるのは、社会の中で最も貧しい人々――最も恵まれない人々――を優先することである。その考えは、実のところ相対地位を問題としている(絶対貧困と相対貧困の区別については後に取り上げる)。

あった)「友愛」(fraternity)――すなわち「他のもっと恵まれない人々の利益になるのでない限り自らをさらに有利にしようとはしない、という考え」――の一つの解釈であるとしている。これは、(長い時間を経てはいるが)第一次貧困啓蒙期に現れた友愛への志向に連なる当然の一歩であった。功利主義は、全体の効用のために個人の損失を正当化するのに用いられるので、友愛と対立するとみなされた。最も豊かな人にとっての利得が十分に大きければ、最も貧しい人が被る損失は正当化されてしまう。個人は、効用の和として測られる共通の善に従属させられるのである。

ロールズの理論は、カントの再解釈でもあった。貧しい人々は、より恵まれた人々が彼らの犠牲において利益を得るような計画に対して拒否権を持つべきである、との考えである。アダム・スミスに共鳴して、ロールズは、人々が豊かになるために他の人々を貧困にすることは受け入れられないと唱える。それに対し、古典功利主義は、満足のいくような最低限を保障することができない。そして、満足のいくような最低限が保障される時のみ、社会契約は「その下での制度が支持を受ける」ことで「安定」するのである。[22]

ここでの考えは、社会としての取り決めの提案を最も恵まれない集団が受け入れるのであれば、（最も恵まれない人々より良い状態にある）その他の人々はそれに反対しないであろう、というものである。[23]現実世界においてこの考えは成り立たないかもしれない。政策の評価にあたって最貧層ではない人々が想定する自身のありうる状態は、最も恵まれない状態ではないかもしれない、からである。しかし、社会契約は現実世界での自身の状態についての情報の欠如の下で結ばれることを想起されたい。このような無知のベールの下ではマキシミンが合理選択として現れる、というのがロールズの議論である。

ロールズの正義の理論は多くの論争を巻き起こした。ジョン・ハーサニーは、極端なリスク忌避がない場合には、無知のベールの下にあるとしても、社会契約として平均効用の最大化よりもマキシミンのほうが選ばれるとは言えないであろう、と論じた（Harsanyi 1975）。

ジョン・ローマーもまた、マキシミンが解として現れるかどうかに疑問を呈した。これらの批判は、無知のベールの下で主体は、自身の消費（と余暇）のみにより決まる期待効用を最大化するであろう、という仮定に依拠している（Roemer 1996, ch.5）。ハーサニーは、無知のベールの下で、人は等しい公算で他の誰の状態にもありうると予想し、マキシミンよりも全効用（厳密には、平均効用）という功利主義基準を採る、と論じた。ロールズの理論へのこれらの批判は、無知のベールの下であらゆる状態に主観確率が付与されうるとの想定を踏まえるが、ロールズはそれを問題視する（Rawls 1971）。[24]ロールズは、ハーサニーは人々がリスクを意に介さないと仮定しているとし、社会でどのようになるかわからないときにはリスク忌避のゆえにマキシミンが選ばれるであろうと論じた。しかし、この点ではロールズは誤っている。ハーサニーの定式化に用いられる効用関数にはリスク忌避を反映させることができるからである。[25]

ロールズへの批判はこれにとどまらない。『正義論』の出版後すぐに、ロバート・ノージックはリバタリアンの立場からの批判を発表した（Norzick 1974）。ノージックは他の何にも増して歴史上の所有権を最重視した[26]。しかし、なぜ所有権が絶対視され、手段でなく目的とされるのか、倫理上の立場として明らかにされてはいない[27]。

ロールズへの批判の中には、基本財をさまざまな自由に転換する能力が人により異なることに鑑みて、人々がその目標を追求する自由を適切に反映しないとして、基本財の概念を問題にするものもある。このような批判の展開として、センは、（所有する手段によってではなく）基本「ファンクショニング」――人々がどうあり何をなしうるか――により厚生の概念を規定した（Sen 2000, p.74）（これについては第3章で立ち返り取り上げる）。

ロールズの正義の原理の主要な側面は、無知のベールの下で結ばれる社会契約という正当化根拠を受け入れないとしても、擁護されうる。ピーター・ハモンドは、一般化されたマキシミン――Ｂｏｘ ２・３で論じたレキシミンのルール――が、富者と貧者の間の厚生の差を縮めることは他の条件一定として社会により選好されるという要請など、いくつかの公準から導かれることを示した（Hammond 1976）。同様に、マーク・フローベイとフランソワ・マニクエは、レキシミンは彼らが「同等者間の優先」（priority among equals）公準と呼ぶものから導出されることを示した（Fleurbaey and Maniquet 2011, ch.3）。この場合にも、より平等な配分が社会により選好されることが要請されるが、そうかといって、誰もがより良い状態にあれば必ず選好されるという意味で効率がないがしろにされることはない。ローマーはマキシミンの一種を提唱するが、それは機会を均等化するという異なった観点からである（Roemer 2014）。これは、貧困には個人の努力と並んで外部環境要因も反映されるという見解に基づいている（Ｂｏｘ １・８を参照）。努力と環境を実証上で明確に識別することは至難の業であるが、これを概念上で区別することは、貧困政策を考える際に極めて重要である（下で見るように、この点は政策をめぐる議論でつとに認識されてきた）。機会の均等を図る際に、すべての人の機会を共通の低い水準に引き下げることは意図されていない。そうではなく、ローマーは、「機会均等倫理」に基づき選択される政策は最も恵まれない集団の厚生を最大化する、と唱える。ここで、最も恵まれない集団は、個人の選択に帰することのできない一連の外部「環境」要因の組合せにより定められる[28]。

ロールズは、貧困と貧困政策についての新たな非功利主義の考えへの途を開いた。これは、第一次貧困啓蒙期に現れたいくつかのテーマに、より完全かつ厳密な定式化をもって立ち返る、ということでもあった。哲学において「十分主義」（sufficientarianism）と呼ばれるようになった立場で、貧困削減は社会にとっての正当な目的とみなされるようになった。[29]貧困の原因を理解するためのモデルが変わったことも重要である。貧困は、貧しい人々の悪い行いのみによるのではなく、むしろどうしようもない環境要因によるところが大きいと見られるようになり、（一方での）出生における環境の差と（他方での）市場や政府の失敗との間の相互作用に注意が向けられた。貧困は、個人の生の実現のための機会を求める自由を損なわせるがゆえに、根本において受け入れられないものとなった。「貧困」についての判断にあたり機会の喪失が注目され、「所得」のみならず個人の属性にも注意が向けられるようになった。

このような見方を採ることで、貧困測定と貧困政策は古典功利主義におけるよりも深い倫理上の基盤を備えるに至った。確かに、貧困が本人の間違った選択に起因することもあり、個人責任が重要であることは否定されない。しかし、貧困の原因を理解するためのモデルとして、その見方が主要なものではなくなった。機会を中心とする注意深い定式化が、哲学においても、[30]経済学においても、[31]提示された。

ここまでの議論は、第二次貧困啓蒙期における哲学と経済学の論調に焦点を当てたものであった。この時期に政策への影響として同様に重要であったものとして、新たなデータとそれを用いた新たな実証研究、そして一般向けの読物と社会運動、に注意を向けることとしよう。

この時期には、豊かな国々で貧困に対しての一般の関心が高まった。Google Books Ngram Viewer によるとこの時期に「貧困対策」「貧困緩和」「再分配」といった言葉の使用頻度が著しく高まっていることから、それがわかる。20世紀の後半に豊かな国々での社会支出は急増した。[32]そして、豊かな国の中で、貧困と政策をめぐる新たな議論においてとりわけ重要であった一国が存在した。

アメリカにおける貧困の再発見

アメリカ経済では1940年から構造変化の過程が進行していた。その中で非熟練労働は用いられなくなっていった。このことは第二次大戦中に始まった南部での農業の近代化においてとりわけ顕著であった。大戦中には、軍需産業での労働需要が高まり（そのため農業労働者が減った）、同時に食料への需要は高まった[33]。大きな構造変化が起こった。20年の間に、かつては農業で（小作人あるいは賃金労働者として）熟練を要さない仕事をしていた2000万人ほどが、仕事を求めて都市に移動した。仕事を見つけた人も多かったが、見つけられなかった人も多かった。職を見つけられるかどうかは人種により異なり、大都市ではどこでも黒人の失業率のほうが顕著に高いという現象が起こった。アメリカ南部の拡散された農村貧困のある割合が、地理上集中した北部の都市貧困となった。多数の貧困者は依然としてその他の所に住んでいたのだが[34]、都市中心への貧困の集中という新たな特徴は重要な変化であった。それは経済の論理を反映していた。

住宅と用地の規模への所得効果が高く、高所得家計は割安な地価で広い用地を取得できる郊外に移り住むようになった。（高所得家計ほど時間の価値が高いので）移動に要するコストが抑制要因として働いたが、住宅への所得効果を打ち消すほどの力はなかった[35]。このような郊外への動きは、白人に有利な住宅ローン補助などの公共政策により加速された、と理解されている[36]。

結果として、第二次大戦後のアメリカの都市では、中心部で貧困者の大規模な集中が進み、経済格差が歴然と見えるようになった。都市の貧困は永続するとみなされるようになった。地方税の徴税基盤が弱い都市中心部では、地方税によって賄われる教育などのサービスの供給が不十分となった[37]。貧困の都市化には、社会要因や家庭要因も関係した。都市では、多くの移住者の出身地である伝統ある農村コミュニティとは異なり、近隣での相互扶助やリスク分担の慣行はなかった。伝統の家族形態も変わろうとしており、一人親家庭が増加していた[38]。アメリカで貧困の都市化に伴って全体としての貧困率が高まったかどうかは、明らかではない。南部の農村地帯での生活水準は低く、構造変化の過程では成功者も失敗者も生まれた。そうであるとしても、この時期にアメリカでの貧困の様相が大きく変わったことは明らかである。

第二次大戦後のアメリカで全般に所得水準が上昇する中で、貧しい人々の生活状態を知ることで多くの人々は恥の意識を持った。全体としての裕福さの中での貧困の再発見には社会評論の役割が大きかった。二つの著作がとりわけ重要であった。ジョン・ケネス・ガルブレイスの『豊かな社会』（Galbraith 1958）と、マイケル・ハリントンの『もう一つのアメリカ』（Harrington 1962）である。ガルブレイスは経済学者であり、ハリントンは政治学者であり活動家であった。いずれの著作もベストセラーとなった(39)。ハリントンの著作への大きな反響は驚きであった。初版は２５００部に過ぎなかったのが、１９９０年代半ばまでに１３０万部の売上を記録したのである。

貧困についての関心のこのような高まりには、知識の増大も支えとなっていた。第一次貧困啓蒙期には、貧困理解や行動への指針のために今日では当たり前になっている理論やデータが存在しなかった。また、貧しい人々の利益を代弁するような理論も運動もまだ存在しなかった。このような状況は１９５０年代までに変わっていた。ハリントンやガルブレイスなどの著者たちは、理論とデータに基づきわかりやすい議論を展開した。データのほうは、サンプル調査に貧困の測定と貧困線の設定に関する分析が相まって、利用可能となったものであった。１９６０年代初頭に公式の統計によりアメリカ人の5分の1近くが貧困であると示されたときには、多くの人々がショックを受けた。70年以前にブースとラウントリーにより始められたような数字での貧困の把握が一役を買ったことはあるにしても、政策立案の最高レベルにまで及ぶような大きな影響力を持ったのは、メディアや一般向けの読み物での個別の記述であった。「統計に隠されている貧困の実像を描く」というハリントンの試みは多くの人々に影響を与えた。

この瞬間に、何千万ものアメリカ人が、心身に傷を負い、人間としてあるべきよりもはるかに低い水準で生存している。これらの人々は、飢餓状態にあるとは言えなくとも、お腹をすかしている。中には、空腹を満たすのに安いものを食べるので、太っている人もいる。まともな住居も、教育も、医療もない…　アメリカの貧困者はますます見えなくなっている。大量の人々であるのに、頭を働かせわざわざ見ようと努めなければ、見えないのである…　いまや、もう一つのアメリカ、貧しいアメリカ、は隠されている。社会の中でそれ以外の人々には見えなくなっている。

(Harrington 1962, p.17)

これは、知ることを通して変化を促進しようとするための研究であった。『もう一つのアメリカ』の1993年再版の序で、アーヴィング・ハウは同書の中心をなす前提を次のように記している。「現実を知りさえすれば、人々は激怒するであろう。『見えない貧者』に気付けば、そのひどい状態をなくすよう行動するであろう」(Howe 1993, p.xii)。ガルブレイスとハリントンは、アメリカにおける新たな「少数派貧困」(minority poverty) につき記した。長期にわたる貧困削減を経て、いまや貧しい人々は、絶対数は大きいにしても、少数派となっていた。経済成長が全体としては「旧貧困者」の多くに新中産階級への途を開いたのは確かであるが、取り残された人々がおり、そして逃れようのない貧困状態に落ち込んだ人々もいた。上の階層への移動や機会の均等といった米国社会について広く信じられていた見解に疑問が呈されるようになった。親の所得や学歴が子どもの人生における機会に大きな影響を及ぼすことが、実証研究により示されたからである[40]。

アメリカにおける新たな貧困の理解においてガルブレイスとハリントンの間には違いがあった。ガルブレイスは、かくも多くの貧困者が新たな機会に反応しえなかった理由として二つを特定した。その一つは、心身の障害であり、ガルブレイスは「症例貧困」(case poverty) と呼んだ。二つめは、貧困集中地帯の存在であり、ガルブレイスは「貧困の島」(insular poverty) と呼んだ。ハリントンはこのような区分を否定はしなかったが、不十分であると論じた。少数派たる貧困者の多くが、他の多くの人々に利益を与えた経済の拡大からマイナスの影響を受けていた。経済の大きな変化が彼らを貧困にし、（政策や法制度を含む）差別に追い打ちを掛けられ、彼らは立ち直ることができなかった。ここでのハリントンの指摘は重要である。全般として貧困削減が進んでいるときでも、勝者ばかりでなく敗者も存在するのである。そして、多くの少数派貧困者についての彼の記述は、大きなマイナスのショックが貧困を生みまた回復を困難とするという富の動態モデルの結果を思い起こさせる（Ｂｏｘ １・６で貧困の罠について論じた。第8章では諸モデルをもっと詳しく取り扱う）。

ハリントンやガルブレイスのような社会評論が、貧困に対する公共政策への要求を高めるのに寄与した。社会の不安定への懸念もまた同様であった。１９６０年代末には、アメリカのいくつかの主要都市での暴動に見られるように、都市中心部での不満は爆発していた[41]。貧困政策を求める声は貧困者自身からも発せられた。これは、黒人貧困の都市中心部への集中をもたらした経済の変化を反映していた。アメリカでの貧困の大半がそこに集中していたわけではないが、都市中心部からは新たな声が発せられていた。貧しい人々は新たな政策を形作る過程で重要な役割を果たすようになっていた。都市の貧困地帯では居住地域に根差す組織が生まれていた。１９４０年以降の経済の変化の中で、貧しい人々の北部大都市への集中が進み、抗議行動や投票のための組織作りが容易になっていた[42]。多くの政策分野と同様に、経済状態への反応は、一部は経済状態によって引き起こされた変化する政治過程の中で起こった。アメリカにおける貧困の再発見への政策の反応は、まさにそのようなものであった。

アメリカでの貧困への宣戦布告

世論の高まり、大規模な抗議行動、政治論争などが渦巻く中、１９６０年代に米国連邦政府による貧困への強力な政治対応が起こった[43]。１９３０年代のニューディール期に創設された貧困母子家庭への現金給付プログラムである「子ども手当」（Aid to Families with Dependent Children：ＡＦＤＣ）の適格基準が大幅に緩和された。さらに、ジョンソン政権の「貧困との戦い」（War on Poverty）と一般に呼ばれるようになった多くの新たな社会政策が打ち出されたことも重要である。１９６４—１９６５年に一連の立法措置により、栄養（食料購入券［Food Stamp］）、健康（公的健康保険［Medicare, Medicaid］）、教育、住居、訓練、の各分野でのプログラムが打ち出され、その他にも多様なコミュニティ・プログラムが開始された。新施策にはヘッドスタート（Head Start）も含まれており、貧困家庭の児童が入学時に不利にならないようにするため就学前プログラムが提供された。

貧困に対するこれらの直接介入施策は、偉大な社会（Great Society）計画の一部をなしており、同計画には多くの重要な押上げ型の貧困削減政策が含まれていた。一例として、１９６５年の初等中等教育法（Elementary and Secondary Education Act）がある。同法は、公教育への連邦政府の支援を拡大し、貧困地域の学校にターゲットを当てたプログラムも含まれていた。新たな押上げ型のアプローチは次のような言葉で表現された。「より多くのアメリカ人が、とりわけ若い人々が、みすぼらしさ、みじめさ、失業状態、から抜け出すのを助ける上で、われわれの主要な武器は、良い学校、良い保健、良い家庭、良い訓練、良い就業機会、である」（リンドン・B・ジョンソン大統領の１９６４年１月の年頭教書）。

新たな諸プログラムを貫く目的として貧困削減が掲げられていたが、それらは、エンパワーメントを目指し、北部の都市スラム地域の黒人に届くようにし行政との関わりを築こうとするものでもあった。プログラムの展開においては、都市への、とりわけスラム地域への、偏りがあり、農村部の貧困にはそれほど関心が向けられなかった。この偏りは、１９６０年代に勃発した社会の混乱に起因すると考えることもできるが、恵まれない人々や排除されている人々が公共サービスへのアクセスを持ちうるようにするという押上げ型の発想が明らかに含まれていた。[44] 押上げと保護を含む広範な貧困政策が意図されていたのである（Ｂｏｘ　１・７参照）。

このような目的に応えるように、新たなプログラムの多くは、政府機関の既存の機構を用いず、コミュニティ・レベルで新たな組織を用いて実施された。このアプローチは、市民の参加と地域の発意といった言葉で語られた。これらは、１９９０年以降に発展途上地域で重視されるようになったコミュニティ・ベースの貧困政策において、再び登場することとなった[45]。政策実施体制の革新がなされた背景には、州・地方政府が（とりわけ南部において）貧困政策や公民権立法に対しての阻害要因と見られるようになっていた、という事実がある。当時の政治体制は、貧困からの脱却を果たすべく都市貧民をエンパワーしうるとは見られていなかった。

アメリカで１９６０年代に新たな貧困政策が現れた理由については論争がある。貧困対策プログラムへの公共支出の増大は、世論の大きな変化によりもたらされたとは言えないようである[46]。しかし、選挙結果は有権者登録にも影響を受ける。都市への移住により黒人の登録率と選挙への影響力は高まり、公民権や貧困政策を後押しした[47]。１９６０年代の都市中心部での暴動や犯罪の増加に示されたような社会の不安定が、白人を含め広範に憂慮されていたことも、政府を行動に向かわせる一因となった。施策には、現金給付ではなく現物給付を多用するといった押しつけがましい（paternalistic）一面があった。現物給付のほうが政治上で受け入れられやすかったようである。

しかし、すべてが政治の問題というわけではなかった。政策反応は、当時の証拠や考えや議論に基づいていた。政策論調にははっきりと変化が起こり、１９６０年頃から、進歩派（liberal）の社会評論家や社会科学者の影響力が増大した。当初から、政策アプローチは非功利主義・非厚生主義の立場を取り、とりわけ権利や機会を重視していた。例えば、中核をなした立法は経済機会法と呼ばれ、新政策に関わる連邦政府の支出を統括するために創設された機関は経済機会局と呼ばれた。当時の知識人の論調の変化にも促されて、連邦政府は、人種差別や福祉給付の差し止めなど貧しい人々の利益を損なう地方レベルでの多数の法令や政策に対して、攻勢に出た[48]。同時に連邦政府は、法律上の権利や受給資格について貧しい人々を啓発していた非政府組織に対しての支援を増大した。

これらの新社会政策についての論争はそのときから何十年も続いた。当初から、新たな実施体制には、ほとんど役割を与えられなかった州・地方政府から多くの反対があった。汚職の非難もあった。２００年以上前の類似の論争の際と同様に、これらのプログラムは就労と貯蓄を減退させ貧困を生み出すだろうと唱えた高名な批判者もあり、また（理念上は支援しながらも）プログラムの運営における予算不足や調整の欠如を懸念する者もいた。確かに誤りもあったであろう。当初のプログラムの中には修正されたり放棄されたりしたものもあった。しかし、(食料購入券やヘッドスタートなど)今日まで続いているプログラムもある。

第二次貧困啓蒙期における重要な革新として、貧困政策の効果について知ろうとする新たな試みがあった。当初から政策の実施にあたって評価に注意が向けられ、多様な貧困対策パイロット・プログラムのランダム化実験も行われた。アメリカでの貧困との戦いに関わる評価研究の中心は、1966年にウィスコンシン大学マディソン校に新設された国立機関である貧困研究所(The Institute for Research on Poverty)であり、その任務は、貧困の原因の解明と、実験・非実験の両方法での貧困対策プログラムの評価、と定められた。他国でも同様の取組が起こった(評価方法については第6章で取り上げる)。

アメリカでの貧困との戦いの開始を主導した人々の大部分は経済学者ではなかったが、経済学者は議論や政策立案には関与した。その頃に、イギリスその他のヨーロッパ諸国でも同様の展開が見られた。経済学者の顕著な貢献は、「権利」といったなじみのないことではなく、厚生主義・功利主義の伝統を踏まえたものであった。また、拡大しつつあった福祉国家の抜け穴をふさぎ欠陥をのぞくことを意図した提案もなされた。重大な懸念の一つとして、給付に厳しい資力査定が伴うことで貧しい人々の就労意欲が殺がれることがあった。プログラムによっては、他の収入が増えれば同額だけ給付が減らされるので、仕事からの収入は実際上100%の限界税率を課されるに等しかった[49]。フリードマンは、福祉プログラムを廃止し負の所得税を導入するという大胆な提案をした(Freedman 1962)。負の所得税は、所得税体系全体の設計を通じて財源を生み出し、誰しもの所得がある最低限を下回ることがないように保障することで貧困を解消する、という構想である。同様の所得保障の提案はイギリスではジェームズ・ミードによりなされた(Meade 1972)。1975年に開始されたアメリカの稼得所得税額控除は、負の所得税の考えを幾分か含んでいる。所得がある水準に達しない勤労者家庭が税額控除(マイナスの税)を受けることができ、所得の上昇に伴いそれは漸減する。税額控除額は、(所得と)子どもの数により異なる。その後、他の多くの国でも同様の政策が導入された[50](これを含むターゲットされた政策については第10章で取り上げる)。

2・2　論争と反発

貧困との戦いの諸政策に対する反発は1970年代末から政治上の力を得た。ほとんどのプログラムでターゲットが狭く絞られていたことで中間層からの政治上の支援が幾分か弱まったかもしれない。しかし、アメリカで貧困政策に対する世論の支持が大幅に弱まったとは見受けられない。むしろ、政治力のバランスが変わったのだった。経済界が、これらのプログラムは賃金を高め利潤を減らしているとの見解の下、組織立った反対を進めた(51)。1980年にロナルド・レーガンが大統領に選出されたことが画期をなした。プログラム対象者の適格条件が厳しくなり、適格者への給付を行わないように行政運営がなされ、貧困対策プログラムへの支出は削減された(52)。

それらの措置の正当化根拠として、単身の母親への福祉給付が家族の崩壊を促す、といった誘因の歪みがもたらす問題への懸念が強調された(53)。タウンゼントの『救貧法論』を思い出させるような、福祉国家が貧困を作り出しているという議論が、頻繁になされた(Townsend 1786)。しかし、19世紀の救貧法をめぐる議論の際にもそうであったように、そのような見解への信頼できる証拠はほとんど示されず、それを否定する証拠のほうが存在したのだった(54)。(しばしば人種の色合いを帯びた)比喩が貧困政策反対派により政治目的に用いられた。比喩やつくり話がしばしば政策立案に影響を与えた(55)。実際には、社会扶助を受けながら苦しい生活を送っている人々の実態は、福祉を批判する人々が用いたレトリックとはまったく異なるものであった。マーク・ランクは、その著書 *Living on the Edge*(『ぎりぎりの生活』)で、福祉給付に頼る51歳の離婚した母親の言葉を引いている。「私の状態について言えば、暮らしはとてもきついものです。給付を受けたいからといってこんな生活をする人はいないでしょう。よいことなんかありませんから」（Rank 1994, p.1）。

言うまでもなく、これはある一人の話にすぎない。しかし、この話は経済学者による注意深い研究が示したところと合致する。ヒラリー・ホイネスによるアメリカでの実証研究は、単身の母親への福祉給付が女性世帯主家庭を生んでいるという多くの主張に疑問を投げ掛けた[56]（Hoynes 1997）。子ども手当（ＡＦＤＣ）などの貧困対策プログラムの直接の受益者は子どもやティーンであり、それが就労や貯蓄を著しく阻害するという主張は疑わしい[57]。もし子どもの就労が実際に阻害されるとすれば、それは望ましいことである。児童労働が減り、就学期間が延び、貧困が世代を超えて続く事態の発生を減らすであろう。母親の就労が阻害されることは、幼児の発達にプラスの効果を持つであろう。

アメリカで福祉国家が貧困を生み出しているという主張が正しかったとは思えない。貧困家庭の福祉給付を労働所得によって置き換えるには、最低賃金が適用されるとすれば、ありえないほど多くの時間を働かねばならなかったであろう（Ｂｏｘ ２・４）。給付がなければ貧困は減ったであろうというのは、ありそうもない。稼得所得税額控除は働いて所得を得る誘因を組み込んでおり、実際上の限界税率は１００％よりはるかに低かった。しかし、州のプログラムの中には、実際上の限界税率が高く、間違った誘因を与え、貧困の罠さえ生み出しかねないものもあった[58]。

貧困との戦いの当初からの施策は長期にわたる影響を持ち、多くのプログラムがその後に長く継続した[59]。福祉プログラムへの支出は国民１人当たりで見て上昇を続けた[60]。もちろん、論争は続いた。社会支出の削減がなされたこともある（どちらの政党の力が強かったかによる）。政策上の議論では、しばしば就労への誘因が重視され、限界税率の引下げや就労の義務付け（あるいはその両方）が唱えられた。歴史家のマイケル・カッツが述べたように、「貧困との戦い」に続いて、アメリカは「福祉との戦い」を布告したのであった[61]（Katz 1987）。

最大の変化は、個人責任・就労機会調整法（Personal Responsibility and Work Opportunity Reconciliation Act）によりもたらされた。同法は１９９６年に民主党のウイリアム・クリントン大統領により署名され施行された。それまでの

Box 2. 4 福祉給付を労働所得によって置き換えるには貧しい人々はどれだけ多く働かねばならないか

議会予算局の推計によれば、（家族数を勘案して調整した）家計所得で見て2009年にアメリカで最貧20%に含まれる家庭の平均として、自己所得は7600ドルであり、政府からの給付は22900ドルであった（The Congressional Budget Office 2012）。最貧20%に含まれる平均家庭が給付なしに同等の収入を得ることができると主張するのは、もっと多く働けば22900ドル分の収入の増加がありうるはずだと信じていることを意味する。7600ドルのすべてが仕事からのものとして、そのためには仕事を4倍にする必要があることがわかる。2009年の連邦最低賃金である時給7.25ドルを当てはめると、22900ドルの収入増加を実現するには（年50週として）毎週63時間だけ多く働く必要がある。家庭に稼得者が1人だけであり最低賃金で働く場合には、毎週計84時間を働かなければならない。家庭からもう1人が働きに出る場合には、通勤と子どもの世話に費用が発生するであろう。通勤に1日4ドル、託児所に1日10ドルかかるとして、収入として残るのは1時間当たり5.50ドルである。この手取り時給で22900ドルの収入を実現するには、毎週計83時間を働かなければならない。

公的給付がなければ貧困は減るだろうと唱えるのは、貧しい家族が最低賃金でのフルタイムの仕事を2つ見つけることができるはずだ、と言っているのに等しいのである。

子ども手当（ＡＦＤＣ）が廃止され、代わって貧困家庭一時扶助（Temporary Assistance for Needy Families）が導入された。新制度の下では、資金支援は合計5年間に限られ、受給者は2年以内に就労しなければならなかった。[62] １８３０年代のイギリスでの新救貧法の場合と同様に、福祉給付は就労義務を伴うようになった。往時の授産施設（work-house）よりは自由ははるかに大きかったが、背景にある考えは同様であり、貧しい人々の行動変容を誘因付けようとするものであった。現代のアメリカでの政策をめぐる議論は、仕事の経験がもたらす態度変容、仕事の道徳価値、地域コミュニティへの利益、などを主なテーマとしている。しかし、このような議論は、貧困層を福祉プログラムから外し給付支出を減らすことを政治上受け入れられやすく正当化するためのもの、と言えそうである。[63] イギリスでの１８３４年の改革と同様に、１９９６年の改革後のアメリカでは支援を受ける人々の数は大幅に減少した。[64]

アメリカにおける貧困と不平等

２０１４年1月8日は、ジョンソン政権の貧困との戦いの布告から50年を画する日であった。貧困との戦いが成功したのかどうか、かつての論争がアメリカのメディアで再び浮上した。しばしば聞かれたのは、貧困が続いているのだから戦いは失敗だった、政策は不適切であった、といった見解であり、今日でも聞かれる。このような見解が依拠するのは、貧困との戦いが始まったときに19％であったアメリカでの貧困率が、今日でも15％（２０１２年についての公式の数字）辺りにある、という事実である。図２・２には、米国センサス局の公式統計が得られる最も古い年である１９７３年以降の貧困率が示されている（公定貧困線の１２５％と１５０％に対応する貧困率の系列も示されている。すべての系列の間に強い並行関係がみられる）。さらに長期にわたる非公式な推計によれば、貧困との戦いの開始に先立つ何年かの間にはアメリカでの貧困率の低下が見られた。経済成長が貧困層を益したためであろうと思われる。[65] Ｂｏｘ ２・５では、アメリカで用いられてきた公定貧困線について論じられる。

貧困との戦いを支持する人々は、その開始後の10年間に貧困率が低下したことを指摘する。[66] 反対派の中には、貧困

図2.2　米国の公式貧困率

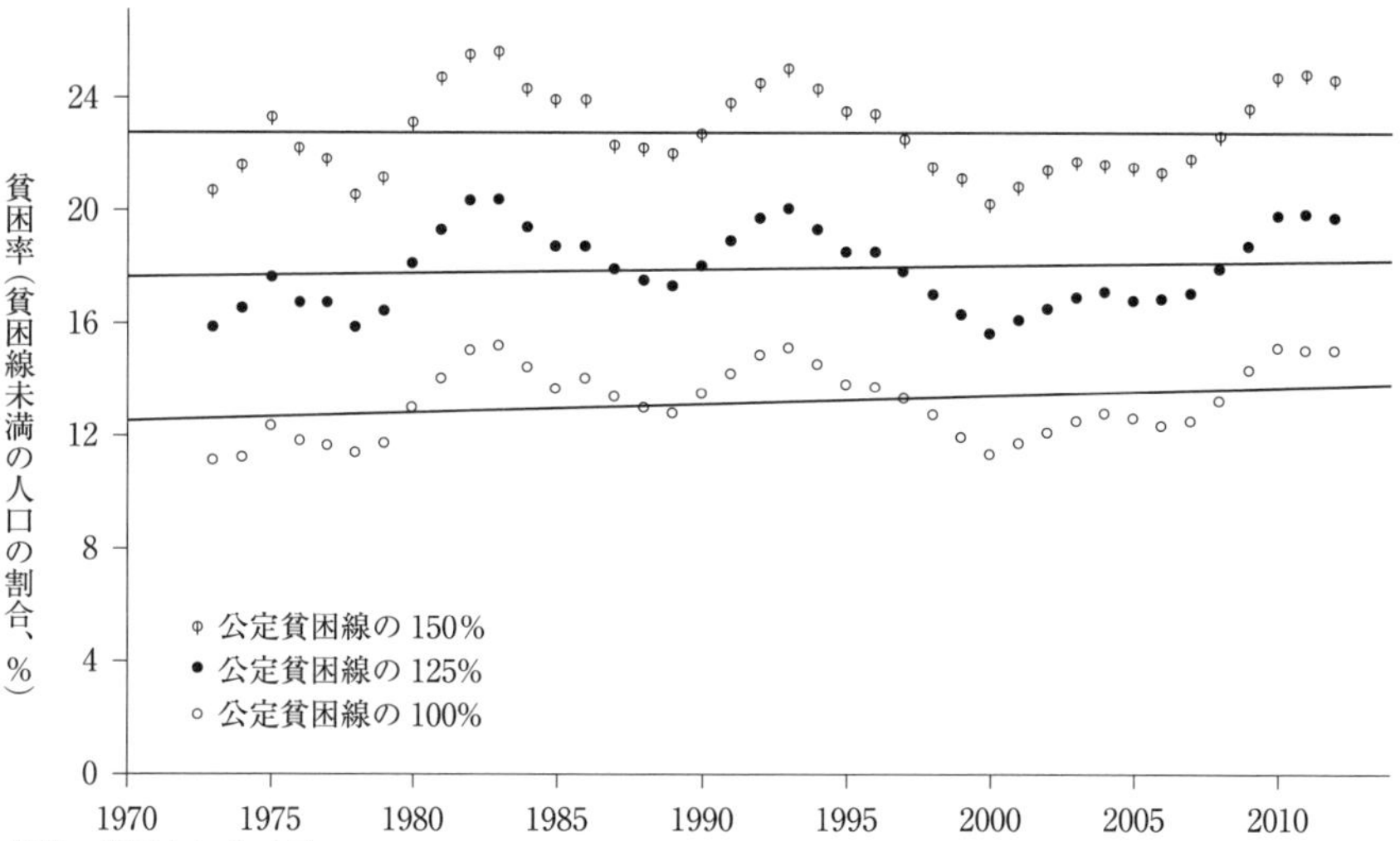

出所：米国センサス局。

との戦いの諸政策は貧困削減を進めたのではなくむしろ停滞させた、というようにデータを解釈した論者もいた[67]。子ども手当の実質給付額が1980年代、1990年代を通じて減少し続けたことも、アメリカでの貧困削減の進展を止める一因となった。アメリカでの貧困者の年齢構成には、高齢者の減少という顕著な変化が起こった。1980年以後にも、より緩やかにではあったが、高齢者の貧困率は低下し続けた。ピーター・リンダートによれば、この違いは、他の豊かな国々と同様にアメリカにおいても高齢者を若年者よりも優遇するという社会支出における偏りがあること、に帰することができる（Lindert 2013）。

1970年代以降にアメリカで所得貧困の削減がほとんどなかったことは明らかである。（実際、所得上位10%以外のグループではほとんど所得上昇がなかった。残りの90%については、1970年代以降の平均実質所得の上昇率はゼロである、との推計がある[68]）。しかし、歴史を通じての時系列データを見るだけでは、アメリカでの貧困政策の効果を適切に評価することはできない。2012年15%といった公式貧困率よりも有用な貧困統計の新系列がセンサス局により提供されるようになった。それは、政府の給付を含む場合と含まない場合での貧

Box 2. 5　アメリカの公定貧困線と他の国々との比較

アメリカ政府は絶対基準での貧困線を用いている。これはもともと1965年に社会保障局の経済学者であったモリー・オシャンスキーにより考案された(Orshansky 1965)。貧困は、最低限必要な食事の費用の3倍に満たない収入と定義された。この3倍という数字は、典型家庭の支出の3分の1が食費に充てられていることを示した1955年の調査に基づいている。1960年末以降、毎年の物価調整がなされるのみで、「貧困」の基準自体が高められることはなかった。現在の貧困線は、4人家庭で24069ドル（1人当たり1日16ドル）である。

図B2.5.1には、95カ国の貧困線がどのように分布しているかが示されている（1人1日、2005年PPPドル表示)。最も貧しい20カ国ほどの貧困線の平均は、1日1.25ドルである。2005年にアメリカの公定貧困線は、子ども2人の4人家庭で1人当たり1日約13ドルであり、最も貧しい国々よりほぼ10倍

図B2.5.1　世界中の国々の貧困線（2005年価格表示）

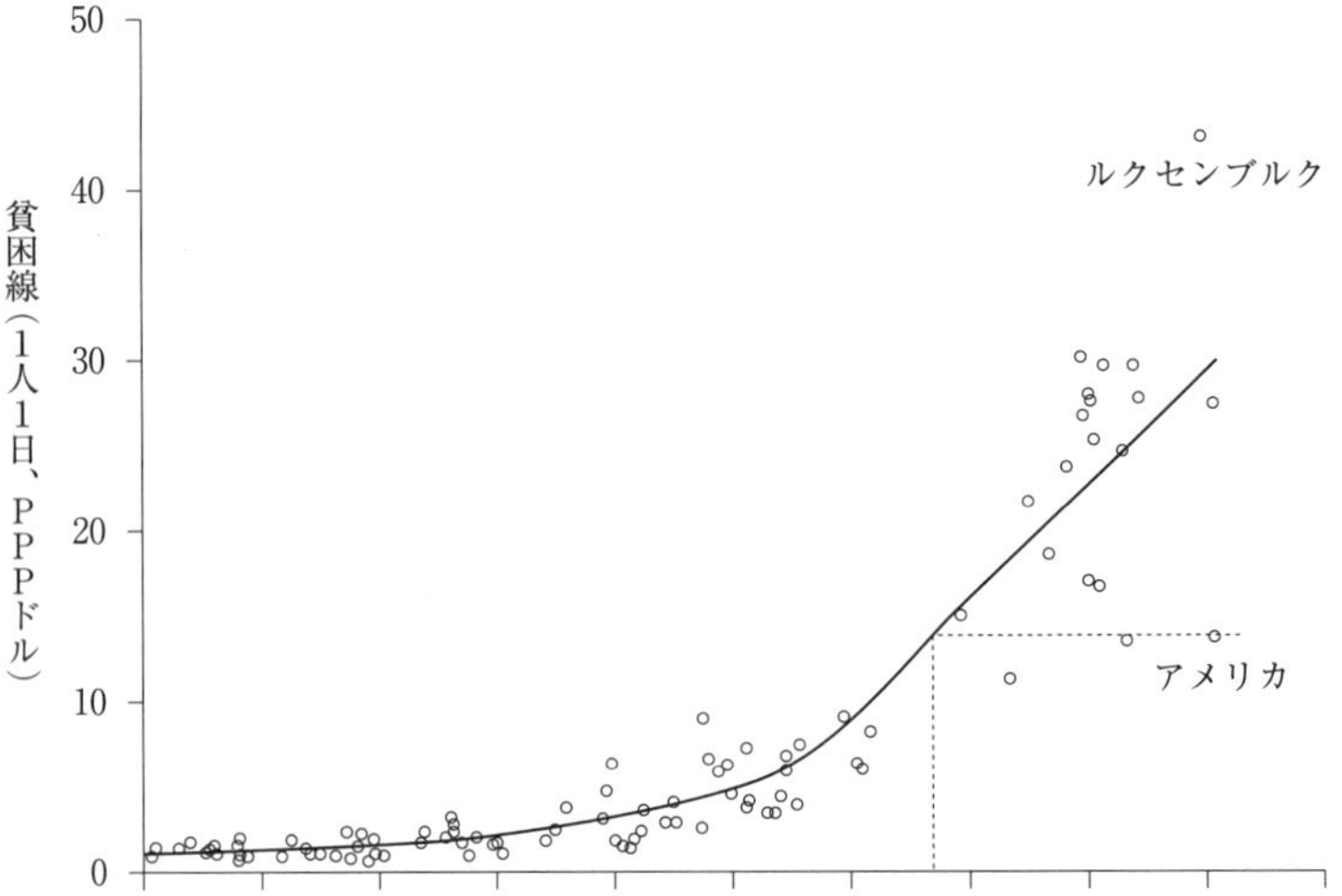

出所：Ravallion (2012b) のデータセットに基づく筆者の計算。

高い（ロバート・ハンターによるアメリカにおける貧困のよく知られた研究で用いられた貧困線は今日の最も貧しい国々とほぼ等しいようである。1900年時点で1000万人ほどの貧困者が存在すると推計されていた）（Hunter 1904）。しかし、今日同じように豊かな国々と比べると、アメリカの貧困線は低い。平均所得がほぼ等しいルクセンブルグの貧困線は1日43ドルである。豊かな国々の貧困線の平均は1日約30ドルであり、アメリカのほぼ2倍である。アメリカの貧困線は、平均消費水準ではアメリカの3分の1でしかない国々の貧困線の平均に等しい（図 B2.5.1で最も当てはまりの良い線を用いて、破線で示されているように、アメリカの貧困線に対応する1人当たり消費の水準を見出すことができる）。家計収支のやりくりに要する所得についての調査からも、アメリカの公定貧困線は人々が自らを貧しいと感じない水準よりも低いことが示唆される（de Vos and Garner 1991）（これは、第4章で取り上げる「社会主観貧困線」の一例である）。

さらなる学習のために：ゴードン・フィッシャーの研究やデヴィッド・ジョンソンとティモシー・スミーディンによる研究では、近年導入された補完措置についても触れられている（Fisher 1992; Johnson and Smeeding 2012）。アメリカの公定貧困線をめぐる論争については、第4章で取り上げる。世界中の国々の貧困線については、筆者による研究を参照（2012b）。

困率の系列であり、それによれば、（批判派が失敗であったとみなす）諸給付がなかったとすればアメリカでの貧困率は実際の2倍に上ったであろう、とされている[69]。それがなかったとした場合と比べてみると、貧困との戦いは大成功であったと言えそうである。そうだとすれば、貧困率を減らすには現存の諸プログラムの拡充が求められるであろう。

この推論が語ることは重要であるが、実際にどれだけの貧困削減に貢献したかについては慎重な判断が求められる。収入合計から政府給付を差し引いた額を比較の対象とすることは、政府給付がない場合に仕事を増やすことはないと仮定していることを意味する。誘因の効果（Box 1・4）を考慮しない点で、この仮定は疑わしい。この要因がどれだけ重要であるかはわからないが、無視されてはならない（これについては第10章で再び取

図2.3　アメリカ、最も裕福な１％の家計の所得シェア

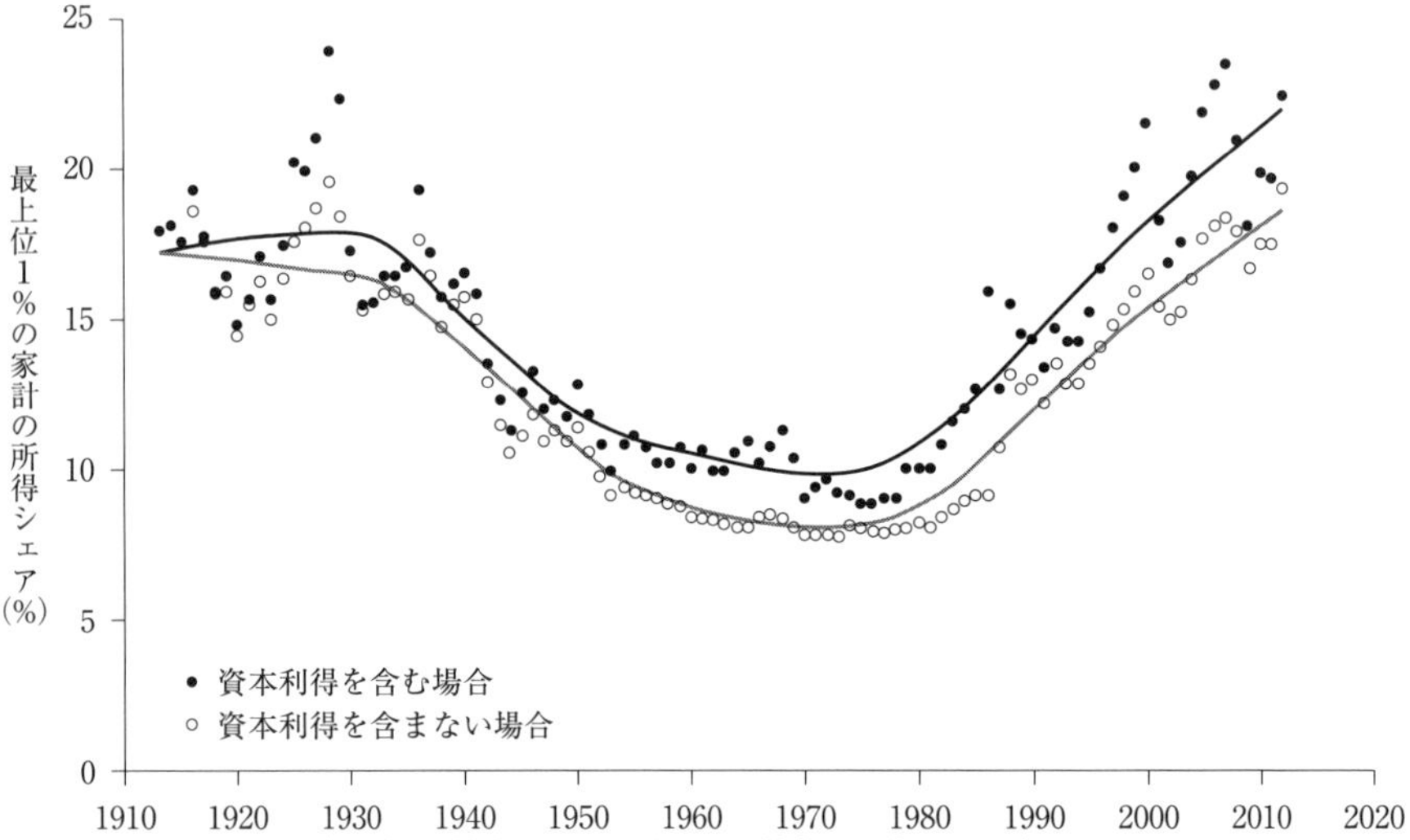

出所：Alvaredo et al.（2014）と筆者により推計された散布至近値平滑化線。

り上げる）。

１９７０年代以降、アメリカでは経済成長が貧困層と中間層を素通りするようになった。所得増加の大部分は富裕層に生じた。図２・３には、最上位１％の所得シェアが１９１３年に遡って示されている[70]。この図に明らかなように、「最上位不平等」は著しく高まっており、１９８０年以降に最も裕福な１％の家計の所得シェアは2倍以上になった。所得増加の過半が最上位１％に生じている[71]。

何ゆえにアメリカで、富裕層ばかりが豊かになり、貧困層と中間層の状態はほとんど改善しなかったのだろうか。文献から3つの主要な理由を見つけることができる[72]。第一は、１９７０年代における教育政策の変更である。オランダ人経済学者ヤン・ティンバーゲンは、不平等の推移を決める鍵となる要因は「教育と技術の競争」であると述べた（Tinbergen 1975）。学校制度が新たな技術から派生する需要に応え卒業生を迅速に生み出すことができるなら、技能プレミアムは上昇しないであろう。アメリカでの収入の不平等の増大は、技能労働への需要が供給を上回ったことから生じた[73]。経済学者であるクラウディア・ゴールディンとローレンス・カッツは、アメリカは１９８０年頃までの長い間この競争にうまく対応

していたが、1970年代の教育政策の変更後にはそうではなくなったことを示している（Goldin and Kats 2008）。次のような貧富の差が現れた。大学卒業者の中の貧しい家庭の出身者の割合は減り、エリート大学ではなおさらであった[74]。

第二の原因は、資産からの収益率が再び国民所得の増加率を上回るようになったことである。これは、経済学者トマ・ピケティにより示されたことである（Piketty 2014）。富のほとんどは富裕層により所有されているので、高い収益率は不平等を増大させる。ピケティらによる極めて富裕な層の所得および資産のシェアの推計によれば、アメリカでの最上位不平等は第一次大戦以前の水準に戻っている[75]。ピケティが検討した資産には人間は含まれていないが、人的資本の収益の違いも劣らず重要である。とりわけ、所得最上位での俸給の増加と、所得最下位での就業形態の変化とが、重要である。所得最上位での収入の増加は、第一の要因である技能プレミアムの増加を反映したもの、とある程度は言えよう。しかし、アメリカの大企業での社長たち俸給の急上昇が、労働市場での競争で決まる「技能」への収益を反映したものとは、信ずることはできない。賃金分布のもう一方の端では、それなりの福利厚生を伴う製造業の仕事が減り、福利厚生が乏しく保障もない低賃金のサービス業の仕事に取って代わられた。

第三の（相互に関連する）原因は、公共政策に関係する。一つには、アメリカでの金融部門の規制緩和政策と高所得への減税が、最上位不平等の増大に一役買っている。富裕層への諸減税措置のため、貧しい人々に（直接間接に）利益を与える政府プログラムや公共財の財源が削られ、さらに財政赤字拡大の一因となって、貧困削減に貢献しえた財政支出を制約することとなった[76]。他方で、課税前所得での不平等の増大をもたらした技能労働者と資産所有者の両方の所得増大につき、政策を通じての再分配が十分になされなかった。税収の構成は、時とともに、累進所得税から逆進の諸税へと移った。さらに、1980年から、連邦給付プログラム中で貧困層の受給額の割合が低下している[77]。

1960年代のアメリカでどんどん豊かになった中間層が極度の貧困の存在にショックを受けたのと同様に、21世紀になって中間層は、自身の経済状態が停滞する中で少数のエリートがとめどなく豊かになっていくことにショックを受けている。現在、ハリントンの『もう一つのアメリカ』にあたる著作は、ピケティの『21世紀の資本』である（第8章で再び取り上げる）。多くの点で両書は随分と違うが、どちらも驚くほどのベストセラーとなり、[78] 再分配政策について重要な議論を巻き起こした。

貧困の文化

18世紀以来今日に至るまで、貧しい人々自身の「悪い」「不道徳な」行いが貧困の原因である、という見解がたびたび繰り返されてきた。アメリカの豊かさのただなかでの貧困の説明として、1960年代に「貧困の文化」と「下位階層（underclass）」の考えが随分と議論された。先にレビューしたかつての論争と同様に、これらの考えは根底にある「構造上の」不平等を無視していると批判された。[79] 社会学者ウィリアム・ジュリアス・ウィルソンの『アメリカのアンダークラス――本当に不利な立場に置かれた人々』で示されたような精緻な「下位階層」論では、「貧困の文化」は構造上の不平等に起因するとされ、ハリントンと同様に、経済の構造変化、都市の構造変化、失業率、などのマクロ経済要因を重視した（Wilson 1987）。アメリカの黒人「下位階層」は社会経済要因により説明されることとなった（この種の「所属モデル」による貧困の解明については、第8章で詳しく取り上げる）。

文化の変化を促すような政策介入がありうるかどうか議論が続いているが、[80] 200年以上にわたって振り返ると、貧困をめぐる論調には明らかに大きな変化が見られる。当初は貧しい人々自身を責めていたのが、自身ではどうしようもない根底にある諸要因とそれらを克服しうる公共政策が注目されるようになった。この新たな見解でも、誤った選択や非合理な行動といった個人責任を否定するものではない。[81] 近年では、貧困のストレスが認知能力を損なうことを示す新たな証拠が示されており、因果関係をさらにわかりにくくしている。[82] ともあれ、貧困を「間違った選択」で説明するのは不十分かつ乱暴である、という見解が受け入れられるようになった。デイヴィッド・シプラーは、アメリカの貧しい勤労者について次のように述べている。「誰であれ人の一生は、間違った選択と不運の組合せ、選ばれた途と出生や環境により閉ざされた途の組合せでできている」(Shipler 2005, p.6)。

相対貧困と主観貧困

貧困が社会として根絶を図るべき悪であるとみなされるようになるにつれ、貧困測定方法についての議論が重要度を増してきた。この第Ⅰ部の冒頭(Ｂｏｘ １・２)で取り上げたように、貧困を捉えるにあたり、絶対基準と相対基準の二つの見方がある。絶対基準では、所得ないし消費のある下限値が比較対象とされるすべての部分集団を通じて同一の実質値に定められ、その下限値に達しない人々が貧困者と定義される。それに対し、相対基準では、その下限値を集団によって異なる値に定めることを認める。集団ごとの下限値は、集団の平均所得と連動して増減する傾向が強い。絶対基準を唱える人々は、貧困の評価にあたって国境は無視すべきであり、消費可能性が同じであれば住む国が豊かか貧しいかにかかわらず同一の扱いを受けるべきである、と主張する。相対基準を唱える論者は、豊かな国の貧困者が相対欠乏の状況に置かれることや、豊かな国ほど経済社会生活に参加するのに要する(社会により異なる)コストが高いことに、注意を向ける。[83] 相対基準を正当化するのは、厚生を効用で定義するにしろケイパビリティで定義するにしろ、貧困は厚生の水準において絶対基準で捉えられるべきである、という見解である。センが述べるように、「ケイパビリティについて絶対基準を適用するなら、財においては相対基準を用いることになる」(Sen 1983)。

第二次貧困啓蒙期の前には、貧困は主に絶対基準で見られていたようである。この状況は、１９６０年代に豊かな国の多くで急激に変化した。[84] 相対貧困の考えに先例があったことは確かである。アダム・スミスが貧困を社会により異なるものと見ていたことは、よく知られている。『国富論』(Smith 1776, ch.2, art. 4)の有名な一節で、スミスは、18世紀の欧州で麻のシャツが社会生活で持った意味合いを、「ひとかどの日雇い労働者は麻のシャツを身につけずに人前に現れることを恥じるであろう」というように述べている。[85] スミスは、貧困線はそれが適用される状況にふさわしいものであるべきことを論じた。(Ｂｏｘ ２・５で見たように、)それはまた、ある程度は多くの国々で見られることである。とはいえ、特定の状況での貧困の基準はそこでの標準を反映すべきであるというスミスの見解を受け入れるとしても、貧困線が時間を通じて変更されるべきであるかは明らかではない。ボウリーはこの点に関して頑なであったことを想起されたい（Bowley 1915）。貧困線は、国の間では異なるという相対のものであったとしても、時間を通じては同一の実質価値を有し絶対のものでなければならない。しかし、論理上は、経済が成長し生活水準が上昇するときに、実質で一定の貧困線がいつまでも意味を持ち続けることはありえない。

第二次貧困啓蒙期から、何が貧困かは社会により異なるとする相対基準がそれ以前よりも広く受け入れられるようになり、国が違えば、そして経済成長の下では時が経てば、貧困の基準は異なると考えられるようになった。この考えを実際に適用するにはどうしたらよいか、というのが課題であった。この時期には、貧困指標を公共扶助の受給基準に従わせることが試みられた[86]。そのため、貧困の測定が政治上で操作されるのではないかとの懸念を生んだ。貧民救済に反対する政党が政権につけば、給付水準を切り下げそれが統計上の貧困率の低下を生む、といったことである。

第二次貧困啓蒙期には、相対貧困という新たな概念がアメリカでも西欧でも力を得た。貧困線をその時々の（集団ごとの）所得の中央値の50％に設定することを最初に提唱したのは、経済学者ヴィクター・フックスであったようである（Fuchs 1967）。そうすると、貧困線の平均所得に対する弾力性は1である。貧困線が平均値（あるいは中央値）の一定の割合に設定されるとき、それは「強い意味での相対貧困」を示す。

この新たな相対指標は、地域間比較にも時点間比較にも適用されるが、つまるところは相対分布を問題としていた。強い意味での相対貧困線を用いると、すべての人の所得が同じ割合で増えたときには貧困指標は変化しない。このように定義された相対貧困は、原理上は根絶されうる。平均値の半分未満で暮らす人がいないような所得分布は、理論上はありうる。それが実際に起こりうるかどうかは、別の問題である。

強い意味での相対貧困の考えは、アメリカよりも西欧でのほうが影響力が強く、発展途上地域ではほとんど受け入れられなかった。アメリカでの公定の貧困線は時間を通じての絶対基準に基づく（実質価値を一定とする。Ｂｏｘ ２・

5参照）。ほとんどすべての途上国においても同様である。しかし、フックスが述べるように、アメリカの1930年代の貧困線は1960年代のものに比べて実質値としてははるかに低かったであろう[87]（Fuchs 1967）。長期にわたり、アメリカの貧困線は時とともに上昇してきた。20世紀の間に10倍かそれ以上になっているかもしれない[88]。同様に、中国やインドといった急速に発展する国では貧困線の実質値は上昇している[89]。

やがて、西欧で最も広く用いられる貧困の定義はフックスが提案したものとなり、各国の貧困線はその時々の中央値のある固定した割合に設定されるようになった。ユーロスタット（Eurostat）はそのような基準での貧困指標を作成している（Eurostat 2005）。1980年代半ばに始められ大きな影響力を持つようになったルクセンブルク所得調査（Luxemburg Income Study：ＬＩＳ）も、国ごとの要約統計で中央値の40―60％に設定された貧困線を用いている[90]。絶対貧困と相対貧困をめぐる論争は今日も続いている。これは重要な論争である。以下でこの論争を概観する。技術面の検討は第Ⅱ部で行う。

相対貧困線への批判として、異なる時点の間あるいは国の間での比較において、実質所得が等しい人々が異なった扱いを受けることへの懸念がある。豊かな国で相対貧困線を提唱する人々も、国内の多数派と少数派の貧困状態を比べる際に異なる貧困基準を適用することにはおそらく同意しないであろう。実際のところ、第二次貧困啓蒙期には、この点に関して、それ以前の差別待遇の撤廃が進んだ。相対基準の適用には（明示はされないが）明らかに道徳上の限界があった。とはいえ、同一水準の厚生を達成するのに要する個人実質所得が豊かな国ほど高いとすれば、厚生主義の立場から相対基準を主張する根拠がある。

それ以上に問題を孕むのは、貧困線が強い意味での相対基準を反映して平均値あるいは中央値の一定割合に設定されることである。下に見るように、相対基準を提唱する主な議論は二種類あるが、そのいずれも強い意味での相対基準の根拠となるものではない。一つは、社会包摂への配慮である。18世紀の欧州における麻のシャツが「社会包摂上の必要」とでも呼ばれうるものの一例である。社会包摂への配慮はアダム・スミスを含み長い歴史を有するが、社会包摂上の必要は西欧およびスカンディナビア諸国での社会政策の議論で1980年代以降に力を得てきた[91]。そして、それが西欧での相対貧困線の正当化の根拠とされてきた[92]。しかし、社会包摂が貧困を免れる上で肝要であることには同意するとしても、それが強い意味での相対貧困線を正当化するわけではない。麻のシャツの費用は、最も貧しい人にも最も豊かな人にもほぼ同じであろう。一般に、平均所得がゼロに向け減少するとき、（強い意味での相対貧困線が想定するように）社会包摂の費用が極限でゼロになる、とは考えられない。（貧しい国で強い意味での相対貧困線を用いると）社会包摂費用を過小に想定することになるのはほぼ確実であろう。

強い意味での相対貧困と関連してなされるもう一つの議論は、相対欠乏、すなわち、人は参照する集団の所得と比べて自身の所得を評価すること、を配慮することである。社会学者のゲーリー・ランシマンはこの見解の提唱者として影響力を持った（Runciman 1966）。経済学では、ジェイムス・デュセンベリーが消費行動の（時代に先行する）新たなモデルを提示した（Duesenberry 1949）。そのモデルは相対欠乏の考えに基づいており、個人の厚生は居住国の平均所得と比べての自身の所得の相対水準に依存する、とする[93]。この考えを貧困の測定に関連付けると、一定の厚生水準に対応する貧困線は平均所得とともに上昇する、との見解となる。相対欠乏感の厚生上のマイナスを埋め合わせるために要する金額を反映して、豊かな国ほど金銭表示での貧困線は高くなる。

しかし、先述の議論を注意深く検討すると、それは強い意味での相対貧困線を支持するものとは言えないことがわかる。厚生（あるいはケイパビリティ）に関して絶対貧困基準を採用するとして、強い意味での相対貧困線が正当化されるのは、個人の厚生が自身の所得の絶対水準には依存せず、（所得の中央値に対しての）相対所得のみに依存する、と仮定する場合である。これは大変に強い仮定である。

ここでの検討は、社会包摂の必要や相対欠乏が厚生に影響することを否定するものではない。貧困測定において相対基準を組み込むことの意義は今日ますます大きくなっている。問題は、それを達成する最良の方法は何かである。社会包摂の最小費用がゼロではないことを踏まえると、求められるのは「弱い意味での」相対貧困指標と呼ばれるものである。[94] その特徴は、貧困線が平均値に比例して上昇するのではなく、平均所得の有限な値すべてに対して弾力性が1未満であることである。[95]（相対貧困指標については、第4章でさらなる検討を加える）。これは、アメリカなど長期にわたり実質所得の上昇が起こった国々での歴史上の経験と合致している。[96]（貧しい国に適合する）絶対貧困線と（豊かな国に適合する）相対貧困線を両極限として含む「弱い意味での相対貧困線」の定式を用いて、（Ｂｏｘ２・５に示されているような）各国の貧困線と合致するように世界全体の貧困指標を求めることができる。[97]

貧困測定についてのこの時期の新たな著作では、主観評価に関わる質問調査に基づく厚生や貧困の指標を作成する試みもまた重視されている。これらの質問には、自身を「貧しい」から「豊か」のいくつかの段階のどこかに位置付けるよう求めるものもあれば、[98] 生活満足度や幸福度を尋ねるものもある。他には、所得水準と主観厚生水準を対応付けるよう尋ねる質問調査もある。[99] 特別なものとして、「最低所得」についての質問がある。これは、個人の主観評価を所得額に対応付けることで、回帰式上の固定した点として金銭表示での貧困線を導出するものである。換言すれば、その貧困線は次のように特徴付けられる。それを下回る所得の人々は自らの所得では必要を満たせないと考え、それを上回る所得の人々は自らの所得を十分であるとみなす傾向がある。同様の発想を厚生の複数の側面にわたる十分さについて適用して貧困線を求めることもできる。[100] これらの指標については第Ⅱ部で詳しく論ずる。

ベーシックインカム運動

１９７０年代から「ベーシックインカム保障」（basic-income guarantee：ＢＩＧ）の考えを支持する議論が現れ始めた。その考えの骨子は、貧しいか否かにかかわらずすべての成人に、政府が一定額の現金を給付する、というものである。これは、「人頭給付」（poll transfer）、「保障所得」（guaranteed income）、「市民所得」（citizenship income）、「無修正社会配当」（unmodified social dividend）などと呼ばれることもある。このような考えはかつてペインによりすでに提唱されていた（Paine 1797）。しかし、それは勤労に内在する価値という考えと常に対立せざるを得なかった（例えば、1662年にペティは、たとえその生産物が無価値であるとしても、仕事に就いていない貧民を雇用することを推奨した)。BIGの考えは1990年代に勢いを得た[101]。

BIGの考えは、豊かな国でも貧しい国でも、そして政治上の左派から右派まで、広く提唱された。提唱者の多くは豊かな国に住むが、途上国でもさまざまな提案がなされてきた[102]。BIGを支持する議論にはさまざまなものがある。一つには、BIGは経済面の自由の一つの基礎をなす「市民の権利」とみなされる。その観点からは、BIGは人生における選択への物質面の制約を緩和し、「(社会の)構成員の人生の選択肢が生計を立てる必要にもはや制約されない」ようにする[103]。ベルギーの哲学者であるフィリップ・ヴァン・パレースは「ベーシックインカム資本主義」を唱え、生産手段の私有と自由な市場が生産を増大させる力と、すべての人が十分なベーシックインカムを受け取ることを、組み合わせるよう提唱した(Parijs 1992, 1995)。

他の観点からの支持もあった。貧困解消や所得分配平等化のための施策として、BIGは、行政上の負担が少なく、経済全体に及ぼす歪みの影響も小さい、ことが注目された。給付受取額に影響を及ぼしうるような行為は存在しないので、給付それ自体に伴う代替効果は存在しない。しかし、余暇への需要については所得効果が働く。BIGへの反対派は、福祉国家は勤労意欲を阻害し、賃金を高め利潤を減らす、というかつてからの懸念を表明している。BIGが労働供給に及ぼす影響ははっきりしない。給付があることで、信用制約の下で制限されていた(自営や移住といった)仕事の機会が実現されることもありうる。両方向の影響を合わせると、結果としては就労が増加するかもしれない(そのような場合が第10章で取り上げられる)。BIGの支持者は、貧困層へのターゲティングがないのでBIGはスティグマを生じさせない、ことも指摘する。また、全市民が個人番号を持つとすれば、BIGは汚職の対象となりにくいと考えられる。

BIGの考えは政治上のさまざまな立場からの支持を受けているが、筆者が知る限り、これまで国のレベルで実施されたことはない[104]。BIGと共通する性格を一部有する勤労所得税額控除(Earned Income Tax Credit：EITC)のほうは、すでに多くの国で実施されている。それは、貧しい人々に高い限界税率を課することを避け、勤労意欲を損なわないように設計されている。これらについては第10章で立ち返り検討する。

2・3　発展途上地域における貧困

第二次世界大戦の後、開発は大きな課題としてあった。戦災を受けた欧州の再建も課題であったが、他の地域での深く根付いた極度の貧困のほうが大きな問題であった。大戦後に新たに独立した国の多くで、政府は当初から貧困削減に長期にわたり真剣に取り組む姿勢を持っていたようである。[105] その目的をどのように達成するかに関しては多くの議論があった。

急速な工業化のための計画

新たに独立した国々の経済は農業を中心としていたが、政策立案者は豊かな国々の経済は非農業部門を中心としていることに気付いていた。図2・4に示されているように、それは今日でも見出されるパターンである。[106] 農業のシェアは、（1人当たり所得で見て）最も貧しい20カ国では約40％であるのに対し、最も豊かな20カ国では1％にすぎない。このパターンが、しばしば「構造転換」と呼ばれるものの根幹をなす一要因である。[107]

図2・4に示されているパターンは、容易に説明されうる。食料は人の生存にとって必須であり、経済活動が農業から始まるのは当然のことである。しかし、同じ論理が働いて、経済が成長するにつれて農業および農村経済の生産のシェアは低下する傾向がある。経済成長に伴って食料への支出に向けられる所得の割合は低下する傾向があるという、一国レベルでのエンゲルの法則が働くからである（Ｂｏｘ　１・16）。閉鎖経済では供給は需要に応じて変わるの

図2.4　世界中の国々のGDP中の農業のシェア

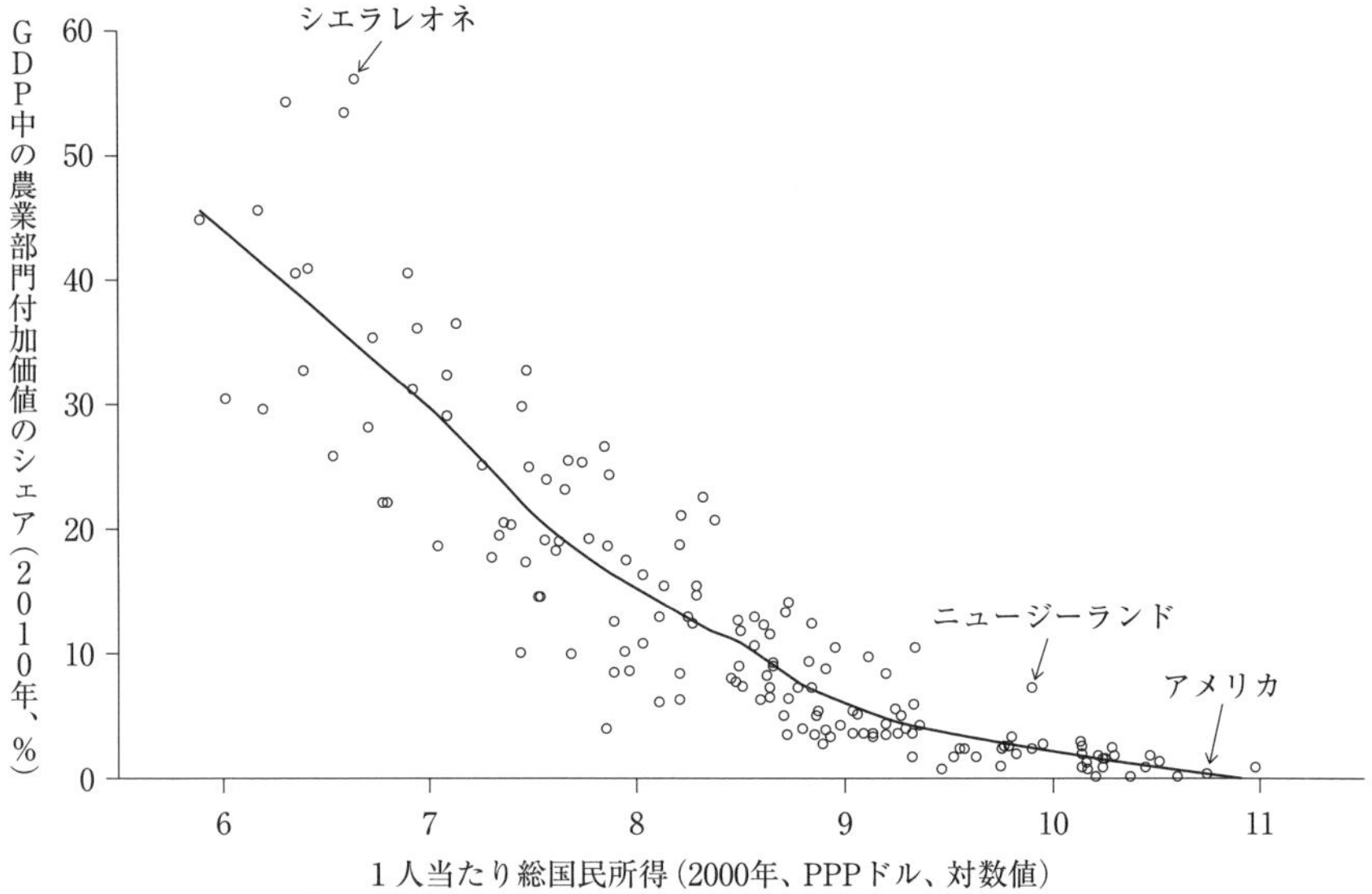

出所：世界開発指標（World Bank 2013）に基づく筆者の計算。

で、経済が成長するにつれて生産における農業のシェアは低下することになる。しかし、平均所得が同一であっても国の間での部門別生産構成に違いがある（図2・4）。例えば、ニュージーランドは所得水準の高い国としては異常に農業のシェアが高い。農業生産物の多くは輸出されている。

新たに独立した国々の政策立案者はどのようにして構造転換を達成しようとしたのだろうか。民間部門に任せればよいとは考えなかった。民間の経済主体の間での協調の失敗（coordination failure）が深刻な障害であると見られていた。大きな影響力を持った論者としてポール・ローゼンシュタイン＝ロダンがおり、低発展経済での異なる企業の投資の間の補完関係が強調された（Rosenstein-Rodan 1943）。経済活動における相互の繫がりのために、もしすべての企業が投資をすればすべてが収益を上げられるが、他企業が投資をしないならどの個別の企業も投資をする誘因を持たず、発展は起こらない。これは一種の貧困の罠である（Ｂｏｘ１・６）。この場合には、政府の介入が有益でありうる。介入にはさまざまな形がありうる。「軽い介入」では、政府は、民間企業間の協調に資するよう、企業間の交渉にあたり情報を提供し、また契約の履行を助ける。「重い介入」は、意思決定を民間に任せず、中央計画により統制や国有化を行うものであり、開発のためには多くの部門で同時に大規模な投資をする必要があるという「ビッグプッシュ」の考え、と結びついていた。

新たに独立した国々の多くで、政策立案者は当初は「重い介入」路線を採った。いくつかの理由があった。ソ連の経済が成功しているように思われていたことが、中央計画を魅力あるものにした。植民地としての体験があったため、「自由市場」を良しとする議論に対して猜疑心が抱かれていた。例えば、制限のない貿易から利益を得るのは豊かな国のほうであろう、と考えられていた。経済主体が価格のシグナルに迅速かつ適切に反応するかどうか、疑念が抱かれていた。伝統農業は非効率であり変革は期待できない、と考えられていた。生まれたばかりの製造業は、少なくとも当初は収穫逓増局面にあると見られ、急速な労働吸収の見込みはないと見られていた[108]。これらの理由で、当初は、閉鎖経済の下で中央計画により資本集約度の高い工業部門を推進することが重視された。しかし、これに反対する見解も当初からあった。そして、反対の理由はもっともなものであった。

計画への批判

当初から、「重い介入」路線には懸念が抱かれていた。ビッグプッシュですべての部門を育成しようとするよりも、他部門での活動を刺激するような主導部門を個別の状況に応じて特定するほうが効果が大きいであろう、との見解が示された[109]。ただし、カギとなる主導部門を見つけるのは容易ではなかった。計画に盛り込まれた優先事項に疑念を呈する批判もあった。重要な事項として資本財部門育成があり、インドの第二次計画（1956－1961年）をめぐり論争が起こった[110]。批判派は貧しい国では資本が希少で労働が豊富であるので、市場に委ねれば（まず間違いなく）労働集約度の高い工業化が起こり、そのほうが理に適ったことである、と指摘した。

以下のような議論もなされた。計画において、閉鎖経済では食料供給が都市の成長を制約するであろうというアダム・スミスの警告が著しく軽視されている。工業化が推進されるとき、農業の余剰が用いられ所得が生み出されるのが通例であり、貧しい人々が工業化を賄っていることになる。工業化を優先することで、例えば電化や道路建設といった農村インフラ整備など、他の分野の政策がないがしろにされている。

中央計画を成功させるのに必要な行政能力が、貧しい国々には備わっていないことが多い、という問題もあった。大きなインフォーマル部門を抱える経済では、民間企業間の協調のために公式の規制や統制を重視した方針は、実施と実効確保の能力を考えると現実には無理なことであった。国有化が無理であったことは言うまでもない。政治家の願望と行政能力との間の折り合いをつけることは今日に至る課題である。

第二次大戦後に新たに独立した国々での計画作成にあたって大きな影響を持った考えは「構造主義アプローチ」と呼ばれるようになった。この命名はオックスフォード大学の経済学者であり、インドで研究した、イアン・リトルによりなされた（Little 1982）。オックスフォード大学でのリトルの学生の中で最もよく知られているのは、疑いもなくマンモハン・シンであろう。シンは1990年代初頭にインドの財務大臣となり（その後2004–2014年には首相を務める）、リトルが批判していた政策の多くの改廃に取り掛かり、インドを新たな成長軌道に乗せた。

援助業界と開発経済学の誕生

計画策定者たちは、成長目標を達成するには高い投資率が鍵となることを、経済成長論から学んだ。[111] 貧しい国では、それだけの投資資金を得るには国内貯蓄だけでは不十分である。今日のような世界の民間金融市場はいまだ存在しなかった。外国援助が解決策だと見られた。

第二次大戦後には、当初は欧州の再建に向けて、その後には全世界を対象にして、大規模な国際開発援助プログラムが現れた。1944年にニューハンプシャー州ブレトンウッズで開催された国連通貨金融会議において、国際復興開発銀行（世界銀行）と国際通貨基金（ＩＭＦ）の創設が決定された。多くの二国間援助プログラムも出現した（開発援助については、第9章で詳しく論じられる）。

新たな援助業界は知見を求めており、それに応えて１９５０年代に開発経済学が台頭した。アーサー・ルイスが、古典派経済学の基礎の上に経済発展のモデルを構築し、強い影響を与えた（Lewis 1954）。モデルは次のように定式化された。経済は二つの部門からなる二重構造を持つ。生まれたばかりで主に都市部にある「近代」部門と、貧しく主に農村部にある伝統部門、の二つである。伝統部門には、１年の大部分の期間に大量の過剰労働が存在する。発展過程では、近代部門がその利潤を再投資して拡大し、伝統部門の労働を吸収する。第８章で、この重要なモデルに立ち返り、貧困と不平等との関連で検討する[112]。

１９７０年代には、開発経済学が分野として確立した[113]。この時期には、発展途上地域の貧しい人々も経済行動において合理精神に則しており、欧米で個人の合理精神を想定して形成された経済学は途上国の現実にも適用可能である、との見方が広く受け入れられるようになっていた。この見方によれば、人々はどこでも同じであり、異なるのは資源や制度である。シュルツは、途上国の農民は効率は良いが貧しいと唱えて、次のように述べている。「貧しい人々は、はるかに恵まれた状況にある私たちと同じように、自らと子どもたちの生活を良くすることに意を用いている。そして、限られた資源を最大限に活用して利益を得る能力を有している」（Schultz 1964, p.649）[114]。この見方は、低発展経済に多くの非効率があることを否定するものではない。この見方では、非効率は制度によるものであり、所与の制度の下で人々は最適な選択を行っている。

不平等に再び注意を向ける

ほとんどの経済学者が「発展途上国」について最初に学ぶのは１人当たりＧＤＰが低いということであり、したがって、新たな分野である開発経済学の最大の関心が１人当たりＧＤＰを高める方法に向けられたのは何の不思議もない。１９５０年代には、政策立案を支える分析を提供すべく、経済成長論が新たに関心を呼び、理論面での重要な前進が画された（ソロー＝スワンモデルについては第8章で検討がなされる）。第二次大戦後の15年間ほどは、所得不平等は経済成長に比べれば重要でないとして軽視されていた。厚生の非所得側面についての懸念は、経済成長とともに自ずと解消されるものとして扱われた。

第二次貧困啓蒙期に至って、発展途上国内部におびただしい極度の貧困とはなはだしい不平等が存在することが、学界の主流から大きな関心を持たれるようになった。初期の評価では、発展途上地域での急速で公平な成長の見通しは持たれていなかった[115]。工業化も都市化も途上国の貧しい人々にとっての助けとならないとの見方が、段々と広く受け入れられるようになった[116]。多くの人々は、GDPの成長があっても貧しい人々の助けとならない、とまで結論付けた。しかし、その議論では、初期の開発政策では、貧しい人々の多くが集中していた農業も、労働を多く用いる非農業の発展も、軽視されたという事実が忘れられていた。

第二次貧困啓蒙期に、「第三世界」での貧困者の増加についての一般の関心も高まり、対外援助も増大した（第9章のテーマである）。経済学者の中では、ダッドリー・シアーズが、分配とりわけ貧困に注意を向けるべきことを早くから唱え、影響力を持った（Seers 1969）。世界銀行が刊行した25年間の開発の回顧への序において、世銀の初代のチーフエコノミストであるホリス・チェネリーは、見解の推移について次のように述べた。

> 1950年代の状況では社会変化と成長を同時に達成しようとするのは困難であり、開発の成功の指標としてGNPの増大が強調された。しかし今では、社会目標についてのもっと複雑な見解が受け入れられるようになり、社会の進歩にとって経済成長は必要条件ではあっても十分条件ではないこと、また最も貧しい集団の厚生にもっと多くの注意が向けられるべきこと、が認識されるようになった。
>
> （Chenery 1977, p.v）

1人当たりGDPの低さが新たな開発経済学研究で用いられた最初の数量データであった一方で、研究者たちが発展途上国で実際に目にしたのはひどい貧困であった。経済成長の重視は、それが貧困削減を確かにもたらすのであれば正当と認めえた。しかし、そうであるかどうかは不明であり、多くの議論がなされた。[117] やがて、（先述のチェネリーの引用にもあるように）「貧困削減のために経済成長は必要条件ではあっても十分条件ではない」という合意が生まれた。この見解は、1990年代から、（世界銀行を含む）開発界の主流において呪文のように唱えられるようになった。

厳密に言えば、この見解は誤りである。所得や富は常に（不平等度が高い傾向がある貧しい国においてさえ）再分配できるので、論理上は、貧困削減のために経済成長は必要条件でも十分条件でもない。この見解が言おうとしていたのは、次のことであろう。貧しい人々が成長過程に関わり貢献しうるための（政策を含む）諸条件が備わっていれば、成長は貧困削減のための潜在力を生み出す。この論題については第Ⅲ部で立ち返り詳しく検討する。

1980年代以降には、世界の貧困を減らすという課題を重視する経済学者が多くなり、発展途上国における明白で深刻な貧困状況への取組に大きな注意が向けられた。世界銀行の1990年の『世界開発報告』（*World Development Report*：WDR）（World Bank 1990a）は「貧困」と題され、開発政策関係者に影響を与えた。その刊行の後すぐに、（少なからず、同報告への反応として、そして世銀スタッフがそのメッセージを業務に組み込もうと努力したことへの反応として）「貧困のない世界」が世銀の最高の目標として掲げられた。1990年代を通じて、理論と方法につき実務者向きの解説を与える文書の助けもあって、[118] 貧困に関する多くの実証研究が行われた。この時期には、とりわけ途上国において、検討される政策の幅が広くなった。貧困への効果を考える上で、すべてが検討の対象とされたが、それには危うさも伴った。政策の目的への手段の明確な割当がなく、政策のマヒが起こりかねなかった。各々の政策手段がすべての政策目的の達成に貢献しなければならないとすれば、どの政策手段も失敗とみなされるであろう。しかし、それぞれが一つあるいは少数の目的の達成に貢献し、他の目的の達成を阻害することがなければ、政策手段全体としては良い結果を生むであろう。心強いことに、経済分析といささかの良いセンスに導かれれば、トレードオフを考慮しながら、効果を生む政策措置を打ち出すことができる。20世紀の末までには、貧困に関する政策論調において、200年前の見解からの完全な逆転が起こった。貧困を発展にとって必要なものと見るのではなく、貧困を解消することが開発の主要目標と見られるようになった。

発展理解における偏りの修正

ここまでに要約した発展についての見方の変遷が起こったのは、成長中心の見方をバランスの取れたものに修正しようとする四つの試みがあったからである。それらはすべて1970―1980年代に現れ、今日に至るまで影響を持ち続けている。

試みの第一は、農業と農村を新たに重視することであった。農業の収量が低いがゆえに農民は貧しいのであり、農業を政策で支援するのはむだである、との議論が多くなされていた中で、農業の生産性が低いのは、知識の不足、信用や保険へのアクセスの欠如、土地市場の失敗、などの市場や制度の失敗に起因している、と主張する反論が現れた。開発経済学の中で、信用と保険についての市場の失敗は活発に研究がなされる分野となった[119]。これらの市場の失敗に対応する政策やそれらを補償する政策は大きな利益を生み、世界の貧困層の大部分は農村部に暮らすのでその利益の多くは貧しい人々に生ずる、と考えられた。慢性貧困と低生産性のどちらも貧しい人々が直面する制約のゆえである、という見方が取られるようになったのである。

経済全体の観点からは、資本制約の下にある閉鎖経済では工業化の達成のために農業生産性の増加が肝要であることが、何人かの開発経済学者により唱えられた。工業化には、農業から工業へと労働者が大量に移動しなければならず、労働者は十分な食料を得られなければならない[120]。貧困層を益する工業発展の過程が起こるには、農業の生産性が上がらなければならないのである。

1973年ナイロビでの時の世界銀行総裁ロバート・マクナマラによる演説が、農業・農村開発についての見方の修正が主流となったことを示した。経済学者マイケル・リプトンの著作が、そのときまでの見方にあった甚だしい「都市への偏向」(urban bias)を指摘して、影響力を持った(Lipton 1977)。小農民の発展と再分配型農地改革が重視されるべきことが、効率と公正の両方の観点から主張された。その主張の根拠をなしたのは、農地当たりの産出は小農家のほうが高いという実証上の知見であった[121]。この時期の研究により、貧しい農民は、アフリカにおけるマーケティングボードの購買独占など、政策により大きな搾取を受けていることが明らかにされた[122]。1970－1980年代には、経済学者により多くの貢献がなされた。小農の意思決定、土地制度、技術伝播、農産品の価格と貿易、などが主要なテーマであった[123]。

発展理解における偏りの修正の二つめも1970年代に始まった。それは、発展における「インフォーマル部門」の役割を重視する考えの台頭であり、国際労働機関(International Labour Organization：ILO)の業務で主要な役割を果たすこととなった[124]。その定義は多様であるが、多くの場合には、経済主体に課税や規制といった政府の力がほとんど及ばない状態を意味する[125]。インフォーマル部門をめぐる政策論においては、都市への偏りがしばしば見られた。論理上は、インフォーマル部門とは、フォーマルな近代部門の外の経済である。明らかに部門間には繋がりがあるので、唯一の妥当な定義は、ルイスの「伝統部門」と等しいものとなる(Lewis 1954)。すなわち、近代部門の職を望むが見つけることができず都市のインフォーマルな活動や伝統農業に従事している多数の人々、である。経済発展の段階が低いので、望むような近代部門の職は限られている。よく知られるようになった一つの経済モデルでは、フォーマルな労働の市場の働きが阻害されていると、都市での高失業率が均衡状態として出現する(Harris and Todaro 1970)(これについては、第8章で立ち返り検討する)。

インフォーマル部門をどうするのかは、引き続く政策課題としてある。見解は大きく分かれる。政策立案者の中には、フォーマル部門の拡大を重視する見解も、労働市場の機能阻害を問題とする見解も、ある。さらに、インフォーマル部門の人々の必要に応えようとする立場もあり、インフォーマル企業への融資の提供や農業生産性の向上といった政策が志向される。インフォーマル部門の人々の多くがその状態を自ら望んでいることがわかって、政策論争はさらに複雑なものとなっている。

発展理解における偏りの修正の三つめは、ジェンダーに関するものであった。開発経済学のいくつかの主要な著作で女性がはっきりと言及されたことがあった。一例として、ルイスは、「国民所得を増やす確かな方途の一つは、女性に家庭外での雇用の機会を創り出すことである」と述べて、拡大する資本主義部門に吸収さるべき過剰労働の一部として女性があることを明確に認めた（Lewis 1954, p.404）。時とともに、開発経済学はジェンダーに関する事柄にもっと注意を向けるようになった。重要な変化は、経済学者が、ジェンダーに関する公正を、GDPの成長との関連でのみではなく、より深い意義を持つものとして考えるようになったことである。1970年代以降、開発政策の議論において、貧困をジェンダーの視点で捉えることが強調されるようになった。1975年には、メキシコ市で、国連の世界女性会議の第1回が開催された。1995年の北京での第4回会議は、全189カ国の同意により行動計画が採択されたこともあり、重要な転機を画したものと広く認められている[126]。ジェンダーに関する公正は開発経済学の主流の文書でも重視されるようになった（例えばWorld Bank 2001b）。（遅ればせながら）2010年版世界開発報告の主題として取り上げられ、基礎教育などいくつかの重要な分野で男女間不平等の削減に成果が上がっていることが指摘された（World Bank 2011）。

これに関しても論争はあった。例えば、下に述べる「メキシコ市政策」（「世界かん口令」[global gag rule]とも呼ばれる）が1984年に共和党のレーガン政権により打ち出され、妊娠中絶をめぐるアメリカ国内での論争が発展途上国にまで波及した。「メキシコ市政策」とは、米国国際開発庁（US Agency for International Development：USAID）が発展途上国のNGOへの資金供与をする際に、（そのためにはUSAIDの資金を用いていなくても）家族計画についての助言や情報を提供するものは除外する、という方針である（この政策は後に民主党のクリントンおよびオバマ政権により廃止された）。今日では、ジェンダーに関する公正は開発政策の主流の考えになり、就学や経済活動などにおける機会の平等が（手段として、そしてそれ自体として）価値を持つことが広く受け入れられるようになった。

発展理解における偏りの修正の四つめは１９８０―１９９０年代に起こり、人間開発が新たに強調された。ただし、それに先立つ開発の考えが「人間」と無関係であったということではない[127]。人間開発指標（通常は基礎の保健と教育での達成に焦点を当てている）は１人当たりＧＤＰが高い国のほうが概して高い、ということは認められていた。就学が経済面での収益を生むことには合意があり、「人的資本」の役割として重視された。貧しい家庭の子どもを就学させることは、もはや公共資源の浪費とはみなされず、成長にとって必須の前提条件と考えられるようになった。開発経済学の主流が、人間開発を貧困削減の進展（そして１人当たりＧＤＰ）にとって最も重要なことと見るようになった。そのことを示す早い時期の例として、「貧困と人間開発」と題された１９８０年の『世界開発報告』（*World Development Report*：ＷＤＲ）がある（World Bank 1980）。１９８０年代末までには、東アジアのほとんどの国で広範な人々を益する人間開発への投資が長らく重視されてきたことが、同地域の成功の鍵の一つとして認識されるようになった。東アジアの政策パッケージのその他の要素については、見解の対立が続いた[128]。

この第四の修正において、人間開発の価値の認識は、ＧＤＰへの貢献という手段としての見方にとどまらず、（１人当たりＧＤＰを所与として）人間開発を促進する政策が良い社会を作ることに資するという認識を踏まえ、それ自体の価値にも関心が向けられた。１人当たりＧＤＰに照らして人間開発の諸指標が平均よりずっと高い国がある。最も多く研究されているのはスリランカであり、長期にわたり基礎の保健と教育を重視してきたことで、寿命その他の人間開発指標で、平均所得が同程度である国々に比べ高い達成を実現してきた[129]。この主題を推進すべく、国連開発計画（United Nations Development Programme：ＵＮＤＰ）は１９９０年に『人間開発報告』（*Human Development Report*：ＨＤＲ）を創刊し、ＧＤＰの成長のみに注意を向けるのではなく、基礎保健、教育、社会保護、を発展途上国で推進することを一貫して提唱してきた。

当初、この第四の修正は、（主に経済学者によって）「ベーシックニーズ」（basic needs）の観点から論じられた[130]。その考えでは、ベーシックニーズのリストを（例えば、就学、ヘルスケア、安全な水、といったように）作ることができるとされ、そのリストは開発の優先課題として掲げられるべきであると唱えられた。この考えは多くの議論を巻き起こした。一つの論点は、これらの必要がどのような目的に資するのかが明らかでないことであった。すぐに、センの「ケイパビリティ」の概念がこの新たな人間開発学派にとっての目的をよりよく定める、と見られるようになった（Ｂｏｘ ２・１）（Sen 1980, 1985a）。[131] その提唱者たちは、ベーシックニーズは実際の活動のレベルで用いられる用語であるのに対し、ケイパビリティは哲学上の基礎付けがある概念規定である、との対比でその優位を示そうとした。[132]

貧しい人々自身が決めるのではなく（援助国や国際機関に属する）外部主体が貧しい人々のベーシックニーズを特定するのは、いかにも押しつけがましいことに映るという懸念があった。[133] この懸念は重大であり、とりわけ発展途上国の側でそうであった。センのケイパビリティ・アプローチやそれに類したもののほうが望ましいと見られた。ベーシックニーズアプローチを擁護する立場からは、ベーシックニーズを特定するにあたり貧しい人々にある程度の聞き取りをしていることが指摘された（「参加型貧困評価」［Participatory Poverty Assessments］が用いられるようになった理由の一つは、この点に応えることがあった）。しかしまた、貧しい人々が自身にとって良いことを一番よくわかっている、とは限らない。押しつけがましさというリスクと「選択の自由への偏執」（free-choice-fetishism）というリスクの間で、バランスが図られる必要がある。[134]

それほど押しつけがましくなく、したがって多くの人に受けのよい、アプローチは、各人がそれぞれの判断で自身のベーシックニーズを定めそして満たすことを保証することである。そのような自己実現にとって経済面での自由が重要な前提条件であるのは明らかなので（ただしほとんどの場合に十分条件ではない）、このアプローチは所得貧困の削減を重視することとうまく噛み合う。貧困線はベーシックニーズバンドルの費用から導出しうる（第４章で論じられる）。貧困とみなされるのは、そのバンドルを得ることができないときであり、バンドルに含まれる特定の要素の欠如によるのではない。かくて、ベーシックニーズバンドルは貧困線を定めるにあたって役割を持つのである。

貧困に焦点を当てることをめぐっての論争

開発目標についてのこのような新たな考え方が、すべての経済学者にしっくりときたわけではなかった。西洋で訓練された経済学者のほとんどは、功利主義を起源に持つ厚生主義の伝統に立つ。彼らにとっては、選好はすべての人に共通である、各人の消費は滑らかな連続関数により表され、消費は所得と価格により市場で決まる、といった仮定はしっくりくる。経済学者には、19世紀末に現れた別の伝統である道徳哲学の権利に基づく考え方（1・3節）もしっくりこなかった、あるいはなじみが薄かった。道徳哲学は、功利主義により、（その後には）パレート派の厚生経済学により、その影響力をほとんど殺がれていた（Box 1・20）。

一つの懸念は、パレート原理に背反することについてであった。その原理を、誰かの厚生が増大すれば社会全体としての厚生は必ず増加する、というように厳しく解釈すると、貧困指標は（マイナスの）社会厚生関数としては不合格である。実際上、貧困削減が唯一の目標だとしても、通常の貧困指標では不十分であり、非市場財の入手可能性や家計内厚生といった追加の情報が必要とされるであろう（第Ⅱ部でさらに論じられる）。

しかし、パレート原理の緩やかな解釈もある。それは、誰かの厚生が増大すれば社会の厚生は決して低下することはなく、誰か貧しい人の厚生が増大すれば社会の厚生は必ず増加する、というものである。いかなる貧困指標もこの緩やかな解釈でのパレート原理を満たすよう求めるのは、理に適ったことであろう。第Ⅱ部で見るように、この原理は貧困の測定において重きをなす。

厚生主義の伝統の中で訓練された経済学者にとって違和感があるもう一つのことは、実際適用において「ベーシックニーズ」や「貧困線」が特定される際のいい加減さである。例えば、ニコラス・スターンは、開発経済学のサーベイの中で次のように述べている。「どの必要がベーシックニーズなのか、さらにわからないのは、どのレベルがぎりぎりの必要水準なのか」（Stern 1989, p.645）。これは、答えるのが難しい問いであるが、だからといって避けたほうがよいということにはならない。貧困線を設定するには何らかの判断が求められることは明らかである。とはいえ、判断が求められるというのは、貧困や人間開発の問題に特有のことではない。

ほとんどの経済学者は、分析にあたって滑らかな連続関数を用いることを好むため、「貧困線」という考えとは折り合いが悪かった（もっとも、１９８０年代と比べれば、今日ではずっと広く受け入れられている）。消費のある水準での効用の不連続な変化は、実証上で明らかに示されてはいない。ただし、需要行動に基づき効用を特定することが一般に極めて困難であることからすれば、この場合にとりわけ深刻な問題があるとは言えない（市場での観察できる行動に基づき個人の厚生を特定する問題については、第3章において立ち返り検討する）。

しかし、貧困が存在することを受け入れるとすれば、少なくとも一つの貧困線がなければならない。哲学者ソラン・リーダーは、昼と夜の区別との類推を用いている（Reader 2006）。昼と夜が存在することを否定する人は誰もいないが、精確にいつ昼あるいは夜になるのかは判断としてしか言えない。どんなに連続を好むからといって、「深夜は真っ暗な昼間に過ぎない」という議論をするのは無理であろう[135]。

滑らかな厚生関数を用いると、通常、代替が限りなく可能であるという仮定をすることになる。すなわち、ある価値あるものを失っても他の価値あるものを多く得るなら埋め合わせができる、という仮定である。この考えは、功利主義の伝統に従い、経済学者により社会選択問題に適用されてきた。しかし、（かねてより認識されてきたように）この考えからは多くの困った問題が生ずる。例えば、次のような問いにどのように答えるのであろうか。経済成長を促進するのであれば自由への制約を受け入れるか、最も豊かな人への利得は最も貧しい人の損失を正当化しうるか、チョコレートを十分に多く食べることが1人の早すぎる死を防ぐよりも道義上で高い価値を持つことがありうるか[136]。ほとんどの人がこれらの問いに恐らく「ノー」と答えるであろうことを無視するようなら、経済学からの助言は受け入れられないであろう。

社会にとっての目標の達成を進めるのに、効用を連続関数として表現するというお好みの仮定を放棄する必要はない。それらの社会目標は、注意の焦点を定め行動を促す上で、政策のすべての分野で長きにわたり貢献してきた。中国の貧困線は1人当たり1日2ドルであるからといって、2ドルを境として個人の厚生の水準が大きく異なることを示す必要はない。すべての道徳判断と同じように、それは反論を免れない。そして、公共行動を引き起こすには、当該国での貧困線についての十分な合意が存在することが重要である[137]。貧困解消に向けての一国内の合意を生み出す上で、貧困線が広く受け入れられることは極めて重要なことである。

一つの貧困目標についての合意が得られたとしても、それで終わりになるとは限らない。成長している途上国では将来には新たな目標が設定される、と考えるほうが妥当であろう（中国政府は、最近、公定貧困線を1日0・80ドルから1・90ドルへと倍にした）。世界中に（例えば）1日1・25ドル未満で暮らす人がいなくなったときには、最も貧しい人々の生活水準は今よりも高いのであるが、それをさらに引き上げるように求める声が起こるであろう。「貧困線」や「ベーシックインカム」といった考えは、特定の文脈に応じて適切とみなされるような目標として解釈されうる。（時として世間離れした）哲学上の基礎をめぐる論争が開発政策にとってどれだけの意義を有するのか、行動指向の強い人々にはどうでもよいことと見られてきた。現時点での財の消費を所与として、健康と教育が人々の厚生にとって重要であることは容易に同意されうる（それらが将来の消費に影響するという理由だけであるにしても）。経済成長は人間開発にとって必要でなかったかもしれないが、その達成を容易にしたことは確かである（徴税基盤を拡大したということだけであったにしても）。人間開発にとって所得が重要でないと論じるのは無理であり、所得貧困の削減と基礎サービスへのアクセスの改善を組み合せることの重要さが広く理解されるようになった。

より良いデータ

世界の貧困についての知識は、観察とデータに強く支えられて、大きく前進した。発展途上地域のほとんどでは、ガルブレイスが見た「貧困な少数者」ではなく、「貧困な多数者」が存在する。それはそこに住む誰しもにとって日常で目にすることであり、旅行やメディアにより西洋の人々の目にも触れるようになった。貧困のデータは、インドの全国標本調査などいくつかの国で、独立後の政策の議論において重要な役割を果たしてきた。19世紀末のイギリスでのブースとラウントリーの貧困研究の場合と同様に、1990年前後には、世界で10億人ほどが1日1ドル（購買力平価換算）未満で暮らすと知って、多くの人々がショックを受けた。(138)

1990年以降、調査データの収集と利用可能度、そして調査方法の改善、が大幅に進んだ。[139] 各国の統計局が、しばしばUNDP、世界銀行、国際比較プログラム（International Comparison Program）などの国際機関の支援を受けて、家計調査データや価格データの収集に努め、1980年代からの国および国際レベルでの貧困への取組を進める上での現実理解の基盤を提供した。1980年代半ばからは、米国開発庁その他の援助機関が支援した人口保健調査（Demographic and Health Surveys：DHS）が、いくつかの基本ニーズの達成度の評価に用いうる、厚生の非所得側面について国全体をカバーする質の高い標本調査データを生み出し始めた。

社会経済データが一般公開されアクセスできることが肝要である。それは1990年代の前には稀なことであった。(140) その後、発展途上国の家計調査データの収集を進めた世界銀行の生活水準測定調査（Living Standards Measurement Study：LSMS）、主に先進国を対象として統一されたミクロデータへのアクセスを可能にしたルクセンブルク所得調査（Luxembourg Income Study：LIS）、そしてDHS、などの努力があって段々と改善されてきた。

グローバリゼーションと貧困

「グローバリゼーション」という言葉の使われ方は多様であるが、多くは生産要素、財、考え、の国境を越えての移動に関心を向ける。過去200年の間で、19世紀半ばから第一次世界大戦までと第二次大戦後の二つの時期に、世界貿易は拡大した。しかし、その二つの時期においても、時により国によりその程度は一様ではなかった。そして、その二つの時期においてグローバリゼーションをめぐり大きな論争があった。

今日では、国際移民への制限を緩和することが世界全体としての公正と効率のどちらにとってもよい、ということは広く同意されている。移民は労働が豊富な場所から希少な場所へと動くのが常であろう。世界全体として見れば、送り出し国での生産の減少は受入れ国での増大よりも小さいであろう。既存の研究では、移民への制限を緩和することが世界全体としての大きな効率向上を生むことを示している[141]。さらに、賃金格差の縮小を通じて世界の不平等を抑えるのに寄与する。世界の貧困は大幅に減少しうる。移民への制限を緩和することへの反対は、(当然のことながら)主に豊かな国々で移民制限から利益を受けている人々から生ずる。より公正な世界経済の拡大を労働市場の国際統合を通じて実現する上で、いまだ残されている機会が多くある。

しかし、グローバリゼーションをめぐる議論の多くは他のことに向けられてきた。すなわち、(労働以外の面で)グローバリゼーションが貧困削減に貢献したかあるいは妨げであったか、が主な関心であった。対外貿易や外部の考えに開かれていることの影響をめぐる多くの論争において、かねてより分配への関心が重要なこととしてあった。これは、20世紀末から今日に続く論争においても明らかである。センが論じたように、いわゆる「反グローバリゼーション」の抗議運動が本当に問うているのはグローバリゼーションそれ自体ではありえない(Sen 2001)。その運動自体が現代において最もグローバルな出来事の一つである。むしろ、その問いはこのグローバリゼーションの時代に引き続き見られる欠乏や生活水準の差の拡大に向けられている。

グローバリゼーションを批判する人々は、今日の世界に見られる強固な貧困を本当に気に掛けている。貧困と不平等はおびただしくしかも増え続けている、という印象が広く持たれている。例えば、グローバリゼーション国際フォーラム(International Forum on Globalization)のウェブサイトは、「グローバリゼーション政策は、貧困と国内そして国の間での不平等を増大させた」と確言する[142]。その反対を主張する人々もいる。同じ頃に *Economist* 誌の記事は次のように述べていた。「成長は貧しい人々を本当に助ける。実際に、成長があると貧しい人々の所得は他の人々と同程度に増大する。…グローバリゼーションは所得を高め、貧しい人々はその成果を大きく享受している[143]」。他の評論は(断固として)次のように述べる。「グローバリゼーションの中で生活が悪くなっている人は1人もいない、という証拠がある。…成長があればそれでよい。それだけ」[144]。

このような見解の対立をどのように理解すればよいのであろうか。進展はあったものの、データが示す貧困と不平等の現状が理想からはほど遠いことは、認めざるを得ない。論争のどちら側も、データの問題にはたいした注意を払っていない。そして、用いられるデータの種類が異なるという問題があり、これは重大な意義を持ちかねない。グローバリゼーション賛成派は「確たる」数量データを好みがちなのに対し、反対派のほうは、体系立ったもの、エピソード、主観、などさまざまな種類の証拠を適宜に選んで用いている。データの使用におけるこのような違いが異なる立場を取る理由の一端をなしていることは間違いない。しかし、どちら側も同じデータへのアクセスを有しているのであるから、世界の不平等についてのかくも大きく引き続く見解の相違が、一方が事実を知らないためとは考えにくい。

異なる見解が併存し続ける一つの理由は、世界での所得分配への他の要因の影響からグローバリゼーションの影響を分けて識別するのが難しいことである。世界経済の統合の諸過程は大変に広範に及び、そうでない世界を想像することもできない。因果関係の特定は難しく、そのため論争は絶えない。そして、論争のどちら側も断固とした主張をなすだけの確たる根拠はないはずである。ともあれ、政策上の争点は、グローバリゼーション自体ではなく、それが貧困削減などの共通善の実現に役立つようにするためにその他に何をすればよいか、にある[145]。

評価の対立は、文脈の違いが明示されないことによるかもしれない。国により初期条件が異なるので、同一の成長促進政策が不平等に異なる影響を及ぼすことが予想される。同様に、政策改革が所得分配をどのように変えるかも国により異なりうる[146]。それにもかかわらず、どちら側も、文脈を特定することなしに所得分配への影響を一般化して論じている。特定の国については、見解の相違はずっと小さいであろうと思われる。

事実をめぐっての論争が絶えないもう一つの理由は、グローバリゼーションの利益の正当な分配について、論争の両側が同じ価値を有していないことである。事実をめぐる争いは、所得や価格などの客観データについてのみではなく、測定に関わる判断についての価値判断が人により異なることにもよる。異なる人々が不平等についての異なる価値規範を持つことは驚くにあたらない。そして、そのような価値規範が不平等の定義と測定の仕方を決める上で大きく影響することは、経済学でも十分に理解されている。異なる人々の厚生の水準の間でどのようなトレードオフを受け入れるかを決めるのは、経済学ではなく倫理学である。現在の論争で顕著であるのは、価値規範の重要な違いが、世界の不平等に何が起こっているかについての見解の背景にある細かな方法上の点に隠されている、ことである。論争において、それらが表面に現れまともに議論されるのは稀である。

大まかに言って、見解の対立の理由は、データにではなく、データを解釈するのに用いられる概念や指標のほうに見出される。[147] 第Ⅱ部では、測定に関する論点を詳しく検討する。第Ⅲ部では、政策上の論点に立ち返り検討する。

新たな千年紀、新たな希望、新たな課題

21世紀を迎える頃には、より良いデータと分析ツールが利用可能となったことに基づき、世界の貧困削減を大きく進めうることへの新たな楽観が現れていた。豊かな国と貧しい国を含め、多くの国で貧困根絶の目標が立てられ、その実現のための戦略が策定された。２０１０年にＥＵは、加盟各国の貧困線未満で暮らす人の数を25％減らすというヨーロッパ２０２０貧困削減目標を採択した。全世界規模では、ミレニアム開発目標（Millennium Development Goals：ＭＤＧｓ）の作成が１９９０年代を通じて進められ、２０００年に国連ミレニアム総会（その時点までで最大数の世界の指導者の集まりであった）で批准された。ＭＤＧｓ目標①には、発展途上地域の１９９０年の「１日１ドル」貧困率を２０１５年までに半減すること、が含まれていた。その他の目標としては、飢餓の減少、初等教育の完全普及、ジェンダー間の公正、子どもの死亡率の削減、母子保健の改善、疾病との戦い、持続可能な環境、世界中の連携、などが含まれていた。

ＭＤＧｓは、全関係者が貧困への戦いに向けての行動を強める上で重要な役割を果たした。目標への合意がなされ

たことで、豊かな国々が援助予算を増やしまた多くの援助を貧困に向けることが期待された。行動を促す目標は、無理なものであっても容易すぎるものであってもならない。これは判断を要することであり、判断の結果については批判を免れることはできない[148]。実際には、MDGsの発表後に援助額は大きく増え、新たなプログラムでは社会部門（保健、教育、社会保護）そしてサハラ以南アフリカに重点が置かれた[149]。因果関係を証明することは難しいが、豊かな国々が援助を増やし貧困に向けることを奨励することに、MDGsは成功したようである。援助受取側の制度や政策を変えるのは、もっと大変なことであろうと予想される。このことについては、第9章で検討がなされる。

MDGsと援助へのその影響の他にも多くの要因が関係していることであるが、新たな千年紀になって極度の絶対貧困に対しての著しい進展が見られた。1日1・25ドル（2005年価格）貧困線を基準として、MDGs目標①は、目標年次より丸5年早く2010年に達成された[150]。そして、新たな千年紀になって、絶対貧困に対する進展はすべての発展途上地域に及んでいる。スティーブン・ラデレットが述べるように、「底辺からの突破」（breakthrough from the bottom）を経験しているようである（Radelet 2015）。このような進展が継続すれば、2030年までに10億人が極度の貧困から脱出するであろう[151]。

しかし、その他の指標を見ると、事態はそれほど楽観できない[152]。驚くことではないが、国によって進展は一様ではなかった。全体として、1日2ドルといった高い貧困線を用いると絶対貧困に対する進展は緩やかであった。これは、1日1・25ドル貧困線のすぐ上に「かたまって」（bunching up）いることを反映している。また、（すべての国に共通の絶対貧困線ではなく）それぞれの国の相対貧困線を基準とすると、進展はそれほど大きくなかった。第7章でこれらの点についての証拠が詳細に検討される。

また、世界の最貧層が置き去りにされているという懸念もある。例えば、*Millennium Goals Report 2011* の発表にあたり、バン・ギムン国連事務総長（当時）は次のように述べている。「世界の最貧層は置き去りにされている。その人々に手を差し伸べ、救命ボートに引き上げなければならない」（UN 2011）。同様に、国際食料政策研究所（International Food Policy Research Institute: IFPRI）の広報発表には次の表題がつけられていた。「世界の最も貧しい人々には手が届いていない」[153]。通常の貧困指標では、最貧層で何が起こっているのかを知ることはできないようである。第5章でこの点に立ち返る。

「不平等」についての見解にも違いがあり、ますます不平等になっていると言う人もいれば、その逆だと言う人もいる。本書第Ⅱ部では、不平等がどのような概念として捉えられどのように測定されるかについて探究し、同じ一次データを見ても人によって異なる見解を抱くのはなぜなのかについて理解の手掛かりを与える。

多くの国で不平等の高まりの恐れが貧困に対してのさらなる進展の望みを弱めている、という見方が広く抱かれるようになっている。著しい不平等は、成長持続も貧困削減も脅かすと見られるようになってきた。不平等は全体の進歩のために受け入れられねばならないというかつての言訳は、疑問が呈されたりまったくの誤りであるとみなされたりするようになってきた。このような見解をかねてより持っていた人々もいたが、21世紀に入る頃からは、人生における機会の不平等を開発への重大な制約として見る新たな主流見解が台頭した。世界銀行の2006年の『世界開発報告』が「経済開発と成長における公平性の役割」をテーマとしたのはその例証である（World Bank 2006）[154]。

これは論調における重要な変化であり、政策立案への大きな課題としてある。1990年代以降には、それまでの「成長のための政策」と「公正のための政策」の分離に深刻な疑問が呈されるようになった。高成長を目指す政策改革の分配面での影響を国民も政策立案者も問うようになった。新たな千年紀に入って、開発政策の内容に大きな変化が見られ、「貧困対策プログラム」、「社会セーフティーネット」、「社会支援」、などと呼ばれる直接介入が重視されるようになった。第Ⅲ部では、貧困と不平等に関わる政策論争を詳しく検討する。

200年前の議論で今日も生きているものがある。例えば、本書執筆時点で、米国議会は補助栄養扶助プログラム（食料購入券）の予算を大幅に削減するよう決定した。下院の委員会での審議の際に、ある議員は次のように述べたと伝えられている。「貧しく飢えている人々を助けるのはキリスト教徒としての義務であるが、政府としての義務ではない」[155]。このような見解は200年前によく聞かれたものである。違うのは、今日では世界の大多数の人々が明らかにそれに反対していることである。

今日、貧困を根絶したいという願いはこれまでのどの時期よりも強い。2013年に、（新任の）世界銀行総裁ジム・ヨン・キムは、「1日1・25ドル」基準での貧困率を2030年までに3％まで引き下げる、という目標を発表した[156]。2015年9月には、国連総会高級全体会合（国連サミット）で、2015年以降の期間を対象とする一連の持続可能開発目標（Sustainable Development Goals：SDGs）について合意が得られた。これは169のターゲットからなり、（1日1・25ドル未満という）極度の貧困を2030年までに根絶することが1番目の目標として置かれた[157]。今日では、今後数十年間に貧困に対してどれだけの進展を達成しうるかが、一国のレベルでも世界のレベルでも進歩を評価する上での重要なものさしであることを、疑う人はいないであろう。

貧困についての論調の変遷のレビューをこれで終える。貧困の原因と政策処方箋についての議論が続いてはいるが、現在では、適切な経済・社会政策があれば貧困は削減しうるし根絶さえしうる、という信念が広く抱かれている。貧困は少なからず世界全体としての公共責任として見られ、政府や経済の評価にあたっては、貧困に対する進展が（少なくとも一つの）判断基準とされる。第Ⅲ部では、貧困と不平等に対する広範な政策が取り上げられる。それに先立ち、これらの概念がどのように定義されそして測定されるかをさらに学ぶ必要がある。

第Ⅱ部　貧困の測定と評価

第I部のテーマの一つは、世界中で政策論争や貧困に対する公共政策への働きかけにおいて知識が果たした役割であった。貧困や不平等に関する統計は、かねてより報道されまた政策に関係していた。しかし、それらの統計がどのように作成されるかを理解している人は少ない。本書第II部は、貧困や不平等の分析に用いられる指標や方法に焦点を当てる。一部の論点は第I部でも触れられたが、ここでは測定の「なぜ」と「いかに」についてさらに深く論ずる。一般に、貧困の測定に関心が持たれるのは、以下の理由の一方もしくは両方による。

●進捗のモニタリングと目標の設定：貧困や不平等の指標は、しばしば、一国の状態の大まかな記述に用いられる。それらは、モニタリングのための社会指標の「一覧」の重要な要素である。

●ターゲッティングと政策評価：政策立案者はしばしば、貧困の指標や観察が容易な代理変数（proxy）の集団間の相違をもとに給付を割り当てる。（代理変数は背景にある厚生の相違の原因である必要はない。ただし、政策を評価するときには、しばしば因果関係が推測されることになる。）

第3章では、どのように「厚生（welfare）」を測定するかをより詳しく見ていく。そこでは、（現在進行中の）さまざまな争点を含め、重要な概念について説明する。第4、5章では、ある選ばれた経済厚生指標についての調査に基づく情報を、どのように集計して貧困および不平等に関する要約統計量を得るか、の問題を取り上げる。ここでも、鍵となる概念と論争を説明する。貧困指標の作成は、二つの段階からなると考えることができる。どのように貧困線を設定するか（第4章）と、集計された指標の作り方とその指標がどのような特性を持つのかの研究（第5章）と、の二段階である。第6章では、貧困に対する政策のインパクトを評価する際の問題と実際に用いられている方法についてレビューする。

第3章　厚生の測定

お金で幸せは買えないけれど、お金があれば自分の惨めさの形を選ぶことはできる。

——グルーチョ・マルクス

貧困と不平等のほとんどの指標の基礎にあるのは、個人の厚生の概念である。経済学では、通常、「厚生」（welfare）（もしくは、ここでは同義に用いられる「well-being」）は、「ある人が気にかけるすべてのこと」の主観評価である「効用」（utility）と同一視される。経済学者はしばしば、それらのことが何であるのかを、行動、とりわけ市場での売買にあたっての選択、に基づき推測しようと試みてきた。しかし今日では、市場における行動から得られるデータだけでは不十分であると認識されてきている。そして、厚生の主観評価や、栄養の良さなどの観察できる状態、といった他の情報が求められてきた。もっと広い厚生の概念も模索されており、何であれ個人が最大化するものと定義される「効用」と合致するかしないかにとらわれず、個人の厚生を外から評価することも試みられている。

貧困の記述と規範判断における主張において、厚生についての考え方の相違が大いに重要である。この章では、まず、厚生の定義と測定に関する主な概念上の問題を振り返る。次いで、実際適用に当たって留意すべき主要な問題点と実際に用いられている諸指標を取り上げる。後に見るように、いずれの方法にも長所も短所もある。

3・1　厚生の諸概念

厚生の測定に関する諸アプローチは、個人の厚生についてのその人自身の判断をどれだけ重視するか、という点で異なる。それらはまた、どのような要因を単一の指標に反映させようとするか、という点でも異なる。個人の厚生の決定因の一つとして世帯の消費可能性（command over commodities）があることには、極めて広範な合意がある。しかし、厚生がその他のものにも依存することも、広く合意されている。主に論争の的になっているのは、その他のどのような要因が関係するのか、そしてそれらにどれだけのウェイトを与えるべきか、についてである。また、「絶対」貧困ないし「相対」貧困の概念についてどう考えるかという点での違いもある（第2章での議論を想起されたい）。実際に用いられている諸指標の間の違いを理解し、またそれらを比較して強み弱みについての判断をするには、それらの指標の概念上の基盤を理解する必要がある。

厚生主義（Welfarism）

社会の進歩全般のモニタリングと政策の評価に関する経済学での通常のアプローチでは、対象とする人口集団における個人の厚生水準のみに依拠しようとする。社会の状態は個人の厚生水準によって（のみ）判断される（これは、しばしば「個人主義」と呼ばれる）。このアプローチは、古典学派の効用主義（1・5節）をその源泉とするが、これから見るように、より一般のものである。

しかし、「厚生水準」とは何を意味するのだろうか。厚生主義の一つの考え方では、厚生比較や公共政策決定において参照されるべきなのは、（選択を通じて最大化されるものと定義される）個人の効用のみである、とされる。Ｂｏｘ１・４やＢｏｘ３・１に示されているような一連の無差別曲線を表す効用関数が個人の選択を導く目標であるとされるが、それをその個人の「厚生」と同一視するのは、明らかに大きな飛躍である。

この種の厚生主義の重要なメッセージは、個人の厚生を評価する際に、人々自身の選択を導く選好に背反するような（inconsistent）判断は避けるべきである、というものである。したがって、この種の厚生主義は、パターナリズム、すなわち、たとえ本人が同意しないとしても、その人にとって何がよいのかを他の誰かがわかっている、という想定、に根本から反対する。各個人は自身の効用を最大化する合理主体である、と想定される。このアプローチでは、人々の厚生を評価する際に、選択され消費されるすべての財が考慮に入れられるが、それにとどまらない。経済学における「効用」とは人々が気にかけるすべてを対象とする。市場で取引されている財のみを考慮に入れるというのは、あまりにも狭い限定であり、正しくない[1]。市場が存在し競争があると考えられる限り、厚生指標を導出するにあたって、消費される財を集計したり、生計費の違いを調整するのに、現行市場価格を用いることができる。しかし、このような厚生指標は、人々が非市場財にも関心を持つ限りにおいて、不完全なものである。

効用に基づくアプローチは、消費者合理選択モデルに依拠する。このアプローチの中心をなすのは、「効用関数」という考えである（Ｂｏｘ　１・４とＢｏｘ　１・９を想起されたい）。効用関数は、効用に基づく厚生主義において、二つの異なる役割を果たす。第一に、それは、購入可能なさまざまな消費バンドル（財の束）についての消費者の選好の便利な表現である。消費者は、これらの財の束を最善から最悪まで順序付けることができ、実現可能な選択肢の中で最善のものを選ぶ、と想定される。この第一の役割において、効用関数は消費者の選好を表す分析上の便利な方法にすぎない。Ｂｏｘ　３・１では、標準のモデルが要約され示されている。

このモデルに対する批判として、個人が合理選択を行っていないように見える状況が指摘される。しかし、このような批判で何かが「非合理」とみなされるのは、人が何に関心を持つかについてあまりに狭い見方をしていることの反映にすぎないかもしれない。例えば、人々（貧しい人々を含む）が、生活の絶対水準のみならず社会における相対地位についても関心を持つ、という事実を無視するならば、稀少な資源を祝い事に費やすといった行動を正しく理解

Box 3. 1　消費者による選択

各人が、すべての消費可能なバンドル（余暇を含む）の集合と定義される予算集合について、選好の順序付けを持つ、と仮定する。単純化のために、食料と衣類の2財があり、それぞれの価格はP_F、P_Cであり、消費量はQ_F、Q_Cであるとしよう（「F」が食料、「C」が衣類を表す）。2財への総支出はYで示され、この思考実験では一定とする。入手可能なバンドルの集合（Q_F, Q_C）は、次の制約を満たす。

$$P_F Q_F + P_C Q_C \leq Y$$

消費者は、この式を満たす入手可能な組み合わせ（Q_F, Q_C）の順位付けができる。どちらの財も多いほどよいと仮定すると（しばしば「非飽和」仮定と呼ばれる）、考慮する必要がある予算配分は、利用可能な予算をすべて使い切るもののみである（予算集合のうち内点、すなわち$P_F Q_F + P_C Q_C < Y$、の場合には、一方の財を減らすことなくもう一方の財をより多く買うことが可能である、ためである）。消費者は合理行動をする、すなわち、自身の好む財の組み合わせを選ぶ、と仮定される。そして、競争経済であり、消費者は自身が直面する価格を変えることはできない。

選好の順序付けが連続な効用関数U（Q_F, Q_C）によって表されると仮定することは、便利であり、また一般に受け入れられている。効用関数は、予算制約（第3の次元である余暇を加えるならば時間制約も含まれる）の下で最大化される。通常の仮定では、効用関数は厳密に凸の無差別曲線を描く（Box1.4）（無差別曲線は、同一の効用水準を達成する2つの選択変数のすべての組合せの軌跡である）。無差別曲線の傾きは限界代替率（MRS）と呼ばれ、効用を一定に保つために、一方の財が1単位減少したときに、それを補償するために必要なもう一方の財の消費の増分、として定義される。効用が最大化されたときの食料と衣類の量は、Q_F^*とQ_C^*で示される。これらは、明らかに価格P_FとP_C、そしてもちろん所得Y、に依存している。

消費者の均衡は次のように特徴付けられる。重要な特徴は、所与の予算を

図 B3.1.1 消費者の選択

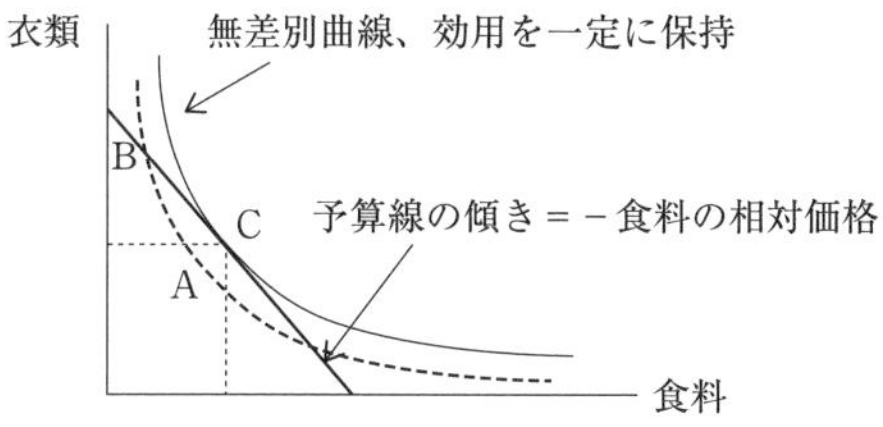

食料と衣類の間で再配分しても、消費者の状態を良くすることはできないことである。予算制約と２つの無差別曲線を示した図 B3.1.1を考えよう。（原点は、生存のための最低限を考慮に入れるなら、プラスの値であってもよい）。消費者が達することができる最高水準の効用を示す無差別曲線は、破線ではなく実線のほうである、ことは明らかである。消費者は、A と B の間では無差別であるが（B だけが予算を使い果たしているけれども）、A、B のいずれよりも C を好む。この C 点で、MRS は食料の相対価格と等しい。

できないであろう。他の例として、人々は、将来には今ほど貧しくないと知ることから今日の効用を得るかもしれず、そのことが異時点間の意思決定に影響するかもしれない[2]。

第二の役割では、効用関数は、時間の経過もしくは政策変化の後で、ある人がより良い状態にあるかどうかを評価するために、また人々の間で厚生を比較するために、十分な情報を提供すると仮定される。この第二の役割が議論を呼んできた。厚生の評価に当たって個人の選好をそこまで重視することを疑問視する批判もある。中には、選択が道徳上で健全であるかどうかを問う論者もいる。例えば、世界で（子どもを含む）人々が貧困によって死亡しているときに、何らかの贅沢品を買うと決めることは倫理上で許しがたい、といった主張がなされることがある[3]。

さらに、「効用」は観察できるものではないという反対がある。これはその通りであるが、「所得」といったなじみのある金銭表示での厚生比較を進めるために、この考えを用いることができる。しかし、そのためには、観測値に基づく指標が効用の概念と適合するように設定（calibrate）されていること、が確保されなければならない。金銭表示であり効用と適合する指標は、「効用の金銭指標」と呼ばれる（等価所得［equivalent income］と呼ばれることもある）。これは、参照価格と個人の特性を所与として効用と等価である所得を見出すこととして、理論上は容易に定義することができる（この概念については第4章で立ち返る）。

より大きな問題と考えられるのは、厚生に影響する非市場特性が人々の間で不均一であることである。同一の消費バンドルから得る効用は、人によって異なる。高齢、障害、寒冷地居住、公共サービスの不備、といったさまざまな要因があれば、同じ効用水準に達するためには、ある種の市場財がより多く必要とされるであろう。このような不均一さがあると、個人間で比較可能な効用指数を客観測定できる需要供給行動のみから推測することはできない。市場行動に適合する効用関数を見出すことはできるであろうが、それは唯一のものではない。そのような関数は多数あり、個人の特性に対応して異なる。したがって、不均一な人々の効用を推測するのに需要と供給の行動を観察するだけで足りる、という考えは明らかに妥当でない（Ｂｏｘ３・２でさらに説明される）。消費可能財がどのように厚生に転換されるかが人により異なると、厚生を評価するための情報基盤を、市場で観察される行動を超えて拡大することが不可避となる。すなわち、人々の厚生に関連する情報としてケイパビリティや厚生の主観評価など、経済学の伝統では好まれない種類のデータが求められる。これらについては後ほど立ち返る。

ここまでの考察から、次のことが明らかになった。すなわち、ある人が他の人より良い状態にあるかどうかを決める際に、消費者の選択から得られる効用に依拠すべきである、という厚生主義者の命題を実行に移すのには深刻な問題がある、ということである。問題は、所与の選択から得られる効用が人により異なりうること、から生じる。これは、人々の実際の選択に関してどれだけ多くのデータを集めても解決しえない、「深い」問題である。実際上において、ある人が他の人よりも良い状態にあるかどうかを決めるには、外からの判断が必要である。再度述べるが、選択に関するデータを無視すべきと言っているのではない。言いたいのは、それが十分な情報であると思い違いをしてはいけないということである。

今日実際に政策を議論するときに、政策立案者、評価者、そしてほとんどの応用経済学者が、特性の異なる人々な

Box 3. 2　市場での行動から効用を推測する

経済学の基本をなす前提は、世帯につき観察される財への需要と労働供給は効用最大化に対応する、というものである。基本モデルでは、すべての財・サービスの消費量と労働時間を除く余暇時間に依存する効用関数を仮定する（Box3.1参照）。効用関数は、消費者の選好を表す。すなわち、効用関数による財のバンドルの順位付けは、消費者による順位付けと同一である。この効用関数は予算制約の下で最大化される。ここで予算制約とは、財に対する総支出に余暇時間の帰属価値（余暇時間に市場賃金率を掛けて求められる）を加えたものが、処分可能時間の価値にその他すべての所得（自営業からの利益も含む）を加えた「完全所得」を超えない、ことを意味する。

需要と供給がこのモデルと整合するのなら、一般には、ある人について観察された需要と供給から、その人によりなされた選択と整合する効用関数を遡及して求めることができる。世帯の人数や構成、その他の特徴（例えば健康や障害）において異なる人々を比較するとき、これらの違いが、観察される需要にも、需要を所与として達成される効用の水準にも、影響するかもしれないことを認めねばならない。しかし、需要（そして供給）を所与として、それらの違いが効用に影響する仕方は、観察された需要と供給の行動に適切に反映されるとは期待できない。一般に、観察された行動を最適なものとして示しうる効用関数は（不均一な特徴を反映して）多数ある。人々の間で厚生に関連する特徴が異なるとき、効用関数は観察される需要と供給だけでは「識別されない」。

さらなる学習のために：これらの論点は、ロバート・ポラックとテレンス・ウェールズによる論文およびマーティン・ブローニングによる論文でさらに論じられている（Pollak and Wales 1979; Browning 1992）。

いしは世帯の間で表立った個人間効用比較を行うことを受け入れているが、一般にそれらの判断は経済学の外でなされることが多い（このような情報を受け入れたがらない経済学者たちは、個人間比較が求められる多くの重要な政策議論に関与しえないであろう）。政策について考える際に、厚生の個人間比較をするとしても、適切な場合には個人の選好を尊重できる、と一般に理解されている。そして、個人間比較の際に用いられる情報が市場で観察可能な行動に限られないこと、は明らかである。このような厚生主義の基盤の上に、いくつかの長きにわたる政策上の争点が社会厚生に及ぼす影響に関して、理論と測定の両面にわたり数多くの研究成果が生み出された(4)。

厚生主義に取って代わるものは何であろうか。それらについて、支持ないし反対のどのような議論がなされているのか。それらの代替アプローチは信頼できる厚生の指標を特定するために役に立つのか。以下では、このような問いに答える。

厚生主義の拡張と代替

貧困評価は、時として、十分な栄養状態にあるといった、ある種の基本の達成に基づくことがある。どれだけの人が健康や日常活動のために必要な栄養量に達していないかなど、特定の形態の欠乏（deprivation）に注意を向ける。欠乏の他の例として、居住状態、上下水、耐久消費財の所有、などに関連したリストが作られることもある(5)。このようなアプローチでは、消費者の選好には何の役割も与えられない。

二つの懸念が生じる。第一に、どのような側面が重要かを決める、（そして、必要がある場合に）例えば食料と衣料といった異なる財を価値付けする、際に恣意が働くことがどうしても気になる。第二に、このようなアプローチは、過度に押しつけがましい（paternalistic）という懸念がある。専門家が、「何があなたにとって良いかをあなた自身よりもわれわれのほうがよくわかっている」と言っているに等しい。選好を無視することで、当事者が同意しなくても、ある政策変化の後に人々の状態が改善あるいは悪化したと判定するかもしれない。一つの仮想例を挙げよう。貿易改革により効用は明らかに高められるが、改革に伴う相対価格の変化が引き起こす代替効果のために、栄養基準値の近傍でカロリー摂取が低下する、といった場合である。効用に基づく評価では改善と判定されるが、栄養摂取にのみ関心がある評価者はそうは判定しないであろう。

これらの二つのアプローチの中間の立場を取る余地はある。たとえ、人々が常に最善の決定をするとは考えないとしても、他人のほうがもっとよくわかっていると信じる必要はない。そうであるかどうかは、個別の状況の下で検証される必要がある。厚生の評価において規範判断の必要を受け入れたとしても、無際限にパターナリズムへの途を開くことにはならない。次の二つのことは別のことである。一つは、誰が貧しいかを判定する際に、あるいは政策を評価する際に、厚生について行動のみから推測できることのみでは不十分である、という見解を示すことである。もう一つは、選好には何の役割もないと主張することである。個人の顕示選好について何かを語りうる場合はあり、それは、誰がより良い状態にあるかについて外からの判断が必要であると認めるような枠組の中で適切に位置付けられうる。

これらの議論には、第2章で論じられたロールズの考えと通ずるところがある（Rawls 1971）。最も恵まれない集団を特定するためには、基本財に基づく何らかの指数が必要とされる。「多ければ多いほど良い」と知るだけで十分かもしれないが、おそらくはトレードオフがあり、選好についての仮定が必要とされるであろう。ロールズはこのことを認識していたが、最も恵まれない集団の選好のみに注意を向ければよいと主張した。先に論じたように、人々が不均一であるので選好を特定するのは簡単なことではない。そして、循環論の問題がありうる。重要なのは貧困層の選好であるというロールズの主張に同意するとしても、誰が貧しいかを把握するには選好について仮定しなければならないだろう。しかし、第4章で見るように、この問題に対処する方法はある。

利用できるデータの欠陥を認めるならば、特定の欠乏についての観察が広義の厚生主義のアプローチの中で重要な役割を果たしうる。この点については3・3節で立ち返る。

ケイパビリティ

効用に基づく旧来からのアプローチと特定の欠乏に注目するアプローチの両方への一つの代替案がアマルティア・センによって提案された[6]。センは「効用」を厚生の唯一の指標であるとする考えを受け入れない。センは、特定の財の欠乏にであれ所得のみにであれ、関心の焦点を狭く絞る非厚生主義の定式化もまた受け入れない。Ｂｏｘ２・１を思い出そう。それらとは違って、センは次のように論じた。「厚生」(well-being) とは、文字通りよい状態にあること、つまり、長く生きられること、栄養状態が良いこと、健康であること、読み書きができること、などである。センが述べるように、「生活水準の価値は生き方 (living) にあり、財の所有にあるのではない」(Sen 1987, p.25)。センの見方では、それ自体として価値が認められるのは、人々が持つ、機能しうるというケイパビリティである。「貧困」とは、ケイパビリティの欠如である。

この25年間に、センの提案に関しては数多くの議論がなされてきた[7]。それは、多くの論者によって、経済学において厚生主義アプローチと競合する主要な理論上の基盤とみなされるようになった。しかし、財についての選好が人により異なることを考慮に入れるならば、ケイパビリティ・アプローチを厚生主義と折り合いがつくように解釈することも可能である[8]。ここで求められるのは、ケイパビリティを直接に効用を生み出すものと考えることのみである。ある人の効用は、達成できるファンクショニングのみで決まり、ファンクショニングは所得、価格、そしてその人の属性によって決まる。Ｂｏｘ３・３はケイパビリティ・アプローチのこの解釈についてさらに論じる。ともあれ、厚生を個人の選択で最大化されるものと同一視する見方を受け入れない人は、なくならないであろう。

厚生、そして厚生の一つの解釈としてのケイパビリティ、は所得だけで決まるのではないことを論拠として、所得に基づく貧困指標への批判がなされることがある。これは的外れな批判である[9]。ケイパビリティ・アプローチは、所得のみに基づき厚生を評価することの不適切さを指摘するが、厚生主義アプローチもまたそうである。実際の測定には欠陥があるであろうが、金銭指標を用いるからといって、原理上では、所得のみが重要であるということにはなら

Box 3. 3　厚生主義の立場でのケイパビリティの解釈

経済学の標準モデルでは、厚生は財の消費に依存するが、財への選好は人によって異なることがありうる。議論の一般度を失うことなしに、これを、個人の属性と財の消費に依存する共通の効用関数として考えることができる。そのように厚生を捉える1つの方法として、効用をケイパビリティ（その人が達成できるファンクショニング）の関数として定義することがある。次のように記すことができる。

$$\text{効用} = U(\text{ファンクショニング})$$

関数 U は、個人間で変わらないと仮定する（ファンクショニングの部分集合で実際に観察できるもののみを用いるときには、この仮定は必要とされない）。ファンクショニングは消費される財と個人の属性に依存する。

$$\text{ファンクショニング} = f(\text{消費された財, 属性})$$

この式を最初の式に代入すると、経済学においておなじみの次の関数となる。

$$\text{効用} = u(\text{消費された財, 属性})$$

経済面（市場経由を含む）と社会関係面での相互作用を通して、ある人が達成可能なファンクショニングとそれから引き出される効用は、所得、価格、属性に依存する。ケイパビリティは、所得が高いほど強められるが、所得によってのみ決まるわけではない。ケイパビリティに依存した厚生は、（一般には）金銭表示しうるであろう。

ない。厚生はケイパビリティのみで決まると合意する、としよう。その場合でも、ケイパビリティが少しでも所得に依存する限り、「ケイパビリティ貧困」を測定するために、所得に基づく貧困指標を用いることができる。[10]所得が多いほどより多くのことができる――換言すれば、実現可能なファンクショニングの集合が拡大する――と仮定することは、理に適っている。ケイパビリティ・アプローチで貧困とみなされないために到達されるべきケイパビリティ厚生の臨界値があるであろう。ある人がその臨界値に到達するのに必要とされる所得水準があるであろう。そのような所得水準を貧困線として設定すればよいのである。したがって、問題は、所得に基づく貧困指標を用いるかどうかではない。原理上、ケイパビリティ・アプローチと完全に折り合いがつくように、指標を作製することができる。問題は、貧困線が満たすべき厚生水準を現行の価格の下で達成するための費用を適切に反映しているかどうか、である(これらの問題については第4章で立ち返る)。

「ケイパビリティ」は観察可能だが「効用」はそうではない、という議論がなされることがある。これもまた的外れである。比べるべきは、ケイパビリティと効用ではなく、ケイパビリティと消費であり、消費を測定するのは難しくない。ケイパビリティの異なる人を比較する際に、時として(ひょっとしたらかなり頻繁に)ファンクショニングのそれぞれにどのようにウェイトを付けるかを決めなければならない。そのためには効用関数が必要である。いずれのアプローチでも、厚生は消費と個人の属性に依存する(Ｂｏｘ ３・３)。その点では何の違いもない。

厚生への社会関係の影響

人々が厚生について異なった考え方をすることの根底には、さらにもう一つの事柄がある。「社会ニーズ」(social needs)と呼ばれるものである。経済学の伝統として、個人の厚生はその人が消費可能な財(と個人および世帯の特性)のみに依存する、という見方をする。貧困を評価する際にも、その人の人間関係を明示して扱うことはない。これとは異なる見方として、人々はそれぞれの状況に応じて人間関係にまつわるニーズを持ち、貧困は「関係からの排除」

(social exclusion) から生ずる、とするものがある。排除には、ある活動（雇用されることなど）に加わることができないという明白なものもあるが、それだけではなく、相対欠乏（relative deprivation：その人が暮らす社会で他の人と比較して貧しいこと）、あるいは、将来の進展の機会が欠如しているとの意識、といった性格のものもある。

絶対貧困と相対貧困に関しては多くの議論がなされてきた。時に、絶対貧困は栄養や健康といった客観把握できる欠乏を問題とするのに対し、相対貧困は「心の中」のみにある主観の問題であり、羨望などの心理状態を指す、と主張される。しかし、この見解は大いに疑わしい。相対貧困は、とりわけストレスの増加により、コルチゾールの水準が有意に高まるといった生理反応を生じさせる、ことが知られている[11]。例えば、ある研究では、イギリスの公務員の中で社会経済地位の低い人々では、起床から30分後のコルチゾールの水準が有意に高いことが明らかにされた[12]。実験では、被験者が他の人々からマイナス評価を受けかねない状況におかれた際にコルチゾールの水準は高まる、ことが示されている[13]。

厚生に対する社会関係の影響は、貧困の測定に関する厚生主義とケイパビリティの両方のアプローチに含まれる。アンソニー・アトキンソンとフランソワ・ブルギニョンにより、単純だが魅力ある以下の定式化がなされた（Atkinson and Bourguignon 2001)。生きるために絶対に必要とされる「生存ニーズ」と社会・経済活動に加わるために求められる最低限の「社会包摂ニーズ」の両方を得ることができるならば、その人は貧しくはない、というものである。

「相対欠乏」の考え方は、厚生や貧困指標についてわれわれがどのように考えるかとも関連する。相対地位が人々の厚生にとってしばしば重要であることには、厚生主義の立場を取るかどうかにかかわらず、多くが同意する。厚生主義者であれば次のように論ずる。「自身の所得」を所与として、周りの人の所得が自分よりも高い場所に住むときのほうが、すべての人の所得が自分より低い場所に住むときよりも、その人の効用は低い。前の場合には、相対欠乏の不効用を経験する（厚生主義者でない論者は、前の場合には社会・経済に参加するためのケイパビリティが減少する、と指摘するであろう）。しばしば、相対地位をどれだけ重視するかが、貧困についてどのような結論が引き出されるかに

Box 3. 4　どちらの分布で貧困が多いか？

2つの所得分布を考えよう（単位は1日もしくは1時間当たりのドルとする）。

$$A:(1,1,1) \qquad B:(2,3,10)$$

Bのほうが不平等であることは明らかである。しかし、Bのすべての人がAよりも所得が高い。所得を「基本財」と考えロールズの格差原理（第2章）に従うならば、AよりBが望ましい。不平等は貧しい人のためになる。所得貧困の程度はBのほうが低いが、不平等度は高い。

しかし、ロールズとセンが強調したように（第2章参照）、基本財は消費される財のみにとどまらず、相対欠乏を免れていないことなども含みうる。そこで、厚生は自身の所得を平均値で標準化した値で表される、としよう。標準化された厚生の分布は、次のようになる。

$$A:(1,1,1) \qquad B:(0.4,0.6,2)$$

この比較では、Aのほうが不平等が小さいのみならず、1未満のすべての貧困線について厚生貧困（welfare poverty）の程度も低い。

より一般の定式化として、個人iの厚生を次のように仮定しよう。

$$\alpha y_i+(1-\alpha)(y_i/\bar{y}) \quad 1 \geq \alpha \geq 0.$$

ここで、y_iは個人i自身の所得であり、$\bar{y}$は集団の平均所得である。どちらの分布のほうが貧困であるかについての厚生主義での評価は、選好パラメーターαが取る値に依存することがわかる。$\alpha > 0.375$の場合に（そして、その場合にのみ）、Bのほうが最も貧しい人の厚生水準が高いことがすぐに確かめられる。αの値は実証で見出されるべきものであるが、簡単には答えられない問題である。

大きく影響する。Ｂｏｘ　３・４では、いくつかの簡単な数値例でこの点を例示する。

おそらく、ケイパビリティ・アプローチの最も重要な貢献は、財を厚生に変える能力は世帯によって異なるという事実を明示して認識したことであった。これは主流の厚生主義アプローチにも内在したが、実際にはしばしば極めて単純化され、厚生に関係する非所得要因の不均一さを無視するに等しかった。厚生をケイパビリティの次元で考えることで、この誤りを避けることができる。しかし、この章の後段と第5章で見るように、ケイパビリティ・アプローチに触発されたと唱えるいくつかのアプローチは、その他の点では著しく単純化されすぎている。

機会

厚生主義に代わるもう一つのアプローチは、「機会」の考えから生まれた。「機会の不平等」(inequality of opportunity：ＩＮＯＰ) の考えには長い歴史がある。第1章で学んだように、18世紀の後半に不平等に対する注目が高まった際に、問題とされたのは結果の不平等よりも機会の不平等のほうがはるかに多かった。それ以降、政治上の左派と右派の両方で、機会の平等を進める努力が主張された。ジョン・ローマーは、個人のコントロールを超えた境遇（個人自身の選択に帰することができない事柄）に起因する不平等についてのみ考慮をする必要がある、と主張する (Roemer 1998)（Ｂｏｘ　１・８）。そのような境遇の例として最も多く挙げられるのが、親の教育水準である。教育水準の高い両親をもつ息子が、誤って学校教育に過少投資し、貧しい成人になるとしよう。機会アプローチは、たとえ彼の所得が低いとしても、彼の両親の教育水準に基づいて、彼を恵まれているとみなすかもしれない。

ＩＮＯＰアプローチの支持者によれば、結果の不平等は、それが個人の努力を反映する限り問題ではない。努力は、境遇に依存する選択変数であるとみなされる。このアプローチでは、不平等と貧困を評価するための厚生指標は、所得あるいは消費のうちで境遇に帰することができる部分でなければならない。これは、しばしば、境遇を表す諸変数を説明変数として所得の回帰式を求めることで推計される[14]。

Box 3.5　努力が厚生に影響するときの機会の不平等（INOP）の測定

効用は所得と努力の関数であり、所得はプラスに、努力はマイナスに影響する、と考えられる。

$$効用 = U(所得, 努力)$$

所得は、努力と境遇に依存する。

$$所得 = F(努力, 境遇)$$

効用を最大にするように選択される努力の水準（＊付きで示す）は、境遇に依存する。

$$努力^* = E(境遇)$$

最後の式を2番目の所得の式に代入すると、境遇の関数としての所得の式が得られる。回帰モデルとして書くとき、境遇を基にした所得の予測値が広くINOPの研究で用いられてきた。

ある人の厚生は、その人が到達できる最大の効用水準であり、次のような形で境遇に依存する。

$$効用 = U[F(努力^*, 境遇), 努力^*]$$

ここで、境遇は、2通りの仕方で厚生に影響を及ぼす。1つは所得を通してであり、もう1つは、努力が不効用をもたらすことを通してである（この厚生水準は常に貨幣単位で表すことができ、効用の正確な金銭表示を与える）。したがって、境遇に基づく所得の予測値は、厚生の金銭表示として正当ではない。そして、ずれが生ずるのは、INOPの文献が論じるように、効用は努力に依存するからである。

さらなる学習のために：実際にどのようにINOPが測定されるのか、その問題のさらなる議論は筆者の研究を参照（Ravallion 2015a）。

この見解をめぐっては議論が続いている。人は間違いを犯すし、偶然も一役買う[15]。機会アプローチは一般に、間違いも注意深い選択も同様に扱う。一方、現在の不遇を招くもととなった選択の誤りを過去にした人に対して、救いの手を差し伸べる人も多いであろう。極端な、命を脅かしかねない、欠乏状態について、それが本人の選択や不運によるからといって何もしないのは、文明社会においてありえないことである。自身の選択や不運から生じる不平等に対しても、政府による何らかの是正措置が取られるであろう。

ＩＮＯＰアプローチでは、境遇を表す諸変数を用いる所得の回帰モデルに基づき、機会の不平等が測定される[16]。所得は努力にも依存することは認められているが、努力は本人が自ら選択するものであり、したがってそれは境遇により決められる、と論じられる。したがって、このアプローチの研究で用いられる所得の回帰式は境遇諸変数についての「誘導形」として解釈されうる[17]。しかし、その回帰式が与える予測値は、一般には、効用に基づく厚生主義アプローチとは異なる、ことを注意しなければならない。後者のアプローチでは、境遇を所与として最適な努力によって達成される最大効用を金銭表示して、厚生指標として用いる。これはＢｏｘ ３・５で説明される。ＩＮＯＰアプローチでの厚生の判定は、当事者自身による判断と食い違うことがありうる。境遇にのみ依存する厚生指標という考えは、実際適用する上でも問題がある。これらの問題に関しては３・３節で立ち返り取り上げる。

控えめな目標

本節では、厚生について考える際の概念上の諸問題を検討した。「厚生」に関連するすべてを包括し、しかも実際適用できるような、理想の指標は存在しないようである。「経済厚生」を測定し貧困をそのように限定した側面で定義する、というように控えめな目標を立てるほうがよいであろう。人々の幸福にとって重要なことすべてを捉えないことは確かであるが、そもそも一つの指標に求めうることには限界がある。個人の消費可能性の不足が社会の進展にとって重要な側面であることに同意する限り、「経済厚生」に限定して貧困と不平等を測定することは妥当であると考えられる。しかしながら、後に見るように、この控えめな目標でさえ、分析上の難題をもたらすのである。

3・2　厚生の測定のための家計調査の利用

家計調査は、貧困比較を行う上での情報源として、最も重要なものである。実のところ、家計調査は、ある消費水準に達していない世帯がどれだけあるかなど、社会における生活水準の分布を直接に教えてくれる唯一の情報源である。基本事項はＢｏｘ １・17で紹介した。ここでは、より深く検討し、このようなデータをどのように作成し、解釈するべきか、留意点について指摘する。この節では、Ｂｏｘ ３・６で示されている、ここで用いる統計の主要な概念を概説する。

実際に行われている家計調査は、四つの側面から分類できる。

1．**標本抽出枠**：調査が対象とするのは、一国全体の人口であったり、その一部である地域の居住者などであったりする。当然のことながら、調査の標本抽出枠が妥当であるかどうかは、そこから何を推測したいかによる。

2．**観測単位**：世帯そのもの、もしくは世帯内の個人、あるいはその両方である。「世帯」とは通常、食事と生活を共にする集団として定義される。一夫多妻制をとる社会や（アフリカのサヘル地域の農村に見られるような）一般に複合共同生活が行われる社会など、しばしば世帯構成は複雑であり、一つの世帯とその他の世帯をはっきり区別することが難しい(18)。ほとんどの家計調査は世帯構成員に関する何らかの情報を含むが、通常では消費は世帯レベルで集計されており、構成員それぞれの消費はめったに含まれない。インドの全国標本調査（National Sample Surveys：ＮＳＳ）、

Box 3. 6　標本調査に関する主要な統計上の概念

標本調査は、関心対象である人々の集合である母集団について、関心あるパラメーターを推計するための費用を減らすために用いられる。分析者は、そのときの仕事の文脈にとって適切な母集団が何であるのか、明確な考えを持たなければならない。

標本調査は、母集団に関して知ろうとする主要な特徴について信頼できる結論を得るために、母集団中の部分集合（標本）を対象としてデータを収集する。関心を向けるのは、知ろうとする特徴に対応する統計量である。

標本抽出には、母集団に属する個体のリストである標本抽出枠（sample frame）が用いられる（母集団全体を調査対象とする場合には、全数調査［census］を行う）。

母集団のパラメーターを推計するために標本調査を用いるときには、統計上で偏りのない推定値を得ることに関心が向けられることが多い。また、標本推定がかなり正確であること、すなわち、標準誤差がパラメーターの推定値に比べて小さいことが求められる。さらに、十分に大きな標本で、推定値が真の母集団パラメーターに収束するかどうか、についても関心が持たれる。

1つの重要な概念として、統計上の独立（statistical independence）がある。1つの事象が起きる確率が、もう1つの事象が起きたかどうかによって影響を受けないとき、2つの事象は統計上で独立（もしくは、単に「独立」）であると言われる。同じ考えは任意の2つの変数にも適用できる。すなわち、もし、1つの変数の確率分布がもう1つの変数が取る値に左右されないならば、2つの変数は独立であると言われる（変数の確率分布、もしくは単に「分布」、は、変数がすべての可能な値のそれぞれを取る確率を与える）。

標本抽出が独立であることは、無作為化によって保証される。そのための方法は多くあるが、最も単純なのは、標本枠のそれぞれの個体に数を割り当て、これらの数の全体から乱数を用いて無作為に抽出して部分集合を作ることである。無作為標本を作製するためのソフトウェアは、既存の統計パッケージ（Stata、SPSS、SAS など）と専用の製品（Research Randomizer など）の両方で容易に利用可能である。

無作為化は標本抽出法の重要な一例である。単純無作為抽出は、標本枠のすべての人をリストアップし、その中から無作為に標本を選び、標本に含まれる人たちにインタビューを行う、というものである。より複雑な標本抽出の方法として層化（stratification）がある。ここでは、母集団を明確に定義された部分集団（層）に分け、その後、それぞれの層に異なる抽出率を用いて単純無作為抽出を行う。これが意図するのは、ある種の人、例えば調査対象である公共プログラムに参加している世帯の人、を標本中に多く含むようにすることである。

標本から要約統計量を計算するにあたり、一般に、標本が引き出された母集団に関して良い推定値を求める。それには、標本中のそれぞれの観測値が母集団の中で何人を代表するかに比例してウェイトを付けることが必要である。ウェイト付けをすることで、実際の標本を（その設計がどれだけ複雑であっても）単純無作為抽出による標本へと転換することができる（標本抽出率の逆数は膨張係数［expansion factor］と呼ばれ、標本中の個人によって代表される母集団中の人数を示す）。これらのウェイトはそれ自体で重要なデータであり、常に開示されるべきである。ウェイトは母集団の記述統計量の偏りのない推定値を得るために必要とされる（回帰モデルの推定では、ウェイト付けの意義はそれほど明白ではない。Box5.11ではその場合を取り上げる）。

広大な地理上の領域において単純無作為抽出を行うと、標本が大きく離れた地域からの個体からなることがあり、調査費用が多くかかる。そして、新しい全数調査がないならば、単純無作為抽出は実現可能ではないかもしれない。そのときには、クラスター抽出法（二段抽出法とも呼ばれる）が役に立つ。この方法では、最初に村や町の街区といった世帯のクラスターを無作為に抽出する。これらは第一次抽出単位（primary sampling unit：PSU）と呼ばれる。PSU は、通常は最新の国勢調査に基づいて、含まれる世帯数と比例する確率で選ばれる。その後、選ばれたクラスターごとに、世帯の完全なリストを作成し、世帯を無作為に抽出する。クラスター抽出法が用いられるときには、実施方法を知ることがしばしば重要となる。例えば、もし各地域でたった１つのクラスターが選ばれていたとすると、地域間貧困地図は著しい誤解を生みかねない。そして、母集団パラメーターの推定の精度が相当に落ちてしまうかもしれないので、あまり多くの抽出段階を用いることには慎重であるべきである。

同一クラスター内の世帯は、（同じ村に住むことと関連することなど）ある共通の特性を有するかもしれないので、独立とはみなすことはできない。層化とクラスタリングの重要な違いは標本による推定値の精度にあり、前者は一般にそれを高めるのに対し、後者は減少させる。クラスタリングの場合には、標本分散の推定値は（上方へ）調整されなければならない。調整の程度は調査対象がクラスター内でどのくらい強く相関しているか（しばしば「クラスター内相関」と呼ばれる）による。回帰モデルを推定する（Box1.19）ときには、着目すべきは回帰の誤差項のクラスター内相関である。

標本調査の設計にあたっての 1 つの重要な選択として、各 PSU における調査世帯数と PSU の抽出数とのどちらを多くするか、というものがある。PSU ごとに平均値を推計するのならば、明らかにそのレベルでの適切な大きさの標本が必要である。しかし、全体としての標本の大きさを所与とすると、PSU レベルで大きな標本を用いると母集団の特徴の推定の精度を低下させる。どのような選択が良いかは、PSU 内の分散がどの程度であるかと、調査の目的、とりわけ研究が PSU レベルの推定値を求めるのかどうか、に依存する。

たとえ無作為抽出であっても、標本規模が小さい場合には、誤差が予期される。標本が小さいと厳密に正しいことは期待できないが、標本規模が大きくなるにつれて真の値に近づく。もしそうでなければ、推定方法に何らかの間違いがある。例えば、標本が無作為に抽出されておらず、母集団を代表していないことが考えられる。貧困の測定に標本調査を用いるときに、富裕層が調査への参加を拒むとするならば、大きな標本であっても偏りを含むこととなり、貧困率は過大に推計されてしまう。この種の問題は、調査回答の偏りと呼ばれることがある。標本誤差は標本規模が大きくないために起こるが、この例のような誤差は標本規模が大きくても小さくならない。

たとえ、無作為に抽出されたすべての人が回答するとしても、標本調査における（そして全数調査においても）測定誤差の問題は残る。例えば、人によって（おそらく貧しい人ではなく富裕な人）は、自身の所得や消費の重要な部分について当てずっぽうを答えるかもしれない。大きな標本では、ある種の誤差は平均化され減らされるが、他の種類の誤差はそうではない。例えば、調査において、もし（しばしば主張されるように）富裕層が故意に自身の所得を過少に答えるならば、この測定誤差は標本規模が大きくても存続する。

調査データを分析するとき、統計上の有意（statistical significance）の考え方をしばしば用いる。そこでは、統計量の値と、標本による推定の精度を測る標準誤差（standard error）との、両方が考慮に入れられる。推定値が「５％水準で有意」と言われるときには、これは通常、真の値がゼロである確率が５％以下であることを意味する。

さらなる学習のために：標本抽出法の標準の方法は、レスリー・キシュの *Survey Sampling* で説明されている（Kish 1965）。最近のトピックはジュゼッペ・イアロッシの *The Power of Survey Design* およびアラン・ブライマンの *Social Research Methods* で紹介されている（Iarossi 2006; Bryman 2012）。調査方法を包括する概観はイェールケ・ベツレヘムの *Applied Survey Methods: A Statistical Perspective* にある（Bethlehem 2009）。

インドネシアの全国社会経済調査（National Socio-Economic Surveys：ＳＵＳＥＮＡＳ）、そして世界銀行のＬＳＭＳ調査などの例がある。個人の食料消費データを集めた調査に、国際食糧政策研究所（International Food Policy Research Institute：ＩＦＰＲＩ）が１９８０年代に実施したフィリピンの農村世帯の調査がある。[19]（別々の妻に関連する）複数の居住空間を持つ世帯がある場合には、複雑な調査が必要となる。[20]

3．時を経ての観測の有無：短期間での1、2回のインタビューをもとにした1時点のクロスセクションが最も普通である。パネル調査（経時調査ともいう）では、同じ世帯のメンバーがある期間にわたって再調査される。このような調査は実施するのが難しく、費用も多くかかるが、いくつかの利点を持つ（Ｂｏｘ ３・７）。

4．収集される主要な生活水準指標：実際に最もよく用いられる貧困指標は、世帯消費支出または世帯所得をもとにしている。いくつかの調査（例えば、インドネシアのＳＵＳＥＮＡＳや世銀のＬＳＭＳ）ではその両方を収集するが、その他の調査ではどちらか一方のみである（例えば、インドのＮＳＳは

Box 3. 7　パネルデータとその利用

大部分の調査は、短い期間（数日もしくは一度の訪問）で、1つの世帯の構成員にインタビューを行う。これは最も一般の形である1時点のクロスセクション調査である。これに対し、パネル調査は同じ世帯に対して、2回以上の調査データを収集する。しばしばインタビューの間隔はかなり長い期間である（1年も珍しくない）。

これらのデータを用いることで、貧困への落ち込みや貧困からの脱却といった貧困の動態について、よりよく理解することができる。表 B3.7.1では、人口を（太字で示された）4つの集団に分類している。

2時点のクロスセクション調査があるとき、それぞれの列と行の合計の数値はわかるが、（太字で示された）4つのセルの値はわからない。この2時点のデータで貧困者数が同じだとしよう。その結果は、2時点で貧困者と非貧困者が全く変わらないという場合でも、2時点で貧困者と非貧困者が完全に入れ替わるという逆の極端の場合でも、生じうる。真実は、おそらくこの両極端の間のどこかにあるであろう。パネルデータを用いれば、（太字で示された）4つのセルの値を見出し、表を完成させることができる。

もう1つの応用は、社会内移動――人々の所得その他の地位が上下に移動すること――を研究することにある。所得もしくは教育の世代間での相関に関する研究などがある（例えば、非識字である親の子どものどれだけが読み書きができるようになったか、を訊ねる）。この種の質問は、社会における機会の不平等を測定し理解するために、明らかに重要である。社会内移動を研究す

表 B3.7.1　貧困動態

両年とも貧困状態	**貧困からの脱出（1年目は貧困状態だが、2年目は貧困状態ではない）**	1年目に貧困状態（行の合計）
貧困への脱落（1年目には非貧困であったが、2年目に貧困状態となる）	**両年とも非貧困状態**	1年目に非貧困状態（行の合計）
2年目に貧困状態（列の合計）	2年目に非貧困状態（列の合計）	人口（4つのセルの合計）

るとき、2時点での所得の相関係数や順位相関係数を含め、さまざまな指標が提案されている。これらのすべての指標がパネルデータを必要とするわけではない。例えば、クロスセクション調査で回答者の両親について訊ねることもできる。

パネルデータは強みを持つが、同じ世帯を見つけ出さねばならないため、収集に高い費用がかかる。母集団に何らかの変化があれば、パネル調査は、最初の調査ラウンドの時期を除いて、母集団を適切に代表するものではなくなる。また、標本の一部が無作為にではなくパネルから脱落することによっても、偏りが生じる。脱落した世帯で労働移動の傾向が高い、といった場合がそれにあたる。そして、測定誤差が時期により異なることも懸念される。貧困に陥ったもしくは貧困から抜け出したという移動の事例の中には、測定誤差によるものもあるであろう（例えば、世帯所得が第1期に過少推計され、第2期には修正されるかもしれない）。

よく知られたパネルデータとして、ミシガン大学による米国での所得動態に関するパネル調査（Panel Study of Income Dynamics）、インドの国際半乾燥熱帯作物研究所（International Crops Research Institute for the Semi-Arid Tropics：ICRISAT）による農村を対象とした調査、ノースカロライナ大学がここ20年以上にわたって調査し続けているロシア世帯経年モニタリング調査（Russia Longitudinal Monitoring Study）、の3つがある。個人の経年消費データを収集している調査は非常に少ない（1つの例外は、フィリピンを対象にした前述のIFPRIの調査である）。いくつかのLSMS調査では、旧来からのパネルデータを修正して、毎年の標本の半分を次の年に再調査するという方式が用いられている。これはパネルデータの強みを保持しつつ、データ作成費用を削減する。

はじめから経年調査を設計したのではなく、既存のデータからパネルデータセットを作成した例も、いくつかある。その1つは、中国の都市と農村を対象として国家統計局が作成したクロスセクションデータである。この調査は、標本を毎年入れ替えることをしないので、ある期間にわたりパネルデータを作成することが可能である（Chen and Ravallion 1996）。

第2の例は、ラジ・チェティーらによるアメリカにおける世代間の社会内移動に関する研究である（Chetty et al. 2014）。チェティーらは親と子（独立前の子どもは扶養家族として申告するのが普通である）の所得税の記録を結合したデータを用いている。彼らは、社会内移動の指標は1970年代以降ほとんど変わっていないことを示した。例えば、所得５分位の最下層に生まれた子どもが大人になったときに最上位に上昇する確率は、1971年生まれでは0.08、1986年生まれでは0.09、と推計した。これは所得不平等の上昇を考えると、不可解のようでもあるが、（チェティーらが述べるように）アメリカの不平等の上昇の大きな部分は所得分布の最上位に集中して見られるのである。

さらなる学習のために：パネルデータの収集に対する賛否両論については、オーリー・アッシュンフェルターらの研究を参照（Ashenfelter et al. 1986）。（セーフティーネットの効果の検証における）貧困動態の研究でのパネルデータの利用については、筆者らの研究を参照（Ravallion et al. 1995）。社会内移動の測定については、ゲーリー・フィールズの *Distribution and Development* を参照（Fields 2001, ch.6, 7）。パネルデータでの測定誤差の含意については、ポール・グルーウの研究を参照（Glewwe 2012）。

所得源のすべては含まず、ラテンアメリカを対象とした利用可能な家計調査の大部分は消費を含まない）。所得の源泉や支出の項目について情報がないと、貧困に対する価格変化の影響の評価など、いくつかの目的に対して深刻な限界が生じる（このような場合については後ほど立ち戻り検討する）。

貧困分析に用いられる最も一般的な調査は、一国全体を代表する標本を対象とし、世帯を観測単位とし（個人の情報も含まれることがある）、消費もしくは所得データを含む、1時点のクロスセクションである。以下では、このような家計調査から得られる世帯の消費もしくは所得データを解釈するときに注意すべき主な問題につき述べる[21]。

調査の設計

調査が無作為でないとか、層化抽出などによるありうる偏り（Box 3・6）が是正されないとか、といった場合には、大きな標本でさえ貧困測定に関する偏りのある推計値を生じかねない。無作為標本であるためには、全人口中で、もしくは層を構成する部分集団内で、標本に含まれる確率がすべての個人について等しくなければならない。この条件が満たされると、「統計上の独立」（Ｂｏｘ　３・６）が保証される。統計上の独立は、標本調査に基づき母集団のパラメーターについての統計上の推測をする際に多く用いられる判断基準の大部分の基礎にある仮定である。

貧しい人々は、標本調査で適切にカバーされていないかもしれない。例えば、彼らは遠隔地に住んでいたり、あちこち移動したりするので、インタビューするのが難しいかもしれない。実際に、家計調査はホームレスのような貧困層の中の特定の部分集団を見落とすかもしれない。また、貧困の測定に用いられる調査のいくつかは、その目的のために設計されておらず、標本抽出枠が母集団全体に及ばない。例えば、労働力調査の標本抽出枠は一般に「経済活動に従事している人口」に制限されており、カバーされない貧困層が存在する。

調査について特に注意すべきなのは、標本抽出枠が母集団全体をカバーしているか、回答者に偏りはないか、すなわち、調査に協力するかどうかに何らかの要因が影響していないか（Ｂｏｘ　３・６）、ということである。

貧困や不平等を測定するときに深刻な問題となりうるのが、自然な反応としてある種の世帯が調査にあまり協力しないという「回答者の偏り」（selective response）の問題である。富裕な人のほうが、調査に参加したがらない傾向があると予想され、その偏りを修正しないと、貧困率は過大に推計されてしまう。回答の偏りが不平等の測定に及ぼす影響は、理論上で明確でない(22)。この問題に関しては以下でもう一度述べる。

調査設計に関連して、調査への参加に同意した人に謝礼を支払うかどうか、という問題がある。確立された慣行はなく、（しばしば、少額の）支払いがなされることもあるが、ないものもある。調査の実施に新しい技術（携帯電話など）を用いることもまた、この問題に関係する。電話調査の回答率は家計調査よりも低い傾向があり、参加してくれた人に対して、無料の通話時間を与えるなど魅力のある補償が必要かもしれない。しかし、そうすると問題をさらに深刻にしてしまうかもしれない。確かに、全体としての回答率は上昇するかもしれないが、標本は富裕層を適切にカバーしない偏ったものとなるかもしれない。このことについてはＢｏｘ　３・８でさらに説明する。ある種の世帯が他

Box 3.8　調査への参加の経済分析

調査への参加は個人の選択によるものである。誰も、統計学者による無作為な割当に応じる義務はない。調査に応じることによって、例えば、市民としての義務を果たすことによる満足感といった何らかの利益を感じられるが、調査に参加する費用もある。その費用は所得に伴って増えることが予想される。例えば、時間それ自体は所得とおよそ独立であるが、調査に応じることによってかかる時間の機会費用は、所得とともに（より高い賃金率のために）上昇する。調査への回答を求められた人は、認識する利益と費用を比較しなければならない。

調査への参加の限界費用が、（調査に費やされる時間で測られる）参加の程度とともに上昇する、と想定することは妥当であろう。調査に時間がかかるほど、他の価値ある活動に費やす時間が多く損なわれる。所得が高いほど参加の限界費用は高いとも仮定できる。時間を調査に費やすことで失われる所得は、賃金率が高い人ほど大きいからである。

限界利益は参加に影響を受けない、もしくは少なくとも参加によって上昇しない、と仮定することは理に適っている。また、限界利益は所得とともに上昇しないと仮定しよう。これらの条件の下で、個人の調査への参加の最適水準は、図 B3.8.1に示されるように、限界利益と限界費用が等しくなる点である。所得が上がるにつれて、望まれる参加水準は下がる。富裕層は貧困

図 B3.8.1　調査への参加の選択

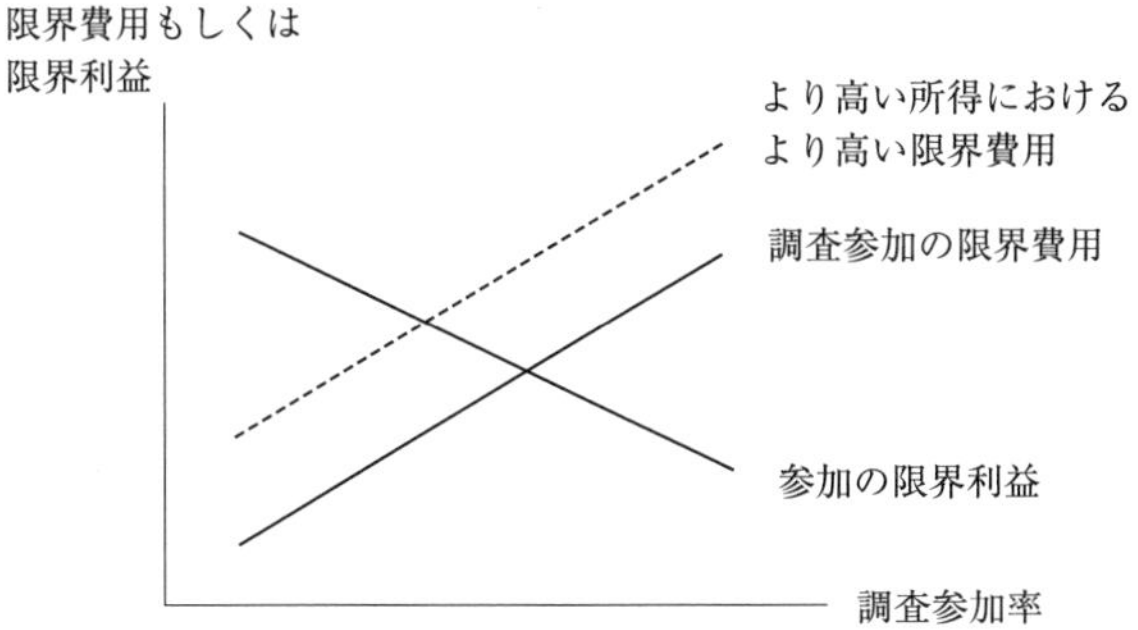

層に比べて調査に応じないことが多い。参加許諾者に一定の謝礼を払うと参加確率は上昇するが、それはまた、回答率が所得に伴って減少するという偏りを強めるかもしれない。これは、謝礼が貧しい人のほうに参加への強い誘因となるような場合に生じる。したがって、調査の参加者への補償は、標本規模は増すとしても、母集団の所得分布について妥当な推測を下しうる公算を減少させる。

さらなる学習のために：このトピックスに関するさらに詳しい議論は、アントン・コリネックらの研究に見ることができる（Korinek et al. 2006）。調査への参加に関するもっと精巧なモデルで、コリネックらは、ある条件の下で、中間所得層に比べて、最貧層と富裕層のほうが調査への参加を望まないという、逆Ｕ字の関係を示した。

と比べて調査にあまり参加しないという「回答者の偏り」の問題は、以下で測定誤差について論ずる際に再び取り上げる。

単純無作為抽出法よりも費用効率の高いさまざまな標本抽出方法がある（Ｂｏｘ ３・６）。層化無作為抽出法では、母集団中の部分集団が異なる（既知の）確率で選ばれ、各部分集団での標本抽出確率は等しい。インタビュー数を所与として、例えば、貧困が集中する地域において多くの世帯が標本に含まれるようにすることで、この方法で得られる貧困指標の推定値のほうが高い精度を持つようにしうる。これに対し、クラスター抽出法のほうは、クラスター内の調査対象世帯が独立であるとは言えないため、精度は低い（Ｂｏｘ ３・６とＢｏｘ ３・９）。

同一の標本であっても、質問票の設計によって得られる指標が影響を受ける。定性調査や予備検討（パイロットテスト）を行うことで、質問の内容、言い回し、順番、などが検証さるべき仮説に相応しくなるよう、調査設計を改善することができる。フォーカスグループでの討議も、適切な質問の作成など調査の設計段階で有効な方法である。素案を予備検討することは、質問票の設計においても不可欠である。

一般に注意されるべきことが一つある。貧困比較にあたり、標本抽出枠や質問票など調査の設計が、比較の対象により異なることが

Box 3. 9* 標準誤差への標本抽出設計の影響

貧困、さらに貧困率、の PSU による違いを解明する一助として地理変数の測定がなされる時などには、それぞれの PSU に対して十分に大きな標本を得ることに意が用いられる。2 段階抽出法の設計（Box3.6）において、2 段階目で十分に大きな標本が求められるということである。しかし、そのようにすると、別の問題が生ずる。全体としての標本規模を所与として、下位レベルでの標本規模が大きいほど、貧困指標その他の母集団全体についてのパラメーターの推定値の標準誤差は増加する。これは設計効果（Design Effect：DE）と呼ばれる。これは、（ある変数の推定値に関して、）実際の調査設計の下での分散と単純無作為抽出を用いたとした場合の分散との比である。設計効果は次の式によって与えられる。

$$DE = 1 + \rho(B - 1)$$

ここで、ρ は PSU 内の相関係数であり、B は各 PSU から引き出された標本の規模である。調査の設計にあたっては、母集団パラメーターの推計での精度と、PSU レベルでの関心事柄の測定、との間のトレードオフに直面しうる。

さらなる学習のために：この問題についての基本文献は、レスリー・キシュの *Survey Sampling*（Kish 1965, ch.5）である。

ないかどうかに、注意を向けなければならない。質問の言い回しの違いや質問票の中で置かれる位置の違いがあると、結果は違ったものとなりうる[23]。

財の範囲と価値付け

調査が対象とする財と所得源の範囲は、消費の測定には食料および非食料の両方を含み、所得の測定ではすべての所得源を対象にするなど、全体を含まなければならない。消費したすべての財・サービスへの金銭支出に加えて、家庭菜園で作られた食料や共有資源から得られたもの、自分の住む家の帰属家賃など、すべての現物所得からの消費の金銭価値も含められるべきである[24]。同様に、所得の定義でも、現物で得られた所得も含むべきである。ただし、実際の慣行は一様ではない。地元の市場価格が、自家生産や帰属家賃の価値付けにしばしば良い指針となる。現金給付以外の公共サービスの価値付けは、重要な場合もあるが、しばしば困難である。市場財の現物移転に関しては、実勢価格を価値付けに用いることが一般に考えられる。（無料の公立の医療機関や学校のような）非市場財の問題はより深刻であり、広く受け入れられている方法はない。貧しい人々による公共サービスの利用を別にモニタリングすることが必要であろう。

家計調査を用いる厚生分析がよく直面する問題は、異なる分類基準が用いられ対応がつけられないなど、一貫した調査がなされていないことである。例えば、食料生産国における主食価格の変化が厚生に及ぼす影響を評価するには、世帯の消費支出の内訳を知るのみでは十分でなく、世帯の食料生産についても知る必要がある。食料価格の変化が世帯の利益となるのか損失となるのかは、生産と消費のどちらが大きいかによる。もし、ある財を生産する以上に消費しているならば、その財の価格が上昇すると生活状況は悪くなる。しかし、農村地域での家計調査では、農業生産のデータが含まれていない、あるいは、消費と生産で分類が異なっている、といったことが極めてよくある。このため、貿易改革のような政策の分析にとって、それらの調査は実際には何の役にも立たない（第9章で貿易政策についてさらに論じる）。

変動と測定の期間

時間に伴う所得ないしは価格の変化が、「実質所得」の定義と測定に影響を及ぼすことは、かねてより認識されてきた。所得の短期間の観測値は、経済厚生を正しく表さないかもしれない。ジョン・ヒックスは、「所得」を「週の終わりに週の初めと同じ厚生水準を保つようにした上で、その週のうちに消費しうるもの」と定義した（Hicks 1939, p.176）。

われわれが本当に測定する必要があるのは「富」であると、しばしば唱えられる。一般の経済学の定義では、富とは将来の全所得の割引現在価値であるが、これは、いくつかのかなり強い仮定に依拠する（Ｂｏｘ３・10）。富に関して、現実に対応し多くを包括する唯一の定義を見つけることは実際には難しい。

時間に伴って所得が変動することが、一部の分析者が経済厚生の指標として現在の収入よりも現在の消費を好む理由の一つである。貧困層の実質所得は変動する（予想できる場合もできない場合もある）。これは、特に天水農業に依存する低発展の農村経済で顕著である。ある条件の下では、消費により、長期の富の収益によって与えられる恒常所得が明らかにされる。これはミルトン・フリードマンの恒常所得仮説の含意である（Friedman 1957）（Ｂｏｘ３・11）。

しかし、例えば、信用市場が十分に働かないなど、上記の条件が満たされないときでも、所得や直面する価格の変化に対応して人々が消費を平準化する方法がある。貯金の取り崩しや、友人や家族に頼ること、などである。

この見解には、厚生の測定への二つの異なる含意がある。①現在の生活水準の指標として、現在の消費は、ほぼ間違いなく、現在の所得よりも優れている。そして、②長期にわたる厚生の指標として、現在の消費は理想とは言えないが、現在の所得よりは望ましい。消費は、過去、未来の他の時点における所得に関する何らかの情報を示すからである。

厚生の測定に所得よりも消費を用いる確たる根拠があるとしても、いくつかの要因のために現在の消費はノイズを含む厚生指標であることを忘れるべきではない。理想の平準化が起こる場合でさえ、消費はライフサイクル上で変化する傾向は残る。したがって、異なる一生涯の資産を持つ「若者」と「老人」の二つの世帯が、調査時においてたまたま同じ消費水準であることが起こりうる。このようなことは、いまだに拡大家族が中心である伝統社会ではそれほど起こらないかもしれないが、そのような社会でも急速な変化が見られる。

現在の消費と長期の生活水準の関係にノイズを持ち込む、その他の要因もある。世帯によって消費平準化の機会への制約は異なるかもしれない。一般に、非貧困層と比べて、貧困層は借入に関する選択肢が制限されている、と考えられている。

Box 3.10　将来の所得の現在価値としての富

ある人の現在と将来の所得の現在価値（PV）は、経済学における「富」の一般の定義である。現在価値を計算するためには、現在と将来のすべての所得をそのまま足し合わせてはならない。なぜなら、それでは将来の1ドルを今手もとにある1ドルと同等に扱うことになり、正しくない。将来の所得を割り引く必要がある。2期間の所得の現在価値は、Y_1 と Y_2 をそれぞれ第1期（「今日」）と第2期での所得、r を利子率（将来の所得が割り引かれる率）とするとき、次式で示される。

$$W = Y_1 + \frac{Y_2}{1+r}$$

r は「割引率」とも呼ばれるが、この用語はしばしば、市場利子率ではなく、個人の割引率（時間選好率とも呼ばれる）を指して用いられる。（経済学や金融論でよく出てくる）この公式は、次のように理解すればよい。第1期に $Y_2/(1+r)$ を持っていれば、それを1年間投資すると、第2期に Y_2 を持つことができる。この式は容易にどのような長い期間にも一般化できる。現在（第1期）から T 年後までの所得を $Y_1, Y_2, \ldots, Y_{T-1}, Y_T$ とすると、富をこの一連の所得の現在価値として次式のように書くことができる。

$$W = Y_1 + \frac{Y_2}{1+r} + \frac{Y_3}{(1+r)^2} + \cdots + \frac{Y_T}{(1+r)^{T-1}} = \sum_{t=1}^{T} \frac{Y_t}{(1+r)^{t-1}}$$

年々の所得が一定で Y（「年金」[annuity] と呼ばれる）であると、次のような簡単な式になる。

$$W = \frac{(1+r)Y}{r}\left[1 - \frac{1}{(1+r)^T}\right]$$

これらはすべて、不確実性がなく完全な予見ができるといった、明らかに強い仮定の下で導かれている（予測できない誤差を考慮に入れるときには、確率についての完全な予見、という緩い仮定が置かれる。これは、時として「合理的期待」と呼ばれる）。富の構成要素で市場が欠落しているものがあるときにも、この定式化は妥当しなくなる。

この定義を用いるには実際上の問題もある。世帯調査では将来の所得を知ることはできない。しかし、現在の消費についてならば訊ねることができる。ある条件の下では、消費は、現在の所得にではなく、富に依存する。Box3.11ではこの問題をさらに論ずる。

貧しい人々のほうが保険を掛けていない傾向がある、という証拠もある（Box 3・12）。消費平準化とリスク分担の取決めは確かに存在するが、貧しい人々にとってどれだけ役に立っているかには議論の余地がある。[25] 貧しい農村経済におけるリスクと保険に関する文献は、三つの定型化された事実を示す。

①所得リスクは広く存在する、②世帯の行動の一部は、所得リスクに対して消費を維持することに向けられている、③そのメカニズムには個人でのものと集団でのものの両方があり、後者は複数の世帯間での非公式なリスク分担の取決めからなる。

消費よりも所得データを用いることを提唱する人は、異時点間の選択とリスク分担への制約をしばしば指摘する。しかし、これらの制約があるからといって、現在の所得が消費よりも望ましい厚生指標であるとは言えない。所得の変動に対してある程度の消費の平準化がなされると予想するのに、市場が完全であると仮定する必要はない。世帯は、将来を予見することができ、貯蓄することができる。

現在の所得を用いるほうがよいとする立場からのもう一つの議論として、それが「潜在消費」と呼ばれるものをよりよく反映するというものがある。しかし、これも疑わしい。

第一に、潜在消費が正当な厚生指標であるのかという疑問がある。貧しい農民は20年に一度だけ豊作を経験するかもしれないが、その幸運な年にさえ、彼はもはや貧しくないと判断されることはない。第二に、たとえ潜在消費を受け入れたとしても、所得は良い指標とは言い難い。われわれが知りたいのは流動資産であり、実際の消費のほうが示唆に富むであろう。

経済厚生を測定するために現在の所得を用いることについてのさらなる議論は、税もしくは移転の分配への影響を評価するときに起こる。現在の所得に対しては、移転を足して税を引く

Box 3. 11　異時点間の消費選択と恒常所得仮説

Box1.4とBox3.1では、静態での消費選択問題について論じた。そこでの「衣類」を「1期目の消費」に、「食料」を「2期目の消費」に、置き換えて考えてみよう。Box3.1と同様に、効用は両者に依存し、代替の機会を反映する凸の無差別曲線を仮定する。

異時点間消費行動の草分けのモデルは、ミルトン・フリードマンの *A Theory of the Consumption Function* によって示され、恒常所得仮説（Permanent Income Hypothesis: PIH）と呼ばれる（Friedman 1957)。これは、現在の消費は現在の所得に依存すると仮定した単純なケインズ・モデルに代わるものとして開発された（代替モデルとしてはその他に、デュセンベリーによる相対所得仮説や、安藤・モジリアニのライフサイクル・モデルがある［Duesenberry 1949; Ando and Modigliani 1963］）。フリードマンは、どの期の所得も消費も、恒常要素（上付き P で示される）と一時要素（上付き T で示される）からなる、と仮定した。これを、所得（Y）と消費（C）のそれぞれにつき、次のように記すことができる。

$$Y = Y^P + Y^T$$
$$C = C^P + C^T$$

「恒常所得」（Y^P）は、ある対象期間における長期にわたる富によって決定される。十分に長い期間については、単純に $Y^P = rW$ とできる。一時所得（Y^T）は時とともに変動する。フリードマンは、Y^T は平均ゼロで、モデル中の他の変数と無相関であると仮定した。恒常所得仮説のカギをなす要素は、恒常消費が恒常所得に正比例し、$C^P = kY^P$ と書くことができる、というものである。フリードマンは、係数 k が利子率や選好などの要因に依存すると仮定した。

現在の消費が富を明らかにするという考えには魅力があるが、いくつかの強い仮定を必要とする。特に、消費者は完全な予見能力を持ち、また信用市場へのアクセスが完全である、と仮定される。しかしながら、人々は（貧しい人も同様に）将来の不確実さに直面し、保険でカバーされないリスクに曝されている。そして、市場は完備されていない。すなわち、所得を生み出すすべての富要素に価格がついているわけではなく、単純な集計はできない。

（$C^P = kY^P$といった）恒常所得仮説の強い含意は、実証研究ではそれほど支持されていない。しかし、消費は一時所得によりも恒常所得のほうに反応することが、多くの研究により明らかにされている。貧しい人々でさえ、通常、ある程度の消費平準化を行っている。

さらなる学習のために：異時点間の消費に関する優れた議論としては、アンガス・ディートンの *Understanding Consumption* がある（Deaton 1992）（ディートンは2015年のノーベル経済学賞を受賞した）。

簡単な会計恒等式がある。消費については、貯蓄が反応しうるのでそのような式はあてはまらず、起こりそうな反応を予想する必要がある。しかしながら、所得を用いることのこの点での強みは、最初の印象ほどには大きくない。一般に、税や移転がないとしたときの所得は、所得から純移転（移転マイナス税支払い）を引いたものとは等しくない。例えば、世帯が労働供給を通して反応する（Ｂｏｘ １・４を思い出そう）こともあれば、私的移転が反応することもある。所得と消費のどちらを用いるにしろ、公共支出のターゲティングと帰着を適切に評価するためには、行動モデルを必要とするであろう。

これらの問題は調査設計への含意を持つ。農村貧困層の多くは季節による影響を受けるので、1年を通じての所得は、例えば四半期の所得よりも、農村世帯の生活水準をより良く反映するであろう。しかし、インタビューを受ける人の記憶は不完全であり、変動する所得の通年での合計をわかっていることはまずない。したがって、先に論じたように、消費のほうがしばしば良い指針となる。注意深い調査設計により、消費を推計する際の精度を高めることができる。購入頻度ごとに異なる対象期間を採用することで、一般により良い推定値が得られる。例えば、食料に関しては1週間、衣類に関しては3カ月間、についての消費を訊ねるのが適切であろう。パネルデータがあれば、複数の時点における消費や所得の観測値を平均することができ、生活水準の推計にあたっての精度が高めることができる。(26)

Box 3. 12　貧しい人々は保険にどれくらい頼れるか——中国農村部での証拠

すべての農村世帯が保険でカバーされないリスクの影響を同程度に受けるのであろうか。中国の農村世帯の 6 年間にわたるパネル調査を用いてこの疑問に取り組んだ研究がある。この場合には、パネルデータを作成する意図はなかったが、長期間の調査でほとんど同一の標本を用いる設計であったために、パネルデータが得られた（Box3.7）。研究では、所得リスクに直面して消費をどの程度まで維持しうるかに世帯の富の水準が影響するかどうか、を検証するためにこのパネルデータが用いられた。リスク分担の理論に依拠して、村と時間についてのダミーの交差項によって全体に関わるショックをコントロールし、現在の所得を内生変数として扱い、所得の変化が消費に与える影響を推計した。この研究はまた、村レベルでのショックに対する保険についても検討した。資産効果を検証するために、研究では、1 人当たりの世帯の富と、世帯が貧困地域に住むかどうか、に基づいて標本を層化した。この方法により、リスク分担の過去の研究で指摘された問題（実際にはなかったにもかかわらず保険があるとされる）を回避することができた。

完全保険モデルは、疑いの余地なく棄却された。世帯の富が少ないほど、現在の所得についての限界消費性向が高く、棄却の有意度は高い。中国南部のこれらの村でも消費を維持するための取決めは存在するが、資産の少ない世帯にはあまり役に立っていない。

この結果は、公正の点からも効率の点からも、低発展の農村経済において、公共政策により適切な保険を提供するべきである、という主張を支持する。しかしながら、状況に応じて具体策がどうあるべきかについてはまだ結論が出ていない。また、この研究の結果は、貧しい家族にとっての信用と保険の選択肢が改善しない限り不平等と不公正な成長過程が続く、ことも示唆する。

さらなる学習のために：ここで紹介した研究の引用元は、ジャラン・ジョートサナと筆者による論文であり、すべての詳細は同論文にある（Jalan and Ravallion 1999）。保険に関する過去の検証方法における偏りの原因については、筆者とチョードリーの論文を参照（Ravallion and Chaudhuri 1997）。

調査における測定誤差

所得や支出の調査に系統立った誤差があると、それらの調査に基づく貧困や不平等の指標が大きな影響を受けかねない[27]。標本中の世帯により報告される所得に測定誤差があると、通常の不平等指標は過大に推計される[28]。

統計調査では、二種類の測定誤差が区別される。第一は「項目無回答」である。これは、調査への参加に合意した標本世帯が、例えば、公にしたくない所得項目など、特定の質問への回答をしないときに起こる。また、回答者が持ち家に住んでいる場合には、帰属家賃を訊ねたとしてもわからず、家賃が欠損値となりやすい。項目無回答に対処するには、代入法やマッチング法によって、答えている質問項目を活用するといったさまざまな方法があるが、実際には十分に適用されていない。Ｂｏｘ ３・13では、その方法について詳しく説明する。

第二の種類の測定誤差は「世帯無回答」であり、上述の対処方法を用いることはできない。一般に、拒否するか不在かで、標本に含まれる世帯のうちのある割合は調査に参加しない（Ｂｏｘ ３・６）。調査によっては、無回答世帯に対する「再訪」や回答者に対する謝礼により、世帯無回答を避ける努力をする（ただし、Ｂｏｘ ３・８を想起されたい[29]）。にもかかわらず、この問題は実際には避けられず、無回答率が10％以上であることが普通である。それどころか、全国調査で標本中の30％の世帯が調査に応じなかったものもある[30]。

ある条件の下で、データを収集した後に、回答率の違いを勘案して調査結果を修正することができる。アントン・コリネックらにより提案された方法は、次のようなものである（Korinek et al. 2007）。調査に同意する確率が所得その他の変数によりどのように変わるのかを推測するために、無作為抽出された標本中での調査回答率の地域による違いを用いる。地域により回答率が異なるために所得の推計値に偏りがありうることを考慮して、いくつかの条件の下で、それらの確率を推計することができる[31]。確率が推計されると、データを再びウェイト付けすることにより修正することができる。コリネックらは、調査に同意する確率は、所得が上がるにつれ単調に下がり、最貧十分位では95％以上であるのが、最富裕層ではわずか50％である、ことを明らかにした。したがって、富裕世帯の観測値に対しては、貧

Box 3. 13* データの欠損への対処法としての回帰分析

ここでの考え方の基本は、データに欠損がある質問に対して得られた回答について統計モデルを作成し、そのモデルを用いて欠損値を予測することである。用いられるのは回帰モデルであり、従属変数（Y）の予測値が1つまたは複数の説明変数（X）の線形関数として示される（Box1.19を参照）。従属変数は得られた回答であり、説明変数は、従属変数については回答しなかった人も含めより多くの人が答えている質問事項である。

標本全体は N 世帯を含み、所得の質問に答えたのはその部分集合 IR であり、$M(<N)$ 世帯を含む、としよう。全員が回答している K 個の変数がある。完全なデータがある部分集合 IR の M 個の観測値に基づき、次のような線形回帰式の推計を行うことができる。

$$Y_i = \alpha + \beta_1 X_{1i} + \beta_2 X_{2i} + \cdots + \beta_K X_{Ki} + \varepsilon_i \quad \text{for all } i \text{ in the set } IR$$

ここで、Y_i は所得に関する回答、X_{Ki} は k 番目の説明変数、$k=1, ..., K < M-1$ で ε_i は誤差項（報告された所得に関する誤差も含む）である。例えば、欠損値が家賃であるとき（持ち家世帯に対して常に欠損値）、X は調査で得られる住居と居住地に関するすべての特徴を含むべきである。帰属家賃を計算するためのこのような回帰モデルは、しばしば「ヘドニック回帰」（hedonic regression）と呼ばれる。パラメーター $\alpha, \beta_1, \beta_2, ..., \beta_K$ は標本全体で一定の値である。これらのパラメーターの値は、残差の二乗和が最小になるような推定量を選ぶ最小二乗法（OLS）で推計でき、そうするとデータに対して最もよい近似となる。次いで、標本中で所得の回答をしなかった世帯に対して、上記の回帰式から得られる予測値を計算する。

回帰分析の代わりにマッチング法が用いられることもある。これは（適用できない場合がある）欠損変数のパラメトリックな回帰モデルを必要としない。代わりに、それぞれの欠損値に対し、回答が得られているものの中で最も類似する観測値を見つける。ここで「類似」は回答する確率の予測値（ポール・ローゼンバームとドナルド・ルビンに倣い、しばしば「傾向スコア」と呼ばれる）により定義できる（Rosenbaum and Rubin 1983）。

さらなる学習のために：回帰モデル一般については、ジェフリー・ウールドリッジの *Introductory Econometrics: A Modern Approach.* 5th edn. を参照（Wooldridge 2013）。帰属評価の方法についてはロドリック・リトルとドナルド・ルビンの *Statistical Analysis with Missing Data* を参照（Little and Rubin 1987）。この文脈でのマッチング法の使用は、インパクト評価の場合を含む欠損値データの問題にその一般論を適用した一例である。この論題には第6章で立ち返る。

しい世帯よりもウェイトを大きくする必要がある。この方法がうまくいく鍵となる条件は、各所得階層で、少なくとも誰か1人は調査に同意することである。[32] Box 3・14では、この考えの単純な例を示す。

貧困や不平等の測定は所得や消費に関する質問への回答に依存するので、調査における これらの誤差は重大な関心事である。しかし、時としてこれらの質問は人々が隠したがる事柄にかかわる。中には、家計調査において所得の報告は過少であるので、所得分布の平均値が国民経済計算での1人当たりGDPもしくは1人当たり民間消費と等しくなるように膨らませるのが妥当である、と論じる分析者がいる。[33] これは「均一倍率法」（uniform rescaling method）とでも呼ぶことができよう。この方法は、国民経済計算における「民間消費」は個人のみならず民間団体による消費支出も含んでおり、世帯の厚生水準に系統立った過大推計をもたらす、ことを無視している。GDPに至っては、世帯の現在の所得にも消費にも関係しないものを多く含むので、測定されるべきものとの不適合はさらに大きい。二種類の情報源の間の乖離の程度は、経済の性格に依存する。自給自足農業その他の自家消費のための生産形態が大きな部分を占める経済では、国民所得計算方式が家計調査よりも正確に実質消費の姿を描き出すことはありそうもない。例えば、家計調査では、通常、自家生産による消費の情報を含む。

調査における所得の過少申告や無回答は、貧困と不平等を測定する上で重大な懸念事項である。誤差の程度が所得に関わらず一定であることはありそうもないので、相対不平等の推計に影響が出るであろう。[34] 豊かな世帯のほうが中間層や貧しい世帯より

Box 3. 14* 単純な２×２の場合での回答率の相違への対応

統計局はしばしば、ある種の人が調査に回答しないことについて修正を試みる。これがどれだけ効果を持ちうるかには限界がある。時として、回答率に関する利用可能なデータや（偏っていることがある）調査統計を用いて、事後に調査の偏りを修正することができる。

２つの所得集団、「貧困」（上付き文字 P）と「非貧困」（上付き文字 N）、と２つの地域、A と B（下付き文字）、の場合を考えよう。地域ごとの調査回答率 P_A と P_B はわかる（無作為抽出され標本に含まれた人々のうち、地域Ａでは P_A ％が調査に回答し、地域Ｂでは P_B ％が調査に回答した）。調査に基づく推計値として、平均所得（もしくは他の統計値）を用いて貧しい人の割合が算出される。

２つの重要な仮定が置かれる。第１に、地域にかかわらず、貧困層は同一の回答率（P^P）、非貧困層は同一の回答率（P^N）を持ち、$P^P > P^N$である、と仮定される。これは、単純ではあるが、回答の有無についての行動モデルである。第２に、地域ＡとＢそれぞれでの回答率（P_A, P_B）は、所得以外の要因には影響されない、と仮定される。

これだけの設定があると、標本調査における回答率の相違による偏りを修正することができる。最初に、回答率（P_A, P_B）について考えよう。これらはＡ、Ｂ各地域における真の（観察できない）貧困率（それぞれ H_A、H_B とする）でウェイト付けした貧困層と非貧困層の回答率の加重平均である。したがって、次の式を得る。

$$H_A P^P + (1 - H_A) P^N = P_A$$
$$H_B P^P + (1 - H_B) P^N = P_B$$

次に、地域Ａ、Ｂについて推計される貧困率（$\widehat{H}_A, \widehat{H}_B$）を考えよう。これらは貧困層と非貧困層の調査回答率と真の貧困率によって決定される。精確には、観察された（偏りがありうる）貧困率について、次の式を得る。

$$\frac{H_A P^P}{H_A P^P + (1-H_A)P^N} = \widehat{H}_A$$

$$\frac{H_B P^P}{H_B P^P + (1-H_B)P^N} = \widehat{H}_B$$

4つの未知数に対して4つの（非線形）方程式が得られる。一般には解の存在は保証されないが、この場合には、実際に解を見出すことができ、これら4つの方程式の解として P^P, P^N, H_A, H_B を $P_A, P_B, \widehat{H}_A, \widehat{H}_B$ の関数として表すことができる。貧困層と非貧困層の調査回答率が同一（$P^P = P^N$）である特別な場合には、$\widehat{H}_A = H_A$ と $\widehat{H}_B = H_B$ を得る。

例えば、地域AとBの、推計された貧困率を55%と31%、調査回答率を66%と58%、としよう。そのとき、$P^P = 0.9, P^N = 0.5$ であり、真の（偏りのない）貧困率は $H_A = 40\%$ と $H_B = 20\%$ である。同じ考え方を、平均値などの他の統計量にも適用できる。

学習のためのメモ：これは説明のためだけの単純な2×2の例である。もちろん、実際には多くの所得集団と多くの地域を扱う。より一般の推計方法については、アントン・コリネックらの研究を参照（Korinek et al. 2007）。

も過少申告を行う傾向があるならば、均一倍率法を用いると分布の下側が「過度に修正」され、貧困が過少に推計されてしまう。また、豊かな世帯のほうが調査に回答しない傾向があるようでもある。[35] 先に述べたように、このことが不平等の推計にどのように影響するかは、理論上は確定できない。アメリカに関する実証では、そのために全体の不平等が無視できないほどに過少推計されたことが示されている。[36] 貧困指標は過大に推計されるが、アメリカの貧困線の周辺ではこれによる偏りは小さい。これに対し、回答率が（所得に関わりなく）一定であると仮定すると、貧困率が大幅に過少推計される一方で、不平等指標における偏りは一切修正されない。

調査における過少申告と無回答のために「最上位の所得」が過小推計されがちであることから、所得税記録を補助データとして利用することへの関心が生じた。[37] 通常、分布の最上端にパレートの法則を適用する（Box 1・21参照）（図2・4でのアメリカにおける上位1％所得シェアに関する図は、このようにして推計されたものである）。この方法にもまた、賛否両論がある。過少申告と無回答の問題は、所得税制度が確立されている国（一般に豊かな国々）ではそれほど深刻でないが、その他の場所ではいまだに重要である。この方法で得られる指標は、標本調査で用いられるような実質所得の指標と一致するとは限らない。特に、税の記録における所得の概念は、貧困や不平等を測定する際に用いられる概念と一致するとは限らず、所得税記録から世帯を特定することはしばしば困難であるため、世帯の規模や構成の違いを調整することは不可能である。最も重要であるのは、この方法は、所得税制度が確立された国で分布の上端を修正するのに適している一方で、貧困の測定には役に立たないことである。

個人間の厚生比較

それぞれの世帯は、規模や構成、そして直面する価格、が異なる。このため、世帯支出が同一であっても厚生の水準は異なる。需要分析に基づいてこれらの違いを標準化するためのさまざまな方法がある。等価尺度、生活費指数、等価所得指標、などである。[38] 厚生の測定についてのこれらの考え方の基本には、市場財への消費者の選好を明らかにするために需要パターンを用いることがある。[39] 消費者は効用を最大化すると仮定され、効用指標は、消費を価格、所得、世帯の規模と構成とに関連付ける、観測された需要行動と一致するように導出される。得られる世帯効用指標の値は、一般に、世帯の総支出が大きいほど大きく、世帯規模が大きく、また直面する価格が高いほど小さい。

この方法の最も一般の定式化は、「等価所得」（equivalent income）の概念であり、消費者が実際の効用水準に到達するために必要とされる最低総支出として定義され、すべての世帯の効用は共通の基準価格と基準世帯構成に即して評価される。[40] これは効用の厳密な金銭指標を与え、実際に、「金銭表示効用」（money-metric utility：ＭＭＵ）と呼ばれることもある。極めて一般には、等価所得は、（貧困比較の対象領域で価格が異なる場合には）適切な価格指数と（世帯の規模と構成が異なるので）等価尺度の二つのデフレーターで標準化された（自家生産物の価値を含む）貨幣支出と考えられる。これらのデフレーターについては次節でさらに論じる。

行動に基づくこれらすべての厚生指標については、心すべきことがいくつかある。3・1節で論じたように、非市場財（環境特性、公共サービス利用、人口特性）が世帯間で異なるとき、深刻な問題が生じる。市場財の消費は、これらの非市場財を条件としてのみ選好を明らかにするのであり、一般には、市場財および非市場財の両方の無条件の選好を明らかにすることはない（例えば、質が良くて無料の公共保健施設のある場所に住んでいるならば、民間保健機関に費やすお金は少ないであろう）。市場財への条件付きの選好が観察されるとき、（非市場財を含む）すべての財への選好を表す効用関数でそれと整合するものは無数にある（Ｂｏｘ３・２）。したがって、観察された消費行動が特定の効用関数での最適解として説明されるとしても、その効用関数が厚生の測定にあたっても用いられるべきであるとする主張には、大きな無理がある。

家計調査の消費と支出は、消費をもとにした厚生指標を作成するときに最も広く用いられる基本のデータである。別個のコミュニティー調査（個別質問と同時に実施され、しばしば選ばれた調査地域で同じ面接員によって行われる）は、その地域におけるさまざまな財の価格や公共サービスの提供といった有益な補足データを提供してくれる。世帯レベルのデータと合致するコミュニティー・レベルのデータがあることによって、世帯の厚生を評価する上で正確さと範囲が格段に改善する。

どのような公共サービスを受けたかの記憶、そしてさまざまな財の消費量と支出額から算出される価格、もまた有用である。しかし、いくつかの注意すべきことがある。地元の公共サービスに関する知識は利用することで得られる。知っているかどうかは、利用可能であるかどうかの指標としては当てにならないかもしれない。調査データを用いた価格の推計値（しばしば「単価」［unit value］と呼ばれる）は、商品の種類ごとに支出額を購入量で割ることで得られる。これは追加データとして有用な場合もあるが、扱い方に注意する必要がある。豊かな世帯ほど同種類のものの中で質の高い財を購入する傾向があるからである。食料品以外の財については、用いうるデータではめったに意味のある比較ができないため、この方法で価格を得ることはできない。したがって、一般に調査から得られるのは支出額のみである。

3・3 代替指標の理論と適用

貧困と不平等の測定の目的のために最も一般に用いられる個人レベルでの厚生の指標は、世帯の消費もしくは所得を、世帯人数や（場合によっては）世帯構成の違いにつき標準化し、さらに直面する価格の違いを反映して実質化したものである。これは、経済厚生についての重要な指標であり、現在利用できる指標の中で明らかに最も優れたものである。しかし、ここまでの議論で強調したように、理論と実践の両面で、利用にあたり注意を要するいくつかの限界もある。ありがたいことに、個人の厚生の評価、そして貧困と不平等の測定、に関連した有用な追加情報を提供する他の諸指標がしばしば利用可能である。

成人1人当たり換算での実質消費

成人1人当たり換算での実質消費は、すべての財とサービス（自家生産からの消費の価値も含む）に対する総名目支出を、上で述べた二つのデフレーター（直面する価格の違いを調整する生計費指数と、世帯の人数と構成の違いを調整する等価尺度）で割ったものである。Yを世帯の総消費（もしくは総所得）とし、Zを等価尺度と価格デフレーターを統合したものとすると、これはY/Zと書くことができる。ここでのデフレーター（Z）は、基準とされる経済厚生水準を当該世帯が達成するために要する費用、と解釈しうる。基準とされる経済厚生水準が、世帯が貧困であるかどうかの判定に用いられるときには、Zは貧困線である。貧困線に関しては第4章で詳しく論じる。ここでは、貧困線の設定や一般に厚生の比較に用いられる、等価尺度と価格指数に焦点を当てる。

これらのデフレーターについては、かなりの量の文献がある。[41] 適切な貧困比較のために、価格指数に関してとりわけ重要なことがある。それは、特別な条件が満たされない限り、ある一つの指数を貧困層と非貧困層の両方に適用することはできない、ことである。一般に、この指数は生活水準の基準がどのように選ばれるかに依存する。もし相対価格に違いがないのであればインフレーションの調整だけを行えばよいが、そのための良い価格指数が必要である。インフレ率だけを調整すればよいもう一つの場合は、相対価格は異なるが、家計消費支出の配分が所得水準にかかわらず同一である、という条件が満たされるときである。[42] この条件は、現実にはめったに満たされることはない。エンゲルの法則（Ｂｏｘ　１・16）を想起されたい。Ｂｏｘ　３・15、Ｂｏｘ　３・16では、価格指数について詳しく論ずる。

例えば、インドにおける貧困比較では、一般に、（全国平均の）消費者物価指数ではなく、貧しい人々によって消費される基本賃金財に大きなウェイトが置かれる農業労働者対象の消費者物価が用いられている。しかし、ラスパイレス指数が用いられているので、時間を通じてウェイトは変化しない。Ｂｏｘ　３・16でさらに論じるように、一般にこれより望ましい指数が存在する。貧困比較がなされる際に相対価格の変化がある場合には、これは重要でありうる。

時間を通じての生計費の変化を調整すべきことはよく認識されているが、地域間での価格の相違についての調整は貧困比較でなされることは少ない。しかし、輸送費がしばしば高く、市場の地域間統合に対するその他の障害も大きい途上国においては、地域間での価格の相違はとりわけ大きい。このことは、地域間もしくは農村都市間での貧困比較に明らかに影響を及ぼす。また、地域による生計費の違いを適切に調整しないと、集計された貧困指標の著しい偏りを生みかねない。[43] 地域による価格のばらつきは、また、行動と整合する（生計費指数などの）厚生指標の推計に必要な需要パラメーターを特定するのに、大きな助けとなる。留意すべき主な問題として、利用可能な地域別価格データの通常の分類項目に含まれる財が不均一であるかもしれないことがある。これは「住居」のような財についてとりわけ重要であるが、「米」のような財でさえも品質の違いがある。[44]

Box 3. 15　価格指数

通常、物価指数は、ある特定の日付と場所で生計費を測った数値を、基準とされる日付と場所の比較可能な生計費に対する比率の形で表したものである。例えば、2015年の消費者物価指数（Consumer Price Index：CPI）が基準年である2010年と比べて125という値をとるとき、それは2010年と比べて2015年には全体として価格水準が25%上昇したと考えられる。

最も単純であり広く用いられる価格指数は、財のバスケットを同一として、ある年もしくは場所でのその費用を他の年もしくは場所と比べた相対指標である。これはラスパイレス指数と呼ばれる。表 B3.15.1の例を考えよう。

価格指数を計算するために、2015年のバスケットの費用を2010年の費用で割ると、20/16 = 1.25 が得られる。これは、この期間に価格が25%上昇したことを示す。

価格指数は 2 つの構成要素をもつ。各財の価格と各財が全体に占める割合である。価格は通常、「粗悪な質の米」といった特定の財についての市場価格を訊ねる特定目的の価格調査によって得られる。類似した財を比較していることを保証するために、製品の規格が十分に明確であることが重要である。ある財が全体に占める割合は通常、世帯支出調査（consumer budget survey）に基づく。CPI は一般に、特定の設定での中所得世帯の消費パターンと一致するようにウェイト付けされる。これは貧困の測定には適切でないかもしれない（例えば、おそらく、貧困世帯と比べて中所得世帯のほうが食料への支出の割合が低いであろう）。

さらなる学習のために：Box3.16では価格指数について詳しい検討がなされ

表 B3.15.1　ラスパイレス指数の例

バスケットの中の財	各財の量（単位）	基準年（2010年）の価格	現在（2015年）の価格
米	10kg	1.2	1.5
靴	1 足	4	5
バスケットの費用		16	20

ている。価格指数の特別の形として、（しばしば公定為替レートで標準化される）為替の購買力平価（purchasing power parity：PPP）がある。これは実質所得の国際比較に広く用いられている。この指数に関しては第７章で述べる。

世帯の間には人数や構成に違いがあり、単に世帯全体としての消費額を比較するのでは、世帯内の個人の厚生の比較としては不適切である。[45] 大多数の分析者はこのことを認識しており、何らかの形の標準化を行う。どのような所与の人数と構成の世帯（例えば、成人男女が1人ずつと、子ども2人）に対しても、等価尺度は、その世帯と同等であるとみなされる（通常は）成人男性の人数を定める（Ｂｏｘ ３・17とＢｏｘ ３・18は等価尺度について詳しく見る）。中心をなす問いは、どのような意味で「同等」なのか、である。理想としては、世帯の総消費（もしくは総所得）を用いる尺度で標準化したとき、個人間で比較可能な金銭表示厚生指標が得られる、と確信したい。言い換えれば、同じ等価所得をもつ２人の厚生水準が等しいことを保証するような尺度を求めたい。実際にこの理想を達成できるかどうかは別のことである。ここでも、観察された行動から厚生を推測することの難しさ（Ｂｏｘ ３・２）と同じ問題に直面する。実際には、観察された行動のみに拠らず、理に適うと思われる価値判断をしなければならないであろう。

どのように測定を行うかによって、貧困の判定などの結果が左右されうる。貧困と世帯人数の関係を検討しよう。厚生指標の「世帯人数弾力性」を、世帯人数が何％か増加したときに厚生指標が何％減少するか、と定義できる。この弾力性の値はしばしば研究者や政策立案者の判断に委ねられている。一般に、この弾力性にはある臨界値があり、それ以上では大家族のほうが貧しいとみなされ、それ以下だと小家族のほうが貧しいとみなされる。[46] したがって、（子どもの多い）大家族を優遇する貧困政策の実行を考えるとするならば、実際に測定される弾力性の値がどれくらいかが重要な関心事となる。もし、世帯消費を人数で割るならば（弾力性は−1）、ほとんど常に大家族のほうが貧しいという傾向があることがわかる。もし（逆の極端の設定として）、世帯人数で割らないで、世帯の総消費を厚生指標として用いるならば、ほとんど確実に逆の結果となる。そ

Box 3. 16* 価格指数に関するさらなる情報

ラスパイレス指数は初期の日付に固定されたウェイトを用い、パーシェ指数は終期の（一般には現在の）日付で固定されたウェイトを用いる。しかし一般に、望まれる消費バンドルは相対価格によって異なる（Box3.1）。したがって、ウェイトが固定された指数は基準とされる効用水準の費用の測定に偏りをもたらす。バンドルは代替を考慮に入れて調整される必要がある。

研究文献では、代替を考慮に入れるためにさまざまな指数が提案されている。その1つが、ラスパイレス指数とパーシェ指数の幾何平均であるフィッシャー指数である。その他に、トルンクビスト指数がある。場所もしくは日付 i の基準0と比較したトルンクビスト指数（の対数）は、次のように示される。

$$\ln T_{i0} = \sum_{j=1}^{n}\left(\frac{S_{ij}+S_{0j}}{2}\right)\ln\left(\frac{P_{ij}}{P_{0j}}\right)$$

ここで、$j = 1, 2, ..., n$ の、n 個の財がある。P_{ij} はある時もしくは場所 i における財 j の価格を示し、S_{ij} は財 j の生計費中のシェアを示す。価格とシェアのそれぞれについて、基準とされる時もしくは場所についての値は下付きの「0」で示されている。基準として固定された時もしくは場所と比較するという点で、これは2項間での指数である。もし時と場所の両方について同時に比較するときには、基準とされるのはある特定の時と場所である。

生じうる1つの問題は、比較が推移律を満たさないかもしれないことである。すなわち、「基準Aと比較した場所Cの指数」は、一般には、「基準Bと比較した場所Cの指数」と「基準Aと比較した場所Bの指数」を掛け合わせた値にならない、ことを意味する。推移律を保証するには、多項間の指数が必要である。そのような例として、世界銀行のPPP為替レートの作成に用いられる方法がある。そこでは、各国の価格を仮想の平均の国と比較する。この方法によって、任意の2国の間での比較ができ、全 N 国の指数を掛け合わせたものの N 乗根を計算する。

もう1つの問題は、特定の財や特定の場所の価格が得られないことである。

本文に記したように、地域ごとの指数がないことは途上国で特に問題である。最も進んだ統計局では地域ごとの価格データを集めているが、それは普通のことではない。簡便な対処方法として、食料エンゲル曲線の地域による違いを用いて価格の違いを明らかにする（例えばイングリッド・アルマスの研究を参照）、などの方法が提案されている（Almås 2012）。しかし、エンゲル曲線がシフトする理由は生計費の違い以外にも多くあるので、この方法がどれほど信頼できるものなのかは明らかでない。現在のところエンゲル曲線法の唯一の検証であると思われるジョン・ギブソンらの研究では、（ベトナムにおいて）その方法では地域による価格の違いについて知られていることを適切に予測しえなかった、ことを示した（Gibson et al. 2014）（厚生指標として食料シェアを用いることの問題点については、本節の後段で論じる）。

その地域では売られていないために、価格調査に含まれている財（優れた価格調査では詳細な仕様が記述される）の価格が得られないことがある。これは、限られた低品質の商品しか市場で売られていない貧しい地域では普通のことである。調査員は、地域で売られている低品質の類似商品の価格で代用するかもしれない。その場合には、貧しい場所での調査では、財によっては質の低さに対応する低い価格が報告され、価格指数は生計費を過小評価する偏りを持つ。これは過去の国際比較プログラム（International Comparison Program：ICP）についての問題であったが、2005年のICPでは、このような偏りを生む価格データの補完を避けるために特別な努力がなされた。

さらなる学習のために：アンガス・ディートンとジョン・ミューエルバウアーの *Economics and Consumer Behavior* にこの論題に関する優れた議論がある（Deaton and Muellbauer 1980）。トルンクビスト指数はアーウィン・ディワートによって分析され、消費者の費用関数（所与の効用水準を実勢価格において達成するための最小の費用）の対数が価格と効用の対数の2次関数であるときにはいつでも、それが正確な指数であることが示された（Diewert 1976）。

Box 3. 17　1795年のスピーナムランド等価尺度

イングランドの救貧法でのスピーナムランド貧困線を想起されたい（第1章）。貧困線は、パンの価格のみを指標として設定された。通常の価格で、成人男性1人が週当たり3斤のパンを購入できる最小限の所得を保証された。扶養家族（妻と子ども）に対しては、それぞれ1斤半の追加が保証された。これは等価尺度の簡単な例である。スピーナムランド制度においては、成人男性を1とし女性と子どもを0.5として足し合わせた数で、世帯の消費（もしくは所得）を割って、成人男性1人当たり換算の消費（もしくは所得）を測定する。

今日では、ほとんどの等価尺度は成人の男女でウェイトに違いをつけていない。しかし、必要消費量が少ないとの仮定の下で、子どもにはしばしば大人よりも低いウェイトが与えられる。しばしば、消費における規模の経済（例えば、2人が一緒に生活することで別々に生活するよりも費用が少なくなること）も考慮される。住居など共同で消費される財には、（混雑の不経済が生ずるようになるまでは）このような規模の経済が働く。

さらなる学習のために：Box3.18では、関心のある読者のために等価尺度についてさらに詳しく述べている。

して、両極端の間のどこかで、貧困と世帯人数は無相関であろう。[47]

実際に等価尺度を決める際には、調査から観察される消費行動に基づくのが普通である。つまり、クロスセクションデータを用いて、ある調査期間における世帯の各種財の消費が、（価格や総消費に加えて）世帯の人数や構成によってどのように異なるかを見る。例えば、通常の方法では、各世帯における食料消費の予算シェアが、1人当たり総消費の対数と、世帯構成の分類ごとの人数と、に回帰される需要モデルが用いられる。[48]食料シェアは厚生指標の逆数と解釈される。ある厚生水準を、したがって（仮定により）食料シェアを、基準値として定め、回帰式を用いて世帯構成の相違を正確に補償するために必要な消費額を計算することができる。[49]実際には、そのような方法

Box 3. 18* 等価尺度のより完全な扱い

$ES(\underline{N}, \pi)$ は、ベクトル $\underline{N}$ によって表現されている構成と尺度パラメーターのベクトル π によって特徴付けられる世帯と、同等と見なされる単身男性の数を示す等価尺度である（ここで「ベクトル」とは、単にリストのことである）。世帯の特徴を示すベクトルは $\underline{N}$（下線付きの N）、世帯規模は N で示される。尺度は $ES(\underline{1}, \pi)=1$ となるように標準化されている。ここでいう $\underline{1}$ とは単身成人男性世帯のベクトルである（$\underline{1}=(1, 0, 0, ..., 0)$）。その他に、2人の成人を標準とする場合もある。以下の例を見てみよう。

$$ES(\underline{N}, \pi) = (N_m + \alpha N_f + \beta N_c)^\theta \tag{1}$$

ここで、ベクトル $\underline{N}$ は（Nm, Nf, Nc）であり、Nm, Nf, Nc はそれぞれ、成人男性、成人女性、子ども、の数を表している。ベクトル π は (α, β, θ) であり、それぞれ下限 0 、上限 1 の範囲の値をとる。ここで、θ は消費における規模の経済を表す。スピーナムランド貧困線では、$\alpha = \beta = 0.5$ であり、$\theta = 1$ である。よく用いられる特別なケースとして $\alpha = \beta = 1$ があり、その場合には N^θ が尺度となる。尺度への感応度の検証では、パラメーター π は異なる複数の値を取る。

Y を世帯の総消費もしくは所得であるとしよう。この尺度を用いて世帯の消費もしくは所得を標準化すると、$Y/ES(\underline{N}, \pi)$ となり、これは世帯の各成員の経済厚生と解釈でき、貧困を測定する際に世帯の厚生指標となる。

このような等価尺度を用いる概念上の根拠は、$Y/ES(\underline{N}, \pi)$ は金銭表示効用（MMU）でなければならない、すなわち、標準化された（実質）所得は効用水準のみに依存する、とすることである。ここで MMU とは、消費者の費用関数（1 人当たり効用のある水準 U を達成するのに要する最低の 1 人当たり費用を示す）を、基準とされる世帯構成（基準とされる価格ついてはここでは無視する）で価値付けをした値である。こうして得られた MMU だけが、効用に関して安定した狭義の増加関数である。

これがどういうことなのかを明確にするために、消費者の費用関数が次のように書かれるとしよう。

$$c = \varphi(U) \cdot ES(\underline{N}, \pi)/N \qquad (2)$$

φ は任意の狭義の増加関数であり、すべての個人に共通である。これに対応する MMU を得るためには、基準とされる世帯構成を定めなければならない。それは次の式によって表される。

$$y^e = \varphi(U) \cdot ES(\underline{N}^r, \pi)/N^r \qquad (3)$$

ここで $\underline{N}^r$ は基準とされる世帯の属性のベクトルである。y^e は効用に関して安定である狭義の増加関数であり、すなわち MMU である。U をある世帯 i が実際に得る 1 人当たりの効用とするならば、C の値は実際の 1 人当たり支出額 $y_i\,(= Y_i(N_i))$ に等しい。これらの値を式(2)に代入し、変数を並べ替えると、等価所得関数を得ることができる。

$$y_i^e \equiv \frac{Y_i}{ES(\underline{N}_i, \pi)} \cdot \frac{ES(\underline{N}^r, \pi)}{N^r} \quad \text{for all } i \qquad (4)$$

ここで、基準とされる世帯にとっては、尺度パラメーターがどのようなものであっても、等価所得は単に 1 人当たり所得であることを注意しておく。

さらなる学習のために：等価尺度につき全般にわたる議論はアンガス・ディートンとジョン・ミューエルバウアーの *Economics and Consumer Behavior* にある（Deaton and Muellbauer 1980）。上記のアプローチはアンガス・ディートンとサルマン・ザイディによる定式化の一般度を少し高めたものである（Deaton and Zaidi 2002）。

では、成人女性や子どもに対して成人男性等価1未満の値が割り当てられる傾向がある。

この方法にはいくつかの問題がある。推定されたエンゲル曲線に基づく上で論じた例では、同じ食料シェアを持つ異なる世帯は等しい厚生水準にあると仮定する。これは、厚生主義の立場からは正当化し難い[50]（その仮定を受け入れるのであれば、厚生と貧困の測定のためにわざわざ等価尺度を推計する必要はない。食料シェアそのもので十分な情報である）。また、すでに記したように、観察される食料消費行動の厚生上の解釈は、同じ行動を生み出す複数の（実のところ、無限に多くの）効用関数が存在することによって不明確なものとなり、厚生に関係するパラメーターを行動に基づき特定することができない。また、その他の問題として、子どもにかかる費用は親が負担するが、現在の消費は減らさず貯蓄を削って賄うことがあり、消費への影響は調査時よりも後に起こるかもしれない（子どもたちが成長した後かもしれない）[51]。このように、消費と世帯構成についての1時点のみでの観察に基づくと、等価尺度を作成する際に誤りを犯しかねないのである。

消費行動に基づき作成される等価尺度の厚生上の解釈は、世帯内で消費の配分がどのようになされているかについての見方にも依存する。等価尺度が依拠する実証研究の結果の解釈は、（一つの極端な場合として）成人男性による独裁の下で決定がなされているか、あるいは世帯全員の厚生を最大化するようになされているか、でまったく異なるかもしれない。世帯内交渉のモデルとして、世帯内の配分において世帯成員の世帯外での選択肢が反映されるもの、を考えよう[52]。消費行動から引き出される等価尺度は、世帯内での分配の二つの側面を反映している、と考えうる。年齢、性別による実際の「ニーズ」の違い（世帯消費における規模の経済とも関連しているかもしれない）と、外部の選択肢と「バーゲニングパワー」での不平等、の二つである。分析や政策立案のために世帯の厚生を比較する際に、第一の側面を取り入れるのは正しいが、第二の側面についてはそうは言えない。不平等な厚生の状態をそのままにし、さらに強固なものとしてしまう、からである。

先に見た測定の問題は、政策にも影響しうる。表3・1の仮想のデータを用いて、簡単な例で示すことができる。

表3.1　2つの家計内の消費（仮の例）

家計	個人消費				家計消費	
	成人男性	成人女性	第一子	第二子	1人当たり	成人男性1人当たり換算
A	40	20	10	10	20	40
B	30	—	—	—	30	30

二つの世帯に計5人がいる。世帯Aには成人男女1人ずつと2人の子どもがおり、世帯Bは1人の成人男性からなる。3人の最も貧しい人が世帯Aにいる。例を明確なものにするため、上述の貧困状況はニーズの違いを考慮しても変わらないと仮定する。政府は、最貧層と判定する世帯に移転を行うが、政府が知るのは世帯全体としての消費額と世帯構成のみであり、世帯内での分配については観察できない。

2つの世帯A、Bのどちらが先に援助を受けるべきだろうか。少なくとも、女性と子どもに何らかの恩恵がある限り、答えは明らかに世帯「A」である。しかし、これを知るためには、各人の消費を知る必要がある。（既知の）1人当たりの世帯消費を基準にしても、答えはAである。すべての人に同じウェイトを与えるこの等価尺度を用いるとき、少なくとも何らかの利益が3人の最も貧しい人たちに届く。しかし、代わりに、成人女性に0.5、それぞれの子どもに0・25を割り当てる等価尺度を考えよう。この場合には、世帯Aは成人男性2人と等価であり、成人男性換算消費は世帯Bよりも多くなる。援助は、最初にBが受け、最貧60％の人たちにはまったく届かないであろう。

もちろん、これは一つの例にすぎず、（しかも）世帯A内での不平等はかなり極端である。しかしながら、この例は二つの重要な点を示すのに適している。第一に、観察される消費行動は重要なデータであるが、観察されないものについての仮定が必要である、ことである。第二に、世帯間の厚生比較の実証研究における一見無害な仮定が、政策選択にかなりの影響を与える、ことである。

等価尺度を定めることは、かねてより厚生測定を実施する上での最も難しい課題の一つである。どのような選択がなされるかで政策上の判断に影響が出ることがある。特に、人口中の特定の集団を優遇するような社会政策についてはそうである。世帯人数について考えよう。貧困層の家族構成上の特徴は、人口政策に、そして家族手当などの給付の適格基準の設定に、とりわけ関係が深い。しかし、人数が多い若い世帯を他の世帯よりも貧しいと見なすかどうかは、厚生の測定の際に置かれる検証できない仮定に大きく依存する。先進国では、貧しい家族でさえ、消費において規模の経済が働く財を消費する。1人の2倍未満の支出で2人が生活できる[53]。貧しい国では、このような財が貧困世帯の支出に占める割合は非常に少ない。彼らの消費バンドルは、食料や衣類といった規模の経済が少ない財で占められている。この理由から、途上国を対象とした貧困研究では、世帯の消費もしくは所得を人数で割る傾向がある。これは大まかな近似としては容認しうるものであるが、貧困世帯での消費における規模の経済を過少に見ていることは確かである。考慮すべき事柄はこれだけではない。厚生の測定は、指標が用いられる目的によっても影響を受けることがある。例えば、観察はできないが、世帯人数が多いほど世帯内不平等が大きいであろうことを認識して、政策立案者は、消費における規模の経済に注意する以上に世帯人数を重視するかもしれない。

指標の選択に難しさがつきまとうことを考えると、選択次第でどの程度の影響が出るのかを知る必要がある。置かれる仮定に対する指標の感応度（sensitivity）を検証するべきであるが、厚生指標のパラメーターの変化に対する貧困指標の感応度を検証するのは簡単なことではない。この問題を理解するために、その他の条件を一定として、尺度パラメーターを変化させるときに、貧困指標がどのように変化するかを見よう。このような検証を行った研究は数多くある。最近の一つの研究では、消費における規模の経済と大人と子どもの支出ニーズの違いを組み入れて、途上国全体を一括して貧困率の推計がなされた[54]。その研究では、上記の設定の下で推計された指標が、「1人当たり」尺度に基づく指標と比較された[55]。相当の違いが見出された。途上国全体としての2000年の貧困率は、用いられる尺度が変わることで、31％から3―13％へと低下した。

このような比較をどのように解釈したらよいのかは、明らかでない。根本の問題は、尺度パラメーターが異なるときに厚生水準を相互に整合するように比較するための、概念上の基礎が欠如していることである。感応度の検証を理解するためには、まず、意味ある比較を可能とするには固定点あるいは「基軸」が必要であることが、認識されねばならない。それは、尺度パラメーターの選択に影響を受けない特定の種類の世帯である。感応度の検証で得られる結果は、たまたまどのような基軸が選ばれているかに大きく左右される。尺度パラメーターを次々と変えて等価1人当たりの実質所得の分布を再計算した上で、同一の「1人当たり」貧困線を適用するのは、単身成人世帯が基軸とみなされている場合にのみ意味を持つ。しかし、これは恣意による選択にすぎず、成員構成から見る世帯の種類の分布においてかなり極端な例である。どのような成員構成の世帯を基軸に採るかによって、尺度パラメーターの違いに対する感応度は大きく異なりうる。Ｂｏｘ３・19ではこのことにつき詳しく論じ、また例を示す。

基軸の設定についての正当な概念上の基盤を欠いているので、厚生関数のパラメーターが変化した際の貧困指標の感応度については、どのような答えでも得ることができる。したがって、意味のある推測ができるかどうかは明らかではない。

正当化できそうな基軸の設定の根拠を見出そうとするとき、なしうることの一つは、貧困の測定を導いたのと同一の論理を適用することである。それは、(価格指数や非食料品のウェイト付けにおいて)貧しい人々の状況とかなり符合するパラメーターを用いることである。その趣旨は、貧しい人々の厚生を評価する際に妥当しそうもないようなパラメーターを用いてはならない、ということである。それは価値判断であるが、受け入れられそうに思われ、実際において広く受け入れられている。この論理からすると、単身成人を基軸とすることはとても適切とは言えそうにない。

境遇に基づき予測される厚生

研究者によっては、調査から(必要であれば生計費の調整後に)得られる世帯の厚生指標の代わりに、その指標を(通例は同じ調査で観察される)いくつかの変数に回帰して得られる予測値を用いる、ことがある。(定義により、観察

Box 3. 19* 貧困指標の等価尺度への感応度を検証する際の落とし穴

Box3.18では等価尺度について論じた。MMU 関数における基軸の選択はどのようにでもでき、実際にこれまでの研究ではさまざまになされてきた。アンガス・ディートンとサルマン・ザイディは、世帯構成の最頻値を用いることを推奨しており、その例として、アメリカのデータを用いたコンスタンス・シトロとロバート・マイケル編の *Measuring Poverty: A New Approach* がある（Deaton and Zaidi 2002; Citro and Michael 1995）。ピーター・ランジューと筆者のパキスタンのデータを用いた研究では、世帯構成の平均値を用いている（平均世帯人数は7.4であった）。一部の過去の研究では、単身（男性）成人を基軸としており、$\underline{N}^r=\underline{1}$ である（Lanjouw and Ravallion 1995）。このような研究の例は、他にも挙げられる（Coulter et al. 1992; Duclos and Mercader-Prats 1999; Batana et al. 2013）。

3つのことを述べておきたい。1つめは、MMU 関数（Box3.18での式(4)）の $ES(\underline{N}^r,\pi)/N^r$ という項が、異なる尺度の間の比較の際に基軸となる、ことである。基軸とされる世帯においては、尺度パラメーターに関わらず、金銭表示された厚生は1人当たり所得と同じである。しかし、基軸はどのように選ばれるべきなのであろうか。尺度への感応度の検証において、基軸として世帯人数の最大あるいは最小の極端な値を選ぶことには、懸念がある。1つには、極限値は例外である場合が多い。単身成人（男性）世帯は典型とは言えない。途上国では平均世帯人数が5人であるので、なおさらである。懸念のもう1つの理由として、規模の経済や子どもは大人ほど支出を要さないことなどを考慮に入れると、大きな世帯ほど（1人当たりの）等価尺度が小さく、計算される等価所得は高くなる。基軸を最大や最小の極端に置くことで、感応度を大きくすると考えられる（1人当たり尺度において、単身成人世帯が基軸とされる場合には貧困者数は少なくなり、最大人数の世帯が基軸とされる場合には貧困者数が多くなる）。

2つめは、尺度の標準化と基軸の選択とが同一の世帯構成について行われねばならない理由はない、ことである。$ES(\underline{1},\pi)=1$ という尺度の標準化が

（常にではないにしても）多くなされるが、そうだからといって基軸の選択において $\underline{N}^r = \underline{1}$ が妥当とされる理由は特段ないのである。一般に、MMU 関数は Box3.18の式(3)の形をとる。同式を満たすどのような関数も、仮定されている費用関数（Box3.18の式(2)）に対する妥当な MMU と言えるのである。

3つめは、基軸の選択は、ある尺度を用いて貧困線が設定されていることによっては決定されない、ことである。例えば、筆者ら（Ravallion et al. 2009）が提唱した1日1.25ドル貧困線は、1人当たり尺度に基づくものである。当然のことながら、これは単身成人に対しての貧困線でもある。しかし、だからと言って、単身成人が感応度の検証の際に基軸とされるべきである、とは言えない。代わりに5人世帯を検証の基軸として、1人当たり尺度に基づく1日6.25ドルを世帯当たりの貧困線にすることもできる。1日1.25ドル貧困線が1人当たり尺度での貧困線であるというのは、$ES(\underline{N}, \pi) = N$ としているだけのことであり、$\underline{N}^r = \underline{1}$ という設定を置くかどうかとは論理上無関係である。

上に述べた3つの点は重要である。基軸の選択により貧困指標の値に影響が生ずるからである。基軸とされる世帯構成の選択は、π が固定されているときには問題を生じない。$ES(\underline{N}^r, \pi)/N^r$ は単に掛け合わせられる定数であるにすぎないからであり、貧困線もそれに応じて定数倍されるだけである。しかし、π の変化に対する感応度の検証に際しては基軸の選択は大きな影響を及ぼしかねない。以下の2つの例は、このことを明らかに示す。

第1の例として、世帯が3つあり、それぞれの1人当たりの所得は1、2、3であり、世帯人数は5、4、3である、場合を見よう。1人当たりの貧困線を2とすると、貧困率は3分の2である。もしここで、「二乗根尺度」（所得を世帯人数の二乗根で標準化する）を用い、貧困線を2のままに保った場合には、貧困は存在しなくなる。もし基軸とされる世帯の人数が4、5、6であれば、貧困率はまた3分の2に戻り、7以上なら、全員が貧困と判定される。この尺度では、比較の基軸が異なれば、0％か100％までのどの貧困率も得られてしまうという結果になるのである。

第2の例に移ろう。イール・バタナらの研究では、（筆者らの研究と同様に）1人当たりの貧困線を1日1.25ドルとして、世界全体としての貧困率の推計値は、１人当たり尺度を用いると31％であるが、「二乗根尺度」では３％に過ぎない、という結果を得た（Batana et al. 2013; Ravallion et al. 2009）。しかし、１人当たり１日1.25ドルの貧困線の設定の経緯を考えると、この貧困線はその周辺に位置する典型の世帯での属性に適合するもの、と解釈されるべきであろう。バタナらの研究が世帯人数の基軸を５としたとすれば（この貧困線の周辺での平均世帯人数としては妥当な仮定であろう）、「二乗根尺度」（$Y/N^{0.5}$）を用いるときの貧困線は、１日1.25ドルではなく2.80ドルに設定しなければならない。貧困線の設定の違いがこのように大きいことのほうが、主張された尺度の違いへの感応という要因よりも、遥かに大きな影響を及ぼしたであろう。実際に、世帯人数の違いがなければ、貧困率の推計値における差はなくなる。

さらなる学習のために：さらなる議論については、筆者の研究を参照（Ravallion 2015b）。

される実際の消費の値は、その予測値に誤差項を足した値と等しい）。Ｂｏｘ３・13では、欠損値への対処に関して同様の考えをすでに紹介した。

それらの変数の信頼できる計測値に基づく予測値についての一つのありうる解釈は、調査に基づく厚生指標に含まれる測定誤差を除去する、というものである。しかし、次の懸念がある。予測値は、厚生指標が反映する重要でありうる観察されない厚生の決定要因を除去してしまう。それらの要因とは、世帯による厚生水準の違いをもたらすものであるが、調査には含まれず、先述の変数によって捉えれることもないものである。

近年よく見られるこのアプローチの応用として、個人もしくは世帯にとっての「境遇」を表すように変数を意識して選ぶことがなされる。これは、（３・１節とＢｏｘ１・８で見た）ジョン・ローマーにより提案された「機会の不平等」を測定するアプローチに倣うものである[56]（Roemer 1998）。より一般に、この解釈では、予測値は、除外された変数よりも厚生との関連が強いと（先験で）みなされる要因を反映する。機会の不平等を計測するときに目的とされるのは、測定された厚生の分散のどれだけが境遇によるものであるかを特定することである。そうすることによって、残りの分散は努力によるものであるとされ、（この考え方によれば）倫理上の問題とはされない。

このアプローチについての概念レベルでの懸念については3・1節に記した。ここでは、それらの懸念を横に置いて、境遇といった当人に責任がない属性にのみ厚生上の関心を向けることに合意しよう。次の問題は、不平等のどれくらいが境遇によるものであるかの判断に十分な自信を持てるか、ということである。すぐに浮かぶのは、境遇に関して観察事項のリストの実際に用いられるものは、明らかに限られており調査に含まれる変数次第である、という懸念である。同じ国での二つの異なる調査を比較するとき、調査により境遇の違いを表すのに適した変数をどれだけ含むかが異なるために、一つの調査では相違の30％が境遇によるとされる一方で、他の調査では60％とされる、といったことが起こりうる。そして、それぞれに即して、観察される不平等の70％（もしくは40％）は努力の違いによりものであり倫理上の問題とはされない、といった解釈が下される。さらに、境遇要因のうちで観察されるものは観察されないものと相関がある公算が高く、回帰係数の解釈にも疑問が生ずる。

その他に、さらに深刻かもしれない懸念がある。境遇から結果に至る過程に努力が介在しているかもしれないので、観察される境遇要因は表に出ない努力と相関しているかもしれない。これは厚生の解釈を不明瞭にする。Ｂｏｘ1・19では、回帰分析における欠落変数の問題を論じた。ここでの問題は、結果を決定する上で、隠れた努力の要因が境遇と相互作用することから生ずる。これらの予測値が、所得や就学などのうちで努力ではなく境遇のみに帰せられる部分を本当に測定すると信じるためには、努力が無視できる、すなわち境遇と相関しない、と仮定しなければならない。この仮定は、努力が境遇に依存することを許すことによって、いくらか緩められる。しかし、観察される境遇によって決定はされないが、それと相関はする何らかの努力の要素が存在する限り、懸念は残る。努力と境遇の相互作用があるとすれば、懸念はさらに高まる。

ここでの問題の核心には、境遇による影響と努力による影響とを明確に分離することの困難がある。貧困を貧者当人の責任だとする人々は、貧困を引き起こす原因と考える行動をあっさりと特定する。「怠惰」はその典型例である。機会アプローチによれば、怠惰な人々は貧しいからといって政策による支援を与えられるべきではない、とされる。しかしながら、状態が境遇のみにより決定されることはめったになく、努力により最初の不利な境遇を克服しうることがある。貧者は往々にして怠惰であると考える人々は、実証上で特定される境遇要因は観察されない行動を（単独であるいは境遇要因との相互作用の中で）捉えているにすぎない、ということはないと確信しているにちがいない。しかし、怠惰がある程度は親から子どもへと受け継がれると考えられるのであれば、そのような確信を持つのは難しい。子どもの教育と親の教育の間には明らかに正の相関がみられる。子どもが親よりも熱心に勉強する意志をもつことは、ありうるし、実際にある。しかし、努力しうる能力と親の教育の間に相関があることには変わりがない。機会アプローチにとって、この相関を排除することが、観察される境遇要因に基づく予測値が厚生指標として信頼しうるための鍵である。

食料シェア

Ｂｏｘ　1・16でエンゲルの法則について学んだ。予算に占める食料の割合は実質総消費支出が増えるにつれて減少する傾向がある。この観察に基づき、食料予算シェアを生活水準の逆の指標として用いることがしばしば正当化されてきた。しかし、食料シェアを厚生指標として用いることにはいくつかの懸念もある。

食料予算シェアと1人当たり総消費との関係は（厚生との関係は言うまでもなく）一般に世帯間で異なる。そのような不均一さを生む要因としては、相対価格、ある種の財へのアクセス（娯楽や外食は都市部のほうがはるかに簡単である）、世帯構成、仕事の種類（どの程度のカロリーを消費するか）、天候（寒冷地では食料シェアが下がるかもしれない）、選好、の相違など数多く存在する。これらの相違があるため、価格指数の設定での援用の場合（Ｂｏｘ　3・16）も含めて、食料シェアを実質消費の指標として用いることは、妥当とは考えられない。同一の総支出額の下で食料支出額が地域により異なるとき、それが（生計費指数の設定において求められるように）価格水準の違いのみを反映していると結論付けることは明らかに不適切である。また、貧困世帯の食料需要の所得弾力性は1に極めて近いかもしれず、そうだとすれば食料シェアはかなり不安定な指標といえる（需要の所得弾力性については、Ｂｏｘ １・16での説明を参照されたい）。

予算シェア（食料シェアを含む）の慎重な分析が、厚生分析にとってまったく役に立たないというわけではない。異なる種類の世帯を比較するとき、（Ｂｏｘ ３・2で述べたように）需要行動のみから厚生指標を導出する上での識別問題が大きく立ちはだかる。これに対処する一つのアプローチは、同一の種類の世帯について需要分析を行い厚生指標を導出することである。異なる種類の世帯の間での比較は、（とりわけ健康や栄養といった）ファンクショニングの達成などの外部情報、あるいは厚生の自己評価に関する観察、を基にする必要があろう。注意深く用いることで、予算データは生活水準を見る上で役に立ちうるのである。

栄養指標

通常の理解では、低栄養と貧困は別個の概念であり、それぞれ違った厚生指標が対応する。低栄養については栄養摂取量（主に食料エネルギーであるが微量栄養素も含まれる）であり、貧困については消費全般（栄養価値以外の食料の性質や食料以外の消費も含まれる）である。したがって、いささかぎこちない言い方ではあるが、低栄養を「食料エネルギー貧困」と見て同様の方法で測定することができる[57]。

栄養摂取量を厚生の指標として用いることには賛否両論ある。食料シェアと同様に、インフレ率が高い国や適切な価格データがない国では、実際上の強みがある。食料エネルギー摂取量の分布のデータはインフレーションを調整する必要がない[58]。しかし、その反面、栄養は厚生の一つの側面にすぎない。低所得国でさえ、主食の消費が高いウェイトを占めるとしても、そのウェイトは決して1にはならない。

消費行動は厚生指標にとって不完全な指針でしかない、という主張がありうる。人々が栄養摂取に与えるウェイトは、「自身にとっての価値よりも低い」と考えられるかもしれない。しかし、人々が常に自身の厚生に対し最も良い判断を下すと仮定する厚生主義の主張を時として疑いうるのと同様に、消費者行動（3・1節）を無視するどのような生活水準の指標に対しても疑いの目を向けるべきである。

この問題に関して不確実さがあるのは明らかであり、それを前提とすると、唯一の賢明な解決策は、低栄養のような非厚生主義の指標と厚生主義の指標の両方をモニターすることのようである。貧困比較に際してこれら二種類の指標が異なる判断を導く時にのみ、問題をさらに探究する必要がある。そのような必要があれば、顕示された選好が厚生に反する理由について、非厚生主義の立場からの説得力のある見解が示されることを期待する。例えば、等価尺度との関係で先に論じた世帯内の不平等といった消費行動が、厚生を反映しない理由はあるのであろうか。それは不完全情報の問題であるのであろうか（そうであれば、教育政策への示唆を提起しうる）。もしくは、非合理さ（例えば認知の不協和のため）や合理選択をする能力がないこと（自身にとって何が良いことなのかわからない年少者に代わって健全な選択をする人がいない場合など）といった、より根本の問題なのであろうか。

このコメントは、子どもの年齢に対する体重（weight-for-age）もしくは「身長に対する体重」（weight-for-height）といった身体測定指標にも妥当する。これらの指標は個人の栄養必要量の設定の不確実さを避けることができるが、同様の不確実さは身体測定指標の基準値の設定に際しても見られる。また、これらの指標は、世帯内での生活状況を明らかにすることができるという強みを持つ。しかし、これらの指標についてさらにもう一点指摘がある。栄養学者を含む一連の見解によれば、広い厚生の概念を踏まえると、栄養必要量を示すために子どもの身体測定指標を用いることには疑問の余地がある。例えば、子どもたちの一見適切な身体成長率の維持が、遊ばないことで低い食物エネルギー摂取量の水準で起こることが時としてある、ことが見出されている(59)。明らかにこれは、どのような子どもにとっても食料に関連する深刻な欠乏である。ここでもまた、貧困比較をするときに、個人の「厚生」の概念をあまりに狭く捉えないように注意しなければならない。

定性方法と混合方法

定性データは、文書（発言記録、あるいは研究者による直接観察）や分類データ（例えば、資産での順位［wealth ranking］）といった形を取る。定性方法はさまざまであり（新しい方法が次々と現れる）、一般に主観によりまた文脈が特定されるものが多い(60)。一例として、世界銀行で１９９０年代に広く用いられるようになった「参加型貧困評価」（Participatory Poverty Assessments：ＰＰＡｓ）がある。

定性と定量の方法の違いは、場合によっては、求めるデータの種類の違いを反映する。例えば、（ほとんど無関係な）個人を対象とした標本調査は、人々の間の社会関係の研究に用いるには明らかに限界があるだろう。目的に合わせて選ばれた小規模標本を用いる定性研究は、村などについて地元で一般に知られている事実を明らかにするには非常に有効でありうるが、貧困や不平等を測定するためには不適切であることは明らかである。「純粋な」定性方法と定量方法の間に出現したどちらとも言えない領域があり、その中には、両方の手法をしばしば独自に組み合わせるさまざまな混合方法がある(61)。

拠って立つ方法論上の立場にも違いがある。「因果関係」の概念は定量貧困分析の伝統の基礎であり、政策ないし社会経済変化の厚生と貧困への影響（第Ⅲ部でさらに論じられる）を定量化する数えきれない試みに、そのことは明らかである(62)。この違いも実際にはそれほど明確ではなく、貧困の定性研究で因果帰属が試みられることは普通に見られる。その際に直面する問題は、定量と定性のどちらの研究方法を用いるかで異なることはないようである。納得がいくように因果関係を特定するためには、定性研究であっても、定量研究に適用されるのと同じ水準の厳密な推論がなされねばならない(63)。さもなければ、知識の進歩は幻影に終わるかもしれない。

時として語られるもう一つの違いがある。それは、社会科学研究の目的に関するものである。定性研究の中には、参加者のエンパワーメントに貢献しようとするものがある。そのような伝統は定量研究にはないが、定量方法が同様のアドボカシーの役割を果たすことはある。第I部で見たように、当初から、世帯調査は貧困との戦いに世論を動員するために用いられてきた。このことは、分析の質と、分析が果たす何らかの政策上ないし実践上の役割と、両者の間にトレードオフがあるかどうか、という重要な問題を提起する。そのようなトレードオフの存在は、アドボカシーの役割を務めようとする定量分析に、時として見られることがある。

このように、定性と定量の二つの方法の間の隔たりは、方法論上の論争から受ける印象ほどに大きなものではない。現在の最も優れた実践では、賢明な選択がなされ、しばしば異なる方法が組み合わされて用いられる。それでも、いくつかの重要な違いには注意すべきである。調査に基づく客観貧困評価と定性研究に基づく現場での知見（当事者による自己評価であれ、訓練を受けた観察者による評価であれ）との間に食い違いがあることが、しばしば報告されている。

当事者評価の例を一つ挙げよう。ロシアの全国標本調査において、成人のおよそ30％が自分自身を主観による「厚生のはしご」の最も低い二つの段に置く一方で、これらの人々の約半分のみが、貧困線未満の所得を持つ世帯に属する30％の成人の中にいた[64]。自身を「貧しい」と思うかどうかは従来の貧困統計では捉えられないし、逆もまた真である。次に、訓練を受けた観察者による評価の例を一つ挙げよう。北インドの村における貧困についての、1年間在住した調査者の観察に基づく主観評価を用いた研究がある[65]。そこでは、1年間の観察と村民との議論に基づいて、世帯を七つ（非常に貧しい、貧しい、慎ましい、安定した、ゆとりのある、豊かな、非常に豊かな）に分類した。研究者たちは、彼らの調査対象村で、土地なし農業労働者のほぼすべて（99％）が上記の人類学調査法で「貧しい」ほうに分類される、ことを見出した。しかし、25年にわたる4回のインタビューから得られたその時々の所得の平均に基づく恒常所得の指標を用いたときには、54％のみがそのように分類された。研究者たちの貧困に対する認識が、所得データが示すよりもはるかに強く土地なしであることと結びつけられている、ことは明白である。研究者は、貧困についての特定の特徴付けに囚われているかもしれない。例えば、インドの村の貧しい人々は、土地を持たず、不完全就業である、という想定が広く抱かれている。しかし、そのような想定は現実にはそれほど適合しないかもしれない。

定性データには、人々の厚生に関して通常の定量データでは見つけることができない手掛かりが含まれていることもある。[66] 経済学者（そして、他の社会科学者の一部）は、伝統として主観データを用いないできたが、重要な例外もあった。初期の例としては、所得評価質問（Income Evaluation Question：ＩＥＱ）がある。[67] ＩＥＱでは、回答者に、所得額を「とても悪い」「悪い」「よくない」「悪くない」「よい」「とてもよい」とみなすかを訊ねている。ＩＥＱの回答は、効用関数を特定するためにファン・プラーグと後続の研究者によって用いられた。この方法の適用例として、最低所得質問（Minimum Income Question：ＭＩＱ）がある。これは、どれだけの所得が「生計を保つ」ために必要かについて訊ねる。第4章では、貧困線の設定におけるこの方法の応用について述べる。

所得ベースの指標から完全に離れて、厚生の自己評価を代わりの厚生指標として用いる、自由度の大きいアプローチが出現した。よく用いられるものでは、「幸福」や「生活全体の満足度」について、人々に自身がどのような位置にいるかを訊ねるものがあり、しばしば「キャントリルのはしご」[68]（Cantril ladder）と呼ばれる。[69] これは恐らく、貧困あるいは「経済厚生」を測定するには広すぎる概念であろう。誰かが「貧しい」と言うときに、その人が不幸であるとは言うつもりがないのが通例であろう。

主観に基づく貧困測定のより良い出発点は、「貧しい」から「豊か」までのキャントリルのはしごの各段を定義することである。例として、フィリピンのSocial Weather Stationによって行われた世論調査やEurobarometerがある。[70] Social Weather Stationでは、標本に含まれる成人に、「貧しい」、「境界線上」、「貧しくない」のどの段が当てはまるかを訊ねた。Eurobarometerも同様の質問をするが、七つの段を用い、自らを下の二つの段にいるとする人々を貧しいと特定する。「経済厚生質問」の研究もいくつかある。それらの研究では、回答者が最低と最高の段をそれぞれ最貧と最富裕とする（通常九段の）はしごのどれかの段に自身を置く。[71] この方法は、厚生の主観認識と経済学の伝統として支持される「客観」指標の間の食い違いなど、個人の厚生に影響を与える要因をよりよく理解するために、有用であろう。

定性分析は、厚生の個人間比較を行う際に、参加者やファシリテーターが他者の厚生ランキングをすることで、三角検証（triangulation）の形でも用いられている。これは、自己評価の妥当さを確認するための方法と考えることができる。これはまた、調査データに含まれ観察できる変数の中で、厚生の自己評価と連動し頑健な説明力を有する変数を特定する、という動機を与えた(72)。原理上は、一次抽出単位の中での無作為標本から作られるフォーカスグループを用いて、厚生評価を三角検証することも可能である。

全国レベルの異時点間の貧困比較のためには実現可能な方法でないことは明らかであるが、定性データは役に立つ新しい情報を提供する。経済学者は、人々の厚生についての主観に基づく、ないしは自由解答式の、質問を用いない傾向があった。奇妙にも、経済学者は、人々が自身の厚生を最もよく判断すると考える一方で、どのように感じているかを人々に直接に訊ねることはしない。以下で、いくつかの例について考える。

厚生の自己評価

回答者に自身の「経済厚生」「生活への満足」もしくは「幸福」の程度を順序尺度で訊ねる主観厚生指標が広く用いられている。これらの指標は、心理学や社会科学において極めて頻繁に適用され、近年には経済学でも受け入れられるようになった(73)。

これらのデータを用いて答えを出そうとする問いとして最もよく知られているのは、（経済学者が決まりきったこととして仮定する）「お金で幸せは買える」という命題の検証である。ある時点において、所得が高い人ほど自らを幸せであると報告する傾向がある。正確に言うと、所得の高い人々のほうが自身を「非常に幸せ」とみなす割合が高い。また、他の面でも高い主観厚生を報告する傾向がある。しかし、リチャード・イースタリンによる有名な初期の研究は、いくつかの国において平均として幸福度は経済成長とともに上昇しなかった、と主張した(74)（Easterlin 1974）。これは、イースタリンのパラドックスとして知られるようになった。イースタリンはこれを、幸福度は自身の所得と平均との比較に依存する、という厚生に対する相対欠乏の影響であると考えた。ベッツィ・スティーブンソンとジャスティン・ウォルファースはこの問題を再検討し、幸福度に対する所得の平均としての影響は、国間、国内、時点間のいずれの比較においてもはっきりと見出される、と主張した（Stevenson and Wolfers 2008）。彼らの研究において、アメリカは顕著な例外であり、イースタリンのパラドックスが妥当するようである。

この研究分野での結果の信憑度についてはいくつかの懸念がある。「幸福」や「生活満足」が何を意味するかに関して、共通した合意がない。よくなされることは、幸せを表すある連続変数が背景に存在して調査の質問への反応として分類項目の選択回答がなされる、と想定することである。そして、この連続変数の平均値の違いについて推論するために、回帰モデルが用いられる。

しかし、あまり認識されてはいないが、連続変数を変換してその範囲を変えることで、平均としての幸福度の推測された順位が逆転することが、常に起こりうる[75]。幸福に基数としての表現を与える効用関数の性質にさらなる制限を加えることなしには、集団間の比較において、背景にある幸福の連続分布の平均値についての意味のある比較はなしえない。これまでの研究では、この制限がどのようなものであるのかについて、まったく検討されていない。幸福度や生活満足に関する研究での膨大な数の回帰式には、さしたる根拠はない[76]。幸福度の平均値の相違についてなされている主張は、科学としての根拠を持たず、恣意を免れない。本当に知りうることは、集団を比べたときに、「幸せである」あるいは「非常に幸せである」という回答がどちらで多いか、のみである。目的によってはそれで十分であるのかもしれないが。

おそらく、「幸福」について訊ねる代わりに、回答者が自身を「貧しい」から「豊か」までのはしごの段に位置付ける「経済はしご質問」（Economic Ladder Question：ＥＬＱ）のような、経済厚生に関する調査回答を用いるならば、先述の問題についてそれほど懸念しなくてよいであろう[77]。この場合には、背景にある変数は、世帯人数と価格についての適切な標準化がなされた、回答者の富あるいは適切に金銭表示された効用、と解釈できる。幸福についての分布が知りようのないものであるのに対し、貧しいとか豊かであるといった変数については課されるべき制限を容易に思いつくことができ、そのため、調査回答での項目の選択に基づく平均値の比較が頑健なものでありうる。例えば、富は正規分布ではなく対数正規分布に従う、という傾向がかなり一般に妥当する。

それでも、もう一つの問題が現れる。「貧しい」とか「豊か」であるとか（あるいは「幸せである」とか「生活に満足している」とか）、人によって考えが異なるかもしれず、そのため、主観厚生に関する調査質問の解釈は人によって異なりうる。[78] 例えば、Young Lives Project は、ベトナム農村に住む6歳の子どもデュイの「わたしたちは、新しい戸棚を持っているけれど洗濯機は持っていないので、豊かというにはちょっと足りない」という言葉を報告している（Young Lives Project 2009）。デュイは明らかに何が「豊か」を意味するかについて、ベトナムで真に豊かな生活を送っている人とは違う考えを持っている。調査回答者は、主観評価を求める質問を、（知識と経験により無意識のうちに形成される）彼ら自身の参照枠（frame-of-reference）に照らして解釈する。センが問うように、「不満の多い金持ち」ほうが「満足した小農」よりも貧しいと判断されるべきであろうか。[79]

主観データが用いられる二つの場合に即してこの問題を検討しよう。その一つは、貧困の測定に必要な厚生の個人間比較での利用である。「主観貧困」の指標は普通に用いられるようになってきた。[80] これらの指標は、何割の調査回答者が自身を「貧しい」から「豊か」までの「厚生のはしご」の最下段（あるいは下の二段）に位置付けるか、を示す。しかし、もし厚生のはしごの段が回答者によって同じように理解されていないとすると、それらの指標が持つ意味は不明確となる。

二つめは、主観厚生と連動する変数に関する数多くの研究に関連する。[81] これは、INOPの考えを実際に適用する文脈ですでに学んだ、予測値を用いるという考え方のもう一つの例である。いまや慣行となったように、調査への回答を、年齢、性別、婚姻状況、所得、教育、就業状況、世帯構成、といった個人と世帯の属性に回帰する。[82] そのような回帰は、客観状況（例えば所得や消費）のみに頼る通常の方法の場合よりも、弱い識別仮定の下で、（政策立案者を含み関心の対象とされる）厚生へのさまざまな影響とトレードオフを特定する見通しを提供する。個人の経済厚生が、世帯の現在の消費または所得のみならず、家族の人数や構成や特徴（例えば教育や雇用）によっても影響されることに、原則として同意する。このような属性については「価格」情報は存在しない。主観データは、トレードオフを識別して回帰に基づく混合指数を限定するための解決策を提示する。

厚生の自己評価による実証研究は、いくつかの標準の経済モデルやその政策上の含意に疑問を投げかけた。その例としては、所得が同じであるとして、失業中のほうが主観厚生は低い、というういくつかの論文から得られた結果がある[83]。これは、労働と余暇の間の選択について標準の経済モデルが示すことではない（Box 1・4参照）。標準モデルでは、失業の厚生上のマイナスは所得の損失からのみ生じるとされ、所得が同じであるのなら、失業中のほうが余暇時間は多くそれだけ効用水準は高い、と考えられている。しかし、標準モデルが見逃している失業の不効用があるのかもしれない。非自発失業に伴い選択の幅が狭まる、仕事が社会での地位を与える、といったことかもしれない。また、失業が心理面の不調を生む、という証拠もある[84]。

これらの推測はもっともらしいが、他の考え方もありうる。先に論じたように、調査での回答項目の選択のみに基づく集団間（この場合には、就業者対失業者）の幸福度比較では、背景にあるとされる連続変数としての「幸福」の平均の相違に関する頑健な理解を得ることはできない[85]。幸福を連続変数として基数で表す際にどのような範囲の値に対応させるかで、就業者であれ失業者であれどちらの集団でも他よりも幸福であるとすることができ、どちらが正しいかを言いうる根拠は存在しない。

もう一つの懸念として、主観厚生の回帰分析における失業の有意な影響は、失業者になる確率と厚生の自己評価の両方に影響する、観察されない個人の属性を反映しているかもしれない、ということがある。失業が主観厚生の有意な（マイナスの）予測因子である理由についてのこれらの異なる解釈からは、かなり異なる政策上の指針が導かれることは明らかである。所得が同じであるとして失業者のほうが効用水準が低いとわかれば、失業手当や所得税のような政策についてかなり異なる考えを持つであろう。[86] しかし、それが、厚生判断に関係しない潜在心理要因によると考えられるならば、政策上の含意はあまり明らかでない。

個人に内在し時間を通じて安定した属性が、厚生の自己評価に体系立った影響を及ぼす、という証拠が心理学研究で得られている。心理学研究のメタ分析では、主観厚生と相関する１３７の個人特性が特定され、心理学でよく用いられる五つの表題（「外向」[extraversion]、「協調」[agreeableness]、「誠実」[conscientiousness]、「神経症傾向」[neuroticism]、「経験への開かれた態度」[openness to experience]）の下に分類された。[87] これらの心理特性は、主観厚生のモデルで用いられているようには、標準の社会経済調査において測定されることはない。しかし、これから見るように、このようなデータを失業の厚生への影響を評価するために用いる際に、それらの存在は関心事項となる。

心理学での研究に目を向け、どのような個人特性が関係するのかを探ろう。上記の総括研究において五つの表題の下に特定された１３７の個人特性のうち、主観厚生と最も強い相関を示すのは次のものである。[88]「外向」では「対人能力」（social competence）、「協調」では、「集合自尊心」（collective self-esteem）、「親交への恐れ」（fear of intimacy）（マイナス）、「個人間での統制感」（interpersonal locus of control）、「対人感情」（social emotionality）、「対人関心」（social interest）、「対人歩調」（social tempo）、「信頼」（trust）、「誠実」では、「自律欲求」（desire for control）、「自己抑制」（inhibition）（マイナス）、「可塑」（plasticity）、「神経症傾向」では、「苦悩」（distress）（マイナス）、「情緒安定」（emotional stability）、「反抗・不信」（rebellious-distrustful）（マイナス）、「抑圧型防御」（repressive defensiveness）（マイナス）、「対人不安」（social anxiety）（マイナス）、「緊張」（tension）（マイナス）、「経験への開かれた態度」では、「自信」（self-confidence）と「自尊」（self-respect）。

これらは、個人の違いのもとになるものとして、厚生の個人間比較をする大多数の場合にコントロールされるべきである。例えば、自己抑制、反抗、自信のなさ、といったことは税制優遇措置の対象者を選定する基準とはされないであろう。これらの心理要因が関心の対象とされる他の変数と無相関であるのならば、例えば失業が厚生に及ぼす影響を測るときに、これらをコントロールする必要はない。説明力は弱まるが、それらの潜在心理要因が偏った結果をもたらすことはない。しかし、厚生の自己評価を高める個人特性の中には、所得とはプラスに、失業とはマイナスに、相関しているものがあるであろう。先に列記した中で、主観厚生を高めると考えられている特性は、採用候補者との面談で人事担当者が望ましい特性として注目するものとかなり重なる。[89] 幸せな労働者はさまざまな点で生産への貢献が大きいという証拠があり、これには納得がいく。[90] 例えば、さまざまな個人特性が労働者の常習欠勤に影響することを示唆する心理学の研究が数多くある。[91] それらの特性の一部（例えば、外向、誠実、情緒安定）は、主観厚生に影響すると考えられているものと重なるところがある。[92] 特定の個人特性により、幸福度が高められるのと同時に、調査への回答で自らが病んでいると認めるのをためらう、と憶測することもできる。ここでの検討が意味するところは明白である。主観厚生の回帰分析において、例えば失業の影響が統計上で強く検出されたとしても、それは分析に含まれなかった個人特性の影響を反映しているだけかもしれないのである。

同様の偏りは、（所得、健康、家族人数、など）その他の要因の影響の推定においても生じうる。例えば、主観厚生のデータを用いると、客観データを用いた前述の方法よりも、消費における規模の経済が大きな値を示す。しかし、クロスセクション研究では規模（特に、1人当たり所得を同一としたときの世帯人数）の影響が頑健に示されることはなかった。[93] 個人の主観厚生において世帯人数による規模の経済がいくつかの研究で見出されているが、それは回答者の個人特性が世帯人数に影響しているのを反映しているのかもしれない。クロスセクション分析の結果は、そもそも幸せな人々は大家族を形成しがちであるという傾向があるために、大きな偏りを含んでいるかもしれない。

もう一つの懸念は、主観についての質問の解釈が回答者によって異なることである。回帰式の推定では、閾値（設定された選択肢のうちどれが選ばれるかに変化を起こすような、背景にあって厚生水準を表す変数の値）が、すべての回答者に共通の一定値のパラメーターであることが仮定される。「尺度の不均一」は、この仮定が成り立たない何らかの状況（例えば、閾値が人により異なる場合）として定義される。そのような不均一があり、それが主観厚生の回帰式の説明変数と相関しているならば、既存研究での回帰分析では背景にある厚生関数についての偏った推測がなされたことになる。この懸念に加えて、説明変数が内生であるために、背景にある主観厚生の連続変数の誤差項との相関を生じさせる、という一般の懸念も妥当する。背景にある厚生変数の予測については、本節の前段の議論を参照されたい。

主観に関する質問におけるそのような避けがたい測定誤差に対する懸念のため、一部の観察者からは従属変数としてそれらを用いることに警告が発せられている。バートランド・マリアンヌとセンディール・ムライナサンは「測定誤差が説明変数と因果関係をもって相関すると考えられるので、主観変数を従属変数として用いることは妥当でない」と結論付けた（Bertrand and Mullainathan 2001, p.70）。この見解に従うと、主観厚生を説明しようとする試みの多くは、既存のものも今後のものも意義が認められないことになる。

しかし、そのような強いマイナスの評価は本当に妥当なのであろうか。主観厚生の比較に関するこれまでの多くの実証研究おいて、「尺度の不均一」の問題にさしたる注意が払われてこなかった、ことは事実である。主観厚生の回帰を行ったこれまでの多数の論文を展望した（その他の点では優れた）論文ですら、この問題についてはまったく触れていない（ただし、いくつかの説明変数が内生でありうることは指摘されている）[94]。ブルーノ・フレイとアロワ・シュトゥッツァーによる信頼できる展望論文では、厚生についての自己申告回答に「尺度の不均一」の問題がありうることの指摘はなされるが、そのデータを用いる回帰モデルは有効でありうると主張される（Frey and Stutzer 2002）。このような見解は広く受け入れられているようであるが、先に述べた偏りについての懸念がある以上は、一般論としては擁護しがたい。（フレイ＝シュトゥッツァーに従って）問題を無視するのも、（バートランド＝ムライナサンに従って）偏りがありうる以上は主観厚生ないし主観貧困の回帰は放棄すべきと判断するのも、早計であるようである。

最近の研究の中には、主観厚生の回帰分析がこれら諸問題に対して頑健であるかどうか、を明らかにしようとするものがある。一つの研究では、ロシアのパネルデータを用いて、（モデルでは付加要因と解釈される）潜在する個人特性の影響を取り除くことが試みられた。[95]（パネルデータについてはＢｏｘ ３・７を参照。第8章ではパネルデータの利用について詳しく述べる）。この研究からは、これまでのクロスセクション研究では失業による厚生の損失を大幅に過大推計している、ことが明らかになった。これは恐らく、潜在する個人の特性の影響によるものであろう。それにもかかわらず、所得の損失をコントロールしても失業による厚生の損失があることが見出された

「尺度の不均一」の問題に対処するため、アンケートの回答者に家庭や状況についての仮想のエピソードを同一の尺度で位置付けてもらう方法が、健康状態、政治関与能力、仕事への満足度、などについての主観データを用いた研究で用いられている。[96]これに倣って、主観厚生における参照枠の影響につきエピソード法を用いて研究することに関心が高まり、データを用いて「尺度の不均一」の影響を検証するさまざまな手法が提示された。[97]

エピソード法を用いたこれまでの研究によって、尺度の不均一の影響は大きいことが明らかにされ、それによって、一般に用いられている主観貧困指標は信頼できないものであることが示された。[98]Ｂｏｘ ３・20では、そうした結果についてさらに論ずる。しかし、心強いことに、尺度の不均一を無視した主観厚生の回帰からも、それに対処したものと同様の結果が得られている。尺度の不均一は、主観厚生や主観貧困のデータを用いたときに深刻な問題を生じかねないが、一定の尺度を仮定するほかはない場合には、このようなデータを従属変数として用いることで有用な結果を得ることができる。したがって、主観データは、直接の厚生指標としてよりも、（とりわけ非市場財が含まれるときに）厚生の諸側面間のトレードオフを明らかにする上で、大きな価値を有するかもしれない。次章では、貧困線の設定にあたっての主観データの使用について述べる。

Box 3. 20* あなたはこの家族と同じくらい貧しいと思いますか？

タジキスタン、ガテマラ、タンザニアの調査回答者は「最貧層から最富裕層までを表す6段階のはしごを想像したとき、あなたは今日、はしごのどこにいますか？」という質問を受けた。次いで、想定された家族についての状況を聞かされ、それらの家族は同じはしごのどこに位置すると思うかを訊ねられた。最後に再び、彼ら自身の厚生について同じ質問を受けた。以下が、貧しい家族のエピソードである。

タジキスタン：「Aさん一家は、特別な時しか肉を食べることができない。冬には、家のたった一部屋の一部分を暖かくするのみである。子どもたちは、働いて家族を助けなければならないので、中等教育を修了できない。子どもたちは古い服と擦り切れた靴で学校に行かなければならない。一家には寒い冬の間に着る十分に温かな服がない。一家は自分の農地を持っておらず、小さな野菜畑があるのみである」。

ガテマラ：「カスティージョ一家は、トイレがなく部屋が1つしかない土壁の家に住んでいる。電気も水道も通っていない。一家は豆やトルティーヤを食べるが、肉や卵を食べることはできない」。

タンザニア：「ジョゼフとジョゼフィーヌの一家は3人の大人と3人の子どもの6人で、土の家に住み、水は川から汲んでいる。子どもの1人は小学校に行っているが、大人は誰も読み書きができない。一家は土地を持たず、大地主の日雇い労働者として生計を立てている。彼らは1日に1度だけわずかな食事をとり、マトケ（主食になるバナナ）、肉や魚を食べることはめったにない。彼らは家具を持たず、床で寝ている」。

この研究から、次のことが明らかになった。タジキスタン回答者の14%が、想定された家族よりも良い状況ではないと感じていた（彼らは、自分自身を置いた段もしくは以上のところに、その家族を置いた）。一方で、わずか7.5%が自分自身を最も低い段に置いた。したがって、貧困層の間での、不均一さがかなりあると言える。ガテマラに関して言えば、回答者の32%が上記の家族よりも良い状況ではないとした。これは厚生の主観評価のみに基づく貧困率25%に近い。タンザニアでは、25%の回答者が自身の厚生を上記の家族の厚生以下に置いた。

さらなる学習のために：筆者らの研究を参照（Ravallion et al. 2013）。

3・4　三つの原則

この章では、貧困の測定を目的とした個人の厚生の評価が価値判断を必要とすることと、重要な点に関して常にデータに欠陥があること、を強調した。こうした認識に立ち、私の考えでは、実際における測定の選択を導くべき三つの原則がある。

原則①：個人の厚生につき絶対基準を用いる

一つの指針として、貧困の評価では常に、個人の厚生については絶対基準を用いなければならない。これは貧困を測定するどんな経済アプローチにおいても基礎となっている。このように定めることによって、貧困の測定は、十分に明確に定義された個人の厚生の概念と適合することを求められる。ここで重要なのは、われわれが「厚生」という言葉で何を意味するかである。主な学派の間で共通の基盤をしばしば見つけることができるが、異なる概念アプローチも存在する。ケイパビリティは絶対基準であると見ることができるが、多くの側面を有するので、トレードオフがあるときには、評価のためにはファンクショニングで定義される効用関数が必要とされる。あるレベルの分析では、厚生の決定要素として、自家で供給される財とサービスの消費が重要な役割を持つ。民間消費を唯一の厚生指標とすることの限界はとてもよく認識されている。例えば、公共部門により提供される財へのアクセスも考慮に入れるべきであることは広く合意されている。

原則①を実行する上で中心の問題は、貧困を測定する目的で厚生の個人間比較を行うときに用いられる情報である。財に対する選好を尊重するアプローチでは一般に、（可能であれば家計に固有の）価格を用いて消費された量を集計することによって得られる総消費の指標を重視する。しかし、同一の消費バンドルは、（個人の特徴によって異なる）多数の効用関数についての予算制約下での最大化に対応するもの、と解釈しうる。ケイパビリティ・アプローチは、人々が何ができて何ができないかに関係するさらに広い情報の集合を、厚生を直接に生み出すものとして活用する。しかし、ここでも、その考えと整合する複数の指数が存在するので、価値判断が必要とされるであろう。

原則として、厚生の個人間比較をするときに、消費可能性を超えて広い範囲の要因を考慮に入れ包括する厚生主義アプローチを考えることができる。理論上は、この広い概念としての厚生の金銭表示は、個人の実際の所得と属性により決まる実際の厚生水準を、ある基準の属性の場合に達成するのに要するであろう所得、として定義することができる。この考えを実際に適用する際には、外部からの判断が常に求められる。ケイパビリティの考えは、財の消費のみを見ることから知りうることを超えて、厚生に関連する情報を提供する源と見なすことができる。これは、観察される消費パターンと一致する諸厚生指標の中から一つを特定するのに役に立つことがありうる。

原則②：パターナリズムを避ける

この原則は、分析者に、貧しい人の顕示された選好を重んじることを求める。価格が存在するときには、厚生の集計指数を形作る際に、観察された財の消費に重み付けするのに価格を用いる強い論拠がある。確かに、しばしば、観察された価格に消費の機会費用を適切に反映させるために調整を要するかもしれない。貧しい人々（または他の誰でも）が非合理であるとの主張は、証明するのが難しい。そのような主張は、人々の関心をあまりにも単純に捉えすぎているとか、人々が間違いを犯しうることを認めていないとか、調整期のコストを考慮していないとか、に起因しているかもしれない。選択に際して当人が必ずしも十分な情報を有するとは限らないが、それは部外者とて同じことである（第10章では、情報に関する介入について論ずる）。挙証責任は、外からの見方を押し付ける側にある。当人の自由意思により、外部者の推奨するリストにないものに乏しい所得の一部が充てられるとすれば、その個人を尊重するのなら、リストのほうを疑うことが求められる。それ以上に情報がないときには、ある人が何を必要とするかは他の誰よりも当人がよくわかっている、と考えるのが筆者の立場である。既存の市場が十分によく機能する（とりわけ、誰でも望むだけの量を買うことができる）ならば、市場価格が存在するときには、それが評価に用いられるべきである。（予算制約以外の）制約がない場合には、消費者の合理選択として、自身の評価を相対価格に一致させる。

このように考えると、価格、世帯人数、（場合によっては）世帯構成、の違いが適切に標準化された、十分に広範な財への支出の集計指標に、貧困と不平等の指標が基づくべきことは明らかである。厚生主義以外のアプローチでは、厚生の諸側面がどのように集計されるべきかについて、実際上の指針を提供することはない。そして、用いうるときでも、市場価格はしばしば無視される。[99] 貧しい人々の厚生がどのように変わったかについての外部者による評価と、貧しい人自身による評価との間で、不一致が生じてしまうであろう。私の考えでは、（市場経済での）実務者が価値付けにおいて市情価格を用いないとすれば、それなりの正当な理由がなければならない。集計にあたり市場価格は（選択に制限があれば）完璧とは言えないかもしれないが、それでも無視されるべきではない。

原則③：データの限界を認識する

異なる属性を持つ人々の間で厚生を比較するためには、市場の財に対する顕示された選好のみからは十分な情報が得られない。他のデータに頼る必要があり、ここでは、ケイパビリティの考え方が効用と財の間の中間項として極めて有用でありうる。しばしば、ケイパビリティに関する情報は、貧困指標の調整（calibration）の指針となる。例えば、貧困指標が通常の活動を維持するのに必要な栄養摂取量に基づく場合などである。貧困指標の外部にある、他の情報が必要な状況がしばしばある。

これには、家計調査ではなかなか捉えることのできない重要な非市場財へのアクセス（例えば、公共サービスへのアクセスや家庭内の不平等の指標）に関するデータ、がしばしば含まれる。この原則は、付け足しではなく肝心なことであるが、貧困を測定する標準のアプローチでは時として忘れられている。われわれは、用いられている指標の限界に常に気を配る必要があり、一つの指標のみに頼ることについて慎重でなければならない。

財の消費を十分にカバーする指標があれば、生活水準について多くを知ることができる。それでも、そのような指標には反映されない厚生の諸側面がある。このため、公共サービスへのアクセスや家庭内の不平等などの欠落変数をよりよく反映するその他の指標を用いて、世帯消費の分布に基づく貧困指標を補完する必要がある。

第4章　貧困線

貧困線は、記述と規範の二つの役割を持つ。記述としては、異なる時や場所の間での貧困の比較に用いられる。規範としては、貧困政策の策定に用いられる。記述のために貧困指標が存在する前から、政策上の関心から、特定の状況の下で貧困とみなされないような最低所得水準を定める試みがなされていた。実際に、そのような「貧困線」の基本の考えは、応用経済学の最も古い概念の一つであり、少なくとも18世紀のスピーナムランド制度といった貧困政策に遡る（第1章参照）。

経済学の解釈では、貧困線を、異なる場所と時点においてある経済厚生水準（「生活水準」とも呼ばれる）を達成するための費用、と見る。（第3章で学んだように、）どのような基準点を設定するかによって、生計費（cost-of-living：COL）指数や等価尺度が左右されることはよく知られている。貧困線を考える上での鍵は、その定義が、「貧困」とみなされないために必要な最低限の経済厚生、に基づいていることである。それは、データに基づいて観察者の客観によっても、あるいは、当該社会で人々が貧困をどう考えるかという主観によっても、決められうる。客観貧困線については4・2節で、主観貧困線については4・3節で、それぞれ扱う。最初に、貧困線の考え方に関するこれまでの論争を振り返る。

今日、ほぼ誰もが「貧困線」という考えについて聞いたことがあり、それがどのような生活水準を意味するのかについて何らかの理解を持っている。貧困線は存在するが、貧困線に生きることが何を意味するのかについては、見方は異なる。

4・1　貧困線に関する論争

今日、ほぼどこでも合意されているのは、貧困線は「生存線」(survival line)ではないということである。ある種の財(食料、衣服、住居)の消費がある水準以下であれば、短期間のみしか生存できないことは明白である。しかしながら、一部の最も貧しい社会を含めほとんどの社会では、「貧困」の定義は、生存に必要な絶対最低水準の達成を上回るものである。貧困線を設定するための生活水準の基準が、その社会の最低レベルの生活水準であることは、まずないことである。

貧困線の使用を完全に否定する考えがある。ある人の実際の生活水準がほんの少しだけ「貧困線」を下回っているからといって、ほんの少し貧困線を上回っている人よりも明らかに悪い状態にあるとは言えない、という主張である。しかし、貧困線を正当化するのに、何らかの観測可能な厚生指標に急激な変化(数学用語で言う不連続)がなければならない、と考える必要はない。第3章で論じたように、厚生比較を行う際に、外部からの倫理判断は避けられない。ある社会に一つまたは複数の臨界値において厚生に質の違いがある、と外部の観察者が判断することは、まったく正当なことである。貧困線は、不平等を嫌悪するのと同様に正当な社会規範上の判断である、と見ることができる。

ほとんどの人が、不連続な区別としてではないとしても、「貧困」に対する考えを持っているようである。世論調査では、ある時のある社会の人々の認識において、「貧しい」か否かの境目とみなされる、ある所得水準が必ず見出される。これは、「社会主観貧困線」と呼ばれる重要な概念である。これについては、4・3節で扱う。

貧困線を明確に設定することは、貧しい人々の状況に社会の関心を集め行動を起こすためにも役に立つ。第1章で学んだように、20世紀に入る前後に、(ラウントリー、ブース、ハンター、その他により) イギリス、アメリカ、その他の地域で貧困線が明示されたことで、極めて乏しい暮らしをしている人々がいることを多くの富裕層が理解し、それが貧困削減のための行動に勢いを与える一助となった。同様に、現代では、1日1ドル未満で生活する人の物質面の生活水準がどれだけ乏しいものであるかを、誰もが容易に理解しうる。物質面の欠乏がはっきりと注目の的となる。どれくらいの数の人々が貧困線よりも低い水準で生活しているのかを知りうる以前から、貧困線の設定は、1795年のスピーナムランド制度によって例示されるように、具体策を伴う貧困政策を策定するのに有効な手立てであった。

貧困線の設定に必要とされる判断についても、懸念する向きがある。[1] しかし、この点において、貧困線は応用経済学の他の多くの考えと根本において異ならない。実際に、貧困線を設定するために基準とする財の選択には、消費者物価指数（CPI）の算出のために基準とする財の選択と、まったく同様の判断が用いられているにすぎない。そうであるにもかかわらず、貧困線の考え方を「恣意」によるとして否定する人々が、同一の理由によってCPIの使用を拒むことはまずない。より一般には、理論と応用の両面で、(生計費指数を含め) 厚生に関わる測定には、「ものさし」を固定するために、基準とする世帯の属性と価格についての判断が求められる。これは、「基準問題」（referencing problem）と呼びうるものである。[2]

その他の論点としてしばしば争点となるのは、貧困線がどの程度まで貧しい人々自身により顕示された選好を配慮するべきか、ということである。この問題には、第3章での厚生の測定についての議論の際にすでに直面した。貧しい家族は自らの乏しい資源をどのように用いるのが最適かを知っていると前提すると、彼らが直面する全体としての資源制約に注目すべきである。実際には、彼らがどのくらい (例えば) カロリーにお金を費やすかよりもむしろ、彼らの総所得もしくは総消費額に焦点を当てる。貧困線についても同じである。もし貧しい人々が最適な資源配分をしていると想定するなら、貧困線の算定にあたり、その人々の支出の構成と一致するような財の組合せ (貧困バンドル

Box 4.1* 貧困線を特定するために回帰分析を用いる

この章で検討するいくつかの方法は、次の一般形式で表せる。世帯もしくは個人 i の厚生指標 W_i は、世帯所得 Y_i の対数と、厚生と関係する他の属性 X_{ki} $(k=1, \cdots, K)$ に依存する。これを単純な線形回帰モデルで表すと、次のように書くことができる。

$$W_i=\alpha+\beta\ln(Y_i)+\gamma_1X_{1i}+\cdots+\gamma_KX_{Ki}+\varepsilon_i \quad (i=1, \cdots, N)$$

ここで、パラメーター β は正の値をとり、誤差項 ε_i は説明変数 X_{ki} がとる値を所与として平均値ゼロという通常の性質を持つ、と仮定する。厚生の測定に関する文献は、W_i について、消費中の食料の割合、栄養状態、主観幸福など、いくつかの解釈を示している。期待厚生 $E(W_i)$ の適切な指標を得るには貨幣所得をどのようにデフレートすべきか、について考えよう。答えは明確である。貧困線はすべて、固定された一定水準の厚生指標と対応するものでなければならない。貧困線は、上の式で W_i を固定された基準水準 $\overline{W}^z$ に置き、得られた次式を Z_i について解く、ことで見出される。

$$\overline{W}^z=\alpha+\beta\ln(Z_i)+\gamma_1X_{1i}+\cdots+\gamma_KX_{ki}$$

解は、次のように書ける。

$$\ln(Z_i)=[\overline{W}^Z-\alpha-\gamma_1X_{1i}-\cdots-\gamma_KX_{Ki}]/\beta$$

貨幣所得を貧困線によってデフレートすることで、厚生指標の期待値 $E(W_i)$ の正確な金銭表示指標を得る。

$$\ln(Y_i/Z_i)=[E(W_i)-\overline{W}^Z]/\beta$$

上式で、$\overline{W}^Z$ は一定、$\beta>0$、と仮定すると、$\ln(Y_i/Z_i)$ は期待厚生と同方向に動く一次式にすぎない。ただし、どのように $\overline{W}^Z$ を定めるかは残ったままであり、判断に委ねられる。しかし、しばしば「所得の次元」でよりも「厚生の次元」のほうが、判断が容易である。例えば、健康な日常生活に必要であるとされる栄養量や、主観尺度上で「自分の消費は十分である」と述べられる点、に焦点を当てることができる。厚生指標を変えても頑健であるかどうかを、常に検証すべきである。

[poverty bundle]）を用いればよい。このようにすれば、「パターナリスティックな貧困線」を避けることができる。これと異なり、例えば、標準とされる基本ニーズのリストの費用を足し合わせて貧困線を算出すると、貧困線周辺の消費水準の人々の実際の支出構成を無視することとなる。

この点は、価格が変化するときに重要な問題となる。パターナリスティックな貧困線では、価格の変化によって貧困線周辺の人々が利益（損失）を受けるときに、貧困者数が減少（増加）することが保証されない。その算出に当たって、貧困世帯によって選ばれるものとは異なるウェイトが用いられているからである。

続く議論では、貧困線を設定する上で実際に用いられるさまざまな方法に焦点を当てる。最初に強調さるべきこととして、ここで検討されるいくつかの方法には、明示された非金銭表示の厚生指標を基準として金銭表示の貧困線を設定する、という共通の考え方が見られる。Ｂｏｘ４・１では、よく用いられる回帰分析の手法を説明する。この手法は、貧困比較に取り組む際に厚生指標についての情報を導入することを、さまざまな仕方で試みている。

４・２　客観貧困線

この章では、貧困線を、基準とされる生活水準を達成するための費用が異なることを勘案するためのデフレーターとして考察する。生計費は通常、世帯人数の大小や農村と都市のどちらに住んでいるかといった部分集団間で異なる。貧困や不平等指標を含む、いずれの厚生比較においても、消費額もしくは所得額の実質値を得るために、測定された名目値を生計費の違いを勘案し標準化することが求められる。(3) このことは応用経済学で広く理解されている。貧困測定に特有であるのは、標準化が、ある特定の状況下で「貧しい」とみなされるかどうかの境目とされる生活水準の基準に強く結び付けられている、ことである。もちろん、生計費の相違に関するどのようなデフレーターも、（明示されるかどうかにかかわらず）何らかの基準を持たなければならず、この点について、貧困測定は概念上では変わらない。実際上で異なるのは、「貧困基準」が何であるべきかの決定にしばしば用いられるデータの種類である。

基本ニーズ貧困線

貧困線の定義に関する通常のアプローチは、貧困比較の分野に関係する基本の消費ニーズ（基本ニーズバンドル）を特定することである。最も重要な基本ニーズは、明らかに、日常活動を行うための食料エネルギー摂取に必要な食料への支出である。それにさらに、非食料品に対する支出が追加される。

この方法につき経済学からの解釈を与えておこう。理論レベルでは、厚生主義での貧困線の設定の問題を、二つの段階からなると考えることができる。第一に、基準とされる効用水準が決定される。これは、効用次元における貧困線として考えることができる。第二に、「X国の農村部」といったある特定の状況の下で、その効用水準を達成するための費用を決定する。名目消費の次元では、貧困線は、消費者の費用関数（与えられた効用水準を達成するために必要な最低支出を与える）上の点で、基準とされる効用水準に相当するものである。(4) 基本ニーズバンドルは、実勢価格で効用の貧困水準を達成するものである。経済学の用語では、基本ニーズバンドルは、効用を一定としたときの需要関数上になければならない。これについては、Ｂｏｘ ４・２で説明される。

しかし、このように論じたところで、貧困線の設定の問題を消費の次元から効用の次元に移したにすぎず、解決には程遠い。厚生主義の枠組は、測定がなされる際の目的の多くに対して、貧困が何であるかについて適切に定義された概念を含んでいない。第3章（3・1節）で論じられたように、貧困線の設定についての厚生主義以外のアプロー

Box 4. 2　貧困バンドルの経済学による解釈

Box 3.1を思い出そう。図 B4.2.1に示されるように、相対価格の変化に応じて同一の無差別曲線に沿って移動するときに、食料と衣類の消費量がどのように変わるかは、容易に知ることができる。

異なる相対価格の下で、同一の効用水準を達成する 2 つの貧困バンドル A、B を考えよう。基準とされる効用水準は、貧しいと見なされるかどうかの境目を画する水準である。バンドル A（Q_F^{*A}, Q_C^{*A}）は、食料の相対価格が低い農村地域に対応する一方で、バンドル B は都市部に対応する、と考えられる。明らかに、相対価格が異なるとき、同一の貧困バンドルが適切であり続けることはできない。（図 B4.2.1の無差別曲線のように）代替が可能である限り、価格が異なれば、貧困バンドルは異ならねばならない。

貧困線は、適切なバンドルの費用である。バンドル A については、これは下の式で表される。

$$Z^A = \sum_{j=1}^{m} P_j Q_j^{*A}$$

（B についても同様の式を書くことができる。）ここで、（数式は 2 次元のグラフの制約を受けないので）財の数はいくつでもよく、m 個の財と表記する。Q_j^* は効用補償需要と呼ばれる。これらは価格 $P_1, P_2, \cdots, P_m$ に直面するときに、効用の貧困水準で需要される各財の量である（「効用補償」と呼ばれるのは、所与の一定の効用水準での消費者の需要を示すからである）。

貧困線が、効用の貧困水準に対応し、上式のように価格でウェイト付けさ

図 B4.2.1　相対価格の変化に伴う貧困バンドル

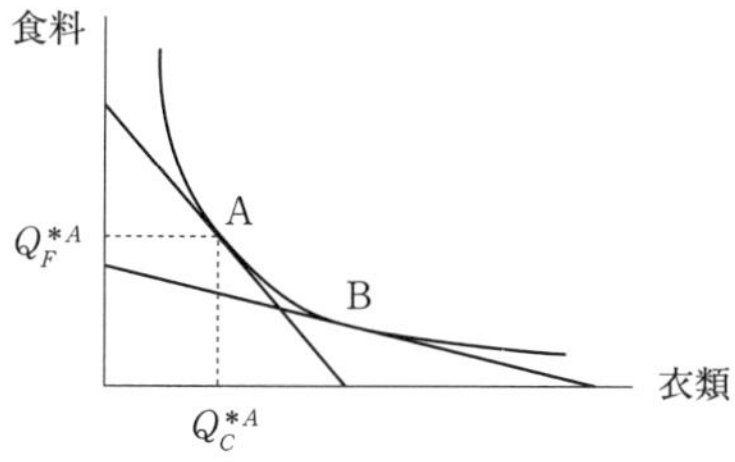

れた効用補償需要の集計値であるとき、貧困線 Z は必ずその効用水準に達するための最低の支出となる。言い換えれば、もし実際の支出が Z より少ないならば、効用の貧困水準よりも低い効用水準しか得ることができない。

歴史メモ：ジョン・ヒックスの経済学に対する多くの貢献の１つが、彼の1939年の著作『価値と資本』に見出される「効用補償需要関数」の考えであった（Hicks 1939）。これは、時としてヒックス需要関数と呼ばれる。

チは、ケイパビリティ（日常生活を営むに十分な栄養状態であることなど、価値あるとみなされるファンクショニングの達成）の指標を含むように貧困測定に用いられる情報ベースを拡張する試み、と解釈されうる。

日常活動に要する食料エネルギー摂取量が、貧困線の設定に広く用いられてきた。必要摂取量は、人によって異なるし、特定個人についても時の経過とともに変化する[5]。栄養学者は、安静時の体重維持、食物の摂取、さまざまな活動水準の維持、などに必要な食料エネルギー摂取量を推計している[6]。

貧困線の算出にこれらの推計を用いるとき、活動水準についての標準を定めるために判断をする必要がある。活動水準は貧困を反映しているかもしれない。最貧の人々では、低体重であるために活動水準が制約されている、ことが十分にありうる。そのような場合には、活動水準（あるいは体重）の違いを部分集団ごとの貧困線に反映させると、貧困比較に偏りが生ずることは明らかである。概念上で定められ、比較の対象に共通に適用されるべき一定の生活水準に対し、貧困線が明らかに対応するとは限らなくなる、からである。

食料エネルギー必要量が設定されたとして、どのようにすれば金銭表示での貧困線を見出すことができるだろうか。第一の方法は、平均として必要量を満たすカロリー摂取をしている人々の総支出（または総所得）を見出すことである。これは「食料エネルギー摂取法」と呼ばれる。第二の方法（第一の方法の他に実際に用いられている主なもの）では、食料エネルギー必要量とその他の栄養の必要量を満たす食料の組み合わせ（バンドル）を見出し、そのために必要な費用を計算して、食料貧困線を得る。

さらに、それに食料以外の必要を加える。これは、「基本ニーズ費用」(cost-of-basic needs：CBN) 法と呼ばれる。

上記のバンドルを決める一つの方法は、所与の価格の下で、食料エネルギー必要量を達成する費用を最小化することである。この方法で問題となりかねないこととして、示される食物の組み合わせが、しばしば何世紀も前からの伝統としてある実際の食習慣と相容れない、ことがある。必要とされるカロリーを賄うための最低費用は、貧しい人々がそのカロリー水準を達成するために実際に支出する額よりもかなり低いかもしれない。大部分の貧しい人々にとってさえ、十分な栄養を達成することが唯一の関心事ではないし、食料消費にあたっての唯一の関心事でもない。

より良い方法は、バンドルの選択をその地域で広く普及している食の好みと一致するものに制限することである。この考えを実際に適用するには、簡単な数値アプローチを取ることができる。最初に貧困率 (貧困線未満で生活する人の割合) を、例えば30％と、仮決めする。財のバンドルを、下位25―35％ (標本が十分に大きければ、より狭い区間) の人々の家計支出調査から推計される消費構成と合うように選ぶ。次いで、この集団の実際の消費額を、規定された食料エネルギーと他の必要栄養量に到達するまで、(そのバンドル内のすべての相対比を保ちつつ) 増大もしくは減少させる。価格と嗜好は一国内でも異なるかもしれない。ある地域の伝統である主食は、他の地域ではまったく馴染みがないかもしれない。これを解決するために、国全体での下位25―35％の人々の各地域における平均消費バンドルを用いる。これについても、基準とされる栄養水準と等しくなるよう、消費額を増大もしくは減少させる。

食料バンドルの設定を踏まえ、その費用の推計は、できれば、貧困層中の各部分集団に対して別々になされるべきである。実際には、地域間、とりわけ農村部と都市部の間、での食料価格の違いが関心の中心である。統計機関が農村部と都市部の両方の価格を調査することはかなり一般になっており、それらのデータを用いて食料貧困線が作成される。地域ごとの価格から各地域の食料貧困線が計算でき、それに (以下で論じる方法を用いて算出される) 非食料ニーズを加えて、貧困率が計算される。もし、これが最初に仮決めした30％に十分に近ければ、ここで終わることができる。そうでなければ、新しい貧困線を用いてこの手順を繰り返す。筆者の経験によれば、この方法はかなり速く収

Box 4. 3　ロシアの貧困線

ロシアの公定貧困線は、省庁間の専門家集団の指針を受けて地方政府によって決められる、地域別の貧困バスケットをもとにしている。専門家集団は、地方政府によって提出された消費バスケットの原案を審査し、地域別バスケットの構成に関する最終決定を行う連邦政府に提案を行う。専門家集団は、すべての地域バスケットにつき、栄養上の構成のみならず非食料部分の構成についても評価を行う。

食料バスケットは、さまざまな人口集団について、カロリー、タンパク質、脂肪、炭水化物、それぞれの必要量に基づいて決められる。気候帯による必要カロリーの相違や地域ごとの食料消費パターンの違いを考慮して、ロシアの16の地区で異なるバスケットが設定される（例えば、成人男性のカロリー必要量は、寒い北部地域の１日当たり3030キロカロリーから暖かい地方の１日当たり2638キロカロリーまで幅がある）。タンパク質と炭水化物の標準の消費量もまた、地域ごとに大きく異なる。最終の食料貧困バンドルは地域ごとに異なる34品目からなる。例えば、北部では鹿肉が含まれるが、南部では（他地域に比べ価格が低い）果物や野菜がより大きな割合を占めている。イスラム教徒の割合が高い地域では、食料バンドルに豚肉が含まれていない。

非食料財についての３つの地域と、サービスのバスケットのための３つの地域は、ロシアの気候条件に従って決められている。非食料財のバスケットは、６つの部分集団に対して詳細な数量を規定する。老齢男性と老齢女性に対しては別の非食料財バスケットが定められることを除いて、食料と非食料のいずれのバスケットもこれらの６つの部分集団に対して作成される。サービス・バスケットは、７つの主な公共サービスに関する標準消費量からなる。食料および非食料財バスケットは各個人について定められるが、サービス・バスケットは１人当たりで定められる。

非食料財バンドルはいくつかの身の回り品と耐久消費財からなる。非食料財は、衣類、履物、ペン、ノート、の特定の品目を含む。世帯において共同で使う財もまた含まれている。家具（テーブル、いす、たんす、鏡、など）、電化製品（テレビ、冷蔵庫、時計）、台所用品（皿、調理用品、銀製食器）、タオル、シーツ、毛布、枕、の諸品である。非食料バンドルのすべての品目には、年齢や性別によって異なるおおよその使用時間が示される。

サービス・バンドルは、住宅、暖房、電気、水・湯、ガス、交通、を含む（保健と教育は、ロシアでは少なくとも法律上は無料なので、含まれない）。暖房や電気の標準は地域によって異なり、寒い地域では高く設定されている。

貧困バスケット中の品目に関する価格情報は、計196の食料・非食料品目およびサービスについて、ロシア内の203市町にあるロシア中央統計機関によって４半期ごとに集められる。各地区についての貧困線は、バスケットの中の各品目の数量を地区内の適切な市町でのその品目の価格と掛け合わせることで、算出される。

さらなる学習のために：ロシアの貧困線は労働社会開発省によって開発された指針の下で制定された（MLSD 2000）。詳しくは、筆者とロクシンの研究を参照（Ravallion and Lokshin 2006）。

束する。(7)

その他に実際に用いられているのは、食料、非食料の両方に関する基本ニーズバンドルの設定を、地域の「専門家集団」に依頼する方法である。この方法が用いられた実例として、Ｂｏｘ ４・３で述べるロシアの公定貧困線がある。

（ロシアの場合のように）食料品と非食料品の両方からなる完全な貧困バンドルを特定する代わりに、より一般に行われているのが、食料バンドルを設定した後に、食料貧困線を達成する人の消費パターンと整合する非食料支出を加える方法である。この方法は、エンゲル曲線法と呼ばれることがある。その一つでは、最初に、各部分集団について、規定された食料エネルギー摂取水準を達成する食料バンドルの費用を推計し、その後に、それを各部分集団の最貧20％といった貧困世帯の総支出に占める食料シェアで割る。

この方法の一つの適用例として、すでに第2章（Ｂｏｘ ２・５）で言及された、モリー・オーシャンスキーによってアメリカに対して提案されたものがある（Orshansky 1965）。オーシャンスキーは、定められた必要栄養量を得るための費用を最低にする食料貧困バンドルを設定し、それを（貧困層と非貧困層を合わせた）平均食料シェアでデフレートし、総

Box 4.4　アメリカの公定貧困線に対する不満と新しい指標

Box 2.5を思い出そう。アメリカの公定貧困線は、いくつかの点で批判を受けてきた。フォックスらは、論点をうまく要約している（Fox et al. 2013, p.2）。

公定貧困指標（the official poverty measure：OPM）は、時代遅れで、とりわけ子どものいる世帯や高齢者など、個人や世帯の種類によるニーズの違いを適切に反映せず、貧困を過小に推計する。しかし同時に、現金所得として扱われない種類のいくつかの重要な政府給付を考慮に入れないことで、貧困の程度を過大に示し、政策の役割を過小に示す。これらの（そして他の）欠点により、政府の貧困統計は、貧困の実態や貧困政策の役割を正確に示さない。アメリカ国勢調査局は、これらの懸念に対処するために、「補完貧困指標」（supplemental poverty measure：SPM）と呼ばれる新しい指標を提案した。新指標では、貧困線は高い値に設定されたが、所得の集計はより多くを包括するものとなり、（現金のみならず）現物の給付も含まれるようになった。純効果としては、2012年の貧困率は、OPM を用いる場合の15.1%から、SPM を用いると16.0%へと、わずかな上昇を示すのみであった。子どもの貧困率は、SPM を用いると18.0%であり、OPM を用いた場合の22.3%と比べて低い。しかし、貧困率は高齢者では上昇する（OPM による9.1%に対し、SPM では14.8%）（Short 2013）。

アメリカでの貧困測定は伝統として絶対基準を採っており、貧困線の改訂は物価上昇についてのみなされてきたが、新指標は、ある程度の相対基準を導入した。それは、アメリカの貧困線は現行の衣食住支出の中央値に関連付けられるべきであるとした、コンスタンス・シトロとロバート・マイケルの勧告の影響を受けたものである（Citro and Michael 1995）。これは明らかに平均値に対して正の弾力性を持つ貧困線を生み出すが、該当する財は概ね必需品であるので、弾力性は1より小さい。しかし、このアプローチで相対貧困への配慮が必需品のみに限られているのは、不適切であろう。アメリカのような国での社会包摂ニーズは、それに留まらないと考えられる。

重要な変化は、新しい方法により、政府の貧困対策プログラムのインパクトについて一見してわかりやすい評価ができるようになった、ことである。これらのプログラムがなかったとすると、2012年の貧困率は16.0%ではなく30.5%であろう、と推計されている（Fox et al. 2013）。14%ポイントの貧困率の減少が、直接介入に帰せられている。

貧困に関して新たに得られた数値は、公共プログラムがなければアメリカの貧困率ははるかに高くなっていたであろう、ことも示している。しかし、プログラムの貧困へのインパクトの主張は、誘因効果による行動変容を無視している（これは、18世紀から今日までずっと議論されてきた。Box 1.4参照）。フォックスらの計算では、新たに拡大定義された総所得から公共プログラムからの全受取額を差し引き、貧困指標を再計算する。しかし、貧困対策プログラムの誘因効果については、（第１章で見たように）誇張された主張がしばしば聞かれる一方で、それがまったく存在しないというのも信じがたい。労働供給の変化などを通して、少なくとも時によりそして貧しい人々の失業が低い地域で、多少なりとも影響があるに違いない。

アメリカの貧困線の改訂は改善には違いないが、いまだに相対貧困は十分に捉えられておらず、また、貧困プログラムのインパクトについてさらなる研究が必要である。この論点に関しては、第10章で立ち返り扱う。

さらなる学習のために：公定貧困線に対する批判は、コンスタンス・シトロとマイケル・ロバート編の *Measuring Poverty: A New Approach* と、レベッカ・ブランクの論文に見出される（Citro and Michael 1995; Blank 2008）。SPM については Short（2011）を参照。

貧困線を導出した。これがアメリカの公定貧困線の基礎となり、それは本書執筆時点（２０１４年）まで続いている。オーシャンスキーの方法がこれほど長く存続し続けたことは、それとして評価に値する。しかし、この貧困線には多くの不満が出されてきた。これは驚くにあたらない。生活水準や消費パターンの変化に応じた方法への更新が呼びかけられてきた。また、政府による給付を考慮して、所得の広い定義を取り入れるべきである、との主張もある。Ｂｏｘ４・４では、論争を整理し、近年の改訂を示した。

アメリカにおけるオーシャンスキーの貧困線は、食料支出行動をもとに貧困線の非食料要素を設定するエンゲル曲線法の一例である。オーシャンスキーは食料シェアを3分の1と仮定し、食料貧困線に3を掛けたものを総貧困線とした。このような方法では、算出される貧困線が、貧困比較が行われる際に（異なる場所もしくは時点で）一定の実質値（購買力）を持つこと、が保証されない。部分集団や時点により平均での実質の消費額または所得額が異なると、算出される（食料と非食料の両要素を含む）貧困線に購買力での違いが生ずる。すなわち、平均消費額が高いほど食料シェアは低い傾向があるので、もっと高い貧困線を用いるのが妥当である。換言すれば、同一の生活水準が、ある場所では貧困とみなされ、他の場所ではそうでない、という不都合が生ずる。ただし、十分な情報がないときには、一定の食料シェアを用いるのがおそらく望ましいであろう。

アメリカの公定貧困線の算出に用いられるオーシャンスキーの方法は、容易に改良されうる。ほんの少しの追加の努力で、非食料費の推計値を食料需要行動の回帰モデルと適合させられる。ここで中心をなす考えは、必要栄養量への支出をちょうど賄いうるがそのような支出を選択しない世帯、もしくは、実際の食料支出が食料貧困線と同額の世帯、が非食料財にどれだけの額を費やすかを見ることである[8]。前者の世帯が非食料必要量に費やす額は、おそらく、受け入れうると思われる下限であろう。ここでの論理は、食料貧困線に達することができるのにそうせずに非食料財を購入しているとすれば、それは基本非食料財と考えられるべきである、というものである。もちろん、中には、栄養所要量が十分でないにもかかわらず非食料財にかなり大きな額を費やす世帯も、あるかもしれない。これらのすべての世帯を「貧しい」とみなす必要はない。また、測定誤差やランダムな嗜好の違いによって、同一の予算水準でも支出パターンに違いが見られるであろう。このような不均一さがあるため、より理に適ったアプローチは、総支出がちょうど食料貧困線に達する世帯、もしくは、食料支出が食料貧困線に一致する世帯、について平均非食料支出を見出すことである。この方法はしばしば、容易に利用できるデータを用いて極めて簡単に行うことができる。Box4・5では、この方法についての詳細が示される。

貧困かどうかの基準とされるファンクショニングを明示して考慮することも、非食料要素の設定において助けとな

Box 4. 5　食料需要関数に基づく非食料貧困線の設定

総支出が C である家計における食料支出（C^F）の平均水準を $C^F(C)$ としよう。この関係は図 B4.5.1の曲線のような形状であると仮定する。食料貧困線を Z^F と置く。非食料ニーズに対する支出の妥当と考えられる下限は、総支出が食料の基本ニーズをぎりぎり賄いうるがいくらかのお金を非食料ニーズに回す世帯による非食料財への支出、である。これは Z^F-C^F（Z^F）である。総貧困線 Z_L は、Z^F にこの非食料ニーズを加えて算出される。$Z_L=2Z^F-C^F(Z^F)$ である。

これは、食料につき規定された基本ニーズを満たす代わりになされる非食料支出のみを含む点で、非食料ニーズについての考慮として最低限である。より寛大に考慮をするとすれば、実際の食料支出が食料貧困線 Z^F に一致する世帯の非食料支出を採ることが考えられる。

この非食料支出の水準は、$C^F=Z^F$ の点で $C^F(C)$ 関数を逆に解いて対応する総支出 C の値（上のグラフでの Z_U）を求めて、それから食料支出 Z^F を

図 B4.5.1　食料需要に基づく貧困線の非食料構成要素の設定

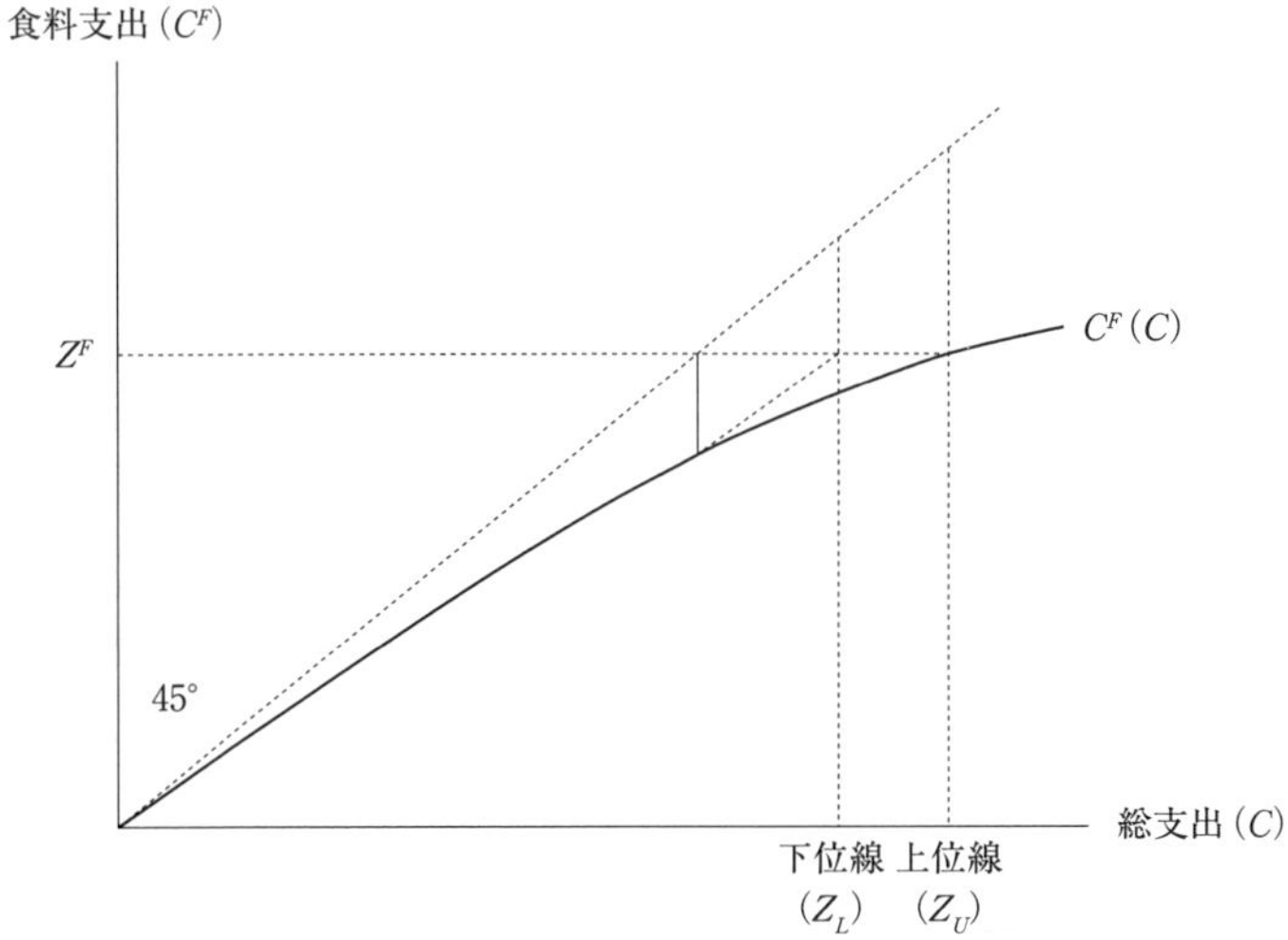

差し引いて得られる。

所得をどう使うのが最適かは本人がわかっていると仮定すると、上位線（Z_U）が貧困線での支出行動と一致するという事実は説得力を持つ。この利点に反して、エンゲル曲線は嗜好や相対価格が異なればシフトする、という問題がありうる。そのようなシフトがあると、複数の貧困線の間で同一の厚生水準が達成されることは保証されない。

る（第3章でのケイパビリティ・アプローチに関する議論を想起されたい）。実際に、このような考えはしばしば暗黙に適用されている（そのような概念は、「ファンクショニング」とは呼ばれないものの、Ｂｏｘ ４・３のロシアの貧困線に反映されている）。概念上では、（社会関係への完全な参加など）さまざまなことをなしうるケイパビリティが生活水準の測定に当たり考慮される（絶対貧困の比較において一定として扱われる）べきである、との見方が取られる。それに基づけば、都市部においては、農村部よりも高い実質貧困線を用いることが正当化される。

他方で、これらのケイパビリティを達成するために必要な財は一定ではなく、場所によって異なる。この議論が貧困線の設定とどのような関係があるかを見るために、二つの主なファンクショニングに関心を持つとしよう。一つは、健康を維持するために十分な栄養状態であることであり、もう一つは、社会関係に完全に参加できることである。健康な体重を維持することにも、社会参加の活動を行うにも、食料摂取が必要である。この必要食料量の測定は特に難しくはなく、それに達するのに要する実質食料消費水準は、都市部と農村部でそれほど違わないであろう。

しかし、貧困線の非食料要素に関してそれは正しくなく、同一の絶対生活水準を達成するためには、都市部居住者のほうが多くの配慮を受ける必要がある、と十分に考えられる。例えば、肩身の狭い思いをせずに社会関係に参加するという同一のケイパビリティを達成するには、都市部では農村部よりも、衣類、住居、交通費、に多くを費やす必要がある。この議論は一般に、食料支出の変動は小さいが非食料への支出は食料シェアに応じて変わる、という考えに基づく食料シェア法の採用を促す（食料エネルギー法では、反対に、食料支出ですら都市部でかなり高くなる傾向がある）。しかし、基本ケイパビリティのリストを拡張すると、都市部のほうが高い貧困線が必要かどうかは明らかでなくなる。例えば、病気になったときに医師の助けを得られるケイパビリティを含むならば、人口当たり医師数の少ない農村部で、その費用はずっと高いかもしれない。公共財へのアクセスに恵まれない地域に対して高い消費貧困線を設定することは理に適っているが、実際にはほとんど行われていない[9]。

貧困線の更新

時の経過に伴って貧困線を更新するのに用いられる方法は二つある。一つは、基準時点で用いられた方法をそのまま次の時点でも繰り返す、ものである。もう一つの方法は、（Ｂｏｘ　４・４で示したアメリカのＯＰＭ法のように）利用可能な最も良い価格指数を用いて、当初の線をインフレーションに合わせて更新するものである。強い意味での相対貧困線などのように、一つの方法のみが適用できる場合もある。絶対貧困線については、この節でエンゲル曲線法を用いたものを見てきた。上述の二つの方法のうちのどちらを用いるかで、異なった結果が得られることがある。データの問題はさておき、目的が異時点間の絶対貧困の比較を厳密に行うことであるならば、二つめの方法が一般に望ましいと考えられる。基準時点と同様の計算を繰り返すと、相対価格や嗜好の変化によるエンゲル曲線のシフトのために貧困線の実質値が変わってしまうかもしれない、からである。

二つの重要な但し書きがある。第一に、貧困指標の更新という目的にとって、消費者物価指数（ＣＰＩ）は常に適切であるとは限らない。一つの問題は、標準のＣＰＩは、しばしば中所得層もしくは都市の支出パターンを基準としており、食料のウェイトが低すぎることである。食料と非食料とで別々にＣＰＩが入手できるときには、これらの要素ごとのＣＰＩを用いて、貧困線での支出パターンと合うように指数のウェイト付けをし直すほうがよい。いくつかの事例では（幸いめったにないが）、ＣＰＩデータは政治上の都合により歪められている[10]。さらなる問題は、ＣＰＩは経済の変化を適切に反映しないかもしれないことである。公共部門の改革の一環としてそれまで公共部門により無料

（ないしは低料金）で供給されていた財が民間に移されると、消費者が直面する価格は大幅に上昇するが、そういった変化はＣＰＩに反映されないかもしれない。

第二に、Ｂｏｘ　４・５で論じた上位貧困線の設定方法が用いられる基本ニーズ線について、基準時点に用いられた方法を繰り返すことによって更新を行うほうがよいとする、理論上の主張がある。ジーン・ランジューとピーター・ランジューは、この更新法により得られる貧困指標は、調査法の変化に起因する食料バンドル内部の構成要素の変化の影響を受けない、ことを示している（Lanjouw and Lanjouw 2001）。指標の頑健さについてのこの結果は極めて重要であり、異なる時点での調査が相互に比較可能でない場合に上限エンゲル曲線法を用いることを、強く支持する根拠となる。

貧困線の顕示選好テスト

先述のように、厚生の次元での絶対貧困線の一つの水準に対応して、すべての個人に共通であるその厚生水準を達成するのに要する費用が異なることを反映して、人口中の各部分集団ごとに金銭表示の貧困線が別々に求められる。財につき定義される効用関数を用いて「厚生」を定義する、経済学のアプローチに従うとしよう。所得貧困線を、貧しくないために必要とされる効用の最低限の水準を金銭表示したものと解釈すると、「効用との整合」（utility consistency）が得られる。

貧困線の効用との整合につき、その含意をポール・サミュエルソンの顕示選好理論（Ｂｏｘ　４・６）に依拠して検証することができる（Samuelson 1938）。この理論を用いると、共通の消費ニーズ（財につき定義される共通の効用関数）を有すると考えられる集団間での効用との整合、に関して検証しうる必要条件を容易に導くことができる。検証にあたり必要とされるのは、一連の「貧困バンドル」とそれらの価格である。貧困線は、消費ニーズの違いのみならず価格の違いも反映するかもしれない。したがって、貧困線の検証にあたり、量と価格を知るだけでは十分ではなく、

Box 4. 6　サミュエルソンの顕示選好理論の貧困バンドルへの適用

それぞれの財のバンドルの費用であるそれぞれの貧困線を持つ２つの集団ＡとＢ（例えば都市部と農村部）を考えよう。貧困線に効用との整合があるとすれば、これら２つのバンドルは同じ効用を生み出す。もしＡとＢでニーズ（選好）が同一であるならば、直接な顕示選好テストが存在する。それは、集団Ａの成員にとって、Ａの貧困線はＢの貧困線を構成するバンドルの費用を上回ってはならない、という条件である。この条件が成り立たないと、Ｂの貧困線を構成するバンドルが購入可能であるにもかかわらず選ばれないことになり、Ａで実際に選択されているバンドルのほうが高い効用を与えることを含意する。同様に、集団Ｂの成員にとって、Ｂの貧困線はＡの貧困線を構成するバンドルの費用を上回ってはならない。このテストが不可であるならば、効用との整合を棄却できる。ただし、このテストをパスしたからといって、すべてのありうる効用関数に対して整合が保証されるわけではない。たとえば、再び、食料と衣類の２財のみがあるとしよう。図 B4.6.1には、４つの「貧困バンドル」が示されている。効用との整合は、バンドルＡとＢに関して棄却されるが、このテストではＣとＤに関しては結論が出せない。

歴史へのメモ：ポール・サミュエルソンは彼がハーバード大学の学生であっ

図 B4.6.1　顕示選好

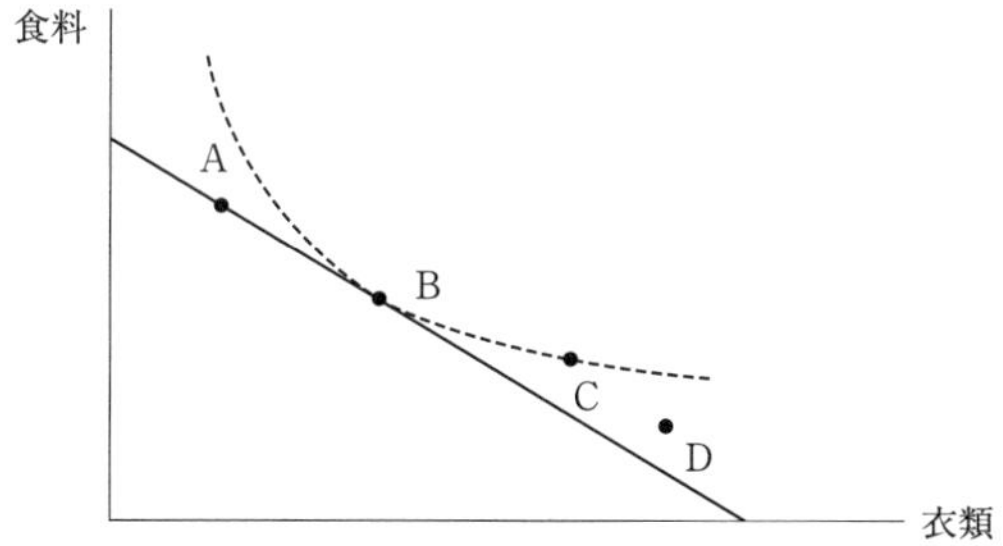

た23歳のときに、顕示選好に関する優れた論文を発表した。彼は20世紀における最も影響力の大きい経済学者の１人となった。

情報ベースは拡張されなければならない。後段でさらに論じるように、経済厚生の主観自己評価により、異なるニーズ集団間で効用との整合を検証するための有望な方途が提供される。

これらの考えは、ロシアの公定貧困線の評価に関する研究で適用された（Ｂｏｘ ４・３）[11]。ロシアでは地域による著しい気候上の違いがあるため、たとえ相対価格が異ならないとしても、同一の消費バンドルが同水準の効用を生むとは考えられない（ロシアの広い地域では年間平均気温が氷点下をかなり下回るが、他の地域は北部ヨーロッパ並みの穏やかな気候である）。貧困線は、寒さが厳しい地域のほうが（数量指数による評価で）高い値となるべきである。これは、データにより示されたことである。しかし、この研究では、貧困バンドルを設定する際に明示されるニーズの不均一さに容易に帰することができないような、顕示選好基準からの逸脱も示された。また、ニーズ集団間の違いは、経済厚生の自己評価と一致しない。これらにより、ロシアの公定貧困線には効用との不整合が含まれていると結論付けられ、その原因についての推測がなされた。

食料エネルギー摂取法

この方法では、最初に最低必要とされる食料エネルギー摂取量（food-energy intake：ＦＥＩ）をカロリーの単位で定め、次いで、そのＦＥＩが達成されるような消費支出または所得の水準を見出す[12]。その水準は、カロリー摂取量を消費支出もしくは所得に回帰することで推計できる[13]。この考えの中心は、貧困線を、当該社会において十分な栄養を得ることが期待できる総消費支出として定義する、ことである。もし、ＦＥＩの平均水準が消費とともに単調に増加し、食料エネルギー必要量が単一の（固定された）値であるなら、この定義により貧困線が確定される。ここで、カロリー必要量を達成する総消費支出が問題とされるので、この方法では自ずと非食料消費支出も含まれることになる。

図4.1　貧困線と食料エネルギー必要量との関係

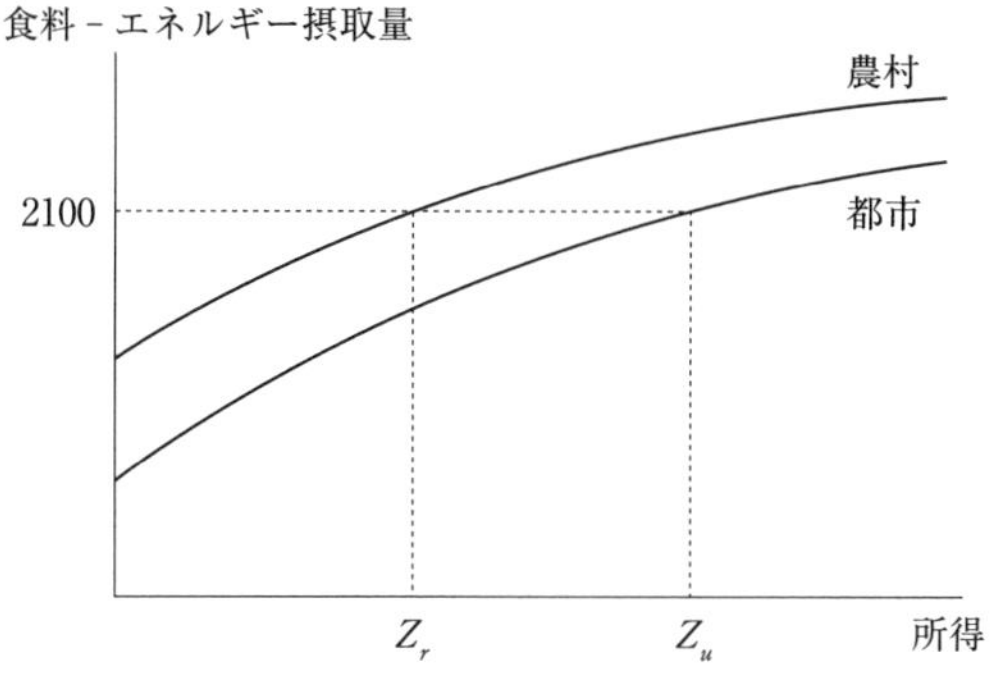

一定の実質値の貧困線を用いた絶対貧困の測定が目的であるとすると、ＦＥＩ法は深刻な問題に直面する。ＦＥＩと消費支出（もしくは所得）の間の関係は、地域、部門、時期、によって異なるであろうし、豊かさ、嗜好、活動水準、相対価格、政府により供給される財、などの違いによってシフトするだろう。しかし、この方法では、貧困比較に際してこれらの違いが適切に配慮されることは保証されない。図４・１はこのことを例示しており、都市部と農村部で別々の貧困線を設定するのにこの方法が用いられている。曲線は名目「所得」（もしくは1人当たり消費）の各水準におけるＦＥＩの平均値を表す。所得水準が同一だとすれば、食料エネルギー支出は農村部のほうが高い、という傾向がある。例えば、農業労働は都市での仕事に比べて労力を要する傾向があり、したがって、体重を維持するために多くの食料エネルギー摂取量を必要とする。[14]農村部に対しては必要とされる食料エネルギー摂取量を多くするならば、この問題に対処することができる。

　図４・１の「カロリーと所得」の関係のシフトには、その他の理由もある。食料の相対価格は都市部のほうが高い傾向がある。名目の食料価格は、農村部からの輸送費を含むために概して高くなる。一方、多くの非食料財は都市部のほうが安く、それどころか、これらの財の多くは田舎ではしばしば入手できない。都市化に伴い、非食料財を好む嗜好の変化が起こるようである。おそらく、もっとも懸念されるのは、豊かな世帯ほど高価なカロリーを買う傾向があることである。この方法で貧困線を設定すると、豊かな地域ほど高い貧困線を定め

Box 4. 7* FEI 法による貧困線設定の落とし穴

実質消費の異なる2つの世帯を考えよう。FEI 法で求められた貧困線では、実質消費が低い貧しい世帯のほうが「より貧しい」と正しく識別されるとは限らない。なぜそうなのかを見よう。世帯 i の実質支出を y_i であるとし、2つの世帯につき $y_2 > y_1$ と仮定する。世帯 i による実質食料支出を c_i^F、定められた必要量で標準化された食料エネルギー（カロリー）摂取量を k_i、カロリーに支払う平均価格（＝食料支出÷FEI）を $P_i^k(= c_i^F/k_i)$、としよう。すると、c_i^{NF} を実質非食料支出として、$y_i = P_i^k k_i + c_i^{NF}$ である。食料支出もカロリー当たりの平均価格も総支出とともに増加する（$c_2^F > c_1^F, P_2^k > P_1^k$）と仮定する。後者の仮定は、豊かな人は、例えば輸入穀物や外食などより高価な食料エネルギー源を購入する、というようなことに対応する。

さらに（この例をわかりやすくするため）、FEI は両方の世帯で同じであり（$k_1 = k_2$）、両世帯とも栄養不良、すなわち食料エネルギー摂取量が必要量を下回っている（$k_i < 1$）、としよう。そのとき、FEI 法によって得られる貧困ギャップ（貧困線に比べての不足分）は、貧困度が低い世帯のほうで大きな値となる。これは、次のようにして示される。FEI 法によって示される貧困線は、（貧困線ではカロリー必要量がちょうど達成され $k = 1$ であるので、）$Z_i = P_i^k + c_i^{NF}$ と書くことができる。上記の y_i の式を代入すると、$Z_i - y_i = P_i^k(1 - k_i)$ が導かれ、ここでの仮定（$k_1 = k_2, P_2^k > P_1^k$）の下では、貧困度が低い世帯2のほうが大きな値を取る。ここでの条件の下では、貧困度が低い世帯のほうが、貧困線が高いのみならず、貧困ギャップは大きい。仮定の1つを変えて、貧困度が低い世帯のほうが FEI が高いとしても、支出に対する摂取量の弾力性が十分に低いならば、同じ結果が得られる。必要十分条件は、FEI の弾力性が、カロリー価格の所得弾力性に摂取量と必要量の比率で示される不足率を掛け合わせた値、を超えないことである。

さらなる学習のために：FEI 法に関するさらなる議論については、筆者の *Poverty Comparisons*、および筆者の研究や筆者とビダニによる研究を参照（Ravallion 1994b, Ravallion 2012c; Ravallion and Bidani 1994）。

ることを意味し、絶対貧困線というよりも相対貧困線に近くなる。その結果として、実質総消費で見れば同じ生活水準と考えられる人々を、異なるものとして扱う一貫しない貧困比較を行うことになる。Ｂｏｘ ４・７で説明されるように、異なる地域、部門、時、の間でのＦＥＩ法を用いた絶対貧困の比較は、多くの目的にとって誤解を招く恐れがある。

貧困線の設定にＦＥＩ法を用いることとの問題は、インドネシアでの研究で明らかにされた[15]。インドネシア中央統計局（Biro Pusat Statistik：ＢＰＳ）は、貧困線の設定にこの方法を用いた。最初に最低必要とされるＦＥＩをカロリーの単位で定め、次いで、そのＦＥＩが達成されるような消費支出を見出す。そして、それよりも低い消費額の人々を数える。したがって、人口全体についてのＦＥＩと総消費の間の関係を所与として、総消費支出があらかじめ定められたＦＥＩを達成するのに不十分であろう人々の数を推計する。この方法は、各部門（都市、農村）、各時点、に別々に適用される。インドネシアの例は珍しいものではなく、同一（もしくは、同様）の方法は、他の国でも貧困調査に用いられている。

この方法を用いると、生計費の差をはるかに上回る、都市・農村間における貧困線の差を生み出すことが見出されてきた[16]。異時点間の貧困線の差もまた、インフレ率を上回る傾向がある。途上国で往々にしてそうであるように、食料エネルギー消費と総支出の間の関係は都市部と農村部で大きく異なり、どのような消費支出水準にあっても、農村部のほうがカロリー摂取量は高い。一つの解釈としては、すでに論じたように、これは、豊かな地域の世帯が高価なカロリーを購入する傾向を反映しているだけかもしれない。相対価格（農村では食料は安い）と嗜好の違いもまた重要かもしれない。同じ理由で、カロリー摂取量と所得もしくは消費との関係は、どのような実質支出水準においても、時とともにますます低いＦＥＩにシフトしていく。

インドネシアの都市・農村間において食料エネルギー摂取量と所得の関係に見られる違いは極めて大きく、ＦＥＩ法を用いて推計された都市貧困線は農村貧困線を大幅に上回る。そのため、どのような食料エネルギー必要水準においても、推計される貧困率は都市部のほうが農村部よりも高いという逆転現象を示す[17]。

当然のことながら、貧困比較のために貧困線が用いられるとき、それは比較される部門間あるいは時点間での生計費の違いを反映せねばならない。上で論じたように、ＦＥＩと消費もしくは所得の間の関係は部門や時点によって異なるため、ＦＥＩ法で推計される貧困線はこの条件を満たさず、それが対応する実質消費（もしくは実質所得）は部門や時点ごとに異なる値を取る。実のところ、ＦＥＩ法で推計される貧困線は相対貧困線の性格を有しているようであり、実際に、ＢＰＳの貧困線の平均値に関する弾力性はほぼ1である[18]。次節では、相対貧困線について検討する。

相対貧困線

途上国と先進国に関する著作の間で、前者では絶対貧困が主要な検討事項であるのに対し、後者では相対貧困のほうが重要である、という違いがある[19]。後者の文献の多くでは、貧困を「相対」基準でのみ捉えている[20]。これにつきどのような立場を取るかは、開発に関する議論において重要である。特に、第8章で見るように、貧困の測定において相対基準をどの程度まで組み込むかは、経済成長と貧困に関するかねてよりの政策論争に大きく関係する。

先に見たように、「絶対貧困線」の設定に用いられる方法の中には、暗黙のうちに相対基準を含むものがある。ここでは、相対基準を明示して採用する貧困線を見ていく。最も普通に行われるのは、消費もしくは所得の分布の算術平均あるいは中央値の何らかの割合を、貧困線として用いることである。例えば、多くの研究が当該国の中央値の約50％を貧困線として用いている[21]。このように定められるものは、「強い意味での」相対貧困線と呼ばれる[22]。このような相対貧困線を用いる貧困比較では、固定された（絶対）貧困線を用いる場合と比べて、まったく異なる結果が示されることは、驚くに値しない[23]。例えば、アメリカの２０１０年の貧困率は、公定絶対貧困線では15％であるが、貧困線を中央値の50％に設定すると20％となる[24]。

貧困線を平均値の一定割合として設定すべきであるとする論拠はあるのだろうか。貧困指標については第5章で詳しく論じられるが、ほとんどすべての貧困指標が、すべての所得と貧困線が同一の割合で変化するときに一定にとどまる、という性質を持つことについてのみ、ここでは注意しておく。もし貧困線が平均値の一定割合に設定されるならば、貧困指標は所得の相対分布のみに依存する。「相対貧困」の概念を用いて捉えようとしているのは分布の不平等の大きさであるとすれば、それは十分に良い指標であると主張されるかもしれない。そう言えるかどうか、強い意味での相対指標を用いた場合と適切な不平等指標を用いた場合とで、分布の順位付けが同一であるかどうか、が問われねばならない。第5章で見るように、これは一般には成り立たない。相対貧困線が平均値ではなく中央値の一定割合に設定される場合には、この議論の細部を少し修正しなければならない[25]。結果は、平均値が上昇したときに、中央値の平均値に対する比率がどの程度変化するか（分布の歪みがどのように推移するか）、に依存する。一般にそれ以上のことは言えないが、貧困指標が平均値の増加関数となることが十分に起こりうる。そのような指標が重視されるべきかどうかは、明らかでない。

貧困線を平均値（もしくは中央値）の一定の割合とする強い意味での相対指標に対する批判者は、すべての所得が同じ割合で増加するときに貧困指標は不変であると指摘し、この性質は人を欺くものであると主張する。所得が2倍に増えた貧しい人が同様に貧しいままである、とは想像しがたいが、それが、そのような相対指標がわれわれに伝えることである。

強い意味での相対指標を用いるときには、一見すると不思議と思われる貧困の動向が見出されてきた。例えば、ある研究では、アイルランドにおいて、大部分の貧困層の実質所得の絶対額が高まったにもかかわらず、相対貧困指標は上昇した、ことが明らかにされた[26]。別の研究では、ニュージーランドで、貧困層の生活の絶対水準が低くなったにもかかわらず、相対貧困指標は低下していた、という人を欺きかねない結果が見出された[27]。ＵＮＤＰは「経済状況が急速に変化するとき、相対貧困指標が、経済変化が人々の生活に及ぼす影響の完全な実態を示すとは限らない、ことは明白である」と述べている（UNDP 2005, p.334）。

Box 4. 8　相対貧困線に関する厚生主義による解釈

相対貧困線に関する厚生主義による解釈は、貧困は、消費や所得の次元ではなく、「厚生」の次元で絶対基準で見るべきであること、そして、厚生は、自身の所得の絶対額と、国の平均所得に対する比率として定義される相対所得と、の両方に（プラスの関係で）依存すること、を主張する。そこから、貧困線が厚生の金銭表示であるためには、それは平均所得の増加関数でなければならない、という結論が得られる。

このことを明確に示そう。M を国の平均所得とし、厚生が「自身の所得」Y と「相対所得」Y/M に依存するとしよう。相対所得仮説をこのように特定化すると、厚生は次の式で示される。

$$W = W(Y, Y/M)$$

これは、Y と Y/M の両方について滑らかな非減少関数である。所得次元での貧困線は Z で示され、暗黙に次のように定義される。

$$\overline{W} = W(Z, Z/M)$$

ここで、$\overline{W}$ は厚生次元での固定された貧困線である。

上式から得られる Z の解は、M の滑らかな非減少関数である。しかし、（相対貧困の文献で仮定されるように）平均値に正比例し全域で同一の傾きを持つのは、かなり特殊な場合に限られる。その特殊な場合とは、厚生が自身の所得に依存しないときである、ことは明白である。その場合には、次の式のように書くことができる。

$$W = V(Y/M)$$

ここで V は厳密な増加関数である。再度、厚生水準を $\overline{W}$ に固定し、貧困線について解くと、以下の解を得る。

$$Z = k \cdot M$$

ここで、$k = V^{-1}(\overline{W})$ は強い意味での相対貧困指標の比例定数である。

記しておくべき他の点がある。たとえ、所与の相対所得の下で人々が自身の所得を気に掛けないと仮定するとしても、k の値は一定とは考えられず、不平等の程度や公共サービスがどの程度平等に配分されているかなど、厚生と関連するその他の要因に左右されるであろう。

ここでの分析により、相対貧困線に厚生主義による解釈を与えることができることが示された。しかし、人々が相対所得と別には自身の所得を気に掛けないという、ありそうもない限られた場合を除いて、分析の結果として得られる貧困線は、強い意味での相対貧困についての文献で用いられるものではないようである。

さらなる学習のために：さらなる議論については、筆者の研究を参照（Ravallion 2008c, 2012b）。

貧困比較は厚生の次元では絶対基準に基づかなければならないという見解（第3章、3・1節）を踏まえると、所得次元での相対貧困線がどのようなものであるかについての概念上の指針が得られる。ある人の厚生は、自身の所得の絶対額と、国の平均所得に対する比率として定義される相対所得、の両方に依存すると想定しうる。これは、「相対所得仮説」と呼ぶことができる。そうすると、同一の厚生水準を達成するために必要とされる所得貧困線が平均値とともに上昇することがわかる。所得の絶対額が同一であるとして、住む国が豊かであるほど相対欠乏の程度は大きく、それを補償するために金銭表示での貧困線は高く設定されなければならない。しかし、貧困線が平均値の一定割合に設定されるのは、個人の厚生が、相対所得にのみ依存し、自身の所得の絶対額にはまったく依存しない、という極端な場合のみである。人々が相対所得のみならず自身の所得も気にかける限り、貧困線は、平均所得とともに上昇はするが、その一定割合にはならない。これについては、Box 4・8でさらに説明される。

相対貧困線は、「社会包摂」の考えによっても正当化できる（第3章）。しかし、この議論にも疑問がある。アダム・スミスによる18世紀のヨーロッパでのリネンシャツの役割についての記述（第1章）に見られる社会包摂の古典例について考えよう。[28] 社会関係に受け入れられるためのリネンシャツは、貧しいからといって安くなることはない（所得がなくとも費用はかかる）ので、相対貧困線を平均所得の一定割合とすることはできない。今日の中・高所得国でリネンシャツに相当する財は、おそらく携帯電話であろうが、同じことが言える。経済が発展するにつれ「貧困」とみなされる実質所得水準が変わるのは確かであるが、貧困線が平均所得の一定の割合であるとは考え難い。

それでは、貧困線は国々でどのように異なるのだろうか。途上国と先進国の両方を含む95カ国間の貧困線の調査から、平均消費に関する貧困線の弾力性は、平均消費が高いほど大きい、ことがわかった（その結果は、Ｂｏｘ ２・５に示されている）。すべての国については、平均消費の平均値での弾力性は、０・66である。低所得国の間では弾力性は小さく、ゼロに近い。先進工業国の間では、弾力性は1に近い。

要約すると、この国間比較からわかったのは、成長に伴って実質貧困線は上昇する傾向があるが、最貧国では極めてゆっくりしか上昇しない、ということである。貧困線は一国全体としての生活水準にかかわらず不変であるという絶対貧困の考えは、低所得国にあてはまり、他方で、「相対貧困」は高所得国のほうに妥当する、ようである。さらに、しばしば先進国の文献で用いられる強い意味での相対貧困線は、先進工業国にとっては理に適うように思える。ただし、貧困線が平均値の一定割合であることの概念上の正当化は難しく（Ｂｏｘ ４・８）、得られる貧困指標を不平等と貧困の通常の概念で解釈するのは極めて困難である。

近年、絶対貧困と強い意味での相対貧困を両極端の特別な場合として含む、「弱い意味での相対貧困」という新しい概念が導入された。弱い意味での相対貧困線の重要な特徴は、国々の貧困線が異なる様子（Ｂｏｘ ２・５）を反映して、平均消費に関する貧困線の弾力性が、最も貧しい国におけるゼロから最も豊かな国における1（決して1にはならないが）まで高まっていくことである。この考えは、第2章（2・1節）で導入されたが、Ｂｏｘ ４・９でさらに詳しく論じられる。全世界の貧困が弱い意味での相対貧困線により測定されるとすれば、それは、平均消費水準に応じて各国での基準によって判断される貧困の程度を示す、と解釈できる。

Box 4. 9 絶対貧困線、弱い意味での相対貧困線、強い意味での相対貧困線

図 B4.9.1は、(一国あるいは国内の一地域について) 平均所得に対して貧困線をプロットしたものである。いずれも実質単位である (生計費の違いを反映するようにデフレートされている)。絶対貧困線は一定値に固定されている。強い意味での相対貧困線は、平均値に正比例し、平均所得が0のときには0であり、それが増加するにつれて比例して上昇する。筆者とシャオファ・チェンの研究による弱い意味での相対貧困線も示してある (Ravallion and Chen 2011)。これは平均所得のある水準までは絶対貧困線と一致し、その水準を超えると、平均値とともに上昇する。これは相対貧困線ではあるが、平均所得が0のときに0にはならない、ことに注意されたい。そのため、最貧国であっても社会参加に要するプラスの最低費用を反映させることができる。

強い意味での相対貧困線の性質を理解するために、次のような一般形 (後のBoxでも、この式を用いる) で貧困指標を表しうることに注意しよう。

$$P = P(M/Z, L)$$

図 B4.9.1 相対貧困線

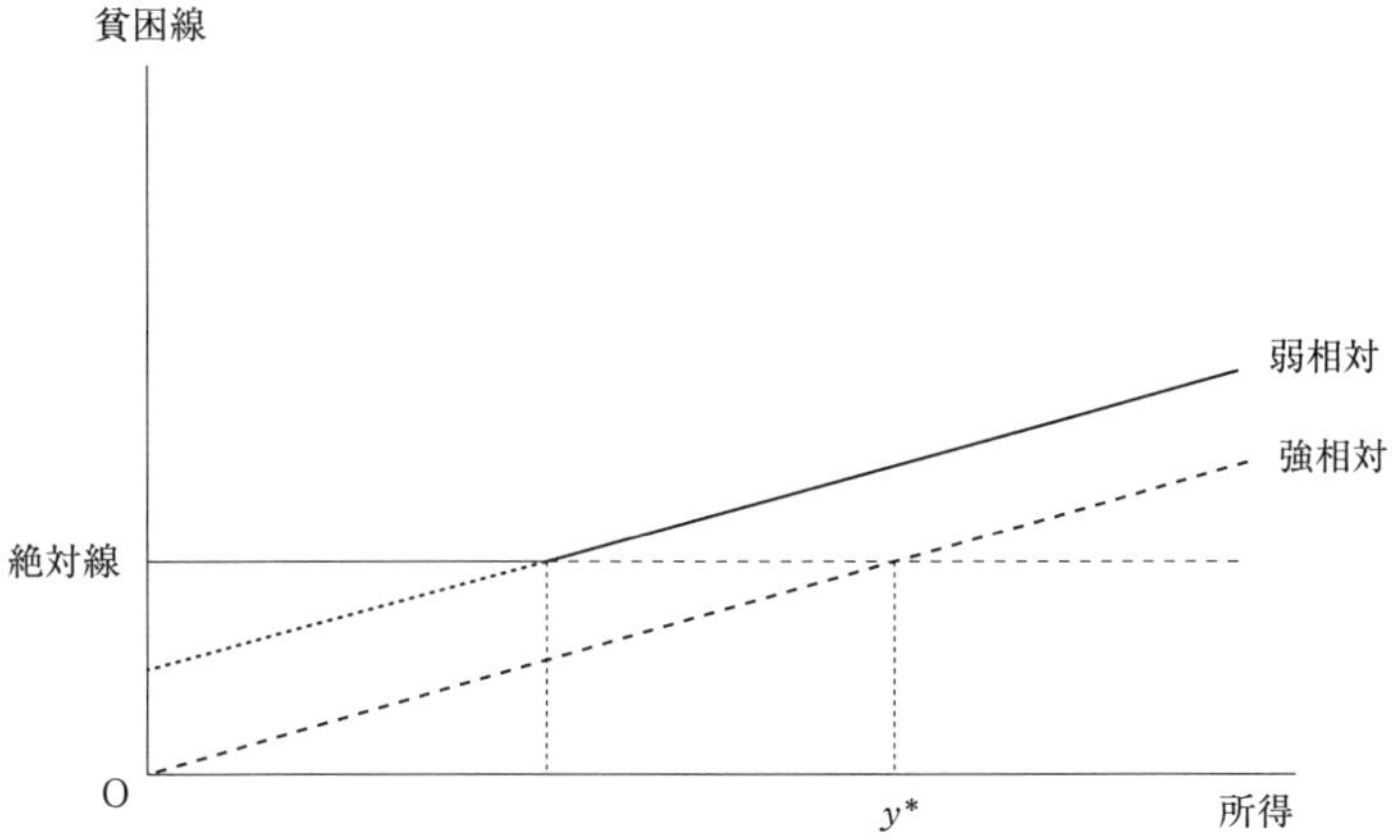

ここで Z は貧困線、M は貧困が測定される分布の平均値、L はその分布の相対不平等についてのすべての適切な情報を集約するローレンツ曲線（ローレンツ曲線のパラメーターのベクトルとして考えることができる）、である。強い意味での相対貧困線は、k を例えばヨーロッパの研究でよく用いられる0.5といった何らかの定数としたとき、平均値の一定割合として、$Z = k \cdot M$ と設定される。貧困指標は $P(k, L)$ となり、ローレンツ曲線にのみ依存する。すべての所得が同じ比率で増加するとき、相対不平等は変化しないので、$P(k, L)$ はまったく変化しない。このとき、貧困線は同じ比率で上昇する。

さらなる学習のために：筆者の研究を参照（Ravallion 2012b）。

一貫した貧困比較　対　個別状況の重視

どの地域や国が援助を受けるべきかの決定など、貧困比較を行う多くの目的に関して、最も重要なことは、貧困線が厚生と整合する一貫した貧困比較を可能とすることであり、各人の測定される貧困状態が、地域や民族などどのような部分集団に属するかによらず、生活水準のみに依存することである。そのためには、貧困線は、一定値に固定された厚生水準の金銭表示でなければならない。これを実証上で確かめることは困難であるが、先の検討から、よく用いられる貧困線設定方法の多くが、この条件を満たさないことは明らかである（Ｂｏｘ ４・７のＦＥＩ法を想起されたい）。一貫した貧困比較となるようにこれらの方法を修正することができ、利用可能なデータで実行可能である。しかし、厚生の決定要因の中には測定できないものもあるので、方法の適否をめぐる論争が止むことはないであろう。実際にはどのように貧困線を定めるにしてもある程度の恣意が避けられないことを認識して、なされる選択が貧困比較での順位にどのように影響を及ぼすかについて、特に注意しなければならない。このような順位付けが、通常、政策上の含意として最も重要である、からである。第5章でこの点について立ち返る。

厚生と整合する一貫した貧困比較という要請は、理に適うもう一つの原則と対立することがある。貧困線は、社会の特定の状況に適合するものと考えられなければならない。提案された貧困線が社会の標準に照らして低すぎると見られても、逆に高すぎると見られても、受け入れられることはない。豊かな国ほど高い厚生水準を基準として貧困を（暗黙に）定義する傾向がある。この点は、長く認識されてきた。例えば、チボール・シトフスキーは、１９６０年代に先進国の間で豊かな国ほど高い貧困線を設定する傾向があることを記し、次のような説明を与えている。「先進国での貧困基準は、ずいぶん前から、生存のための生理上の必要最低限を反映するものから、特定の社会で『社会の成員としての最低限の要件』とみなされるライフスタイルに変わっている」（Scitovsky 1978, p.116）

実のところ、シトフスキーの見解は、豊かな国だけではなく、最貧国以外のすべての国にあてはまる。絶対貧困線の決定に用いられる主な方法に関する先の検討から明らかなように、分析に組み込むことができ、得られる貧困線に影響しうる、自由なパラメーターが多くある。規定された食料エネルギー必要量はすべての国で類似しているが、それを達成しうる食料バンドルは大きく異なる（例えば、穀物の加工度も異なりうるし、肉と魚の割合も異なる）。食料品以外の要素もまた、明示されるか（食料需要関数のシフトを通じて）暗黙であるかにかかわらず、異なる。途上国の貧困線の食料および非食料の両方の要素について、平均消費に関する弾力性はゼロより大きく（非食料のほうが食料より大きい）、そのような相対基準の影響は平均消費が高いほど強い[29]。

貧困線のさまざまなパラメーターを設定する際になされる判断は、各国で貧困がどのように捉えられているかを反映するであろう。用いられる基準は、「生存のための生理上の必要最低限」を明らかに超えている。基礎代謝率に基づき、必要栄養量を得るための費用（対価を伴うすべて食料品への支出）のプラスの下限値が導出される。同様に、社会関係ニーズのために必要とされる（食料と非食料）財の費用も、ある下限値を有するであろう。多くの貧困国で見られる貧困線は、確かに低いものである。例えば、インドの貧困線に近い水準の暮らしでの、１日当たりに消費される食料バンドルを考えよう[30]。１人当たりの１日の食料バンドルは、４００グラムの粗い米と小麦、２００グラムの野菜、豆類、食用の種と果物、適量のミルク、卵、食用油、スパイス、お茶、からなる。そのような食料バンドルを購入すると、食料品以外のもののために１日およそ０・30ドル（１９９３年購買力平価換算）が残る。

そのような慎ましい貧困線は、中所得国で（高所得国は言うに及ばず）受け入れられるにはあまりに低い。全体としての生活水準が高い国で、貧困層を特定するのに高い基準が用いられるのは、当然なことである。インドネシアの1990年の貧困線の作成に用いられた1日当たりの食料バンドルを考えてみよう。[31] これは、300グラムの米、100グラムの根菜類、インドの例と同程度の野菜、果物、スパイスに加え、魚と肉（1日に計約140グラム）も含む。全体としてインドのものより変化に富んでおり、大部分の消費者にとって好ましいものであったであろう。[32] しかし、このバンドルは、もっと豊かな国での貧困基準に照らすと、あまりに低いとみなされるであろう。

この問題に関してどのような立場を取るかは、一部は貧困指標の目的に依存する。純粋に記述のみを目的とするのならば、個別状況を重視して貧困線を定め、異なる状況の間での比較には意を用いないであろう。しかし、貧困指標が政策立案への情報提供のために用いられるのであれば、個別状況よりも、厚生と整合する一貫した貧困比較のほうが重視されるであろう。

厚生が自身の消費のみに依存するとすれば、厚生との整合に求められるのは、実質貧困線が同一であることだけである。しかし、豊かな国での相対欠乏の認識あるいは社会参加を可能にするための費用といった、社会関係が厚生に及ぼす影響を考慮に入れると、厚生と整合する貧困線は平均所得に伴って高まる。平均所得に正比例して高まることはなさそうだが、何らかのプラスの傾きは見られる。

Box 4・9に示された弱い意味での相対貧困線は、必ず厚生と整合するものなのであろうか。国々の貧困線が平均所得に伴って高まることが、相対欠乏（厚生主義のモデル）もしくは社会参加の費用（ケイパビリティに基づくモデル）、のみを反映するのであるならば、そうである。しかし、そうとは言えないかもしれない。貧困線を定める際に豊かな国ほど高い厚生基準を用いる、ということがありうる。これは、貧困線の設定に関する社会通念に基づくモデルとみなすことができる。世界全体の貧困を測定するにあたり、すべての国で同一の購買力を有する貧困線を用いて得られる貧困指標は、下限値を示すと考えることができる。国々の貧困線が異なる水準にあるのは各国での社会通念を反映するのみであると仮定できるならば、この下限値は妥当なものである。これに対し、弱い意味での相対貧困線は、世界全体の貧困の上限値を示すものと解釈しうる。この場合には、国々の貧困線が異なる水準にあるのは、同一の厚生水準を達成するために要する費用が異なることを反映している、とされる。真実は、間違いなく、上下の限界値の間のどこかにある。

4・3　主観貧困線

国により用いられる貧困線が異なる傾向があり、豊かな国ほど高い貧困線が用いられる傾向がある、ことを見てきた。同じことが個人についても言える。貧困線の設定への一つのアプローチとして、貧困線は、社会で受け入れられる最低限の生活水準についての主観判断でしかありえない、と認識することがある。この見解を踏まえて、どのようにすれば単一の貧困線を導出しうるか、という課題に取り組むこととしよう。

一つの方法は、「あなた個人が生活をやりくりするのに絶対に必要と考える所得水準はいくらか」という「最低所得質問」(minimum income question：ＭＩＱ）調査への回答に基づくものである。[33] この調査から得られる回答には、実際の所得が高いほど高いという傾向が見られ、この方法で貧困線の設定がなされる際の重要な前提とされる。この質問を用いた研究から、図４・２に描かれているような関係が見出されている。この図のZ^*点は、「社会主観貧困線」(social subjective poverty line：ＳＳＰＬ）と呼びうる値を示す。これは明らかに貧困線の候補の一つである。Z^*以上の所得を持つ人は自分の所得が十分であると感じる傾向がある一方で、Z^*よりも所得が低い人は自分の所得が十分でないと感じる傾向がある。このように、ＳＳＰＬは、外から持ち込まれる概念を用いるのではなく、特定の状況において「貧困」について人々がどのように理解しているかを反映する。これまたは同様の方法は、ヨーロッパのいくつか

図4.2　社会の主観貧困線

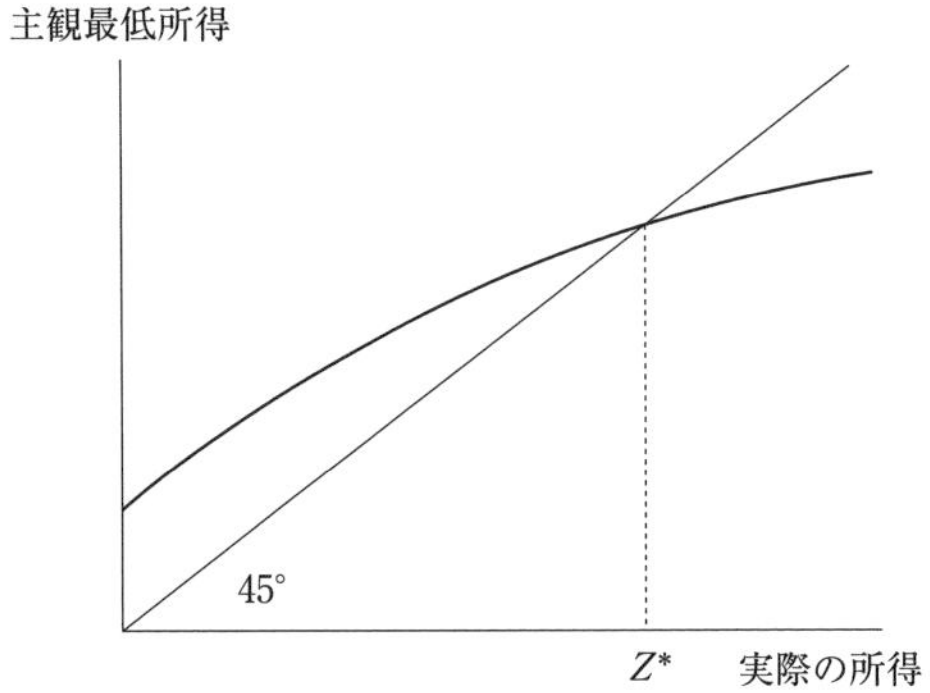

の国で取り入れられている[34]。

ＭＩＱへの回答に影響を与える要因には、所得以外のものもあるであろう。回答は、所得Yと（Ｂｏｘ　４・１と同様の）ベクトルXで与えられるその他の変数の関数として考えられよう。そうすると、Z^*もまたXの関数となる。Xの変数のどれかが図４・２の曲線を上方（下方）にシフトさせれば、Z^*は増加（減少）する、ことは容易に確かめられる。例えば、世帯の人数や構成、所在地によって、社会主観貧困線がどのように異なるかを知ることができる。

どの変数をベクトルXに含むか、あるいはそれは問題でないとしても、どれがＳＳＰＬの変化をもたらすか、を決定するには判断が求められる。これは、難しい問題であり、ほとんど理解されていない。主観厚生と連動する変数で観測できるもののすべてを含むべきであろうか、それとも先験の根拠に基づいて貧困線と関連すると考えられるもののみとするべきであろうか。問題は、主観厚生に影響するが、通常は貧困線の設定や貧困政策の形成といった課題とは無関係であると考えられているような、要因が存在することである。例えば、所得水準が同一であるとして失業は主観厚生を減少させるという、先進国に関する文献でよく見出される結果について考えよう。

もし、ベクトルXにこの変数が含まれるならば、他の事情を一定として、失業している人のほうが高い貧困線を持つべきである、と結論付けられる。貧困線を設定するその他の多くの方法ではこのような結果は得られず、反論は避けられない。効用が消費しうる財と余暇によって決定されるという標準の経済モデルでは、所得が同一であるとすると失業しているほうがよい、と結論付ける（このモデルでは、失業しないことが望まれるのは、雇用により追加の所得が得られ消費を増やしうることのみによる）。第3章で述べたように、この標準経済モデルは、失業に伴う大きな心理面の負担（psychic cost）について考慮していない点で、不完全であろう。厚生と整合する貧困線を失業者に対して高く設定すべきではないという議論をすることは、「厚生」の概念にこのような心理面の負担を含むべきでないという見解を取ることを意味する。この見解は、「厚生」を効用もしくは幸福を意味すると考える立場からは、受け入れうるものではない。

Xの中でＭＩＱへの回答に関する予測力が高い一部のみをＳＳＰＬを変化させる変数として用いる、とすることができる。用いられない変数は、標本平均値で一定とでもしておけばよいであろう。このように、個人間の厚生比較に関する外からの価値判断が求められる点で、ＳＳＬＰアプローチには、上述の他のすべてのアプローチと共通する面がある。これは避けられないとしても、ＳＳＰＬアプローチでは非市場財が扱われそれらのウェイト（価格は存在しない）はデータによって決められるので、外からの価値判断を要する選択はそれだけ少ない。もちろん、このようなデータに含まれるノイズについて統計上の処理をすれば、主観厚生に関する質問への回答からこのような選択をする上で十分に信用できる情報が得られる、ということが受け入れられねばならない。

ＭＩＱを適用するとき、多くの途上国で特に（それだけに限らないが）農村部において、「所得」という概念がうまく当てはまらないことがよく見受けられ、ＭＩＱに対して意味のある回答が得られるかどうかはまったく明らかでない。メンノ・プラダンとの研究において、筆者は、適切な質問票調査への回答によって得られる消費の十分さに関する定性データをもとにＳＳＬＰを推計する方法、を提案した[35]。回答者に必要とする最低消費額を聞く代わりに、単に、今の消費が十分であるかどうかを訊く。これにより、一次元のＭＩＱを多次元に拡張したものを得ることができる。ＳＳＰＬは、回答者がニーズを満たすのに十分であると答える支出額（の平均）である。実証の方法としては、標本中の家計が各種の財の実際の消費が十分であると答える確率は、「プロビット」と呼ばれる非線形回帰としてモデル化できる。いくつかの条件の下で、主観貧困線の唯一の解を、消費の十分さに関するプロビット回帰のパラメーター推定値から得ることができる。

いくつかのSSPLの推計が存在する。[36] 興味深いことに、これまでの推計から、SSPLに基づく全体の貧困率は客観貧困線から示唆される率とほとんど同じである、ことが示されている。[37] おそらく、「客観」絶対貧困線のパラメーターの選択の際に、ある特定の状況下で想定されるSSPLをすでに反映しているのであろう。しかし、貧困の特徴付けにおいては、いくつかの異なる点がある。客観貧困線を用いた途上国での研究では、しばしば、人数の多い世帯のほうが貧しいことが示される。そのような事例は、主観アプローチを用いたクロスセクションの研究ではあまり見られず、消費における規模の経済について通常の仮定を上回る大きな値が示されている。

例えば、客観貧困線が厚生と整合するかどうかを検証するために「経済はしごこ」質問（第3章）を用いたロシアの研究では、等価尺度の性質に著しい相違があることが明らかとなった。[38] 世帯人数に関する弾力性について見ると、客観貧困線では0.8であるのに対し、主観指標ではこの半分の大きさであった。[39]

主観データは、貧困を捉えるのに絶対基準と相対基準のいずれが適切であるか、をめぐる論争に新たな光を投げかけた。現在の平均所得の一定割合に設定される（強い意味での）相対貧困線の考え方は、支持されない。主観厚生に合致する貧困線は、平均所得に伴って上昇する傾向を持つが、弾力性は1よりも小さく、筆者とチェンにより提示された「弱い意味での相対貧困線」のほうに近い[40]（Ravallion and Chen 2011）。

いくつかの論文が、「相対欠乏」が主観厚生に及ぼす影響（「自己所得」が同じであるとすると、比較の対象とされる人々の状態が良いほど厚生の自己評価は低下する、傾向があること）と解釈しうる証拠を示している。[41] アメリカにおける研究で、主観厚生の回帰分析が相対基準を特に強く示したものがある。そこでは、自己所得は、居住地の平均値に対する相対所得を通してのみ主観厚生に影響し、それ自体としての独立した影響はない。[42] 証拠の多くは豊かな国に関するものであり、途上国に関しての研究成果からはあまり支持が得られておらず、自己申告の幸福度への相対欠乏の影響に関する検証では、相対欠乏の理論が想定するマイナスの効果ではなく、むしろ、「近隣所得」のプラスの外部効果が見られた[43]。

第5章　貧困・不平等指標

第Ⅱ部のここまでの話をまとめよう。われわれは、「経済厚生」がどのように測定されるのかを学習した。消費可能性が鍵であるが、それだけでは情報として十分ではない。厚生の指標や貧困線の設定において、経済学者は主に二つの追加情報に関心を向けてきた。第一は、例えば健康に日常活動を送るために適切な栄養を摂っていることなど、いくつかの基本ファンクショニングの達成に関するものである。第二は、社会としての主観貧困線を推計するために必要な、厚生に対する自己評価についての情報である。（その他の経済・社会指標でも同じことが起こるように）どのような貧困線にも何らかの恣意が含まれるが、ボウリーその他の人々の研究を受けて、ある一定の貧困線未満で生活する人々の数の減少を測定することは、社会の進歩を測る正当な手法である。

第3、4章で取り上げたさまざまな方法を適用することで、対象とする母集団について個人の経済厚生の指標の分布を得ることができる。よく用いられる指標は、家計の総消費もしくは総所得を、（世帯の構成や人数および直面する価格の違いに関連したニーズの相違を反映するデフレーターとして解釈される）各家計に固有の貧困線によって標準化したものである。本章では、選ばれた経済厚生の指標の分布に関する情報を、貧困と不平等に関する要約統計量に集計することに取り組む。

貧困と不平等の指標は記述と規範の両方の役割を持つ。規範として用いられるときには多くの議論を引き起こしがちであり、その論点は再検討する価値がある。したがって、本章では、第Ⅰ部での議論を振り返りつつ、測定に関して提案されたさまざまな規範上の基礎についての議論から始める。これにより、貧困の測定について考えるときに、それに先立って不平等の測定の議論をすることの意義が明らかにされる。その後、本章では、実際に用いられている主な貧困指標について論ずる。本章ではまた、これまでに開発されてきたさまざまな分析手法についても検討する。そこでは、集計貧困指標の要素分解や、異なる場所あるいは時点の間で、あるいは政策変化の有無で、貧困の序数比較を行う際に、結果の頑健さ（用いる貧困線や貧困指標を変えても結果が変わらないかどうか）を評価するための検証方法、が取り上げられる。ここでの検討から得られる一つの重要な教訓は、ある範囲で複数の貧困線を考慮することの重要さである。この点は、本章で後ほど取り上げる「中間層」の規模についての検討にも関係する。貧困と不平等の指標は政策立案と無縁ではなく、特定の政策の成果を評価することに「組み込まれて」開発された指標もある。顕著な例は、本章で後ほど取り上げる「ターゲティングの精度」に関する一連の指標である。

本章で説明されるすべての指標は、Ｓｔａｔａ、ＥＶｉｅｗｓ、ＳＡＳ、ＳＰＳＳといった標準の統計パッケージを用いて、一次データから計算することができる。また今では、この章で示すさまざまな指標や検証の計算に、ＤＡＤやＡＤｅＰＴの貧困モジュールといった特別に設計された使いやすいソフトウェアが利用可能である[1]。

5・1　規範上の基礎

（第1章で議論したように、）ベンサムやミルによって構築された古典学派の功利主義においては、社会の進歩や政策評価の基準は効用の算術合計である。この考えにおいても、所得の限界効用逓減の仮定から（Ｂｏｘ　1・13）、所得不平等はマイナスの効果を持つ。実際に、所得不平等指標は一般に、集計された社会厚生に対し不平等がもたらす損失として考えることができる。

説明のために、以下のような定型化された場合を考えよう。すべての人は、各自の実質所得のみに依存する同一の効用関数を持つとしよう。さらに、分析をわかりやすくするための単純化として、この共通の効用関数は所得の対数であるという仮定を置こう。また、一定の総所得のどのような分布も所得移転によって実現できると仮定する（ここでは、第Ⅰ部で触れ第Ⅲ部で再び取り上げる誘因効果を無視する）。すべての人が同じ効用関数を持つので、功利主義の社会厚生目標はすべての人が同じ所得である時に最大化される。

このように定型化された設定では、どのような所得不平等も必然に社会厚生の損失をもたらし、集計された社会厚生の水準は不平等による損失の分だけ低くなる。ここで暗に用いられている不平等指標は、後に（Ｂｏｘ５・４で）詳しく考察する指標の一つである「平均対数偏差」（Mean Log Deviation：ＭＬＤ）である。したがって、われわれは、実際にどのように不平等を測定するべきかについて、（かなり単純化しているが）明確な倫理上の基盤を持っている。アンソニー・アトキンソンによる重要な論文は、効用関数として所得の対数といった特殊な形のみならずより一般の関数形を用いた場合にも、規範上の基礎を持つ広範な一連の不平等指標を導き出しうることを示した（Atkinson 1970）。

一つの反論として、低い厚生水準に高いウェイトを与えるべきであるというものがある。われわれは社会における所得不平等に関心を持つのみならず、個人の厚生水準の不平等にも関心を持つ。このことについては、われわれは貧困に対する倫理上の嫌悪を示すために不平等に関する指標を求める、という考え方もできる。しかし、どのようにして厚生の不平等に対する嫌悪を組み込むべきなのであろうか。これまでの研究では、この問への取り組みは少ない。この問に取り組む上でありうる一つの途としては、功利主義の定式の一般化を図ることがある。社会厚生の導出においてすべての個人の厚生水準に等しいウェイトを付する代わりに、厚生水準が高いほど小さいウェイトを与える社会厚生関数（social welfare function：ＳＷＦ）を提示することができる（次節でその例を示す）。

この方法に従って、（第1章で論じたような）強い形のパレート原理を主張するとすれば、すべてのウェイトの値がプラスである必要がある。しかし、この条件は、すべてのウェイトの値がマイナスではないという、弱い条件に緩和できる。この条件では、個人の厚生水準がある点を超えるとウェイトがゼロであることが許され、そのような個人の厚生水準のさらなる上昇は社会としての価値の増大を生まないとされる。貧困指標は、このような考え方に沿って規範上の解釈を与えうる[2]。

上述の考え方をとる代わりに、ジョン・ロールズの（功利主義に基づかない）提案に従うこともできる。それは、正義の原則は何よりも最貧層に焦点を当て、（自由を重視することと整合して）最貧層の厚生の上昇に最も大きく貢献するような社会選択をすべきである、というものである（Rawls 1971）。これが「マキシミン」（maximin）のＳＷＦである（Ｂｏｘ　２・３）。貧困指標は時にこの規範アプローチを実行する方法として考えられる。しかし、二つの注意すべきことがある。第一に、従来型の貧困指標では、最貧層の厚生水準を明示してウェイトが附与されることはなく、その水準の変化が反映されることすらもない。第二に、ロールズは明らかに、特定の状況での相対指標を念頭に置いている。それは、すべての人がある（場合によっては相当に低い）貧困線を上回っていたらそれで良い、とするものではない。むしろ、それが達成されたならその次に恵まれない層に目を向け、次々と最も恵まれない層に焦点を当てることを求める。

貧困指標に対するさらなる倫理上の動機付けが、機会の不平等を考慮することによって見出される。これは、公正と効率への配慮を組み合せたものとして考えることができる。社会における機会の不平等を減少させてより均等な機会を保証する、という公正に対する動機付けがある。しかし、効率についても同時に考慮しなければならない。つまり、すべての人を最も貧しい人の生活水準まで引き下げることによって不平等を減少させることを望んでいるわけではない。したがって、政策は社会の最も恵まれない人々の厚生を最大化するべきである、というマキシミンの考えを何らかの形で受け入れることになる[3]。

5・2　不平等の測定

ほとんどの人が「貧困」と「不平等」の違いについてそれなりに明確な考えをもっている。通常の定義では、貧困は生活の絶対水準に関わるものであり、どれくらいの人がある定められた消費ニーズを満たせないでいるか、を意味する。ある社会に、その社会の基準で最低限であるとみなされる経済福祉の水準を達成できない人がいるときに、その社会において「貧困」が存在するといえる。不平等は生活水準の格差に関わるものであり、例えば、金持ちが貧乏人と比べてどれくらい多くを持っているかといったことである。この節では、よく用いられるいくつかの不平等指標の長所と短所について検討する。

応用研究において、経済学者は概して、全体の平均に対する個人の所得の比率によって不平等を測定する。この方法では、同じ比率ですべての人の所得が上昇するときには、不平等指標は変化しない（Box 1・8に記したように、これは不平等についての正当化できる唯一の考え方であるわけではない。この点については後ほど立ち返る）。不平等の測定において役に立つ図として「ローレンツ曲線」がある。これは、1人当たり（もしくは成人1人当たり換算）の世帯所得が低い順に世帯を並べ、人口中の最貧層p%が得る所得が総所得に占める割合を示す。Box 5・1ではローレンツ曲線についてさらに詳しく述べる。

単純な不平等指標として、最も裕福な人と最も貧しい人の間の所得の差がある。しかしこれは、その他のすべての人々を無視するので単純すぎる。それよりも、すべての人々の間の所得の差の平均をとるほうが望ましい。すべての人々の間の所得差の平均値を平均所得の2倍で割ると、下限0（すべての人が平均所得を得ていて不平等がない状態）から上限1（最も裕福な人が無限大の母集団のすべての所得を得ている状態）の間の値を取る指数が得られる。これが最も有名な不平等指数である「ジニ係数」である。[(4)] ジニ係数はローレンツ曲線とも直接に関係する（Box 5・1およ

Box 5. 1　ローレンツ曲線、ジニ係数、分布関数

ローレンツ曲線は、所得の低い順に並べた人口中の最貧者の割合 p（横軸）が総所得に占める割合（縦軸）で示される（図 B5.1.1)。図 B5.1.1の曲線に見られるように、ローレンツ曲線は一貫して右上がりでありその傾きは増加していく。45度線は完全に平等な場合を表し、すべての人が平均実質所得 $\bar{y}$ を得る（小文字 y で示される「実質所得」は、名目の所得または消費を物価指数と等価尺度で標準化することで得られる)。直感でわかるように、ローレンツ曲線が対角線から遠く離れているほど、不平等は大きいであろう。もし最も裕福な人がすべての所得を得ているならば、ローレンツ曲線は対角線から最も遠く離れ、横軸と一致し右端で対角線の終端点にジャンプする。

図 B5.1.1　ローレンツ曲線

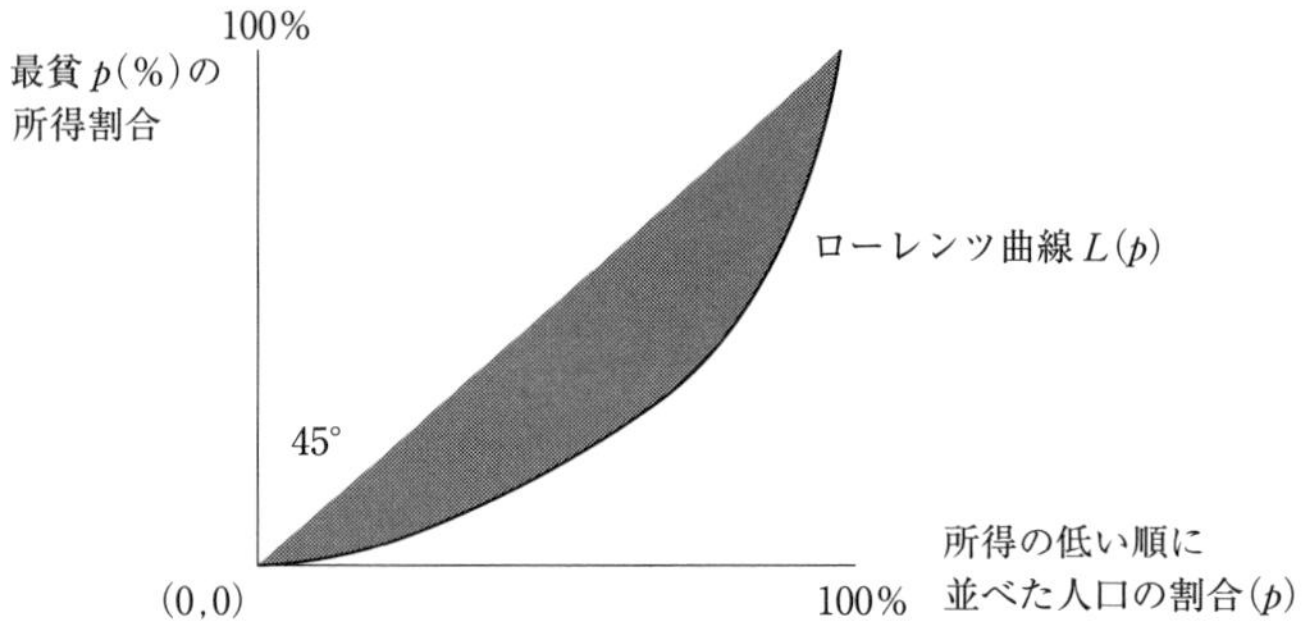

ジニ係数は図 B5.1.1の灰色の影の面積を 2 倍した値である。それはまた、母集団に属するすべての成員の間でのすべての組合せについての所得の差の絶対値の平均の 2 分の 1 を、所得の平均値で割った値とも等しい。ジニ係数は 0 から 1 の間の値をとる。すべての人が平均所得を得ておりそれがプラスの値であるときには、ジニ係数は下限値の 0 となる。最も裕福な人がすべての所得を得ているときには、母集団が大きくなるにつれて、ジニ係数は上限値の 1 に近づく。

ローレンツ曲線は累積分布関数（CDF)、つまり所得が y 以下の人口の割合である $p = F(y)$ と関連する。CDF の傾きは密度関数と呼ばれ、所得 y

の人々の割合を示す。もしCDFをひっくり返せば（座標軸を入れ替えれば）、分位関数 $y(p)$ を得ることができる（例えば、$y(0.5)$ は中央値である）。そして、横軸の値が p である点におけるローレンツ曲線の傾きは、平均値 $\bar{y}$ により標準化された分位関数値 $y(p)/\bar{y}$ である。

歴史メモ：マックス・ローレンツは1905年にローレンツ曲線のアイディアを示したアメリカの経済学者である。そのとき、彼は29歳で、ウィスコンシン大学マディソン校の博士課程在学中であった。コッラド・ジニは1912年にこの有名な不平等指数を開発したイタリアの統計学者である。ジニの論文はイタリア語で出版された。ヒュー・ダルトンによって、ジニ係数とそのローレンツ曲線の関係が英語圏の読者に注目されるようになった（Dalton 1920）。

びＢｏｘ５・２）。

ジニ係数は「移転公理」（あるいは移転原則）と呼ばれる条件を満たす多くの指標のうちの一つである。Ｂｏｘ５・３では、移転公理など、不平等指標に望まれる性質について論ずる。移転公理は、どの不平等指標が用いられているかを特定することなしに不平等の大小を評価しうる、強力な性質である。もし分布Ａのローレンツ曲線が全域において分布Ｂのローレンツ曲線よりも上に位置するならば（互いが接するのは上下限の２点のみ）、ジニ係数を含み移転公理を満たすどのような指標によっても、ＢよりもＡのほうが不平等は明らかに小さい[5]。

ジニ係数は不平等指標に望まれるすべての性質を持つわけではない。もし世界全体の貧困を測るのと同じように「世界全体の不平等」を測定するとすれば、すべての国の国境を無視し、すべての住人を一つにまとめ、あたかも一つの国であるかのようにして不平等を測る。この世界全体の指標は、当然に、各国間の不平等と各国内の不平等の両方に依存する。したがって、時とともにそれがどう推移するかは、（大まかにいえば）豊かな国と貧しい国の成長率の高低と、経済の変化や政策などそれぞれの国で起こり不平等に影響を与える事柄、によって決まる。しかし、国のパフォーマンスを地域もしくは世界全体のレベルで比べる場合には、不平等の国内要素部分を分離することが望ましい。多くの不平等指標があり、一群の国々の全体としての平均不平等指数を計算できるが、それ

Box 5.2* ジニ係数についてのさらなる説明

実質所得の分布 $y_1, y_2, \cdots, y_n$ がありその平均を $\bar{y}$ とするとき、個人 i と個人 j の所得の差の絶対値は $|y_i - y_j|$ で示される。n^2 通りのすべての所得の組合せに対し、所得差の絶対値の平均値（Δ）は、以下の式で与えられる。

$$\Delta = \frac{1}{n^2}\sum_{i=1}^{n}\sum_{j=1}^{n}|y_i - y_j|$$

（すべての所得の組合せについて絶対差を計算するので、二重の Σ が必要なことに注意せよ）。ジニ係数（G）は、最も裕福な人がすべての所得（$n\bar{y}$）を得ている時に取る最大値が1を超えないように、Δ を標準化することで得られる。$G = \Delta/(2\bar{y})$ とすればよいことは容易に証明できる。最も裕福な人がすべての所得を得ている時に得られる値は $1-(1/n)$ であり、n が無限大に近づくにつれて上限の1に近づいていく。

さらなる学習のために：今や古典となっているジニ係数の取扱いがアマルティア・センの『不平等の経済学』（初版）に見出される（Sen 1973）。専門度の高い解説はセンの別の論文に含まれている（Sen 1976b）。『不平等の経済学』（初版）の改訂版としてジェームズ・フォスターとセンによる『不平等の経済学』（拡大版）も参照（Foster and Sen 1997）。

らの指標一部のみが、総不平等のうちの国内不平等要素を明確に分離することができる。このような正確な分解は、広く知られるジニ係数（Box 5.1とBox 5.2）ではできないことが知られている。[6] 平均対数偏差（Mean Log Deviation：MLD）は役に立つ解決法を提供する。MLDの値は、全体の平均所得の個人所得に対する比率の対数値を（適切にウェイト付けし）平均することで得られる。詳しくはBox 5.4を参照されたい。

5.1節の議論を受けて、われわれは不平等による社会厚生の損失として不平等指標を考えることができ、それぞれの指標に対してどのようなSWFが基礎にあるのか、そしてそれが論理上で妥当な

Box 5. 3　不平等指標に望まれる性質

「移転公理」(transfer axiom) は、ある人Aからより貧しい (より裕福な) 人Bに、所得順位に変動を及ぼすことなくお金の移転が行われたときに、不平等指標が低下 (上昇) すべきことを説く。このとき、ローレンツ曲線のどこかが上方 (下方) に変位している。この公理は大いに納得がいき、広く受け入れられている。多くの不平等指標が (Box5.2で述べたジニ係数を含め) 実際にこの公理を満たしているが、所得の対数の分散、平均値を中央値で割った値、などのいくつかの指標はこの公理を満たさない。

分布の次のような変化を考えてみよう。当初の状態Aでは、その社会の5人の所得水準 (1日当たり、ドル) は次のように分布している。

$$A:(0, 10, 10, 10, 10)$$

1日10ドルの所得の誰かから最も貧しい人に3ドルが移転されたとき、新たな分布は次のBのようになる。

$$B:(3, 7, 10, 10, 10)$$

この変化は移転公理の前提条件に適合しており、AからBへの変化により不平等が低下したとみなすことは理に適っている。しかし、次のような異議がありうることも認めねばならない。

・同じ所得の人どうしのペアの数が、状態Aでの6組から状態Bでの3組に減少する。
・10ドルを持ち続ける人は、自分と無関係な所得ゼロの貧しい人の所得の増大よりも、同じ所得であった仲間が所得を失ったことのほうを、重大と感じるかもしれない。
・相対欠乏 (誰かと比べて貧しい) と感じるかもしれない人が1人から2人に増えている。

広く受け入れられているもう1つの公理として、「匿名性」(anonymity) (あるいは、「対称性」[symmetry]) と呼ばれるものがある。これは、誰がどの所得水準であるかは指標の値に影響しないことを示している。上のリストにあるそれぞれの所得には名前は付随していない。状態Aで、最も貧しい人と所得水準が10ドルである誰か1人との所得を入れ替えたとすると、状態Cを得る。

C : (10, 10, 10, 10, 0)

匿名性のもとでは、AとCの不平等指標は同一である。これについても疑義が呈されるかもしれない。現実の社会では、それまで10ドル持っていた人は異議を唱えるに違いない。所得の入れ替えが損得ともども相当に起こっているのに不平等度が変わらないと言うのは、説得力がないかもしれない。

第3の公理は、「尺度独立性」(scale invariance) と呼ばれるものである。これは、すべての所得を同じ倍率で増加させても不平等指標は変化しない、というものである。したがって、この公理の下では、次の分布Dは分布Aと同じ不平等度を持つ。

D : (0, 20, 20, 20, 20).

これについても疑義が呈されるかもしれない。最も裕福な人と最も貧しい人の所得の絶対差は2倍になっているからである。不平等についての人々の判断は、しばしばこの公理とは異なるようである。

第4の公理は、「複製不変性」(replication invariance)(母集団不変性[population invariance] とも呼ばれる) である。これは、母集団を複製もしくは同一の母集団を複数合わせても不平等指標は変化しない、ということである。この公理の下では、例えば、次の分布Eは分布Aと同じ不平等度を持つ。

E : (0, 10, 10, 10, 10, 0, 10, 10, 10, 10)

その他の公理に「分解可能性」(decomposability) と呼ばれるものがある。これは、全体の不平等は集団間の不平等と集団内の不平等を足し合わせた合計として表せる、ことを意味する。分布Aを2つの集団に分割するとしよう。

A_1 : (0, 10)
A_2 : (10, 10, 10)

集団 A_1 は高い不平等度（最大の所得差）を持つ一方、A_2 には不平等はない。直感で、２つの集団間の不平等（両集団の平均所得の比較による）は、それぞれの集団内の不平等の間の値となりそうである。

分解可能性に対しても異議が唱えられうる。この設定で見ているのは所得の分布のみであり、集団は何も特別なアイデンティティを持たず、どの集団に属しているかということ自体にはまったく意味がない。しかし、時には、（人種や性別といった）集団のアイデンティティが重視される場合もある。不平等の分解において集団間の不平等の寄与が小さいからといって、集団のアイデンティティは不平等に関係しないという主張が世の人々に受け入れられることはないかもしれない。

さらなる学習のために：不平等指標に関する重要な初期の貢献としてアンソニー・アトキンソンの論文がある（Atkinson 1970）。不平等指標の公理の厳密な取扱いはフランク・コウエルの研究に見出される（Cowell 2000）。ここでの議論は、移転公理についてはセルジュ・コルムの論文に、集団のアイデンティティについてはラヴィ・カンブールの論文に、拠っている（Kolm 1998; Kanbur 2006）。また、ジェームズ・フォスターらの *A Unified Approach to Measuring Poverty and Inequality* の第２章も参照（Foster et al. 2013, ch.2）。

ものであるかどうかを問うことができる。ジニ係数に対応するＳＷＦは、所得分布での順位で最も所得が低い人に最も高いウェイトが与えられるようにウェイト付けされる。このＳＷＦには疑問の余地がある。ウェイトとして所得分布における順位を用いることの論理上の根拠がどこにあるのかは明確でない。おそらく功利主義者は、効用関数が所得の限界効用逓減を示さないことに異議を唱えるであろう（このウェイトは、ジニ係数が移転公理を満たすように設計されている）。ＭＬＤは、効用が所得の対数で示される場合に功利主義のＳＷＦに対応する不平等指標であるため、この点では受け入れられやすい（Ｂｏｘ５・５）。しかしながら、功利主義の目的設定において各人の厚生水準に等しいウェイトを与えることについても、貧困に対する人々の嫌悪感（５・１節）を適切に反映していないと

Box 5. 4* 平均対数偏差：扱いやすく洗練されているが、あまり用いられない不平等指標

ジニ係数が長きにわたり最も多く用いられてきた不平等指標であるが、いくつかの基準に照らして最も望ましい指標とは言えない。代わりに平均標準偏差（MLD）について考えてみよう。消費もしくは所得の分布 $y_1, y_2, \cdots, y_n$（すべての要素が正の値であると仮定する）で平均値が$\bar{y}$であるとき、MLD は次のように定義される。

$$MLD = \frac{1}{n}\sum_{i=1}^{n}\ln\left(\frac{\bar{y}}{y_i}\right)$$

ジニ係数と同様に、この指標は移転公理（Box5.3）を満たす。しかし、ジニ係数と異なり、MLD は人口の部分集団間で厳密に分解可能である。それを確認しよう。上の n 人の個人は相互に重ならない N 個の集団（例えば国）に割り当てられるとしよう。y_{ij}は、集団 j（n_j 人からなる）に属する個人 i の消費を示すとしよう。そのとき、MLD は以下のようにも書ける。

$$MLD = \ln\bar{y} - \sum_{j=1}^{N} s_j \sum_{i=1}^{n_j} \ln y_{ij}$$

ここで、s_j は集団 j が人口に占める割合である。これは、さらに次のように書くことができる。

$$MLD = MLD^W + MLD^B$$

ここで、

$$MLD^W = \sum_{j=1}^{N} s_j\left(\ln\bar{y}_j - \sum_{i=1}^{n_j}\ln y_{ij}\right)$$

$$MLD^B = \ln\bar{y} - \sum_{j=1}^{N} s_j \ln\bar{y}_j$$

はそれぞれ、国内と国間の構成要素であり、$\bar{y}_j$ は集団 j の平均値である。このように、総不平等は、集団の規模でウェイト付けされた集団内の不平等と集団間の不平等に分解される。

MLD はまた、Box1.8で記された「縦の（vertical）不平等」と「横の（horizontal）不平等」の区別を示す上でも有用である。この点については第9章で再び論じる。

さらなる学習のために：MLD はアンリ・タイルの *Economics and Information Theory* で提示された「一般化エントロピー指標」の1つである（Theil 1967）。フランソワ・ブルギニョンは、（不平等指数の性質に関する緩やかな限定の下で、）MLD は人口規模による加重により分解可能であり移転公理を満たす唯一の指標であることを示した（Bourguignon 1979）。

いう反対がありうる。この問題は、ジニ型のウェイトと限界効用の逓減を組み合わせた混合指標によって解決することができる。つまり、ＭＬＤを一般化し、効用が順位によってウェイト付けされるジニ型のＳＷＦを組み込む。それによって、ジニ係数の欠陥（背後にあるＳＷＦが所得の限界効用逓減を反映していない）とＭＬＤの欠陥（低い効用に高いウェイトを与えていない）の両方に同時に対処することができる。Ｂｏｘ５・５では、この不平等指標についてさらに詳しく述べる。

「不平等」を表す指標のその他の候補として、貧困線を平均所得の一定の比率に設定する強い意味での相対貧困指標がある（第4章で論じられた）。これは、貧困に対する人々の嫌悪感を明確に示す。しかし、この指標は移転公理を満たさない点に注意を要する。例えば、分布Ａが分布Ｂに対してローレンツ優位で、望ましい性質を持つ不平等指標では分布Ａのほうが分布Ｂよりも不平等が小さいとされても、強い意味での相対貧困指標は分布Ａのほうが分布Ｂよりも高いことがありうる。[7] たとえ分布Ａのほうが分布Ｂよりも不平等と絶対貧困は明らかに低い場合であっても、強い意味での相対貧困指標では分布Ａにおいて分布Ｂよりも大きな貧困が存在するとの評価を下すことがありうる。このような例は、所得移転が貧困層の中でだけで起きる場合にも生じることがありうる。したがって、強い意味での相対貧困指標は平均所得に対して独立であるのみならず、相対貧困についての理に適った規範上の判断とも一致しないかもしれない。

この節のこれまでのところでは、すべての所得が一定割合で変化したときに

Box 5. 5* 不平等と社会厚生

5．1節で論じたように、所与の平均所得の下で不平等によって生じる社会厚生の損失を示すものとして、不平等指標を考えることができる。所得を最高から最低まで、$y_1 \geq y_2 \geq , ..., \geq y_n$ の順序で並べると、ジニ係数に対応する社会厚生関数（SWF）を次の式で表すことができる（n が大きいときには最右辺の式が近似で成り立つ）。

$$\frac{2}{n^2}\sum_{i=1}^{n} iy_i = \left(\frac{1}{n}+1-G\right)\bar{y} \cong (1-G)\bar{y}$$

この「ジニ SWF」は、貧しい人の所得に大きなウェイトを与える（$\sum iy_i = y_1+2y_2+\cdots+ny_n$ である）。個人 j から個人 k に 1 ドルを移転する（その他の変化は一切ない）ときに、$k > j$ であるならば（であるときのみ）ジニ係数は低下する。ジニ係数と平均所得を掛け合わせた値（$G\bar{y}$）は、不平等による社会厚生の損失と解釈しうる。ジニ SWF は厚生水準が低い人に高いウェイトを付するが、厚生は単に所得によって測定され、所得の限界効用逓減という功利主義の考えは組み込まれていない。

Box5.4の最初の数式を以下のように書き直せば、MLD に対応する SWF を得ることができる。

$$\frac{1}{n}\sum_{i=1}^{n}\ln y_i = \ln\bar{y} - MLD$$

左辺は、対数型の通常の効用関数の平均効用である。対数変換により所得の限界効用逓減が示されている（Box1.13)。これは不平等指標として MLD が用いられる際に暗黙に採用される SWF である。右辺は、平均所得の対数、すなわち一定額の総所得が再分配されて得られる平均効用の最大値、から MLD を差し引いたものである。したがって、総所得を変えることなしに所得が再分配されると仮定すれば、MLD を不平等による社会厚生の損失分として解釈することができる（かくて、5．1節での命題が証明された)。

アンソニー・アトキンソンによって提案された効用関数は、$\varepsilon \neq 1$ である

ときには $y^{1-\varepsilon}/(1-\varepsilon)$、$\varepsilon=1$ であるときには $\ln y$、というように一般化されたものである（Atkinson 1970）。パラメーター ε の値が高いほど、所得不平等に対して大きなマイナス評価を課することを暗に意味し、アトキンソンの一連の不平等指標に対応する。

MLD（より一般にアトキンソン関数）は所得の限界効用逓減は考慮しているが、効用には均等なウェイトを与える。この問題に対処する簡単な方法は、効用は（ジニ係数のように所得水準ではなく）対数所得であるという仮定はそのままにして、順序によってウェイト付けされるジニ型の SWF（Box5.2）を採用することである。したがって、新たな SWF は、所得が最も豊かな人（$i=1$）から最も貧しい人（$i=n$）の順に並んでいるとき、$\sum_{i=1}^{n} i \ln y_i$ となる。新たな MLD は次の関数で表される。

$$MLD^* = \frac{2}{n(n+1)}\sum_{i=1}^{n} i \ln\left(\frac{\bar{y}}{y_i}\right)$$

（$\sum_{i=1}^{n} i = \frac{n(n+1)}{2}$ である。）この修正された MLD 指標は、分解可能性という素晴らしい性質（Box5.4）を失ってしまう、という欠点を持つ。

は変化しないような、相対不平等の指標についてのみ見てきた。この相対アプローチでは、不平等を個人の所得の比率により捉え、尺度独立公理（Box 5.3）を満たす相対指標を用いて不平等を測定するのが通例である。他方で、平均に対する比率によって表されるような相対比にではなく、生活水準の絶対差に着目する「絶対不平等」のアプローチもある。平均を用いて標準化せずに、絶対差により不平等を測定することも十分になしうることである[8]。この区別を理解するために、それぞれ1000ドルと1万ドルの所得を持つ2世帯のみからなる経済を考えよう。両者の所得が2倍になったときにも、高所得世帯は低所得世帯の10倍の所得を持つことは変わらず、相対不平等指標は変化しない。しかし、両世帯の所得の絶対差は9000ドルから18000ドルへと2倍になる。相対不平等は変わらないが、絶対不平等は大幅に上昇している。

不平等指標につき絶対か相対かの選択は、「すべての所得が一定割合で変化したときに指標は変化しない」という尺度独立公理（Ｂｏｘ　５・３）を受け入れるかどうかにかかる。これは公理であり、受け入れなければならないものではない、ことを忘れてはならない。すべての人の所得に同一金額を追加することは不平等を変化させない、という言い方のほうを好む人もいるであろう（これは並進不変性［translation invariance］と呼ばれることもある）。ジニ係数を異なる時点につき計算するときに平均値を（ある基準値、例えば基準年、に）固定するならば、それは、Ｂｏｘ　５・２の相対指標とは異なる、絶対ジニ係数となる。

これは学術論争にとどまることではない。世の中で「不平等が増大している」という見方がなされるときには、「富裕層と貧困層の間の格差の増大」といった言い方がよく聞かれるように、しばしば絶対不平等が念頭に置かれているようである。そして、不平等につき絶対と相対のどちらの立場を取るかは、分配政策の見方に関係する。セルジュ・コルムは次のような例を示した。１９６８年5月にフランスで学生や労働者による大規模な抗議運動が起き、その結果として、すべての給与を13％引き上げるグルネル協定が結ばれた。しかし、運動参加者の多くは、この協定によって所得の不平等が増加するとの見方から、だまされたと感じた（Kolm 1976）[9]。第８章で論じるように、不平等を絶対差で見るか相対比で見るかは、経済成長が生む利益の分配に関する長年の政策論争に大きな関わりを持つ。

一方の見方が「正しく」他方が「誤っている」ということではない。不平等の大きさを捉える際の異なる価値判断を反映しているのである。そして、多くの人々が不平等を絶対差で考えるようである。ヨラム・アミエルとフランク・コウエルは、どちらの不平等の見方が人々に支持されているかを明らかにするために単純だが巧妙な実験を行い、彼らが調査した（英国とイスラエルの）大学生の40％が、不平等を相対比ではなく絶対差で見ていることを明らかにした（Amiel and Cowell 1992, 1999）[10]。２０１４年に著者は、アミエルとコウエルが用いたのと同様の質問の一部を自分のクラスの学部生に（コンピューターによる匿名回答手法を用いて）行った。これらの学生は本書を教材として授業を受けたが、この調査は、不平等指標の公理について授業で扱う前に行った。１３０人の回答者のうち、不平等を相対比で考える人と絶対差で考える人がほぼ半々であった。興味深いことに、相互比較される所得の水準が低いときには絶対差で考える人が明らかに多く、高いときには相対比で考える人が多数であった。他方で、ほとんどすべての人が匿名性公理と移転公理の両方に同意した[11]。

5・3　貧困の測定

個人の厚生の指標が標本中の各世帯に対して推計されているとしよう。時には、各世帯に対し、この指標の時を追っての値が得られているかもしれない。このような「複数時点情報」（time profile）は慢性貧困から一時貧困を区別するのに役立つ（5・4節）[12]。しかし目下のところでは、各世帯に対して一つの値のみがあるとしよう。この情報を、分布の間での比較をするために各分布を特徴付ける貧困指標に集約するには、どうすればよいであろうか。これまでの研究では、貧困指標に望まれることとして、多くの公理が示されている。Ｂｏｘ５・６では、その主要なものを検討する。

貧困指標

貧困指標に関しては、多くの文献がある[13]。ここでは、もっぱら加算指標に焦点を当てる。これにより大きな限定がなされることはなく、この種の指標は望ましい性質を持つと知られているためである（Ｂｏｘ５・６）[14]。すべての指標について論じるよりもむしろ、代表としていくつかの加算指標に焦点を当て、それぞれの長所と短所について議論する。Ｂｏｘ５・７で関連する用語が説明される。

最も単純な（最もよく用いられる）指標が「貧困率」（headcount index：H）である。これは、経済厚生Yの指標の値が貧困線Zを上回らない人が全人口に占める割合である。これはＣＤＦ上の1点、すなわち、所得もしくは消費がある水準以下である人（より正確には、1人当たり所得がある水準以下である世帯に属する人）が全人口に占める割合

Box 5. 6　貧困指標に望まれる性質

最も広く同意されるのは「焦点性公理」（focus axiom）と呼ばれる性質である。これは、貧困指標は、貧困とはみなされない人の所得もしくは消費の（変化後も貧困ではないような）どのような変化によっても影響を受けない、というものである。この公理に関しての問題点は、誰が貧困であり誰が貧困でないかは確実にわかる、と仮定していることである。

その他に望ましい性質として考えられるのは、「単調性公理」（monotonicity axiom）と呼ばれるものである。これは、その他のすべてを一定とした場合に、もし貧しい人の所得が減少するならば、貧困指標は上昇しなければならない、というものである。これはとても魅力的であるが（この後に見るように）最もよく用いられる貧困指標では満たされない。最後の公理の拡張は、「部分集団単調性公理」（subgroup monotonicity）と呼ばれるものである。これは、人口を２つの固定されたサイズの集団に分割するとき、１つの集団で貧困が増加しもう１つの集団で変化がないならば、集計された貧困は増加しなければならない、ことを表す。これもまた理に適っているようである。都市農村間の人口構成に変化がなく、また都市部における貧しい人の一切の損失なしに、農村部での貧困削減に成功した後で、その国の貧困が全体として上昇するというのは確かに奇妙である。すべての「加算指標」（additive measures）、すなわち、集団における貧困はその成員たる個人の貧困の算術合計であるとする集計指標、はこの公理を満たす。

不平等指標と同じように（Box5.3の議論を参照）、その他の多くの公準が提案されてきた。貧困指標の文脈において、「尺度独立性」（scale invariance）は、すべての所得と貧困線が同じ比率で変化するときに指標は変化しないことを意味する（そのような指標はゼロ次同次と呼ばれる）。「複製不変性」（replication invariance）は、現在の母集団を複製した時、もしくは同一の母集団を集めた時に、指標は変化しないことを要請する。貧困指標の「移転公理」（transfer axiom）は、所与の金額を貧しい人からより貧しい人へ（順位の変更なく）移したときは、いつでも指標が減少することを示す。

文献メモ：いくつかの文献では尺度独立性を満たす指標は「相対貧困指標」（relative poverty measures）と称され、代わりに並進不変の性質、つまり、すべての所得と貧困線に同額を加算したときに不変であること、を満たす「絶対貧困指標」（absolute poverty measures）と区別される。この区別の基本の考えは、不平等指標について学んだものと同じである（5．2節）。ここでは、絶対貧困線と相対貧困線の区別（第4章）との混同の恐れを避けるために、上記の2つの専門用語は使わないこととする。

さらなる学習のために：影響力の大きい初期の貢献としてアマルティア・センの研究がある（Sen 1976a）。ブラッコビーとドナルドソンの研究は、尺度独立性公理を含む多くの点について議論している（Blackorby and Donaldson 1980）。部分集団単調性についてはフォスターとショロックスの研究を参照のこと（Foster and Shorrocks 1991）。ブホン・ツェンは、その他の公理を列挙している（Zheng 1993）。また、文献の中で示されるさまざまな公理の概観については、フォスターらの *A Unified Approach to Measuring Poverty and Inequality* の第2章を参照せよ（Foster et al. 2013, ch.2）。

を示す関数をFとするとき、$F(Z)$で表される点に対応する。

Hは他を圧して最も多く用いられる指標であるが、最も良い指標ではない。Hは理解も伝達も容易にでき、全体としての貧困削減の進展の評価といった種類の貧困比較には適している（できれば常に少なくとも二つの貧困線について計算するのがよいが）。しかし、ある特定の政策が貧困層に与えるインパクトの分析といった目的のためには、Hは深刻な欠陥を有する。どういうことかと言うと、1人の貧しい人が突然にさらに貧しくなったときに、Hの値は何の影響も受けない。この指標は、貧しい人々の間での貧困の深さの違いにまったく反応しないのである。

このことは、時とともに貧困削減がどう進展するかを見るときや、貧困に対する政策のインパクトを見るときに、重要でありうる。図5・1の(a)と(b)のそれぞれに二つのCDFが描かれている。それぞれで、上が政策変化の前の、下は後の、分布を示す。Hに対するインパクトは同様であるが、貧しい

Box 5. 7　貧困指標の用語解説

貧困率（H）

1人当たり（もしくは成人1人当たり換算）所得が貧困線以下である世帯に住む人口の割合。人口 n の中で、q をこの定義で貧困とされる人とするとき、貧困率 H は、貧困とみなされる人口の割合である（$H=q/n$）。これは焦点性公理と尺度独立性公理を満たすが、Box5.6に挙げたその他の公理は満たさない。

貧困ギャップ指数（PG）

すべての貧困者について貧困線からの乖離幅を貧困線で割った値（貧困ギャップ率、非貧困者についてはゼロとする）の全人口での平均値である。この指標がどのように計算されるかを示すために、所得水準（Y）で見て貧困線以下の人々につき、その水準が低いほうから $Y_1, Y_2, \cdots, Y_q$ と昇順に並べる。貧困者 i の貧困ギャップ率は $(Z-Y_i)/Z=1-Y_i/Z$ と定義され、PG はこの値の平均値である。PG は Box5.6の移転公理を満たさない。

所得ギャップ率（I）

すべての貧困者について貧困線からの乖離幅を貧困線で割った値（貧困ギャップ率、非貧困者についてはゼロとする）の貧困層中での平均値である。I は Box5.6の単調性公理と移転公理を満たさない。

二乗貧困ギャップ指数（SPG）

PG と類似しているが、貧困ギャップ率の平均値ではなく、貧困ギャップ率をそれ自体でウェイト付けした加重平均値である。SPG は、貧困ギャップ率の2乗 $(1-Y_i/Z)^2$、の平均値として計算される。この指標は Box5.6のすべての公理を満たす。

ワッツ指数（W）

すべての貧困者について貧困線と所得との乖離を相対比率として表すとき、

その対数値の平均値である（その際に、非貧困者についてはゼロとする）。この値は、貧困線と所得の両方を対数変換し前者から後者を引いて得られた値の平均値、としても計算することができる。W は、Box5.6のすべての公理に加えて、文献にあるその他のいくつかの公理も満たす（Zheng 1993）。

図5.1　貧困削減の定型化された描写

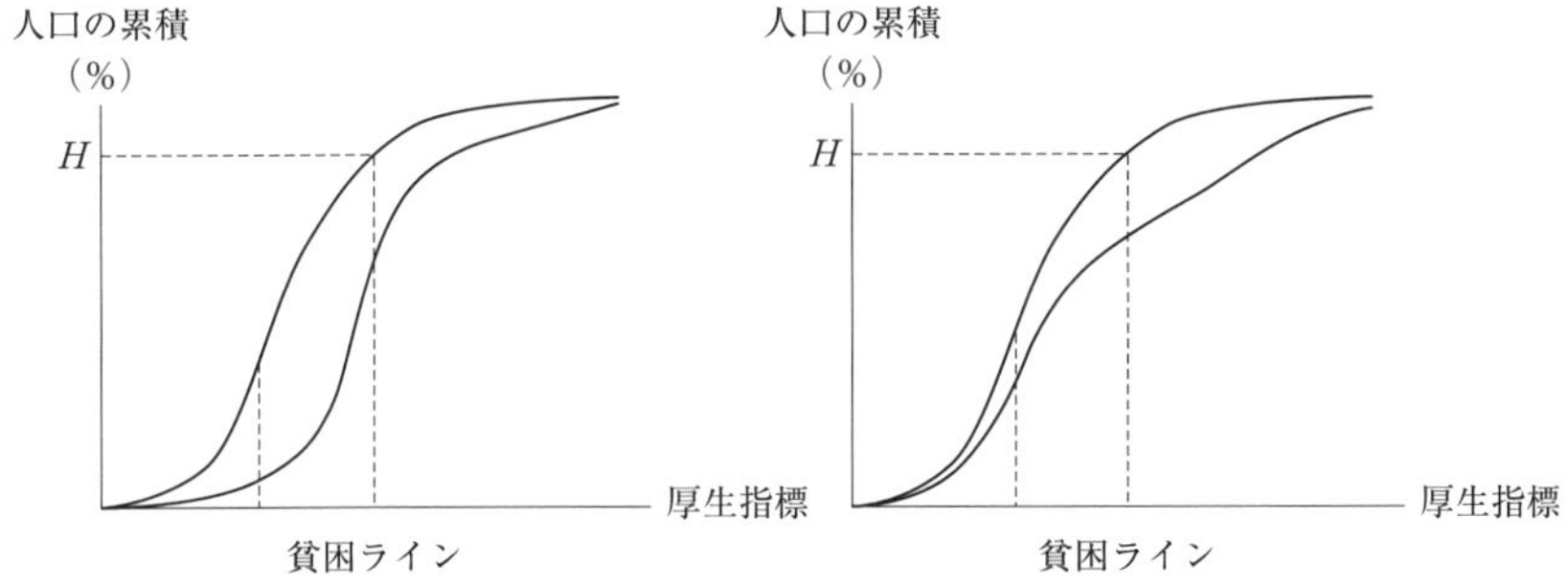

(a)すべての人が良くなる　(b)最貧層が取り残される

人々の間での利益の分配は大きく異なっている。（水平差分によって測られるように）貧困線以下の人々の利益は(a)の場合のほうが大きい。

貧困線以下での貧困の程度を捉えうる指標として、貧困ギャップ指数（PG）がある。これは、貧困線を下回る程度を比率として表し人口における平均を取ったものである（Box 5・7）。Box 5・8では、PGを定義するさまざまな方法について論じ、その性質を理解するための一助とする。

PGの欠点は、貧困層の中での貧困の深刻さの違いを捉えられない場合があることである。例えば、4人の人々の消費について二つの分布を考えてみよう。分布Aは（1,2,3,4）であり、分布Bは（2,2,2,4）である。貧困線$Z = 3$とすると（したがって、いずれのケースも$H = 0.75$）、分布Aも分布Bも$PG = 0.25$と同じ値を取る。しかし、最も貧しい人の消費は、分布Aでは分布Bのわずか半分である。分布Bは、分布Aの貧困層の中で最も消費水準の高い人から最も貧しい人への移転により実現される。しかし、両方の分布の貧困ギャップは同一である。言い換えれば、PG指標は移転公理を満たさ

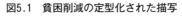

Box 5.8 貧困ギャップ指数のさまざまな見方

Box5.7では、PGは、貧困ギャップ率（非貧困者についてはゼロとする）の全人口での平均値と定義された。PGを定義する他の方法として、$PG = I \cdot H$がある。ここで、IはBox5.7で「所得ギャップ率」と定義されたものであり、M^zを貧困層の平均所得として$I = 1 - M^z/Z$である。所得ギャップ率は貧困指標として適切ではない。その理由は以下のとおりである。貧困線のほんの少し下にいる貧困者の所得が高まり貧困から脱却したときに、残った貧困者たちの所得の平均値は下がり、所得ギャップ率は上昇する。1人の貧困者の状態が良くなり他の誰の状態も悪くなっていないのに、この指標で見ると貧困は減少ではなく増大を示すという困ったことになる。この問題は、所得ギャップ率に貧困率を乗じたPGを用いるならば生じない。同様の状況において、PGは貧困の減少を示すであろう。

PGは、貧困層に的を絞った所得移転によって貧困を根絶する最適な方法の指標としても解釈できる。ターゲティングされた所得移転を用いて貧困根絶を実現するための最小費用は、全人口の貧困ギャップ（非貧困者についてはゼロとする）を足し合わせた額である。このような所得移転により、各貧困者の貧困ギャップはちょうど貧困線に達するように埋められる。そのための費用は$(Z - M^z) \cdot q$である（qは貧困者の数である）。明らかに、これを実現しうるには政策立案者は多くの情報を有していなければならない。「貧困層を益する」ことを意図する政府が、貧困削減を実現する上でこれよりはるかに多くの額を費やしていても、驚くにはあたらない。逆の極端として、政策立案者が誰が貧困で誰がそうではないかの情報を一切持たないとするならば、そのとき貧困根絶を確実に実現するのに要する費用は最大となる。すなわち、すべての人にZの額を与えなければならず、したがって、費用は$Z \cdot n$となる。PGは、貧困根絶の実現を図る際の、ターゲティングが完全であるときに必要とされる最小費用$(Z - M^z) \cdot q$の、何のターゲティングもされないときに必要とされる最大費用$Z \cdot n$に対する比率である。したがってPGは、ターゲティングにより貧困削減のための予算がどれだけ節約しうるかを示すもの、とも見ることができる。もちろん、実際にどれだけの節約がなされるかは別の問題である。それについては第10章で取り上げる。

ない。

文献には、貧困層の中での不平等の増大を貧困の増大とみなし移転公理を満たす貧困指標が、いくつかある（Box 5・6）。[15] 応用研究で用いられてきたのは、大部分が加算指標である。加算指標は、全体としての貧困水準は社会のさまざまな部分集団の貧困水準を人口で加重して合算したものと等しい、という性質を有する。このような加算性は、貧困層を特徴付ける際や貧困比較の仮説検定を行う際に、概念上も実際上も強みを持つ。いくつかの事項については後にまた論ずる。

貧困層の中での不平等の増大を貧困の増大とみなす加算指標は、ハロルド・ワッツによって最初に提案された（Watts 1968）。これはワッツ貧困ギャップ比率（貧困線を所得で割った値の対数）の平均であり、非貧困者についてはゼロとする（Box 5・9でワッツ指標について詳しく述べる）。この指標はあまり用いられることがなく1990年代半ばまであまり知られていなかったが、多くの望ましい性質を持っている。[16] この指標は、この章の後段と第8章で取り上げられる経済成長の利益の帰着について論ずるために、とりわけ有用である。

ワッツ指標は、分配に感応する多くの加算指標の中の一つである。[17] 最近の例としては、ジェームズ・フォスター、ジョエル・グリアー、エリック・ツォルベクによって導入された二乗貧困ギャップ（SPG）がある（Foster, Greer and Thorbecke 1984）。これはPGと似ているが、個人の貧困ギャップ比（貧困ギャップを貧困線で割った値）がその値自体でウェイト付けされるという（重要な）違いがある。[18] 貧困ギャップ比が10%であれば10%の加重が、50%であれば50%の加重がなされる（PGでは貧困ギャップ比は同一のウェイトを付されて集計される）。SPGは、貧困ギャップ比（非貧困者についてはゼロとする）の二乗の全人口における平均値、として得られる。

SPGのように分配に感応する指標の一つの欠点は、PGや（とりわけ）Hのようには簡単な解釈が

Box 5. 9　ワッツ指標：注目されなかった古い指標が最も良いものであった

ワッツ指標は、貧困指標として、貧困層の中での不平等の増大を貧困の増大として示した最初のものであり、最も優れたものと考えうる。この指数はBox5.6で示した貧困指標に望まれる公理をすべて満たす上に、文献で推奨されてきたその他の性質をも持つ。ワッツ貧困ギャップ率は、個人 i が貧困である（$Y_i < Z$）ならば、$\ln(Z/Y_i)$、貧困でないならばゼロ、と定義される。これがワッツ貧困ギャップ率と呼ばれるのは、PG の定義に現れた貧困ギャップ率（$1-Y_i/Z$）とは異なるからである。ワッツ指標 W はワッツ貧困ギャップ率の全人口における平均値であり、貧困層の所得を少ない順に $Y_1, Y_2, \cdots, Y_q$ のように並べたときに、次の式で表される。

$$W = \frac{1}{n}\sum_{i=1}^{q}\ln(Z/Y_i)$$

すべての貧困者の所得が g の率で上昇するとすれば、W/g は貧困から脱するために必要なおおよその平均期間を示す（Morduch 1998）。全人口のすべての人の所得が同じ率で成長するならば（したがってローレンツ曲線は不変）、平均値に対するワッツ指標の弾力性は $-H/W$ である（貧困率 H は q/n と定義される）。

文献メモ：ワッツ指標は、ハロルド・ワッツの論文の刊行後の約25年間にわたり貧困指標の理論に関する文献で広く認知されることはなかった（Watts 1968）。ツェンがこの指標の多くの望ましい性質に注目した（Zheng 1993）。また、5.6節で論じる「貧困層を益する成長」（pro-poor growth）に関する文献でも重要なものとなった。

できないことである。[19] しかし、貧困比較においては、異なる日時、場所、政策などの間での分布の優劣評価が貧困の深刻さの程度を反映することが重要である。指標としての有用さを決めるのは、それがどのような数値を取るかではなく、分布の評価を他の指標よりも適切に行えるかどうかである。

H、PG、SPG の定義式を比べると、共通の構造を持つことが明らかである。これらの指標はいずれも、貧困ギャップ比が α 乗される（$\alpha \geqq 0$）という共通の形で表現される。これらはFoster-Greer-Thorbecke（FGT）貧困指標と呼ばれ、P_α という記号で示される。$\alpha=0$ のときには $P_0=H$、$\alpha=1$ のときには $P_1=PG$、$\alpha=2$ のときには $P_2=SPG$、が得られる。$\alpha>0$ のすべてのFGT指数において、貧困層の生活水準が下がるとその個人の貧困指標は必ず増大する（もっと貧しくなったとみなされる）。さらに、$\alpha>1$ のときには、生活水準の低下による個人の貧困指標の増大の程度に応じて、貧しさの程度が増大したとみなされる。[20] したがって、$\alpha>1$ のすべてのFGT指標は、貧困層の中での不平等の増大を貧困の増大とみなす。この指標は所得について「狭義に凸」（$\alpha=1$ のときには「弱凸」）であるということができる。α が無限大になる極限では、P_α はデータ中の最低水準の所得の値を取る。

図5.2　FGT指標における不平等嫌悪パラメータ（α）の値による個人の貧困指標

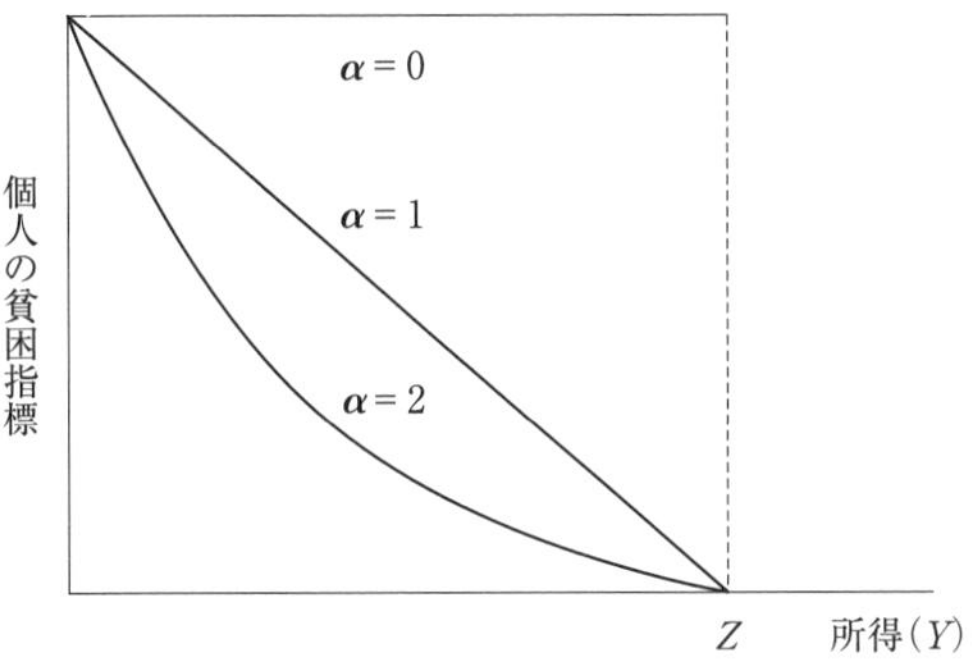

図5・2は、個人の所得水準と貧困指標の間の関係が、α の値によりどのように異なるかを示している。α の値が大きいほど P_α は最貧層の厚生を大きく反映し、α が無限大に近づくにつれ、最も貧しい人の貧困状態のみを反映するようになる。図5・2はまた、個人の貧困指標が貧困線で滑らかにゼロになるという、SPG のもう一つの性質を示している。この性質により、集計にあたり、貧困線を挟んでわずかに所得が違うだけの2人に与えられるウェイトには、ほとんど違いがない。[21] 前述の、個人の貧困指標が不連続であ

ることへの懸念と生活水準の測定が不確実であることを勘案すると、これは望ましい性質である。(22)

これらの指標のうちどれを用いるかは本当に重要な問題なのだろうか？　直感では、その答えは、その社会の相対不平等がどれだけどのように変化したかによる。(貧困層と非貧困層)すべての消費水準が同一の割合で変化する「分配に中立な」成長もしくは減退があったならば、貧困比較においてこれらの貧困指標による順位付けはどれも同じであり、絶対貧困に関する順位付けは分布の平均値の変化の方向のみに依存する。

しかし、それ以外のときには、これらの指標間の相違が明白になることがある。例えば、次の二つの政策を考えてみよう。政策Aは(分布の最頻値でもある)貧困線の近くの人々から最貧層へ少しの再分配を引き起こす(これは、いくつかのアジアの国で、自国産の主食作物の価格の減少が厚生の分布にどのような影響を実際に及ぼすか、の適切な描写である)。政策Bは、逆の変化を引き起こし、(上記の価格が上昇して)最貧層が損失を被る一方で貧困線近くの人々が利益を得る。少し考えると、貧困率Hは貧困線をまたぐ変化がどの方向で起こるかのみに影響されるので、$H_A > H_B$となり政策Bのほうを高く評価する、ことがわかる。しかし、あまり貧しくない層よりも最貧層の厚生の増加のほうに強く反応するSPGのような指標では、$SPG_A < SPG_B$となり逆の評価を示すであろう。

PGやSPGといった高次の貧困指標の検討が必要であるかどうかは、貧困率による貧困比較が(前節で勧めたように)複数の貧困線を用いてなされているかどうかにもよる。一つの貧困線のみを用いた場合には、高次の指標を検討することは必須である。しかし、いくつかの貧困線を追加して貧困率を比較検討すれば、その代わりとなる。ある所与の貧困線において高次の貧困指標を用いるか貧困率を用いるかで比較の結果が異なるならば、十分に低い貧困線で貧困率を比較すると、上で高次の貧困指標を用いた場合と同じ結果が得られるであろう。

先に論じた標準の諸貧困指標についてはその他の懸念もある。第7章で学ぶように、貧しい人のほうが長生きする公算が小さい。貧しい人が死ぬとき、標準の諸指標は貧困の減少を示す(これは、貧困率に関しては自明の結果であるが、先に見た高次の貧困指標についても成り立つ)。同様に、貧しい家庭のほうが出産率が高いことで、計算上での貧困率は高まる。厚生経済学で一般に直面する問題として、変動する人口の下で社会進歩の評価にあたり、（1人当たり所得や1人当たり効用といった）何らかの平均により厚生を示すと、平均以下の誰かがいなくなれば平均は高まるということがある。それは倫理上で許容できない。これが貧困指標の低下の理由であるかもしれないので、死亡に関する補足の指標が必要とされる。

この問題に対する判断をよりよく反映するように標準の貧困指標を修正するという方法もある。ラヴィ・カンブールとディガンタ・マッカルジーは、「あるべき L 年間の人生」という考えをもととした巧みな解決法を提案した（Kanbur and Mukerjee 2007）。これは、実際に生きていてもいなくても、L 年前に生まれたすべての人の所得の時を追っての推移を用いて、貧困を測定する。死亡後については、生前よりも低い所得となるという（妥当と思われる）仮定をして帰属計算を行う（生存していればもっと豊かになったであろうとは考えない）。このような設定の下で測定の問題に向い、修正されたＦＧＴ指数などを得ることができる。[23]

消費の底

ある社会の最貧層の典型の生活水準について考えてみよう。これは、恒常消費の下限と考えられる（Ｂｏｘ 3・11）。人間の生理上、ある臨界値（プラスの値）を下回る消費は、極めて短い期間を超えては持続可能でないであろう。これは生存のための下限である。社会や政治の要因もまた消費水準の下限に影響するかもしれず、ある社会における消費の底は生存のための下限を上回りうる。

消費の底の考えは、少なくとも経済学の黎明期に遡る。「生存賃金」についての初期の考えは、典型の家族が消費の底を達成しうるような賃金率と解釈できる。古典派経済学者は、消費の底を、人口を一定に保つような消費水準とみなした。その水準から消費が増大（減少）すると人口増加（縮小）が起こる、と考えられた。消費の底の考えは、アーサー・ルイスから発した二重経済発展モデルの重要な特徴である（Lewis 1954）。これについては、第8章で扱う。

それはまた、しばしば需要モデルに組み込まれており、よく知られるエンゲルの法則はその一例である（Box 1・16）。また、しばしば現代の経済学での成長過程のモデルにも組み込まれている[24]。これに関しても第8章で論じる。それはさらに、最適人口規模の決定という問題に関する議論にも見られる[25]。当然ながら、消費の底に近い水準で生活しているときには、投資や持続成長の見込みはまずないであろう。

消費の底の考えは、貧困線とはまったく異なるものである。貧困線は、それ以下では生き続けられないというような生存のための下限、を捉えようとするものではない。そうではなく、特定の社会において「貧困であること」が意味するものを反映する。したがって、それ以下の水準で生活する人が存在すること（場合によっては多数いること）が了解されている。貧困線は、常に生存のための下限を上回る。

実際には、貧困に対する進展を評価する上で、消費の底が高まることにいささかなりとも関心を向けることは、ほとんどすべての通常用いられる貧困指標では見られない。他の条件が変わらないとして、消費の底の上昇は、単調性公理（Box 5・6）を満たすすべての貧困指標を減少させる。しかし、貧困指標についての標準の諸公理では、消費の底の水準を評価基準として明示してはいない。それを特定することの難しさが、主な理由であると考えられる[26]。ある指標が貧困層全体としての状態の改善を示していたとしても、最貧層の状態（言い換えれば、消費の底）が向上しているとは限らない。消費の底の水準で生活する人は少なくなったとしても、水準自体はそのままかもしれない。図5・3はこのことを例示する。(a)と(b)で貧困率の減少は同様であるが、(a)では、最貧層の生活水準は変化していない。

第2章でみたように、現代政治哲学の一つの重要な学派は、ロールズが示した正義の諸原則に従い、最貧層の厚生を高めうるかどうかによって社会の進歩を判断すべきであると論じている（Rawls 1971）。これは、開発の成否を判定する上での原則としても提案されている。例えば、マハトマ・ガンジーは、「あなたが見たことのある最も貧しい人、最も弱い立場の人の顔を思い浮かべてみなさい。そして、自分がしようと思っていることが、その人のためになるか

図5.3　貧困率の同一の減少と最貧層の異なる状態

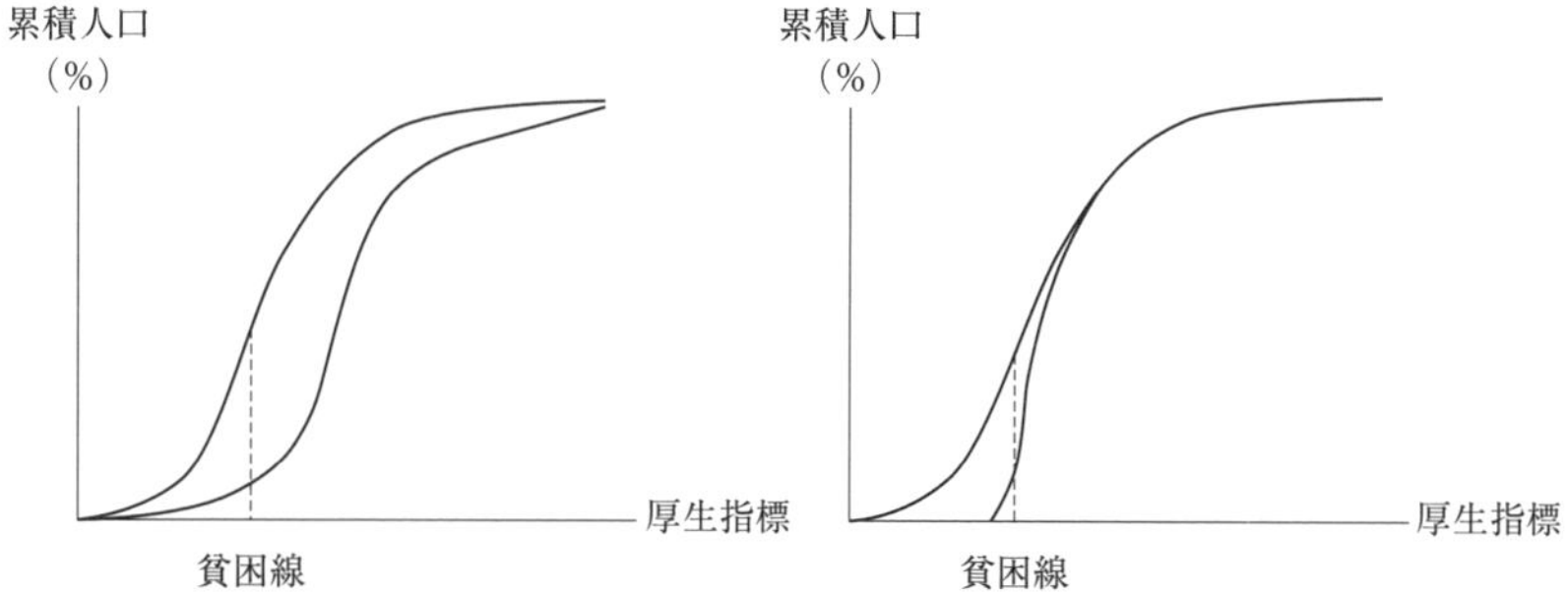

(a)最貧層が取り残される　　(b)最貧層の厚生向上

どうか考えてみなさい」と書いた（Gandhi 1958, p.6）。後にこれはガンジーの「垂訓」（talisman）と呼ばれるようになり、ワトキンズは、これを引用して、「開発のための国際協力の指針として、これを超えられるものはない」と論じている（Watkins 2013, p.1）。

しかしながら、消費の底を数値で示すことは容易ではない。標本抽出の設計が適切でありまた標本が十分に大きければ、全体の平均に関しては信頼に足る推計をすることができる。しかし、消費の底の推計がどの程度信頼できるものであるかは明らかでない。もし、真の消費や厚生に関係するその他の事柄を知っているならば、十分に大きな標本を用いて消費の底を直接に推計することができる。しかし、測定誤差（第3章）があることを認識しなければならない。調査時の観測値は（病気などの理由で）消費の底より低い水準に落ちているがその後すぐに回復する、といったデータへのその時々の影響もありうる。これらの要因のために、観測された消費水準がある低い範囲にある人々は誰でも、消費の底で生活していることがありうる。

各個人につき、消費の観測値を所与として、消費の底で生活する確率を仮定する。これらの確率は観測により得られるものではないが、そうだとしても正当化しうる仮定を置くことはできる。ある人の消費の観測値が低いほどその人が最貧である確率は高い、と仮定することは理に適っている。また、消費の観測値がある水準を超えるとその人が最貧であることはなくなる。Box 5・10では、この考えについて詳しく説明し、統計学におけるベータ

Box 5. 10* 「消費の底」の期待値を推計する方法

消費の底を $y^{\min}$ としよう。これは、人口における最低水準の恒常消費である。しかし、時々の影響と観測誤差があるために、これは観測されえない。われわれのデータは n 個の観測された消費 y からなる。消費の底は、確率分布を持つランダム変数として扱う。ここでの課題は、観測された消費をもとに分布の平均を推計することである。次のように記すことができる。

$$E(y^{\min}|y) = \sum \emptyset(y_i)y_i$$

ここで、$\emptyset(y_i)$ は、消費の観測値が y_i である個人 i が最も貧しい人である確率を示す。例えば、消費の観測値が最も低い人が恒常消費も最も低いと確信しているならば、〔訳注：最低値から順に $y_1, y_2, \cdots$ と並べるとき、$\emptyset(y_1) = 1, i \neq 1$ では $\emptyset(y_i) = 0$ であり、〕この式の値は、最も低い観測値〔訳注：y_1〕に等しい。より一般には、（本文で議論したように）y が最も低い人が実際に最も困窮しているとは限らない。しかし、最貧である確率が最も高いのは y が最も低い人であると信じるに足るだけデータは信用できる、と考えてもよいであろう。最貧である確率は、消費の観測値が上がるにつれて下がり、ある水準 z でゼロになる、としよう。

これらの仮定を満たす特定の関数形の 1 つとして次式がある。

$$\begin{aligned} \varphi(y_i) &= k\left(1-\frac{y_i}{z}\right)^{\alpha} \quad for\ y_i \leq z \\ &= 0 \qquad\qquad\qquad for\ y_i > z \end{aligned}$$

ここで 3 つのパラメーター、k、α、z は、すべてプラスの定数である。パラメーター k は、確率を足し合わせると 1 になることを保証するためであり、$k = 1/(nP_\alpha)$ でなければならない。ここで P_α は FGT 指標と同一の形式であり、（y を最低値から順に並べるとき）次式で示される。

$$P_\alpha = \frac{1}{n}\sum_{i=1}^{q}(1-y_i/z)^{\alpha}$$

ただし、FGT 貧困指標の場合とは異なり、パラメーター α は、貧困層中の不平等に対する嫌悪の程度を表すのではなく、y の増加につれて最貧である確率がどの程度の速さで減少するかを決定する。図5.2の縦軸を最貧である確率と再定義するとわかりやすい。同様に、パラメーター z は、通常の貧困線ではなく、〔訳注：最低観測値から順に並べたときに〕最貧であるとは考えられなくなる最初の観測値である。

消費の底の期待値について次の式を得ることができる。

$$E(y^{\min}\,|\,y) = z\cdot(1-P_{\alpha+1}/P_{\alpha})$$

例えば、0から z までの間で y が増加するにつれて、最貧である確率が直線状に減少するとすれば、〔訳注：$\alpha = 1$ であり〕消費の底の期待値は $z\cdot(1-P_2/P_1)$ である。最貧である確率は y が増加するにつれて下がらなければならないので、$\alpha = 0$ の場合は除外される。$\alpha = 0$ であるならば、z 以下のすべての観測値が最貧である等しい確率を有し、$z\cdot(1-P_1/P_0)$ は消費の観測値が z 以下である人々の観測された消費の平均値を示す。

〔訳注：z が貧困線と等しい場合に、〕時とともに貧困指標が低下するとき、$P_{\alpha+1}$ の減少率が P_α の減少率よりも大きい場合にのみ、消費の底の期待値は上昇する。直感では、消費の底が上昇するには、分配への感応度の高いFGT指標で見た貧困削減のほうが大きく進むことが必要である。

さらなる学習のために：筆者の2014年の論文ではさらに詳しい説明をし、発展途上地域のデータへの応用を行っている（Ravallion 2014f）。この結果については第7章で取り上げる。

分布に基づく特定の関数形を提案する。関数形はFGT貧困指標との関連を持ち、社会進歩を評価する上でロールズのアプローチを適用するのに、既存のFGT貧困指標を相対比の形で用いることができる。

推計上の問題

実際に用いられるデータには二つの異なる種類のものがある。家計レベルのデータ（時に「個票」と呼ばれる）と、それを集約分類し表として示すデータと、の二種類である。個票データは通常コンピューターで読み取れる形でのみ提供されるが、集約データは政府が公表する統計資料でよく見られる。どちらのデータを用いるかによって、貧困指標の推計にあたりまったく異なる問題に直面する。

これまでに見てきたすべての加算貧困指標は、個票データを用いることができれば、それぞれに対応する個人の貧困指標の平均値として容易かつ正確に計算できる。注意を要することとして以下の諸点がある。

① 個票データから推計された貧困指標のほうが集約データからのものよりも正確である、と考えるべきではない。なぜならば、集約データは（例えば、マイナスの消費額といった）個票データの誤りを「平均により薄める」ことができ、貧困の深刻度の推計にあたり（誤った個票データを用いたとすれば）生じかねないかなり大きな偏りを防ぎうる。

② 大規模な家計調査のほとんどは層化抽出法を用いており、標本に選ばれる確率は母集団全体で一様ではない。これは、ある地域において十分な標本の大きさを確保するためにしばしば行われる。逆抽出率によるウェイト付けが適切になされるならば、層化標本を用いての母集団のパラメーターの推定には偏りがない（Ｂｏｘ ３・６）。各世帯もしくは地域の抽出率を含むデータがあれば、それは容易になしうる。[27]

③ 世帯間の貧困と人々の間の貧困のどちらを推計したいのかを明確にすべきである。例えば、１人当たり消費で家計を順番に並べ、貧困線を下回る家計の割合で地域の貧困を測るとしよう。世帯規模は１人当たり消費と負の相関にある傾向があるので、得られた値は貧しい世帯に住む人の数を過小に推計する傾向がある（貧しい人の数の過小推計が必ず起きるとは限らない。貧しい人の数は世帯内での分配にも影響されるからであるが、それについてはわからない場合がほとんどである）。

最後の問題に対する最も妥当な立場は、貧困を経験するのは世帯ではなく個人であって、それゆえわれわれは人々の間での貧困を測定しようとする、というものである。家計内での分配については何もわからないとしても、だからといって世帯間の貧困のみを測定すべきであるとは言えない。個人レベルでの消費の分布を推計する際には、家計内での均一な分配を仮定するのが通例である。そうすると、人々の間の貧困は過小推計され、その程度は無視できないほどであるかもしれない。[28] しかしながら、どのような仮定のほうが良いのかは明らかでない。利用しうる個人レベルの消費データを用いるさらなる研究により、そのようなデータがないときの最善の方法が明らかになるかもしれない。

実際には、十分位階級ごとの所得シェアや所得の度数分布などの集約データしか手に入らないことがしばしばある（世帯レベルのデータでさえ、個人レベルのデータを集約したものと解釈することができる）。貧困線が分位階級別データの境界線と一致することはめったにない。したがって、何らかの方法で境界線間の補間を行う必要がある。線形補間は最も簡単だが、貧困線が分布の最頻値から離れているとき（例えば、ＣＤＦの下端近くの非線形の度合が大きい位置にあるとき）[29]には特に、極めて不正確なものとなる。通常は同一のデータで二次補間が可能であり、正確さは高まるが、この方法を用いる際には、確率密度がマイナスの値をとることが含意されないように注意を要する。極めて正確で政策シミュレーションにも役立つ補間方法として、ローレンツ曲線のパラメーターの値を推計する方法がある。これはローレンツ曲線の精密な数学モデルであり、文献においていく通りかの特定化が示されてきた。その正確さはどの特定化が用いられるかによるところが大きく、多くのデータセットで他よりも高い正確さを示す優れた特定化がいくつかある。[30]

仮説検定

二つの状況での貧困の違いに関する仮説検定は、（測定誤差がなく）貧困線を固定値として扱いうる場合には、加算貧困指標については容易である。先に学んだように、加算指標は適切に定義された個人の貧困指標の標本平均として計算される。無作為標本であれば、標準誤差もまた容易に計算できる。[31] この場合には、ある部分集団が他よりも有意に貧しいかどうかといった仮説を検定することができる。

貧困率に関しては、母集団比率一般についてと同じように標準誤差が計算できる。[32] その方法は他の加算貧困指標にも拡張できる。ナナク・カクワニはFGT指標を含む他のいくつかの加算指標について標準誤差の公式を導いた(Kakwani 1990)[33]。

小括

本章では、貧困指標に関する広範な研究文献を取り上げ検討した。これまでに提案された滑らかで分配に感応する加算貧困指標(例えばワッツ指標や*SPG*)は、理論上かなり望ましいものである。それにもかかわらず、貧困率や貧困ギャップ率といった「より低次の」指標は、その解釈が容易であるために、いまだに広く用いられることも確かである。また、観測された分布の下端においては、貧困率のほうが、よく起きがちな種類の測定誤差の影響を受けにくい傾向がある。重要なのは、どの貧困指標を用いるかによって貧困状態の比較評価が影響を受けるかどうかである。異なる指標を用いることによって貧困の比較評価で順位が変わるとすれば、生活水準の分布がどのように異なるかを詳細に知る手掛かりが得られることもある。5・5節では、貧困指標の選択が貧困比較に及ぼす影響を見積もるための分析ツールについて述べる。

5・4　貧困指標の分解

要因分解は貧困分析にとって役に立つ方法である。ここではまず、貧困の集計値を分解して貧困プロファイルを作成する方法を示す。次いで、異時点間での貧困の変化を分解する二つの有用な方法について見ていく。

貧困プロファイル

「貧困プロファイル」（poverty profile）とは、貧困比較の一つの例であり、居住地域や就業部門など社会の部分集団でどのように貧困が異なるのかを見るものである。それを知ることは、公共資源をどこに向けるかを検討するときや、部門間や地域間の経済変化のパターンが全体としての貧困に及ぼす影響を捉えるときに、有用である(34)。

「貧困地図」（poverty map）はその一例である。誰しも、日々の生活の中で地元での経験を通して貧困や不平等を経験する。誰であれ、生活するための負担は、かなりの程度まで住む場所によって決まる。例えば、相対欠乏の認識による厚生の損失や、高い不平等度の地域にありがちな高い犯罪の発生率が挙げられる。加えて、貧困政策が実施されるときには、貧しい地域が対象として選ばれることが多い。

これらの理由から、世帯標本調査を用いることで得られる「地理上の精密さ」（geographic disaggregation）の水準は適切でないかもしれない。つまり、標本抽出の設計では各地の生活状態を捉えられないかもしれない。この問題に対処すべく、より細かな地理区分で貧困と不平等の指標を推計するために、人口センサスと標本調査の両方に共通する変数を利用するさまざまな小地域推計の方法が開発されてきた。重要なのは、標本調査と人口センサスの両方に含まれる変数の関数として（貧困と不平等の測定に用いられる）厚生指標の回帰モデルを構築することである（Ｂｏｘ５・11では、そのような回帰モデルを詳しく見る）。そのようなモデルを用いることで、標本調査から得られるよりも精密に小地域ごとの貧困率を推計することができる。

この方法によりどれぐらい小さな地域まで信頼できる結果を得られるかには、限界があるのは当然である。しかし、元々の標本から得られるよりも細かい描写をなしうるのは確かである。難しい課題として、推定された小地域の貧困指標の標準偏差の適切な推定値を導出することがある。地域の貧困率を高くする特異な観察されない要因があるかも

Box 5. 11　貧困の回帰モデルとその応用

回帰分析についてはBox1.19で学んだ。世帯数 N の貧困の回帰モデルの一般の形は、次のように示される。

$$\ln(Y_i/Z_i) = \alpha + \beta_1 X_{1i} + \beta_2 X_{2i} + \cdots + \beta_K X_{Ki} + \varepsilon_i \quad (i = 1, \cdots, N)$$

ここで、Y_i は世帯 i の消費、Z_i はその世帯の貧困線、X_{ki} は k 番目の説明変数であり、$k = 1, \cdots, K < N-1$ である。ε_i は、欠落変数（omitted variables）と、従属変数 $\ln(Y_i/Z_i)$ の測定誤差を反映する誤差項である。パラメーター $\hat{\alpha}, \hat{\beta}_1, \hat{\beta}_2, \cdots, \hat{\beta}_K$ は、通常、予測された誤差の2乗の合計を最小にするような推定値を選ぶ最小2乗法（OLS）によって推計される。このようなパラメーター推定値 $\hat{\alpha}, \hat{\beta}_1, \cdots, \hat{\beta}_K$ は誤差項の平均値がゼロであることを保証する。$\ln(Y_i/Z_i)$ の予測値は $\hat{\alpha} + \hat{\beta}_1 X_{1i} + \cdots + \hat{\beta}_K X_{Ki}$ である。

資力調査代用法あるいは貧困地図の作製に資するようにこのような回帰モデルを用いるときには、X は、$\ln(Y_i/Z_i)$ を含む調査と、それを含まない他の調査もしくはセンサスとの、両方で観測される変数である。同一時点の同一世帯の X の値は、2つの調査で同じであると（しばしば暗に）仮定される。これは「調査独立性の仮定」（survey-invariance）と呼ばれる。一層の実証結果が必要だが、この仮定に関する現在までの唯一の検証はそれを支持していない（Kilic and Sohnesen 2014）。

いくつかの適用例では、パラメーターは説明変数の「影響力」（causal effect）として解釈される。そのような因果解釈を許すための重要な仮定は、X が外生であること、すなわち X が誤差項 ε_i と相関しないことである。この仮定が成り立つときには、OLSはパラメーターの偏りのない推定値を与える。また、十分に大きな標本では推定値はパラメーターの真の値に収束する（通常は、誤差項の観測値は相互に独立であり分散が同一である、とも仮定される）。標準の統計検定では誤差項が正規分布に従うという仮定が置かれるので、それを満たすように従属変数は対数変換されることが多い。

上記のような回帰モデルを設定する際に置かれる検証されない仮定として、パラメーターの値は母集団を通じて一定であるというものがある。もしパラメーター値が標本抽出に用いた階層間で異なるならば、OLS は母集団全体のパラメーターの平均値の不偏推定量とならない。このことから、層化抽出された標本から要約統計量を計算する際に抽出率の逆数を用いる（Box3.6）のと同様に、加重回帰を用いようとする研究者もいる。しかし、回帰のパラメーターの場合は同じ考えは妥当せず、加重回帰の推定量は、パラメーターの真の値の不偏推定量とはならない。加重回帰分析は、パラメーターが一定であるという仮定を受け入れるのであれば必要とされないし、パラメーターが異なるときにも必ずしも良い方法ではない。モデルを定式化する際に、予期されるパラメーターの不均一さに直接に対処するほうがよい。

例えば、標本抽出率が都市部のほうで高く、関心のあるパラメーターも都市と農村で異なるとしよう。そのときにとるべき方法は、（都市では 1 、農村では 0 、の値をとる）都市ダミー変数を用いて交差項を回帰モデルの中に組み込むか、農村と都市で別々にモデルを推計する（これはすべての説明変数の交差項を含むモデルを推計するのと等しい）か、のいずれかである。母集団のパラメーターの推定値を得るには、階層ごとの推定値を人口の割合でウェイト付けして加重平均を求める（一般には、その値は加重回帰による推定量が与える値とは異なる）。

さらなる学習のために：数ある優れた計量経済学入門書の中でも、ジェフリー・ウールドリッジの *Introductory Econometrics: A Modern Approach 5th ed.*（Wooldridge 2013）を参照。加重回帰への賛否に関する議論については、アンガス・ディートンの *The Analysis of Household Surveys: A Microeconometric Approach to Development Policy*（Deaton 1997）とゲーリー・ソロンらの研究（Solon et al. 2013）を参照。

しれない[35]。

基本において同一の方法を「資力調査代用法」（proxy-means test：PMT）にも用いることができる。これは、新規の簡易調査に、既存の詳細な調査において経済厚生の予測に有効であるとされた変数を含めることによって、経済厚生を予測しようとするものである。これについては第10章で論じる。

加算貧困指標は、このような貧困比較を極めて容易にする（実際上、筆者が知る限り、政策論に適用されてきたのは加算指標のみである）。人口を相互に重ならないK個の部分集団に分けるとき、貧困プロファイルは、K個の集団での貧困指標を集めたものである。（加算指標のみを扱っているので、）全体としての貧困は、部分集団の貧困指標を（人口をウェイトとして）加重平均して示すことができる。このような分解は何段階にわたっても行うことができ、その都度、ある段階での部分集団の貧困プロファイルは、それをさらに細分化した小集団の貧困プロファイルの（人口をウェイトとする）加重平均として示しうる。

貧困プロファイルを作製するにあたっての計算の便利さに加えて、加算貧困指標には、部分集団単調性公理（Box 5・6）を満たすという利点がある。この公理は、他の条件一定として、ある部分集団で貧困が増加（減少）するとき、全体としての貧困もまた増加（減少）する、ことを求める[36]。この性質がどのような貧困プロファイルについても望ましいことは、直感でわかる。用いられる貧困指標がこの性質を持たない限り、利益が特定の部分集団に生じるようにターゲットされた貧困緩和施策が全体としての貧困に及ぼす影響の評価は、かなりの誤解を生みかねない。そうでないと、ターゲットされた集団で貧困が減少し他では何も変化がないときに全体としての貧困の指標は増加を示す、といったことが起きかねないからである。したがって、部分集団単調性は貧困政策を評価する上で望ましい性質であると考えられる[37]。

加算指標を用いることに対しては、貧困の程度が部分集団によって異なることが貧困プロファイル作製の際に反映されないこと、に基づく反論があるかもしれない。次のような仮想例を考えてみよう。人口が同じであり初期の貧困率がそれぞれ0・70と0・20である二つの部分集団（農村部と都市部としよう）がある。総貧困率は、どのような（人口で加重された）加算指標でも0・45である。政策Xと政策Yのどちらかが選ばれる。貧困率は、政策Xでは0・70と0・10になり、政策Yでは0・60と0・20になる。いずれの場合にも総貧困率は0・40となり、どのような加算貧困指標で評価してもXとYには優劣がない。ただし、政策Xとは異なり、政策Yは貧困率が高い農村部に利益をもたらす。

政策Yのほうが望ましいと考えるべきであろうか。生活の絶対水準とは関係なく、部分集団間の不平等にのみ関心があるのであれば、そうである。貧困プロファイルが正確に測定されているとすれば、政策Xと政策Yは貧困層の生活水準に等しい影響を持つ。政策Xによる都市貧困層の生活水準向上による利益は、政策Yによる農村貧困層の利益と等しい大きさであり、等しい生活水準にある人々にもたらされている。このような場合に政策の優劣を判断するには、生活水準とは別の要因を考慮しなくてはならない。どのような要因がこの判断に関係するべきか、そして生活水準と比べてどの程度に重視さるべきか、を決めるのは難しい。農村貧困世帯での小さな利益のほうを、同一の生活水準にある都市貧困層での大きな利益よりも高く評価する、という立場はありうるのであろうが、それを正当化するのは難しいであろう。

生活水準の測定に欠陥がありその結果として（この例では）農村部における厚生が過大に推計されている、と考える理由があるならば、結論はまったく異なりうる。その欠陥は、調査に基づく消費指標では公共財からの受益における都市偏向が捉えられないという、（よくある）事実によるかもしれない。また、不確かなことではあるが、農村の人々が都市に対して抱く羨望感というようなものも、考慮すべき要因としてあるかもしれない。しかし、これらは概念レベルの問題であり、これらに対処できないことをもって加算指標を望ましくないとするのは誤りである。

貧困プロファイルを示すには、二つの主な方法がある。第一（タイプA）は、貧困率その他の貧困指標を、居住地などの特徴で定義される部分集団ごとに示すものである。第二（タイプB）は、部分集団の間で貧困に関わる特徴

Box 5. 12　貧困プロファイルの2通りの表し方

下の表 B5.12.1の仮想データを見よう。北部と南部の2つの地域に計1000人の人がいる。表には、世帯調査から各地域における貧困者と非貧困者の数が推計されて示されている。右のパネルには、2つのタイプの貧困プロファイルが示されている。それらは明らかに異なる印象を与える。実際に、それら2つは異なったものを測定しているのである。

貧困軽減施策の対象地域を選ぶために貧困プロファイルを用いるとしよう。この施策では、選ばれた地域のすべての住民に少額の現金を支給する。これは、しばしば「指標ターゲティング」(indicator targeting) と呼ばれるものの一例である (第10章では実際例が示される)。これは、ターゲティングとして不完全である。世帯標本調査から生活水準の分布はわかっているとしても、政策立案者は個々の住民の生活水準を知ることはできない。そして、(この場合では) 居住地域のような不完全な生活水準指標に頼らざるを得ない。

この表の「南部」が対象地域に選ばれるほうが総予算の大きな割合が貧困層に支給される、ことはすぐにわかる。貧困ギャップをできるだけ多く埋めようとするのなら、タイプAのプロファイルがターゲティングのための正しい指針となる。これは、極めて一般度の高い原則の一例である。FGT 貧困指標 P_α の値を最小にする目的で、人口中のある部分集団の全員に所得移転を行うとすれば、$P_{\alpha-1}$ の値が最も高い部分集団に給付をすればよい。

さらなる学習のために：ラヴィ・カンブールの研究は、貧困対策予算のターゲティングのための貧困プロファイルの使用について論じている (Kanbur

表 B5.12.1　仮想データを用いた異なる形態の貧困プロファイル

地域	人数		貧困プロファイル	
	貧困	非貧困	タイプA：地域ごとの貧困率 (%)	タイプB：総貧困に占める各地域の割合 (%)
南部	100	100	50	33
北部	200	600	25	67

1987a)。ティモシー・ベズリーとラヴィ・カンブールの研究もまた参照(Besley and Kanbur 1993)。第10章では、対象者を絞った政策を個別に詳しく見る。

(例えば、貧困であるとみなされること)がどのように分布しているかを見るものである。タイプAのプロファイルは常に実現できるとは限らない。例えば、所得の異なる部分集団ごとに消費支出中の個別の財に対する支出の割合(タイプAのプロファイル)を示すことはできなくても、その財への支出が部分集団の間でどのように分布しているか(タイプBのプロファイル)を示すことはできる、という場合がある。しかし、多くの場合には、貧困プロファイルは両方の形で示すことができる。これについては、Ｂｏｘ５・12でさらに論じられる。

これまで、貧困プロファイルは、(構成員、教育水準、所在地、など)の特徴により分類された世帯の部分集団ごとに、貧困率を示すクロス集計表の形で示されるのが通例であった。これは、貧困データを示す統計手法として大きな限界を有する。属性が相関しているときには、明らかな問題が生じる。例えば、(第7章で見るように、)どの発展途上国でも、農村部のほうが貧困率は高く、また世帯主の教育水準が低い世帯ほど貧困率は高い。同時に、農村部のほうが教育水準が低いという傾向も見られる。それでは、教育と農村居住のどちらのほうが貧困率を正しく予想しうるのであろうか。この疑問に答えるものとして、Ｂｏｘ５・11で示された回帰モデルの形で、多変量貧困プロファイルを用いる方法がある。この方法では、生活水準に影響を及ぼしうると考えられるすべての要因が説明変数として回帰モデルに含められ、他の要因の影響をコントロールした上で各要因がどの程度の説明力を持つのか、統計学の基準により決着をつける。

パラメーターの変化と量の変化

個人の経済厚生をある量(例えば「資産」)とそれから得られる収益の関数とするならば、観察された貧困指標の変化にどちらがどれくらい寄与しているのかを問うのは、当然である。例えば、貧困が

Box 5.13* ブラインダー＝オアハカ分解

Box5.11の回帰モデルを思い起こし、以下のように、簡潔な形に書き直そう。

$$\ln(Y_i/Z_i) = \beta X_i + \varepsilon_i$$

β と X はそれぞれパラメーターと変数のリストである（これらのリストは「ベクトル」と呼ばれる）。パラメーターのリストは列、変数のリストは行に配置され、その積である βX_i は $\beta_1 X_{1i} + \beta_2 X_{2i} + \cdots + \beta_K X_{Ki}$ を表す（表記を簡潔にするために、X_1 は「1」のリストであるとし、対応するする β_1 が〔訳注：Box5.11での〕切片 α を表すようにする)。

主要民族と少数民族といった、A と B の2つの集団があり、集団間でパラメーターが異なるとすると、2つの式が得られる。

$$\ln(Y_i/Z_i) = \beta^A X_i + \varepsilon_i^A \qquad (\text{集団}A)$$
$$\ln(Y_i/Z_i) = \beta^B X_i + \varepsilon_i^B \qquad (\text{集団}B)$$

（Box1.19におけるように、X を所与として誤差項の平均値はゼロである）

$E_A(\cdot)$ を集団 A の括弧内の項の平均値とし、$E_B(\cdot)$も同様とする。A と B の平均値の差は、一部はパラメーター（収益）の差により、一部は賦存量の特徴の差による。ブラインダー＝オアハカ分解により平均値の差を次のように分割する。

$$E_A[\ln(Y/Z)] - E_B[\ln(Y/Z)] = \beta^A E_A(X) - \beta^B E_B(X)$$
$$= R + C + I$$

ここで

$$R = (\beta^A - \beta^B) E_B(X)$$
$$C = \beta^B [E_A(X) - E_B(X)]$$
$$I = (\beta^A - \beta^B)[E_A(X) - E_B(X)]$$

R は、収益の差に起因する要素である。これは、集団 B がその特徴を保

持しつつ集団 A のパラメーターを持ったとするならば、どれだけの増益（または損失）となるか、を示す。C は、集団 B のパラメーターを用いて、集団間での平均としての特徴の差による効果を示したものである。これは、集団 B がそのパラメーターを保持しつつ集団 A の特徴を持ったとするならば、どれだけの増益（または損失）となるか、を示す。I は、平均としての特徴の差とパラメーターの差の交差項である。ここで、C と I を足し合わせると、集団 A のパラメーターを用いて集団間での平均としての特徴の差による効果を示す式を得る。同様に、R と I を足し合わせると、集団 A の特徴を用いた収益の差の表現を得る。

さらなる学習のために：広く用いられているこの分解法はアラン・ブラインダーとロナルド・オアハカのそれぞれの研究において、独立に考案された（Blinder 1973; Oaxaca 1973）。

減少したのは、人々が多くの教育を受けたからなのか、それとも教育の収益率が上昇したからなのか、といった問いである。

この種の問いは、経済学ではブラインダー＝オアハカ分解（Ｂｏｘ ５・13で説明される）の形でよく知られている。これは賃金格差の研究で広く用いられ、男女間の平均賃金の差を、教育や経験といった賦存量の違いと、差別などの構造要因から生じる収益の差とに、分解して特徴付ける。

貧困の理解に関連してこの方法を応用しうる事例は多くある。以下に二つの例を挙げる。最初の例では、この方法がバングラデシュにおける生活水準の決定因の解明に向けられた。この研究では、地理上の要因と都市部対農村部という視点で捉えられた生活水準の差について、世帯ごとの資産の特徴による部分と、（場所あるいは部門に固有の構造要因によると解釈しうる）収益の地理上の違いと、それぞれがどれだけの説明力を持つかを見るために、この方法が用いられた[38]。調査データを用いて分析がなされ、世帯ごとの多面にわたる特徴（それらは政策立案者が観察しうる）をコントロールすることで、生活水準への地理要因の影響が有意でかなり大きいことを明らかにした。生活水準の地理上の差は、時間を通じてかなり安定しており、観察された地域間移動のパターンと符合し、また（検証しうる限りで）

推計の偏りがあるとしても結論は変わらない。

この方法を用いた第二の例は、ベトナムにおける民族間不平等を理解するための研究である[39]。ベトナムにおいては（中国と同じように）、少数民族は人口の多数と比べて生活水準が低い。また、少数民族は遠く離れた地域にいることが多い。この研究では分解法を用い、少数民族の恵まれない状態を説明する上で、経済面の賦存が劣っていることと、収益が低いことの、それぞれがどれだけ重要であるかを数字で示した。それによると、民族間の不平等は、少なからず、生産関連資産の収益の違いによること、そしてとりわけ、少数民族のほうが教育からの収益が低く、それはしばしば居住地域と関連すること、が明らかとなった。

成長要因と再分配要因

観察される貧困の変化のうち、どの程度が成長、すなわち平均としての生活水準の上昇、によるもので、どの程度が分配、すなわち生活水準の分布の変化、によるものであろうか。この問いへの答えとしては、ジニ係数などの通常の不平等指標は誤解を与えかねない。（Ｂｏｘ ５・３における移転公理を満たすどのような指標を用いても、）不平等の縮小が貧困を減らすとは言えないことは明らかである。そして、不平等の縮小（拡大）が貧困の減少（増大）を意味するときでさえ、不平等指標の変化を見ても、どれだけの貧困の変化がもたらされたかを知るのに役に立たないかもしれない。不平等指標は、分布が変化する中で貧困層がどのような影響を受けているのかについて何も示すことはない。

成長と再分配それぞれの寄与度を数字で示すことは容易である。成長要因（ローレンツ曲線が変わらなかったとしたときに観察されたであろう貧困の変化）、再分配要因（平均値が変わらなかったとしたときに観察されたであろう貧困の変化）、残差（成長・再分配両要因の間の相互作用）、の三つの合計として貧困の変化は分解される。Ｂｏｘ ５・14で詳しく論じる。

Box 5. 14* 貧困の変化を成長と再分配の2要因に分解する

生活水準の分布が平均値 M とローレンツ曲線 L で表され、貧困線が Z であるとき、測定された貧困が $P(M/Z, L)$ であるとしよう。貧困線は一定であるので、表記を簡単にするために $Z=1$ とする。2つの時点（1と2）の間での貧困の変化を、次のように分解できる。

$$P_2 - P_1 = P(M_2, L_2) - P(M_1, L_1) = G + R + I$$

ここで、G は成長要因、R は再分配要因、I は両要因間の相互作用効果である。成長要因と再分配要因は、それぞれ次のように定義される。

$$G = P(M_2, L_r) - P(M_1, L_r)$$
$$R = P(M_r, L_2) - P(M_r, L_1)$$

ここで下付き文字 r は初期値などの固定された基準値を表す。成長要因は、ローレンツ曲線が基準値で一定に保たれたとしたときの、平均値の実際の変化による貧困指標の変化である。再分配要因は、平均値が基準値で一定に保たれたとしたときの、ローレンツ曲線の実際のシフトによる貧困指標の変化である。相互作用効果（I）は、平均値とローレンツ曲線とのそれぞれ一方の変化が貧困指標に及ぼす影響が他方に依存する、ことから生じる。これは2通りに書くことができる。

$$\begin{aligned} I &= [P(M_2, L_2) - P(M_2, L_r)] \\ &\quad + [P(M_r, L_1) - P(M_r, L_2)] + [P(M_1, L_r) - P(M_1, L_1)] \\ &= [P(M_2, L_2) - P(M_r, L_2)] \\ &\quad + [P(M_r, L_1) - P(M_1, L_1)] + [P(M_1, L_r) - P(M_2, L_r)] \end{aligned}$$

1つめは、平均値の3つの値につき、それぞれを一定とした3つの場合を考え、それぞれの場合にローレンツ曲線の変化による貧困指標の変化を求め、得られた3つの値を合計する。2つめは、ローレンツ曲線の3つの状態につき、それぞれを一定とした3つの場合を考え、それぞれの場合に平均値の変化による貧困指標の変化を求め、得られた3つの値を合計する。相互作用効果は、それ自体として有用である。上の式を見ることで、不平等要因による貧困変化が平均値の水準に依存するかどうか、そして成長要因による貧困変化が不平等の程度に依存するかどうか、がわかるからである。

この分解について事例を示そう。貧困と不平等の両方が増大した1980年代のブラジルのデータを用いた例である。

表 B5.14.1　1980年代ブラジルの貧困指標

	1981	1988
貧困率（%）	26.5	26.5
貧困ギャップ指数（× 100）	10.1	10.7
二乗貧困ギャップ指数（× 100）	5.0	5.6
ジニ係数	0.58	0.62

次は、最初の年を基準とした分解の結果である。

表 B5.14.2　表 B5.14.1に基づく分解

	成長（G）	再分配（R）	相互作用効果（I）
貧困率（%）	-4.5	4.5	0.0
貧困ギャップ指数（× 100）	-2.3	3.2	-0.2
二乗貧困ギャップ指数（× 100）	-1.4	2.3	-0.3

貧困率に変化はないが、これは同じ大きさで反対方向の 2 つの要因を反映する。成長に起因する減少と不平等度の増大に起因する増加である。高次の指標では、再分配要因が大きな影響を持つ（第 8 章ではブラジルの事例をさらに論じ、近年には貧困と不平等の両方の削減に成功していることについても論じる）。

さらなる学習のために：ガウラヴ・ダットと筆者の研究ではこの分解法についてさらに詳しく論じている（Datt and Ravallion 1992）。同様の基本の考え方は人間開発指標にも適用できることが、ランバートらの研究で示されている（Lambert et al. 2010）。

貧困の変化の部門間の分解

全体としての貧困の減少が観察されたとき、その源泉を突き止めるためには、加算貧困指標の性質を活かして、(Ｂｏｘ５・14と同様の)単純な要因分解法を用いることができる。ここでの考えは、各部門内の変化と、(例えば部門間移動による)人口の分布の変化と、それぞれの寄与を明らかにすることである。例えば、都市部および農村部での貧困の減少が、そして人口の都市化が、それぞれどれだけ寄与したのかといった問いに、簡単に答えることができる。Ｂｏｘ５・15で詳しく論じる。

一時貧困と慢性貧困

これまで、(通常は利用できる調査によって定められる)特定の一時期の生活水準のみを反映する、「静態」(static)貧困指標に焦点を当ててきた。このような指標で観察される貧困の一部は、たまたまそのときの落ち込みによるという点で、一時のものと言えそうである。低発展の農村経済では、所得が気象条件に依存しており、信用と保険が不完全なために農家は所得リスクに曝されているので、一時貧困は広く見られる。構造変化が起こっている経済では、失業など世帯への多様な影響があり、それらにうまく対処できなければ一時貧困が発生する。離婚や死別もまた一時貧困をもたらすことがあり、場合によっては長期にわたり影響が続くこともある[40]。

観察された貧困のどの程度が一時のものであるのかに関心を持つ理由は、主に三つある。第一に、貧困に対する進展を全体として評価する際に、それが一時のものかどうかが問われることがある。二つの時期のいずれでも人口の半分が貧しい二国を考える。ただし、一つの国では、同一の世帯が両期とも貧困であり、もう一つの国では、貧困である世帯が二つの時期で異なる。これら二つの極端な例を同じとみなす人はまずいないであろう。それにもかかわらず、ある時期に貧困線よりも下で生活する人口の割合といった従来の通常の貧困指標では、上の二つの状況の違いを反映することはできない。

Box 5. 15* 貧困の変化の部門別分解

m 個の部門があり、部門 i の人口中のシェアを n_{it} としよう。2つの時期 $(t=1, 2)$ に対して、P_{it} を第 t 期の部門 i の加算指標とする。第1期と第2期の全体としての貧困の指標をそれぞれ P_1 と P_2 とすると、次のように書くことができる。

$$
\begin{aligned}
P_2 - P_1 &= \Sigma(P_{i2} - P_{i1})n_{i1} && \text{（部門内効果）}\\
&+ \Sigma(n_{i2} - n_{i1})P_{i1} && \text{（人口移動効果）}\\
&+ \Sigma(P_{i2} - P_{i1})(n_{i2} - n_{i1}) && \text{（相互作用効果）}
\end{aligned}
$$

$i=1, ..., m$ につき合計したとき、「部門内効果」は、基準の時期の人口シェアが変わらなかったとした場合に、部門（例えば、都市部、農村部）内での貧困の変化が全体としての変化にどれだけ寄与したかを示す。一方、「人口移動効果」は、基準時期の各部門の貧困が変わらなかったとした場合に、第1期と第2期の間の（例えば人口の都市化による）部門間の人口シェアの変化が全体としての変化にどれだけ寄与したかを示す。相互作用の効果は、部門レベルでの貧困と人口シェアの変化の間のどのような相関関係からでも生じる。相互作用の項の値がマイナスであるときには、貧困が下落した部門で人

表 B5.15.1 中国における貧困指標の変化の分解

	中国の貧困指標（1981～2001年の％ポイント変化）		
	貧困率（%）	貧困ギャップ指数（×100）	二乗貧困ギャップ指数（×100）
農村内	-32.5 (72)	-10.4 (74)	-4.5 (75)
都市内	-2.1 (5)	-0.3 (2)	-0.1 (1)
人口移動	-10.3 (23)	-3.3 (24)	-1.4 (24)
総変化	-44.9 (100)	-14.0 (100)	-6.0 (100)

出所：Ravallion and Chen（2007）のデータをもとに筆者が作成。

ロシェアが上昇したという傾向が示されるが、因果関係については不明である。

表 B5.15.1は中国の例を表す。この表には、3つの貧困指標のそれぞれにつき、総変化と、それを農村部内、都市部内、人口移動、の3つの要因に分解したものを示す。括弧内には各要因の寄与度を示す。20年の間での貧困率のおよそ45%ポイントの低下のうち、72%以上が農村における貧困の減少に、23%が人口都市化に、5%が都市における貧困の減少に、帰することができる（中国における貧困に対する成果については第8章で詳しく論ずる）。

さらなる学習のために：この分解式は筆者とモニカ・フッピーによるものである（Ravallion and Huppi 1991）。

第二に、貧困が慢性か一時のものかによって、求められる政策が異なる。貧しい人の人的、物的資産、もしくはそれらの資産からの収益、を増やすことは、慢性貧困のほうに対応するアプローチと考えられる。一時貧困に対しては、保険および所得安定化施策のほうが重要な政策である（政策については第Ⅲ部で再度論じる）。このように、現在の観察された貧困水準のどれくらいが一時のものであるかを知ることは、政策の選択に情報を与える。

第三に、一時貧困の存在は政策選択に影響を及ぼす。どの政策が選ばれるかは、どのような情報が利用可能であるかにも依存する。かねてからの政策論争として、給付と公共サービスのターゲティングをめぐるものがある。人々の消費が変動するために、長期にわたる厚生を測るのに現在の消費を用いることは精確さを欠く。一時点のデータを用いて長期の貧困者を特定しようとする試みは、十分な根拠を持たない。

それでは、ある時に観察される貧困のうちどれだけが一時のものであるかを、どうすれば捉えうるのであろうか。そのためには、同じ世帯を長期に追い、各期の消費もしくは所得の測定値を含む、パネルデータが必要である（Box 3・7）。そのようなデータがあれば、消費の時を追っての推移を確認することができる。そして、一時貧困を、時を通じての消費の変動に起因する貧困として定義しうる。言い換えれば、時を通じて世帯の消費が変動しないならば、そのとき、一時貧困の要素はないと言える。このように、時を通じての平均消費に基づく貧困は慢性貧困と呼ばれる。平均消費が貧困線を越えている世帯はこの定義では慢性貧困ではないが、一時の貧困は経験するかもしれない。

このアプローチでは、一時貧困は、消費の変動が時を通じた貧困の平均水準に対してどれだけの影響を及ぼしているか、によって測定することができる。このアプローチでは、一時貧困とは、単に貧困線をまたぐ動きではない。常に貧しいが、保険でカバーされない所得リスクなどのために消費水準が変化する人には、一時貧困が存在する。ただし、貧困に焦点を当てているので、貧困線より上での消費変動は関心対象外である。この章の前のほうで述べたように、貧困線より下での変動の影響は貧困指標に組み込まれたウェイトによって決定される。Ｂｏｘ５・16で詳しく論ずる。

例えば、中国の農村での6年間のパネルデータを用いた研究では、消費の変動が観察された貧困の大きな割合を説明することが示され、一時点での消費に基づいて長期の貧困を特定しようとするのは有効でないことを窺わせた。(41) 実際、二乗貧困ギャップの平均値の半分、そして貧困ギャップの平均値の3分の1以上が消費の年々の変動に帰せられる一時貧困を反映していた。

5・5　貧困比較の頑健さ

「以前に比べて貧困は増加したのか」、「二つの場所のどちらのほうが貧困が深刻か」、「政策によっては貧困を増やすのか」、こういった問いについて答えるために、今まで紹介してきたような貧困の指標は役に立つ。二つの異なる状況について貧困の序数比較（ordinal poverty comparison）を行う道具を提供してくれるからである。しかし、貧困指標を用いて貧困比較をすることはそれほど容易ではない。生活水準に関するデータには誤差がありうるし、データ

Box 5. 16* 慢性貧困 対 一時貧困

パネル・データがあるとき、各世帯の消費を時間を追って測定することができる。y_{it} を t 期における世帯 i の消費とするとき、世帯 i の D 期間にわたる消費の推移は $(y_{i1}, y_{i2}, ..., y_{iD})$ と表される。貧困線にあたる消費を $y_{it}=1$ となるように尺度を定める。次に、$P_i = P(y_{i1}, y_{i2}, ..., y_{iD})$ を世帯 i についての貧困指標とする。

全 D 期間にわたる消費の平均値を $\bar{y}i$ とする。極めて一般に、P は、この平均消費の水準と、実際の消費がこの平均値からどれくらい乖離するか、の両方を反映する。慢性貧困の要因を次のように定義する。

$$C_i = P(\bar{y}_i, \bar{y}_i, ..., \bar{y}_i)$$

そして、一時貧困の要因を、残差として次のように定義する。

$$T_i = P(y_{i1}, y_{i2}, ..., y_{iD}) - P(\bar{y}_i, \bar{y}_i, ..., \bar{y}_i)$$

このようにすると、全期間にわたる貧困指標は、慢性貧困と一時貧困のそれぞれを表す項を足し合わせて示すことができる。P_i、C_i、T_i を全世帯につき集計することで、全体としての貧困指標を得ることができる。

貧困指標にいくつかの条件を課すことは理に適っている。第 1 に、世帯についても時間についても、指標は加算により求められる。この章ですでに見たように、全体としての貧困の指標として、個々の貧困指標を人口でウェイト付けして加重平均を取る加算指標のみに注目する、ことが通例である。これは、貧困がある 1 つの部分集団で増加し、他のどの部分集団でも下落しないならば、全体としての貧困は増加しなければならない、ことを意味する。複数の時期にわたる貧困指標にも同様の制約を課し、ある世帯の全期間にわたる貧困（上記の P_i）は各期における貧困指標（p_{it}）の全期間を通じての期待値である、とする。さらに、各期における貧困指標は、その期における消費の関数である（$p_{it} = p(y_{it})$）、と仮定する。この仮定については、ある期の世帯の貧困の程度はそれに先立つ期での支出に依存するかもしれない、という反対がありうる（例えば、今期に自転車を得ることで、来期の貧しさは軽減されるかもしれない）。ある期の消費の指標が（以前に購入されたものを含み）その期に消費されるすべての財の帰属価値を含むとすれば、この反対の説得力は弱まる。

2つめの仮定は、各期における世帯 i の貧困指標（$p_{it} = p(y_{it})$）の関数形に関するものである。単純な例として次の関数形がある。$y_{it} < 1$ であれば $p_{it} = 1$、$y_{it} \geqq 1$ であれば $p_{it} = 0$。世帯 i の全期間にわたる貧困指標は、世帯 i が貧困線を下回る（$y_{it} < 1$）期間の全期間中での割合となる。そして、全世帯を集計する貧困指数は、各期の貧困率の全期間での平均値となる。これは単純な例ではあるが、この指標は世帯が貧困線からどれだけ下にあるのかについては何も伝えないため、貧困指標として満足のいくものではない（Box5.6）。

代わりに、世帯レベルでの貧困指標に次のような性質を仮定する。①貧困の程度が大きいほど大きい。非貧困層については注意を払わない。消費の関数としての形は、貧困線に達するまでは厳密に単調減少であり、その後はゼロである。②貧困層の中での不平等が増加した際に全世帯集計貧困指標が上昇する（少なくとも低下しない）ようにするため、消費の関数としての形は、凸（少なくとも弱凸）でなければならない。③貧困線において連続でなければならない。

これらの性質が望ましいということに対して幅広い合意がある。

①と③が意味することは、貧困線近くの貧困層の消費の変化に対して、最貧困層よりも大きなウェイトを与えない、ということである。そのような貧困指標の例として、$y_{it} < 1$ であれば $p_{it} = (1 - y_{it})^2$、そうでなければ $p_{it} = 0$、である SPG 指標がある。

さらなる学習のために：このアプローチは、筆者による研究で導入され、インドのデータに適用された（Ravallion 1988a）。ジョツナ・ジャランと筆者の研究は、中国のデータへの適用を行った（Jalan and Ravallion 1998a）。ジョン・ロジャースとジョアン・ロジャースの研究は、このアプローチを採用し、貧困期間の回数や長さに基づくものなどの、先行研究で用いられたアプローチに比べて優っている点について論じた（Rodgers and Rodgers 1993）。

上は同じような消費水準の家計の間にも、観測されない「ニーズ」に違いがあるかも知れない。また、そもそも貧困線や貧困指標ついては、不確かさや恣意を排除できない。われわれが行う貧困比較はどのくらい頑健なのであろうか。仮定を変えると結果が変わってしまわないであろうか。

貧困線を設定するにあたり、少なくとも二つの線を考慮してみるのがよい。低いほうの線は、いわば「極貧」(ultra-poverty)線であり、消費水準がこれ未満であるときは栄養不良で深刻な健康上のリスクをもたらす線として設定できよう。[42] 一方、高いほうの線は、しばしば「脆弱」(vulnerability)線と呼ばれる。しかし、どのような危険を想定しているのかが明示されていないので、その呼び方には問題がある(5・7節で「中間層」[middle class]の定義について論じる際にこの点に再び触れる)。貧困線にどのような名前を付けるとしても、重要なのは、用いる貧困線を変更しても貧困比較が頑健かどうか〔訳注:すなわち、順序が入れ替わったりしないか〕、ということである。

消費ないし所得の分布のかなり広い範囲をカバーするように複数の貧困線を考慮するのが望ましい。経済学者による貧困分析では、貧困の程度に順位付けをして比較する際に、比較の頑健さを確かめるさまざまな方法が提示されてきた。[43] 以下では、分析にあたり貧困比較の頑健さを保証するのに役立つアプローチの基本を紹介する。一次元の厚生指標の場合のほうが分析は簡単である。多次元指標の場合についても簡単に触れる。

複数の貧困線を用いるという考えをさらに進めて、縦軸に貧困率(Headcount Index)、横軸に貧困線の値を取り、それらを示す点の軌跡として曲線を描いてみよう。ここで、横軸の貧困線は、ゼロから消費の最大値までを取りうることにする。これは累積分布関数(Cumulative Distribution Function:CDF)に他ならず、ここでは貧困率曲線(poverty incidence curve)$F(Z)$と呼ぶことができる。曲線上の各点の縦座標は、横座標に示される値よりも消費量が少ない人の割合を示している(図5・4(a))。貧困率曲線の傾きは、その点での確率密度(貧困線と同じ消費を得る確率)を示している。

横座標のすべての値につき$F(z)$曲線の下の部分の面積を計算し、その値をプロットすると、貧困不足度曲線

図5.4　3つの貧困曲線、(a)貧困率曲線（$F(Z)$）、(b)貧困不足度曲線（$D(Z)$）、(c)貧困深刻度曲線（$S(Z)$）の導出

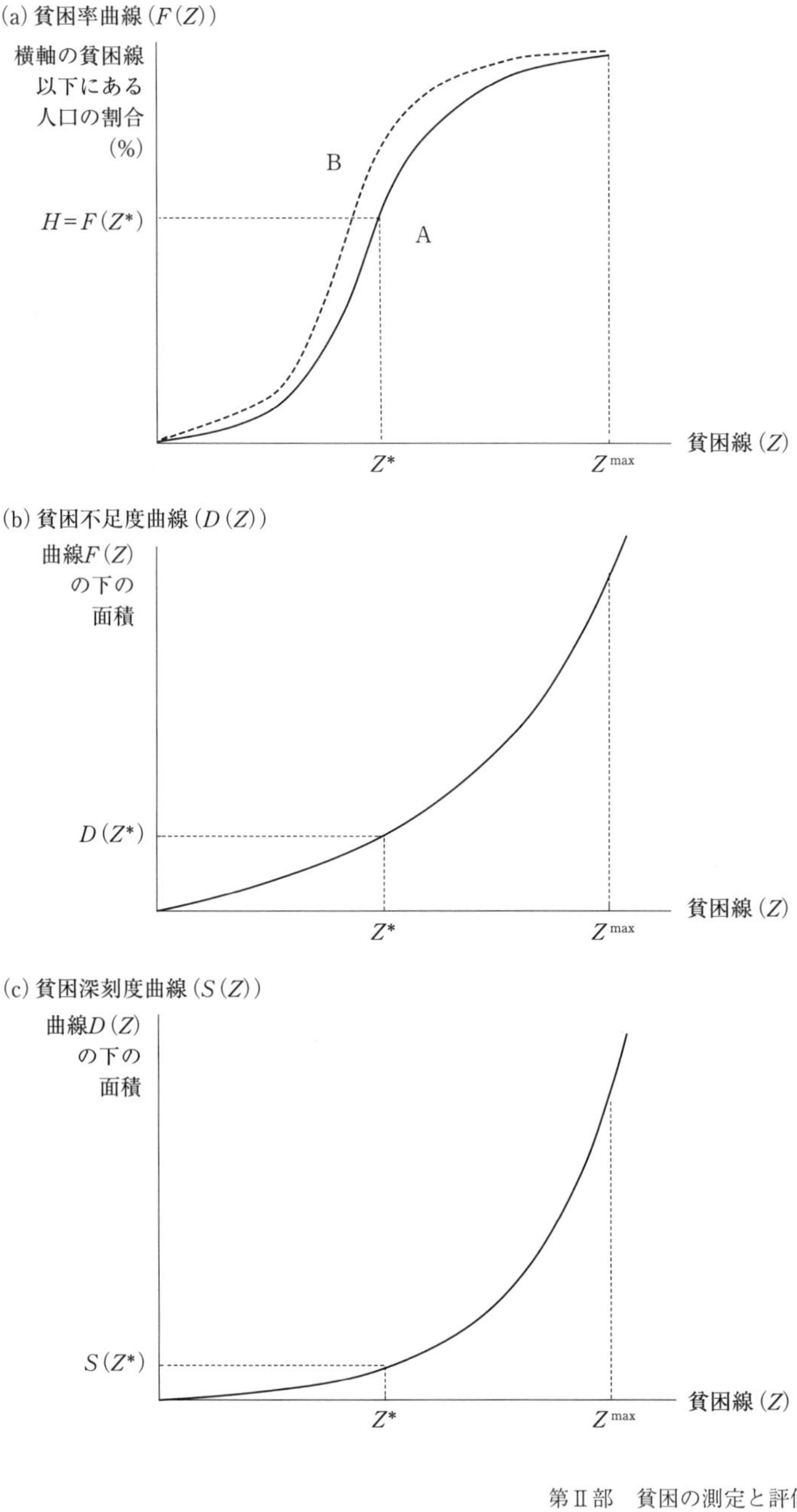

図5.5　２つの貧困率曲線の交点

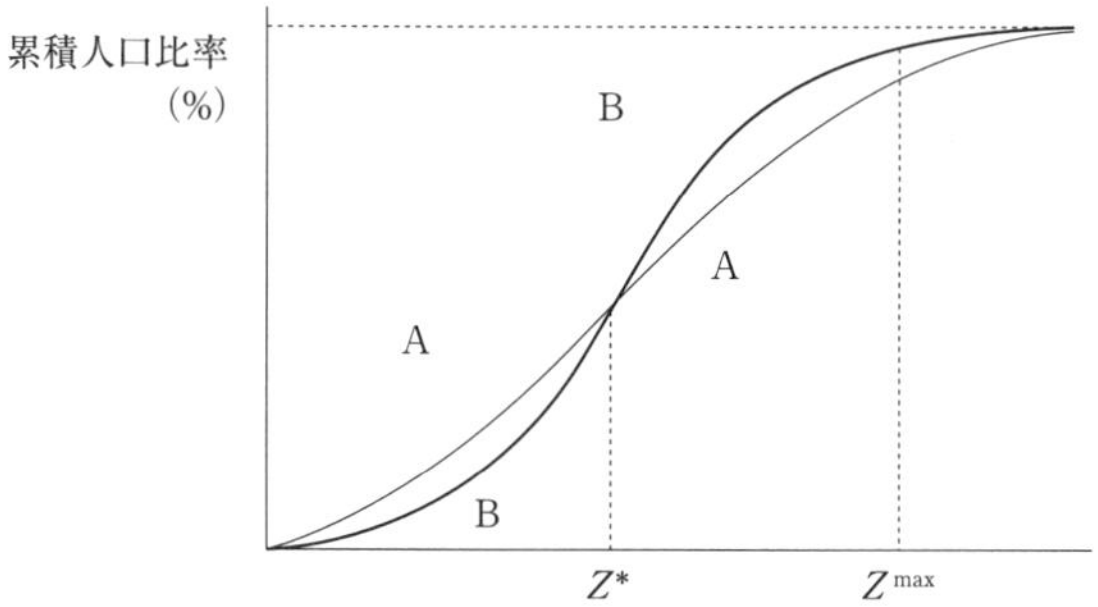

（poverty deficit curve）$D(Z)$を得る（図５・４(b)）。この曲線上の点の縦座標は、貧困線（横座標）にその貧困線に対応する貧困ギャップ率（PG）を乗じた値、を示す。この曲線$D(Z)$をさらに積分すると、貧困深刻度曲線（poverty severity curve）$S(Z)$が得られる（図５・４(c)）。この曲線上の点の縦座標は、ＦＧＴ指標での二乗貧困ギャップ率（SPG）に正比例している。[44]

ここで、貧困線が（横軸上の）どこであるかわからないが、ある値Z^{max}を超えることはないと確信している、としよう。さらに、どの貧困指標が用いられているか知らないが、いくつかの性質、例えば前述した加算性、が満たされていることは知っている、としよう。[45] もし、ゼロからZ^{max}までの区間において、現在時点の貧困率曲線（ＣＤＦ）が過去時点の貧困率曲線よりも上にあることがないならば、疑いなく貧困が減少したとみなしうる。これは一次優位（first order dominance：ＦＯＤ）条件と呼ばれる。

図５・４(a)は一次優位を例示している。曲線ＡとＢは、それぞれ状態Ａと状態ＢにおけるＣＤＦ（消費水準が横軸に示される値よりも少ない人口の全人口中の割合）であるが、曲線Ａはいずれの消費水準においても曲線Ｂよりも下に位置している。このようなときには、貧困線や貧困指標にかかわらず、状態Ａのほうが状態Ｂよりも貧困の程度が低いと言える。

図５・５に示すように、二つの曲線が交わっている場合（一般には、交点は一つとは限らない）、二つの状態（分布）の間で順位は曖昧なものとなり、貧困線や貧困指標によって、貧困状態の比較結果（順位付け）は異なることがありうる。

図5.6　貧困不足度曲線が、最も高い貧困線を上回る領域で交わる場合

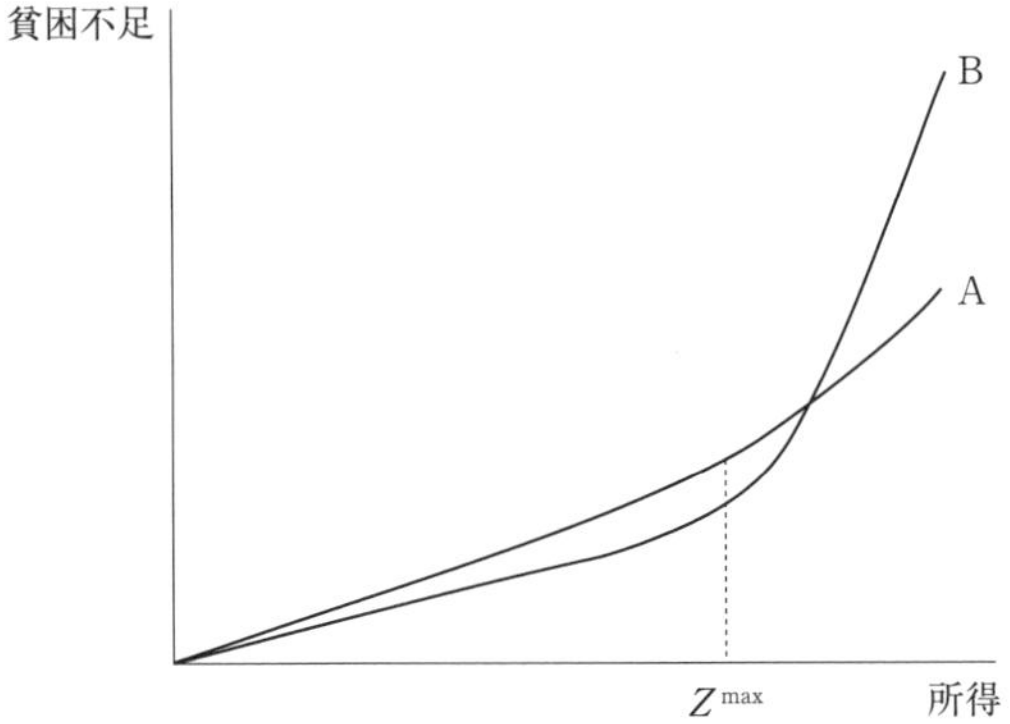

このような場合には、もっと多くの情報が必要である。貧困線の範囲を限定したり、貧困指標の設定においてより多くの条件を付ける、といったことがなされる。

ひとまず貧困率のことは考えずに、貧困ギャップ率（PG）や二乗貧困ギャップ率（SPG）のように貧困の深度を測ることができる加算指標に注目してみよう（これらの指標は貧困層の所得について狭義の減少関数であり、かつ広義の凸関数である）。こうした指標については、二次優位（second order dominance：SOD）条件を用いることができる。貧困線の最大値$Z^{\max}$以下の区間において、状態Aの貧困不足度曲線（PDC、CDFの下側の面積）が、状態Bのものより低くなっている部分がなく、少なくとも1カ所で高くなっていれば、状態Bのほうが貧困は少ないと言ってよい。図5・6に例示されている。

二次優位が分布の定義域全域にわたり成立する場合には、一般化ローレンツ曲線優位（generalized Lorenz curve dominance）と呼ばれる。一般化ローレンツ曲線（generalized Lorenz curve：GLC）は、通常のローレンツ曲線（Box 5・1）に全体の平均値を乗じたものである。一般化ローレンツ曲線は、人々をある厚生指標によって順位付けして最下位から並べたときに、横軸（パーセント表示）で示される順位の人までの厚生指標の累積値（全体の人口で標準化された値）を示している。[46] もし、分布Aの一般化ローレンツ曲線が分布Bのものより常に上にあれば、AのCDFの下の面積はBのそれより必ず小さい。GLC上の最大値は所得の平均値であることに注意されたい。ここから、あらゆる貧困線と貧困深度を測ることのできるすべての貧困指標について貧困が低下したと主張するためには、所得の平均値が減少していないことが必要条件であるとわかる。同様にして、最下位の人の所得（生活水準）が下がっていないことも、貧困低下を主張する上での必要条件である（GLCで、ゼロに至る直前の最小値が、最下位の生活水準を示す）。もし貧困線の最大値Z^{max}が所得の最大値と同じであれば、貧困不足度曲線を用いても一般化ローレンツ曲線を用いても、SODを検証した結果は同じになる。しかし、Z^{max}を所得の最大値よりも低く設定する場合には、貧困不足度曲線を用いるほうがよい。

二次優位では頑健さの検証がうまくいかない場合には、用いる貧困指標の種類をさらに制限すればよい。SPGのような所得分布の形状に依存する指標を用いる場合には（HやPGは対象から除外される）、三次優位（third order dominance：TOD）条件を適用しうる。ここでは、ある状態における貧困深刻度曲線が、定義域全域において他状態での同曲線よりも高い位置にあれば、貧困状態を確実に比較できる。必要であれば、さらに高い次数での優位条件を用いて検証できるが、対象となる貧困指標の範囲はさらに狭まって解釈が不明瞭となっていく[47]。上記の三つの優位条件を用いた検証について、Ｂｏｘ ５・17に簡単な例を挙げる。

所得あるいは消費水準についての二つの度数分布が非常に似通っているときには、それらの違いが統計上有意であるかどうかの検定を行うことが要請されるであろう。FODが成立している場合の検定には、ごく簡単なコルモゴロフ＝スミルノフ検定を行えばよい。この検定は、二つのCDFの間の垂直方向の隔たりの最大値を用いて行われる[48]。より高次の優位条件の下で比較を行う際は、統計推論は複雑となり、もっと高度な検定方法が必要となる[49]。

家計や個人によって貧困線が異なり、それがどのように異なっているのかが観察者にはわからないような場合でも、貧困比較のために先述と同様の考え方を用いることができる。例えば、生活水準の測定に誤差がありうることを考慮すると、個人個人にそれぞれ違った貧困線を考えるべきかもしれない。ある所与の消費水準における「ニーズ」には

Box 5. 17　優位の検証（演習）

3人の人物がいて、初期時点において消費量が（1，2，3）であったとしよう。最終時点で、1人または複数の人が初期時点より消費が多く、誰も初期より消費が少なくない（例えば（2，2，3）や（1，2，4））ならば、貧困率曲線が下にシフトした（厳密に下がっており、初期時点より高くなっているところがまったくない）と言える。このときには、どのような貧困線や貧困指標についても、貧困は増大していない。

次に、最終時点での消費量が（2，2，2）という場合について考えてみよう。この場合には、初期と終点での2つの貧困率曲線は交差することになり、そのため、用いられる貧困線や貧困指標によって、最終時点において貧困状況が改善したとも悪化したとも判断が下されうる（貧困線が $z=1.9$ と $z=2.1$ である場合それぞれについて、初期と終点での貧困率の高低を比較してみよ）。しかし、貧困不足度曲線は交差しない。初期時点（1，2，3）での貧困不足度曲線は（1，3，6）であり、最終時点（2，2，2）に対応する同曲線は（0，3，6）である。したがって、貧困層の消費が増えると減少する *PG* や *SPG* のような貧困指標で見ると、あらゆる貧困線について貧困は減少した（あるいは、少なくとも増えていない）と言える（貧困線が2以下であれば、上記の条件を満たすすべての貧困指標で見て、貧困は減少する）。

最終時点での消費量が（1.5，1.5，2）であったらどうであろうか。表B5.17.1は、貧困率曲線、貧困不足度曲線、および貧困深刻度曲線を、初期

表 B5.17.1　初期時点の（1，2，3）、終了時点（1.5，1.5，2）という消費分配に対する、貧困率曲線・貧困不足度曲線・貧困深刻度曲線

消費 (Z)	貧困率曲線 ($F(Z)$)		貧困不足度曲線 ($D(Z)$)		貧困深刻度曲線 ($S(Z)$)	
	初期	終期	初期	終期	初期	終期
1	1/3	0	1/3	0	1/3	0
1.5	1/3	2/3	2/3	2/3	1	2/3
2	2/3	1	4/3	5/3	7/3	7/3
3	1	1	7/3	8/3	14/3	15/3

時点と最終時点について示している。検討の対象を分布形状に感応する指標に限定したとしても、時点間の順位付けは貧困線の位置によって異なる。貧困深刻度曲線の交点での消費量が2であることを考慮すれば、2未満の貧困線と分布形状に感応する*SPG*のような貧困指標の組合せの下では、貧困が減少したと言うことができる（4次の優位は全区間で成立しており、FGT指標のうち$\alpha=3$以上のもの、またワッツ指標については、貧困線の位置にかかわらず、貧困の減少が示される）。

知られていない個人差があるかもしれず、そのことも真の貧困線が個人ごとに異なりうることを示唆する。健康に生きていくために必要な栄養には、未知の大きな個人差が存在しているかもしれない。世帯によって、家族構成が異なっていたり、異なる価格に直面していたりすることがありうるが、そうした状態の違いがデータに正確に反映されているとは限らず、貧困線が家計間で異なりうることを考慮せざるを得ない[50]。

貧困線が未知の分布に従ってばらついているとき、貧困比較は明らかに難しくなる。しかし、そのようなときでも何らかの仮定を置くことで、はっきりとした結論を得ることができる場合はある。例えば、貧困線の分布が二つの（あるいは二つ以上の）状態の間で同一であり生活水準の分布とは独立である場合には、一方の状態の分布が他方に対して一次優位にあれば、これら二つの状態の間には明確な順序付けができる。これは、貧困線の分布の如何にかかわらず成り立つ[51]。

ニーズ（家族の規模など）と消費それぞれの分布は既知であるが、これら二つの変数がどのように関連して厚生水準を決定しているのかはわからない、という興味深い場合を取り上げよう。消費と家族規模といった厚生の二つの次元に対しては、二変数での優位の検証が適用できる。その検証は、消費量とニーズとが相互に影響して厚生水準を決める仕方についてどのような仮定を置くかで、難しさが異なる。正確な検証は、（とりわけ）消費の限界社会価値（marginal social valuation）が家族規模によってどう異なるかに依存する。消費の限界社会価値が家族規模とは独立であり家族規模の周辺分布が一定である特殊な場合には、この問題は通常の1変数の場合の優位の検証と同じになる。

ニーズがどのように消費と相互に影響して厚生水準を決めているか、まったくわからないとしよう。加算貧困指標を用い、また異なるニーズの間での人口の分布を一定とすると、上述の優位の検証のすべてを似通ったニーズを持つとみなされる集団ごとに別々に適用することができる。すなわち、農村部世帯と都市部世帯を別々に、あるいは大家族と小家族を別々に、貧困状態の変化について一次優位を用いて検証できる。もし一次優位がすべての集団において成立しているのならば、集団間でのニーズの違いに関係なく、全体を集計した分布においても一次優位が成立していると言える。一次優位がうまくいかない場合には、指標を貧困の深度や深刻度に限定して、それぞれの集団について別々に二次優位、さらに必要であれば三次優位、の検証を行えばよい。

これらの検証はしばしば大変に厳密なものとなる。もし消費の増分に対する限界厚生の大きさでニーズの異なる集団を順位付けすることを受け入れるならば、より弱い検証方法を用いることができる。その場合には、例えば、集団①が最も高い消費の限界社会価値を持っている（貧困指標の曲線の傾きが最大である）としよう。さらに、消費の限界社会価値の集団間での順位はあらゆる消費水準において同じであるとしよう（つまり、消費の限界効用が常に集団①で一番高い）[52]。貧困指標に関して分布を順位付けする場合、消費の関数としての貧困指標は貧困線において連続でなければならない[53]。この条件によって貧困率など少数の指標は候補から除外されるが、貧困ギャップ率（PG）や二乗貧困ギャップ率（SPG）といった指標はこの条件を満たしている（図5・4）。こうした条件の下では、簡単な部分優位検証（partial dominance tests）を用いることができる。この方法は、集団①から順に、（各集団別々にではなく）累積して検証をしていくものである[54]。まず、集団①のCDFについて二つの状態での比較を行う。その後、集団①と集団②を人口比で加重和した分布について検証し、さらに集団①、②、③を同ように加重和した分布について検証する、といった具合である。この方法によるほうが、優位条件は成立しやすくなる。例えば、ある政策の効果として、一部のニーズ集団については貧困が増えているのに、全体を集計した際の貧困は低下している、というような場合である。

しかし、これらの検証方法は、ニーズに関する人口分布が変化するような場合（例えば貧困比較をしようとする二時点の間に都市人口が大きく増えているような場合）には，さらなる修正が必要となる。このようなニーズの分布の変化は，途上国において二時点間で貧困比較を行おうとする際によく起こる問題である。理論上は，一次優位が都市と農村で別々には成立するとしても，都市と農村の人口比次第で，あるいは消費とニーズが相互に影響して厚生水準を決める仕方次第で，全体としての分布では一次優位が成立しないことがありうる。こういった状況については，より一般化された検証方法が考案されている。[55]

5・6　貧困層を益する成長と所得分位別の成長率

経済全体の成長の利益（あるいは縮小による損失）は初期時点の所得・消費が異なる家計の間でどのように分配されるのだろうか。これはしばしば議論を呼ぶ問いである。今まで見てきた分析手法に多少の工夫を加えれば，簡単にこうした問いに答えられる。

まず，同じ期間における貧困指標の変化率と平均所得の成長率の比率として貧困の成長弾力性を求めることができる。[56] 複数の観測値がある場合には，貧困指標を平均所得に回帰して，または貧困指標の変化率を経済成長率に回帰して，係数を求めることがよく行われる（Ｂｏｘ　１・19参照）。これらの回帰係数は，平均弾力性の推定値とみなすことができる。[57] もし，成長がすべて非貧困層でのみ起こっているのであれば，弾力性はゼロである。すべての所得分位が同じ率で成長する（不平等度は変わらない）ときには，弾力性は必ずマイナスの値をとる。[58] しかし，その場合でも，（絶対値で見た）弾力性の大きさは，初期の不平等度などさまざまなものに依存する。この点については第８章で立ち返り検討する。

貧困の成長弾力性は便利な記述統計量であるが，所得の成長率が所得分位によってどれくらい違うかを確かめることも有益である。（図5・4(a)におけるように）二つの時点でのＣＤＦを比べるとき、垂直方向の差は（横軸に示されている貧困線に対応する）貧困率の差であり、水平方向の差はある所得分位点にある人々の平均での所得の増分（または減分）を示す。このＣＤＦのグラフを反転させて分位関数（quantile function）のグラフとし、垂直方向の距離が各分位点での所得増分を表すようにすることもできる。さらにもう一歩進めて、各分位点での所得の成長率$g(p)$を計算することができる。時点一および時点二でそれぞれ分位関数を導出し、それらから各分位点での成長率を計算する。その値を示す曲線は、所得分位別成長率曲線（growth incidence curve：ＧＩＣ）と呼ばれ、初期の所得分位点ごとの成長率の分布を示す。[59] 例えば、50％分位点でのＧＩＣの値は、中位所得者の所得成長率を表す（下位50％の人々の所得の平均成長率と混同しないように）。すべての分位点において成長率がプラスであれば、どのような貧困線を用いてもＦＯＤが成立する。Ｂｏｘ　５・18に一例が示されている。

ＧＩＣの下部の面積は大変に有用な指標になる。（ゼロから）初期の貧困率までの範囲でこの面積を計算すると、初期の貧困層における平均成長率を得ることができる。さらに、この面積は貧困のワッツ指標の変分と同値であり、筆者とチェンの研究で「貧困層裨益成長率」（rate of pro-poor growth）と名付けられた（Ravallion and Chen 2003）。この指標は、（絶対あるいは相対）ワッツ指標による貧困削減の測定と整合する成長率の指標である。しかし、この成長率がプラスであっても、貧困層の所得成長が全体の平均を上回っているとは限らない。ワッツ指標が減少していても不平等度が増大していることはありうるのである。

これらの手法は「繁栄の共有」（shared prosperity）という別の概念の測定にも用いることができる。２０１３年に、世界銀行は二つの開発目標のうちの一つとして繁栄の共有を掲げた。これは、当時就任したばかりのジム・ヨン・キム総裁が重視していたことである。[60] 世銀は、この目標の達成状況について、下位40％の人々の平均所得の成長率を指標としている。[61] これはわかりやすさの点ではよいが、次のような問題もある。すなわち、経済の成長あるいは縮小が下位40％の人々の間でどのように異なった影響を与えているのかわからない、ということである。例えば、最貧層の

Box 5. 18　中国の所得分位別成長率曲線

中国の平均所得が高成長してきたことは広く知られている。成長率は所得によりどのように異なっているのであろうか。図 B5.18.1は、1990年から2005年にかけての中国の所得分位別成長率曲線（GIC）を示している。一次優位（FOD）が成立しているので、どのような貧困線についても、広範な種類の貧困指標で見て絶対貧困は減少している。曲線は右上がりであり、低所得階層では成長率が低く、初期の所得が高いほど成長率は高い。１人当たり所得の成長率（年率）は、最貧１％では4.5%であったのに対し、最富裕１％では9.5%であった。

図 B5.18.1　中国の所得分位別成長率曲線

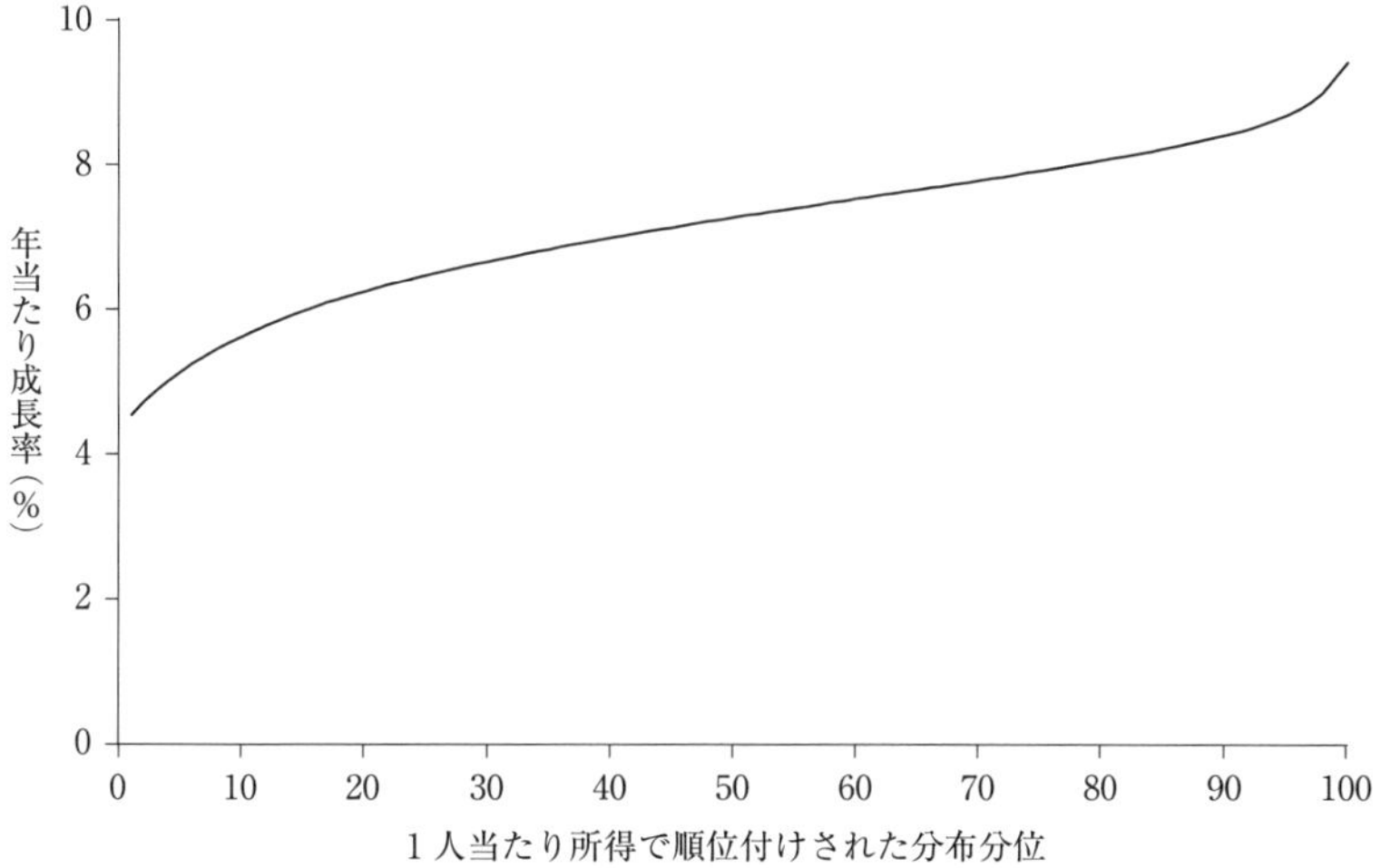

図5.7　BとCはともにAより貧困人口が少ないが、Bのほうが「中間層の厚み」が大きい

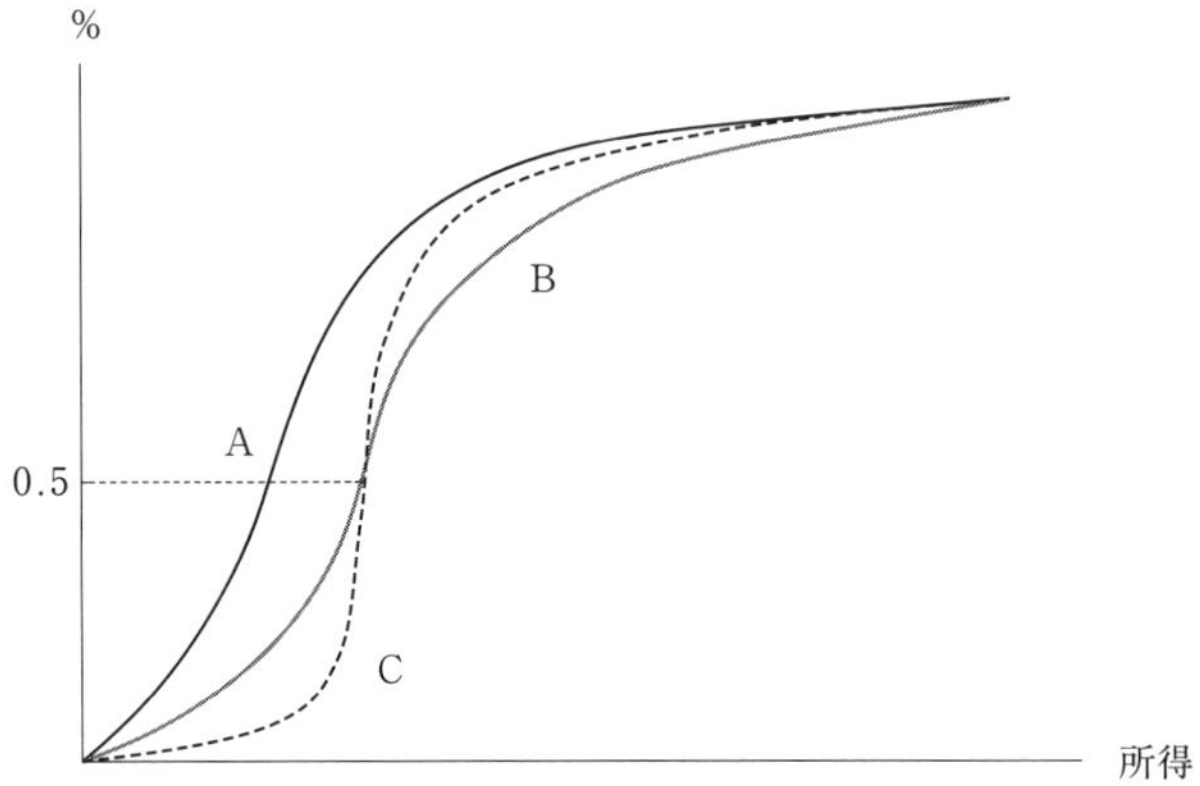

所得がまったく増えなくても、下位40％の人々の平均所得は上昇しうる。

本節で議論した考え方を用いれば、この問題について簡便な修正法を提案できる。下位40％の平均所得の成長率を計算する代わりに、下位40％の成長率の平均値を計算すべきなのである。言葉ではこの違いはわずかであるが、指標の性質は大きく異なる。こちらの指標にすれば、下位40％内での所得分布の変化が反映されるようになる。もし、下位40％内で不平等度が低下すれば（上昇すれば）、成長率の平均値は平均所得の成長率よりも高く（低く）なる。そして、この指標を算出するためにモニタリングが大変になることはない。下位40％における成長率の平均値は、二時点での分位関数（CDFの逆関数）から容易に計算することができる。

5・7　「中間層」を測定する

所得や消費に関する一国全体の調査データが入手可能になる以前には、「労働者階級」や「資本家階級」などと分類することで「階級」を定義することがよく行われていた。所得分配が論じられる際には、労働者、資本家、土地所有者、それぞれの取り分といった、生産要素間の分配を意味することが多かった。こういった論じ方は、現代のように多様化が進む以前の経済では妥当だった、とも考えられる（19世紀の半ばまでの英国など工業化しつつあった国では、「貧困」であることと「労働者」であることは実際上で同義であった。現代ではもはやそうではない）。１９６０年代以降、所得、消費、また（それほど多くはないが）富の、分布についての定量データが広く用いられるようになった。この背景には、これらのデータが入手可能になってきたことと、かつて同じ階級として分類されていた人々の間で生活水準の差が大きくなってきたこと、が挙げられる（要素間所得分配は、個人間所得分配がどのように推移するかを理解する上で、今でも重要な役割を果たしている。この点については第8章で言及する）。

「中間層」（middle class）という概念はよく知られており、さまざまな理由により社会学者や経済学者により広く研究されてきた。開発政策が最貧層を最も重視する場合でも、社会厚生上の帰結を評価するにあたって、それほど貧しくない人々にまったく注意を払わないということはまずない。そのため、社会の進歩を評価する際に、貧困線より上の人々の状態も検討の対象とすることが求められる。また、中間層には、貧困層の前進を助ける上での重要な役割があるとも言われてきた。一連の研究で、中間層は経済成長を促進する役割を果たしうると指摘されてきた。例えば、起業家精神を涵養し、消費需要の内容を変化させ、そして成長に資する政策変更や制度改革を政治上で行いやすくする、といったことである。このような中間層の役割に関する議論の主なものについては、第8章で検討する。

貧困に対する進展が打ち消されてしまうかどうかは、達成された成果がどのように分配され、どれくらいの人々が所得のわずかな喪失によって再び貧困状態に陥るような脆弱な状況にあるか、に依存する。図５・７の三つの曲線は、横軸に示される所得水準以下の人の割合を示すＣＤＦを三つの場合を仮想して描いている。初期の分布は曲線Ａである。すべての人の所得が同じ割合で増加する場合には、分布は曲線Ｂにシフトする。このとき、あらゆる貧困線および広範な種類の貧困指標について、貧困が削減されたという判定がなされるであろう[62]。かわりに、曲線Ｃにシフトした場合を考えると、貧困削減は、低い貧困線については大きいのに対し、高めの貧困線についてはわずかかあるいはまったくない。ＡからＣに移行することで、貧困は疑いなく削減されているが、Ｃでは Ｂよりも中位所得周辺の狭い範囲にわたって密度がかなり高く、分布の集中度が高い。分布Cに比べてBでのほうが、経済全体が縮小する時に低めの貧困線以下に陥る脆弱な状況が広範に存在する。このため、途上国がB、Cのどちらに向かっているのかを知ることは重要である。

絶対アプローチと相対アプローチ

「中間層」の定義と指標に関しては、主に先進国を対象として多くの研究がある。主要な論題は、ここ数十年間にアメリカ（およびその他の西側諸国）で中間層が衰退した（と言われている）ことに関連している。貧困指標と同じように、絶対アプローチと相対アプローチがある。後者では、「中間層」とは中位所得を含む一定区間の所得水準の層であり、その区間は中位所得を軸に左右対称に定義されることが多い。区間の下限と上限の定義の仕方はさまざまに異なるが、多くの研究では、中位所得の75％の所得水準を下限とし、125％を上限としている。[63]

この（各国ごとに実質所得での区間を定める）相対定義に対して、すべての国に共通の実質所得ベースの区間によって、絶対基準により中間層を定義する方法がとられる場合もある。中間層の絶対基準として、さまざまなものが用いられてきた。例えば、ある研究では、ブラジルとイタリアの平均所得の間に位置する人々のこととされ[64]、他の研究では、1993年のPPPで1日2ドルから10ドルの間にある人々のこととされた。[65] これら二つの研究で用いられた中間層の所得区分はまったく重ならず、両方の定義で「中間層」とみなされる人は存在しないのである。[66] さらに別の研究では、2005年のPPP換算で、下限を1日2ドル、上限を1日13ドルとしている。[67]

用いられる指標がこのように異なるのは、関心の対象が豊かな国であるか貧しい国であるか、その違いによるところが大きい。1日10ドル以下という水準は、ほとんどの先進国では「中間層」とみなされないことが明らかであろう。実際に、アメリカの2005年の貧困線は1日13ドルである。[68] 一方、発展途上国では、米国の貧困線やブラジルの平均所得を下回る生活水準にある多くの人々が「中間層」とみなされるであろう。

世界で最も人口の多い二カ国について考えてみよう。「小康」（Xiaokang）という言葉が、「中間層」に最も近い中国での概念である。「小康社会」を実現することが、鄧小平によって1979年から推進された市場経済化の目標である。中国国家統計局は、1991年に小康を定義する最低所得水準を定めた。(69) 2005年のPPP換算で表示すると、農村部では1日当たり2・24ドル、都市部では1日当たり3・47ドルであった。筆者の（PovcalNetを用いての）推計では、2005年までに中国では5億人以上が小康になっていて、これはアメリカの貧困線以上にある人口をはるかに超えている。明らかに、アメリカでは「貧しい」とされる生活水準にある多くの人々が、中国では小康、すなわち中間層、として扱われている。

これはインドについても同じである。よく、インドではすでに3億人が「中間層」であると言われる。例えば、ウィキペディアの「インドの生活水準」という項目にそういったことが書かれている（ただし、この数字の出所を探してもうまく見つけられない）。インドにおける中間層の定義には、国立応用経済研究協議会（National Council of Applied Economic Research：NCAER）による調査の結果がよく用いられる。2000年頃には、さまざまな定義により1億から2億5000万の人々が中間層にあるとされた。(70) 最新のNCAERの調査によれば、2007―2008年については、2500万家計（およそ1億2000万人）が中間層にあったとされている。(71) これから見るように、こうした推計値はすべて、アメリカの基準で貧困でないとされる人数をはるかに上回っている。

既存研究で用いられている他の定義についても検討がなされるべきであろう。発展途上国に適した中間層の定義として、所得の中央値を中心とするのは不適切であり、中央値は中間層の下限を画するとするほうが理に適っている。発展途上地域全体における2005年の消費の中央値は、1日2ドルにすぎない。

発展途上諸国における貧困線に依拠した国際基準に基づいて世界全体の貧困を測定するのと同様に、「中間層」についても、豊かな国ではなく貧しい国において中間層であるとはどういうことであるのか、それを反映した定義を行うことができる。(72) 発展途上地域における中間層は、発展途上諸国の貧困線の中央値を下限とし、アメリカの貧困線を上限とする区間にある人々、と定義することができよう（これに対し、先進国における中間層は、アメリカの基準で貧困でないとされる人々と考えてよいであろう）。筆者は、発展途上70カ国の貧困線（世銀や途上国政府がそれぞれの国について行った貧困測定に基づくもの）の中央値を、中間層の下限として用いた[73]。ここで用いられた各国の貧困線は、食料およびエネルギーについて最低限必要とされる量と（その国の社会に応じた）食料以外のニーズを満たすのに必要な額として設定されている。その70カ国の貧困線の中央値は、２００５年のＰＰＰ換算で１日２・00ドルであった。また、中間層の上限は、アメリカの貧困線すなわち１日13ドル（２００５年ＰＰＰ）とされた。

脆弱性と中間層

上述したすべての「中間層」の定義は、ある重要なことを見落としている。それは、時間を通じての変化である。自らを中間層とみなしている人々は将来について明るい展望を持つことが多い、と考えられる。すなわち、より高い所得分位に移行でき（あるいはそう願っており）、そのことが、不平等に対する考え方も含め、彼らの態度や行動に影響している[74]。そして、彼らはショックや危機を受け止める余裕をほどほどに有している。

２００８―２００９年にかけてアメリカの住宅・金融市場に発した金融危機が発展途上地域に及ぼうとした際に、貧困に対する近年の進展が台無しになってしまうのではないかという懸念が、当然ながら広く持たれた。そうなるかどうかは、危機の影響が所得分位間でどのように異なるかということにも依存し、最貧層が最も大きな影響を被ると一概に想定することはできない。むしろ逆であって、多くの人々を貧困たらしめているその理由、すなわち地理上の孤立と国内や海外の市場との断絶、によって貧困層はこの種の経済危機から守られるであろう。しかし、問題がないわけではない。今日の発展途上地域には、これまでの（低く設定された）貧困線では貧困とはみなされないが、中国やインドでの基準でさえも「中間層」とも呼べない人々が多く存在するのである。

中間層を定義する別の仕方として、こうした下降リスクの存在――脆弱性――を明示して取り入れるものがある。

ある特定の社会において、「貧困」とは言えないものの、そうなってしまう無視できないリスクを抱える人々が存在する。彼らは、貧困に対して脆弱である。中間層は、貧困に陥るリスクから、十分に安全な状況にある人々、と定義しうる。[75] パネルデータを用いれば、貧困ではない人々が貧困に陥る確率を計算することができる（Ｂｏｘ３・７を思い出してみよう）。[76] この確率について何らかの限界値を設定すれば（これは判断に委ねられる）、ある期間において貧困に陥る確率がその限界値以下となる消費あるいは所得の下限、すなわち「中間層」の下限を求めることができる。例えば、ベトナムに関するある研究によれば、中間層では2年以内に貧困に陥る確率が３％以下でなければならないとすると、「脆弱性」線はベトナムの公式な貧困線の30％上方に設定されることになる。[77] 同じ研究によれば、ベトナムにおける絶対貧困は減っており中間層の割合は増加している。これは、アメリカとは逆の動きである。

ここまで、中間層の定義にはさまざまなものがあることを見てきた。貧困に陥るリスクを明示して組み込んでいる最近のアプローチは、絶対あるいは相対の下限・上限の値を設定して中間層を定義する従来のやり方に比べて進歩したと言える。こうした新しいアプローチでは、下降リスクに対して過度に脆弱でないという、ある種の「安心感」を数字で捉えている。そしてこの「安心感」こそが、世界全般に「中間層」という概念が持つべき大変に重要な要件であるように思われる。

5・8　貧困と機会の不平等

個人の厚生が生活の絶対水準のみならず社会における相対地位にも大きく依存していることは、これまで述べてきた通りである。厚生水準に基づく貧困指標――厚生のある絶対水準――は、人々の間での所得と消費の異なる水準に対応しうる。どのように異なるかは、相対地位が厚生にとってどれくらい重要であるかに依存する。例えば、「相対所得仮説」に基づいて相対貧困線を導出しうる（ただし、「自身の所得」の水準も厚生にとって重要な場合には、この貧困線は所得の平均値に単純に比例するということはない）。このような貧困指標は、不平等と絶対貧困の間のトレードオフを組み込んだものになる。

こうしたトレードオフを指標に組み込むその他の方法としては、機会の絶対水準と機会の不平等を反映した「機会指数」（opportunity index）の概念を用いることも考えられる。第I部と第3章で、機会の不平等という概念についてはすでに説明した。どのようにすればこの概念を定量化できるであろうか。

最近の研究で用いられたアプローチでは、自身では責任を負えない（コントロールできない）厚生の決定要因、つまり自身がおかれている環境や状況（第3章の3・1節で言及したようなもの）、に注目している。すなわち、「貧困」が外部環境によるものであって自身の努力ではどうにもならない限りにおいて、倫理上の重要な問題であり政策介入が強く求められるもの、とみなされる[78]。ただし、第3章で述べたように、この倫理上の判断には疑いの余地がある。貧困であることは機会の逸失であると解釈できる。言い換えると、貧困率が増加すると機会は減少するという解釈が可能である。しかし、貧困率自体は機会の不平等を示すものではない。社会において平均として得ることのできる機会は、機会の不平等さによって割り引かれた上で評価されなければならない、と論じられてきた。次のような簡便な方法を用いることができる。

機会指数＝（1－全体貧困率）×（1－異なる集団の間での貧困の不均一度）

環境・状況と努力の区別と整合するように、観察された環境・状況から予測される厚生水準の分布に基づいて貧困率を計算することもなしうるであろう（第3章3・3節）。しかし、この式の特徴は、不平等の指標が環境・状況の異なる集団の間での貧困率の違い（達成される機会の違いとして解釈される）を反映するものとして取り入れられていることである。例えば、不均一度指標が集団別の貧困率の全体貧困率からの絶対偏差の和で定義される場合には（指数がゼロから1の間の値を取るように標準化されなければならない)、これは世界銀行の「人間機会指数」(Human Opportunity Index)の一例となる。[79]

この定式化は、貧困と不平等の間のトレードオフを明示して捉えている。もちろん、機会の不平等は疑いなく直接に貧困を増大させる。しかし、ここで唱えられているのは、開発の進捗を測る際に、不平等が十分に低くなるならより高い貧困率を受け入れるべきである、ということである。このように定義された機会指数に基づいて異なる分布の間での順位付けをすると、貧困指標に基づく順位付けとは必ずしも同じ結果とはならない。

5・9　ターゲティングに関連する指標

今日、ほとんどの先進国では、貧困削減を重要な目標として広範な社会保障制度が導入されており、ほとんどの発展途上国においても、貧困対策を目的とした社会政策が始められている(第10章で、これらの政策の詳細について説明する。本節では、方法論に焦点を絞って解説する)。ターゲティングの成否を測定する指標が必要とされる。関連する指標が、「受益の帰着」(benefit incidence)(公共プログラムで受け取られた給付と消費あるいは所得との間の実証上の関係)を評価するために用いられる。

原理上は、ターゲティングを用いたプログラムの貧困削減への効果を評価するには、例えば、同額の予算をターゲティングせずに配分した場合という反事実想定を設定して比較すればよい。[80] そうすれば、ターゲティングの効果についての明瞭な解釈が可能である。しかし、研究でも実務でも、この方法はあまり広く用いられていない。本節での議論は、実務上よく用いられ、「何が機能し、何が機能しないのか」ということについて現時点での私たちの知識の基となっている、諸指標に焦点を当てる。各指標の定義はBox 5・19にある。[81]

Box 5. 19　集中度曲線とターゲティング精度の指標

図 B5.19.1は集中度曲線 $C(p)$ を示している。縦軸は給付の累積シェアを表し、横軸は（例えば）１人当たり世帯所得で低いほうから順位付けした人

図 B5.19.1　集中度曲線

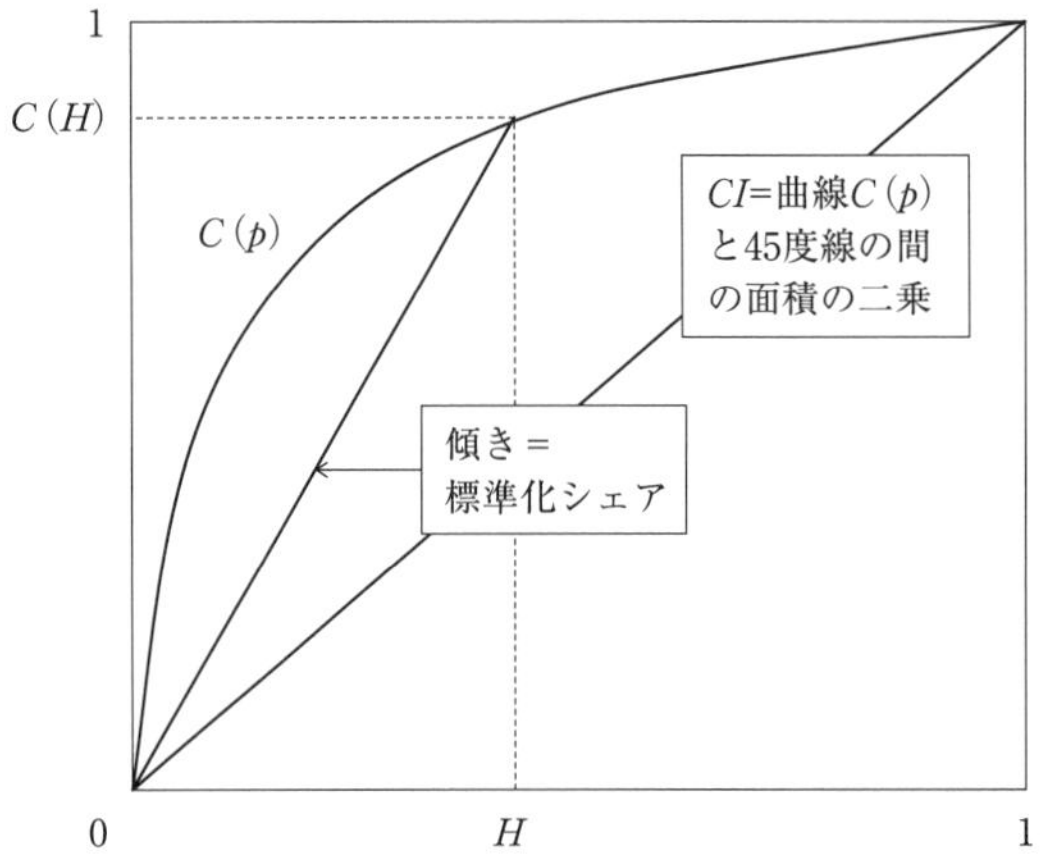

表 B5.19.1　ターゲティング精度の指標に関する用語集

給付中の貧困層のシェア（S）	給付額のうち、当初貧困層とされた人々（あるいは所得で定義された、他の基準に基づく集団）に給付された額の割合。図では単純に $S=C(H)$ である。ここで C は集中度曲線で、H は貧困人口比率を指す。
標準化シェア（NS）	総給付額に占める貧困層への給付シェアを貧困比率で割ったもの。
集中度指数（CI）	集中度曲線と45度線（全員が一律の給付を受ける線）の間の面積。CIの上限は１（最も貧しい１人がすべての給付を得る場合）で下限は－１（最も豊かな１人がすべての給付を得る場合）である。
カバー率	貧困層のうち、プログラムによる給付を受けている人の割合。
ターゲティング較差	カバー率と非貧困層のうちプログラムの給付を受けている人の割合の差を取ったもの。
タイプ①エラーの割合	（本来プログラム受給資格がない）非貧困層のうち、給付を受けている人の割合。
タイプ②エラーの割合	貧困層のうち、給付を受けられていない人の割合。

口の割合である。全人口が同額を受け取る同一給付の場合には、集中度曲線は45度線となる。直感では、45度線から離れれば離れるほど、給付プログラムのターゲティングがうまく行われていることになる。

ターゲティング指標

「集中度曲線」（concentration curve）は、何らかの給付政策について、（例えば、1人当たり世帯所得額で見て）最貧困であるp%の人々に、総給付額の何%が累積で給付されているかを示す。この曲線に基づく指標は、ターゲティングや公共プログラムの受益の帰着に関する既存研究で、特によく用いられてきた。Ｂｏｘ５・19の三つの指標は、集中度曲線に基づくものである。給付中の貧困層のシェア（S指標）は、多くの一次情報から最も容易に入手可能な指標であることが総括研究において認められているように、明らかに広く用いられている。[82] その理由の一端は、解釈が容易であることであろう。

こうした長所はあるものの、この指標には明白な欠点が存在している。まず第一に、この指標では、貧困層の間で給付がどのように分配されているかはわからない。二つの給付プログラムがあり、貧困層に給付されている割合が同じであるとしても、一方は最貧層に集中しており、もう一方は貧困線よりわずか下に位置する層に集中している、といったことがありうる。もう一つの懸念は、給付プログラムの規模自体が貧困に影響を与えうることが明らかであるにもかかわらず、この指標には給付プログラムの規模が直接には反映されないことである。[83]

デヴィッド・コーディらは、世界中の貧困対策プログラムのターゲティングを比較するにあたって、S指標を貧困率Hで割った標準化シェア（normalized share：ＮＳ）を用いている（Ｂｏｘ５・19参照）（Coady et al. 2004a, b）。その理由は、比較にあたり「（累進でも逆進でもない）中立なターゲティングを共通の参照点とし（p.69）」ており、S指標よりも適切な比較をなしうるというものである。[84] その研究では、「中立なターゲティング」とは（所得水準によらない）同一の給付のことを指している。給付が同一であれば、明らかに$NS=1$である。しかし、NSの値が1に近いということは、必ずしも給付が同一に近いことを意味しない。まったく異なる多くの状態で、NSは1に近付きうる。S指標と同様に、NS指標も貧困層の間での給付の配分には影響されない。例えば貧困層全体で全給付額のH%を受け取っているとしても、貧困層の間でまったく状況の異なる人たちが、まったく異なる給付を受けていることがありうる。例えば、貧困層向けのすべての給付が最も貧しい1人あるいは（貧困層の中で）最も豊かな1人に与えられることも原理上は可能であり、そのどちらの場合でも$NS=1$になる。また、NSは給付の配分のされ方に関係なく、Hが100%に近づくと1に近づく。このように参照点の性質が曖昧であるので、この指標の有用さは理論上で疑わしいものである。

「集中度指数」（concentration index：CI）は財政政策の帰着（fiscal incidence）に関する研究で広く用いられている。この指標は、「一般化されたS指標」ということができ、集中度曲線上のある一点のみに着目するのではなく、曲線と45度線（同一の給付の場合）の間の面積を用いる。Box 5・19では、CIは面積Aの2倍である。[85] この指標の持つ望ましい特徴は、貧困層の間での、そして（もちろん）すべての所得分位の間での給付の配分のされ方を反映することである。欠点は、SやNSのようなわかりやすい解釈がしにくいということである。また、これまでに紹介した他の指標と同ように、この指標もまた給付プログラム全体の規模とは連動しない。

ここで紹介した指標はすべて集中度曲線を用いているが、それでも指標によってまったく違う結果を示すことがある。もちろん、同じHが用いられる限り、SとNSの間は常に一定の比率となる。しかし、Hがさまざまな値をとる場合には、プログラム間の順位付けは指標によって異なってくる。後の事例研究で示すように、この問題は実際上でよく起こることである。例えば、二つの都市で、すべての参加者（適格者）に同一の支給がなされる給付プログラムが実施されているとしよう。貧困率が50%の都市Aでは、最貧層20%がプログラムの対象であり、一方、貧困率が10%の都市Bでは、最貧層40%が対象となっている。全給付に占める貧困層への給付割合については、AがBに対してはるかに高い比率となっている（S指標は、都市Aでは100%であり、Bでは25%である）。それに比べて、標準化されたシェア（NS指標）を用いる場合には、Bのほうがよりよくターゲティングされていることになる（NS指標は、

Bでは2.5であるのに対し、Aでは2である）。より一般に言うと、Aの集中度曲線はすべての範囲でBのそれより上に位置しているが、それでもBのほうがHが低いためにNS指標はBのほうが高くなるのである。

「ターゲティング較差」（targeting differential：TD）は、貧困層のプログラム参加率（カバー率とも言う）と非貧困層の参加率の差を取ったもの（Box 5・19参照）であり、上述した指標とはかなり趣を異にする。[86] 全受給者への平均給付を用いてTDを標準化することもでき、これをTD^*としよう（同一給付の場合には$TD = TD^*$）。しかし、TDとTD^*はほとんど違いがないことがわかっており、TDのほうが解釈が簡単なので、これ以降はTDを用いて議論をする。

貧困層のみが給付を受け、かつすべての貧困層が給付を受けていれば、$TD=1$であり、これが上限値である。逆に、給付を受けているのは非貧困層であり、かつすべての非貧困層が給付を受けている場合には、$TD=-1$となり、これが下限値である（先ほどの二つ都市について言うと、都市AとBのTDはそれぞれ0.4と0・67である）。この指標は解釈が容易で、給付が貧困層のどれだけをカバーし、非貧困層にどれだけ漏れているか、を自ずと反映することができる。

ターゲティングに関して、「タイプ①」および「タイプ②」の誤りが生ずる程度も指標としてよく用いられる。タイプ①の誤りとは、貧困でない人を誤って貧困層に分類する誤りであり、逆に、タイプ②の誤りとは、貧困とされるべき人を誤って貧困層から外すことである。タイプ①の誤りが生じている場合には、給付プログラムにおいて非貧困層への漏れが生じていることになり、タイプ②の誤りの場合には、貧困層に対するカバー率が低いことを意味する。タイプ①およびタイプ②の誤りが生ずる程度を測定する際に、（それぞれ）非貧困層および貧困層の人口に対して標準化した値を用いることもできる。[87] ターゲティングに関する通常の指標は、両方のタイプの誤りの程度に依存する。集中度曲線に基づく指標の場合でも、タイプ②の誤りに大きく影響されないとみなすことはできない。むしろ、これらのすべての指標は両タイプの誤りが生ずる割合の関数と考えるべきである。[88] ターゲティング較差（TD）についても同じことが言える。TDは1からタイプ①とタイプ②それぞれの誤りの割合の和を引いたものなので、その関係は定義から明らかであろう[89]。TDはタイプ①とタイプ②の誤りについて、同じウェイトをつけて計算している。一方、集中度曲線を用いた指標については、二つの誤りにどのようなウェイトが付されているかは実証上で検討される必要がある。

ターゲティングについて、「縦」および「横」の二つの次元での見方がある。「縦」とは、政策実施前の所得分位ごとの（あるいは他の指標での）、政策による利益の違いに関するものである。すなわち、非貧困層の受給量に対して貧困層はどれくらい受け取ったのか、というような視点である。これは、ターゲティングのパフォーマンスを定量化してきた既存研究の中で、主に注目されてきた点である。しかし、政策立案者や市民は、政策効果の「横」の差異にも関心がある。「横」の差異とは、従前の状況（所得での順位付け）が同じ人々の間での受益の差と、それに伴いプログラムによって家計の順位付けが変わる「順位の付け直し」、のことである。タイプ②の誤りはこうした「横」の差異を明らかに反映しているが、さらに踏み込んで、順位の変化について、プログラムの「横」の差異が寄与した分を分離することも可能である。高度な方法を用いるので本書の範囲を超えるが、ビビ・サミとジャン＝イヴ・デュクロの研究が分解方法について巧妙なやり方を示している（Bibi and Duclos 2007）。

貧困対策プログラムについて多くの研究や政策論議が行われているにもかかわらず、こうした指標が社会政策の貧困削減効果や（貧困削減を実現する上での）費用対効果を測定するために有用かどうかに関する研究はほとんどない。また、そもそもターゲティングに関する経済学の既存研究によれば、（どのような指標でそれが測られるにせよ）より良くターゲティングされたプログラムのほうが貧困削減により大きな効果を有するとは限らない（この点については第10章で詳しく触れる）。

ターゲティングの効果を測る指標に関しての現在までで唯一の比較研究によれば、中国における大規模な現金給付プログラム（第10章で取り上げる低保［Dibao］プログラム）がその目標である極度の貧困の根絶を達成したかどうかについて、どの指標を用いても適切に評価を下せないことがわかった[90]。これらの指標で見てプログラムのターゲティングが良かった都市のほうが総じて目標達成に近かった、とは言えなかった。言えたこととしては、ターゲティング較差（TD）がプログラムの貧困削減効果と有意に正の相関を持っていたことがある。しかし、TDも貧困削減効果を適切に捉える指標と言うにはほど遠いものである。

これらの指標のいずれも、プログラムの費用対効果（すなわち、支出に対しての貧困削減効果）を示す信頼に足る指標ではないようである。例外は貧困層の受給シェア（S指標）であり、貧困ギャップ率の削減と有意に相関している。それでも、費用対効果比率の分散の約60％は説明されないまま残る。その他の指標は、費用対効果を説明するにはまったく役に立たない。

これらの結果は、これまでの研究でなされてきた警告を想起させる。すなわち、ターゲティングに関する通常の指標を用いて貧困対策プログラムの選択を行うことについての警告である。前述の比較研究から示唆されるのは、ターゲティング指標に基づき異なるプログラムを比較し、どれが「最善」であり、それゆえに大規模に展開さるべきか、といった一般化がなされることへの疑念である[91]。ターゲティング指標が貧困削減効果をうまく説明できない以上、それを用いてプログラム間の比較を行うことの意義は大いに疑わしい。さらに、これまでの諸研究で国レベルでのターゲティングの効果に影響を及ぼす社会経済要因が論じられているが、そこでの結論は恣意により選ばれた特定のターゲティング指標についてのみ妥当するものであろう。

もう一つの問いが残っている。既存研究におけるこの警告は、実際上ではなぜ無視されてきたのであろうか。もしかしたら、ターゲティング指標に対する批判があくまで「理論」であって、実際にどのようなことなのかを示す明確な証拠が欠けていたために、理解されなかったのかもしれない。そうであれば、先に紹介したような事例研究は役に立つであろう。また、（貧困層のカバー率の向上を図る場合とは反対に）非貧困層への漏れを減らすことは公共支出を削減することにつながるため、非貧困層への漏れの回避に重きを置いた指標が好まれる場合には、その背景に財政面の圧力があるのではないかと推測できる。こうした考え方が時として影響を及ぼすことは疑いえないが、そうした考え方は間違っている。（何よりも）公共支出を減らすことが肝心であるとすれば、そもそも政府はなぜそんなプログラムを実施しようとするのであろうか。明らかに、対貧困包括戦略の一環としてそのような政策に対する要求があるからである。非貧困層への漏れを避けることと貧困層のカバー率を高めることの両方に配慮するのが、より適切な政策問題の捉え方であろう。

以上の観点から、また既存研究の提言も踏まえると、ターゲティングの二つの誤りをマイナスに評価する指標を用いることが望ましいと言える。[92] しかし、その結論では語られていないことがある。分析上も政策立案上も、政策問題に最も直接に関係する測定可能な成果指標を用いるほうが賢明である、と思われる。貧困削減への効果は、ターゲティングの効果に関する指標の算出に求められるデータと仮定を用いて計算できるのである。[93]

行動変容の影響

第1章ですでに見たように、ターゲティングされた貧困政策は受益者および非受益者の行動を変化させがちである。この点についてのこれまでの議論は、概ね二つの陣営に分類できる。第一の陣営では、政策の誘因効果が非常に大きく、貧困層の人々が自らの力で貧困から脱しようとする意欲を削いでしまうため、結局のところ新たな貧困を作り出すだけである、という主張がなされる（第1章でも述べたように、意欲へのこのような影響については、貧困層を対象とした給付が実施された英国救貧法に関する19世紀前半における議論で盛んであった。同様の懸念は今日でも引き続き表明されている）。それに対して、第二の陣営では、意欲への影響については無視するかあまり重視しない。実際に、先に紹介してきたターゲティングや受益の帰着の指標では、給付や税がないとした場合の経済厚生を、それらを除外した純所得で測るのが通例である。新しいミクロデータが入手可能になってきたことで、税や受益の帰着に関する研究が非常に増えたが、対象とする国の発展段階にかかわらず、こうした研究での慣例として誘因効果は無視されてきた。[94]

受益の帰着を評価するための最も普通の方法は、平均受給額（あるいは納税額）が「純所得」（観測された総所得から受給額ないし納税額を差し引いたもの）の所得分位ごとにどれくらい異なるかを検討するものである。（先に紹介したように）ここから、さまざまなターゲティング指標が計算される。この方法（あるいはその変化形）は、フランソワ・ブルギニョンとルイス・ペレイラ・ダ＝シルバによって「会計法」と呼ばれたものである（Bourguignon and Da Silva 2003, p.9）。この呼び方は、この方法が政策に対する人々の行動面での反応を無視していることを暗に認めている。この方法の魅力は、計算が簡単でわかりやすいことである。しかし、政策介入への行動面での反応があるなら、（このように計算された）純所得は介入がないときの所得と一致するとは限らず、受益の帰着についての評価に容易に偏りが生じうる。

誘因効果が無視されているという問題については、会計法を用いた既存研究についてのレビューで指摘されてきた。[95] しかし同時に、会計法は「理に適った近似」であり「政策の分配効果を研究するために受け入れうる近道」であるともされてきた。[96] しかし、そのような見解がどのような根拠に基づくものなのか、はっきりと示されたことはない。よくある正当化は、固定所得の仮定とも呼べるものである。それは、人々は自分自身の力で所得を変えるのは難しいため誘因効果は極めて小さい、という主張である。この見方を裏付けるものとして、先進国では労働時間が変化しにくいことが挙げられた。[97]

しかし、パートタイムでの働き方が普通のこととなってきた今日の状況に鑑みると、この主張は先進国ですら妥当するのか疑問である。ましてや、大きなインフォーマル部門を抱える発展途上国については、言わずもがなであろう。受益の帰着に関する応用研究では、用いられている仮定が明示されている少数の優れた研究もあるが、行動面での影響を考慮しない分析が今でもしばしば無自覚に行われている。このような実証研究が世界中で政策に及ぼしてきた影響は、強調してもしきれないほどのものである。[98]

労働供給への影響など行動面での人々の反応を直接に解明することが、政策議論に貢献する一つの良い方法である。[99]

さらに、（とりわけ発展途上国については）労働供給の他にもさまざまな行動面での影響を考えなければならないであろう（例えば、しばしば労働供給反応の外延［extensive margin］と呼ばれる労働力参加も当然に関係する。その他にも、自営、世帯形成、移民、送金などが、影響を受けうる行動として挙げられる）。しかし、この方法は、政策立案者にとって最大の関心事であろう受益の帰着について、直接に答えを与えるものではない。

かわりに、給付削減率（benefit withdrawal rate：ＢＷＲ）の平均値に着目する方法もある。ＢＷＲは、世帯所得の違いに応じて給付がどの程度に異なるかを示す比率の平均値であり、限界税率と見ることができる。また、この指標はターゲティングの精度の指標とも言える。なぜなら、給付を除いた所得が高いと給付がどれだけ削減されるかを示しているからである。最適所得課税に関する研究では限界税率が重要な政策パラメーターとして分析されており、ＢＷＲを用いると、その分野の研究でのシミュレーション結果を援用できる。

既存研究でも認識されているように、あらゆる社会政策においてＢＷＲは重要なパラメーターである[100]。誘因効果の存在がＢＷＲを推計する動機であるにもかかわらず、実際に用いられている推計方法ではそれが無視されることが多く、その点では受益の帰着に関する研究全般での傾向と軌を一にする。過去の方法では、純所得の分位ごとに、実際の給付額あるいは納税額の平均値を計算するか、制度の規定に従って給付額・納税額を計算するか、いずれかであった。どちらの計算方法によるにしても、ＢＷＲを推計する上で、政策によって人々の行動がどう変わるかは明らかに重要である。また、所得が不正確に記録される場合のように、統計における測定誤差もまた重要である。社会プログラムにおいて「ターゲティングが不完全である」という判断がなされる場合に、こうした測定誤差が原因ということがありうるのである[101]。

目に見えない誘因効果や所得の測定誤差が社会支出の成果の評価にもたらす問題については、理論上では重要さが理解されてきたにもかかわらず、実際上ではこれまでほとんど注意が払われてこなかった。この傾向は特に発展途上国を対象とする場合に顕著である[102]。（第１章で見た19世紀初頭のイングランドの救貧法についての論争がそうであったように）誘因効果については、無視する陣営と、誇張する陣営とがある。どちらの見解も満足のいくものではなく、より多くの証拠が必要である。

5・10　まぜこぜ指数

「貧困は多次元にわたる」とよく言われるが、これは貧困とは単に財がどれくらい買えるかにとどまらないことを意味する。本章および第3章、第4章で学んだように、実質所得の次元で貧困を測定しているからといって、実質所得のみが厚生にとって重要であるわけではない。貧困が多次元にわたることは、厚生の金銭表示の一つの方法である貧困線（本来は極めて広く定義しうるものである）の設定の仕方に関連しても問題となる。しかし、第3章、第4章において強調してきたように、貧困の測定にはいくつかの重要な制約がある。特に、非市場財へのアクセス、家庭内での不平等、そして観察される行動からはわからない厚生に関係する諸特徴の違い、などを適切に捉えることができない。

しかしまた、思い付きで諸次元の長いリストを作ると、多次元すぎるという恐れもある。確かに、政策と目的を1対1できれいに対応付けるのは無理であるが、特定の政策が特定の目的に対してより大きな効果を有することは明らかである。どの政策もあらゆる目的に何らかの貢献をしているという考え方を強調しすぎると、貧困の測定は、貧困の問題はあまりにも巨大で複雑すぎ対応できないほど厄介であるという「絶望」[103]を生みかねない。ハロルド・ワッツがジョンソン政権による「貧困に対する戦争」（War on Poverty）の最中に指摘したように、すべてのプログラムがあらゆる次元の多くの課題に対応しなければならないとすれば、プログラム全体としては成功していても、各個別プログラムは失敗という評価を受けてしまうであろう（Watts 1968）。

貧困に関する複数次元の情報を組み合わせて単一の（一次元の）指数を作ろうとする試みは、かねてから多くあった。実際に、数多くの指標が開発の進捗を測るために用いられている。世界銀行の年次『世界開発指標』（*World Development Indicators*）には、数百のそうした指標が示されている。国連のミレニアム開発目標も、指標の長いリストを以て定められている。広く用いられている開発指標のいくつかは、もともと多次元の項目から合成された指数である。例えば、ＧＤＰ、総消費支出、人間開発指数（これについては後述する）などが挙げられる。そして、新しい合成指数も次々と登場している。

実際に用いられている合成指数のいくつかについては、指数がどのように組成されるべきかについて、経済学によって有用な手掛かりが示されている。もし、市場が存在しそれなりに機能しているのならば、通常なされているように価格によって数量の足し合わせを行うことは、納得のいく方法である。しかし、近年に広く用いられるようになってきた別のタイプの合成指数については、これはあてはまらない。そういった指数については、集計されるべき変数のリストや集計式が、理論あるいは実際経験によって定まっているわけではなく、分析者が自由に選べるのである。ウェブの世界での用語を借りれば、これらはまぜこぜ指数（mashup index）とでも呼ぶべきものである。これらの指数の多くは欠乏（deprivation）に関する複数の測定値を予め決められたウェイトで加重平均したものである。これを欠乏集計（deprivation aggregation）と呼ぼう。価格の情報は、入手可能であるとしても用いられない。Ｂｏｘ５・20に、価格情報を用いる場合と用いない場合の違いについて、詳細を説明している。

欠乏集計アプローチでは、個々の欠乏に対して割り振られるウェイトは既知で明示して与えられている一方で、その背後にある種々の充足（attainment）（例えば、各個人がどれくらいの財を持っているか）に対するウェイトは明示されない。この分野での論文では、そうした集計指標が華麗な数式で示されているが、各欠乏に与えられたウェイトが何に由来するのかについては何もわからない。実際には、ウェイトは分析者によって決められる。その際に、政策立案者であれ貧困層であれ、貧困測定に関わる当事者が分析者の定めるウェイト付けを受け入れる保証はまったくない。

Box 5. 20　集計に価格を用いるか用いないか

集計された貧困指数の作成には、2つのアプローチがある。1つは、(実際のあるいは帰属価値での) 価格を用いて総消費に関する合成指数を作り、同じ空間で定義された貧困線と比較する方法である。理想を言えば、この指数は、市場にある財・サービスの消費だけでなく、非市場財の帰属価値をも含むべきである。市場財については、実際の市場価格か適切な潜在価格を用いることができる。非市場財については、先験であるいは推定によって「価格」を設定する必要がある。実際に、ほとんどの貧困指標では価格がないときに帰属価値の計算が必要とされており、したがって、このアプローチはすでに広く行われていることの延長線上にあると言える。原理上、このアプローチを財以外で厚生に貢献する要因に関しても適用することができる。(財を含め) 直接に厚生に関わるすべての要因で定義される空間を「充足空間」(文献では、「充足」[attainment] の代わりに「達成」[achievement] という用語も用いられる) と呼び、その空間での集計のことを充足集計 (attainment aggregation) と呼ぶことができる。各充足に付されるウェイトは、帰属価値も含め「価格」と呼ばれる。

貧困率は、充足集計の方法を用いた貧困指標の一例である。

$$P^A \equiv F_y(z) \tag{1}$$

ここで、F_y は総消費 y の CDF で、z は消費の空間における貧困線である。(グラフ表示も含め) 説明を簡単にするために、充足は2種類でそれぞれの量は x_1 と x_2 であり、価格は p_1 と p_2 であるとしよう。総消費は、$y = p_1x_1 + p_2x_2$ と表すことができる。

第2のアプローチでは、各次元で別々に貧困度を測り、それぞれの次元に固有の「欠乏」(deprivation) を1つの合成指数に集計する。これが欠乏集計 (deprivation aggregation) である。連続量として表される2種類の充足 x_1 と x_2 を用いた上記の例で確認してみよう。これらの充足に対応する分布関数をそれぞれ F_1 と F_2 とする。また、それぞれの充足の次元において、貧困線 z_1 と z_2 がそれぞれ定義されている。さらに、それぞれの欠乏に対する

ウェイトが w_1 と w_2 として与えられている（$w_1 + w_2 = 1$）。このとき、欠乏集計に基づく貧困指標の例として、以下のように2つの貧困率を加重平均する方法が考えられる。

$$P^D \equiv w_1 F_1(z_1) + w_2 F_2(z_2) \tag{2}$$

これは、欠乏集計の1つの方式に過ぎない。こうする代わりに、2つの変数の結合分布を考え、少なくともどちらか一方の次元で貧困とされる人口の割合を用いることもできる。F_{12} を結合分布とすると、貧困指標は $F_1(z_1) + F_2(z_2) - F_{12}(z_1, z_2)$ と表すことができる。または、両方の次元で同時に貧困線以下にある人のみを貧困とするならば、貧困指標は $F_{12}(z_1, z_2)$ である。加重平均された欠乏の値がある閾値を下回った場合にその家計を貧困と判定するように、さらに新しいパラメーターを設定することもできる。しかし、すべてこれらの指標は欠乏の加重平均値であり、z_1 や z_2 といった閾値の非線形関数になっている。ここでは、(2)式のような解析上で扱いやすい形に限定して論ずる。この単純化によって失われるものは多くなさそうである。

一般には、充足集計と欠乏集計では、導出される指標は異なる。たとえ貧困線が $z = p_1 z_1 + p_2 z_2$ のように両者で一致するように設定されていても、両者は違う結果を生む。このことは図B5.20.1から明らかである。充足集計では、2財の消費の組み合わせが z/p_1、0、z/p_2 の3点で囲まれた三角形の中にある人々を貧困とする。一方、欠乏集計では、$x_1 < z_1$ または $x_2 < z_2$ である人々（図B5.20.1で、幅 z_1 および z_2 で無限に伸びる2つの四角形）の何らかの部分集合が貧困とされる。ウェイトとデータについて情報がなければ、2つの方法のどちらで貧困人口が大きく出るかはわからない。もし、両方の次元において貧困線以下の場合のみを貧困とするならば（$x_1 < z_1$ かつ $x_2 < z_2$）、「欠乏集計での貧困人口」は「充足集計での貧困人口」（$y < p_1 z_1 + p_2 z_2$）を決して上回ることはない。しかし、(2)式で表されるものも含め、このことは他の欠乏集計指標についてもあてはまるとは限らない。例えば、欠乏集計でどちらかの次元で貧困線以下（$x_1 < z_1$ または $x_2 < z_2$）にある人を貧困とするならば、欠乏集計での貧困人口は充足集計での貧困人口を決して下回ることはない。

欠乏集計を正当化するためには、市場価格の不適切さのみを根拠とするの

図 B5.20.1　充足集計と欠乏集計

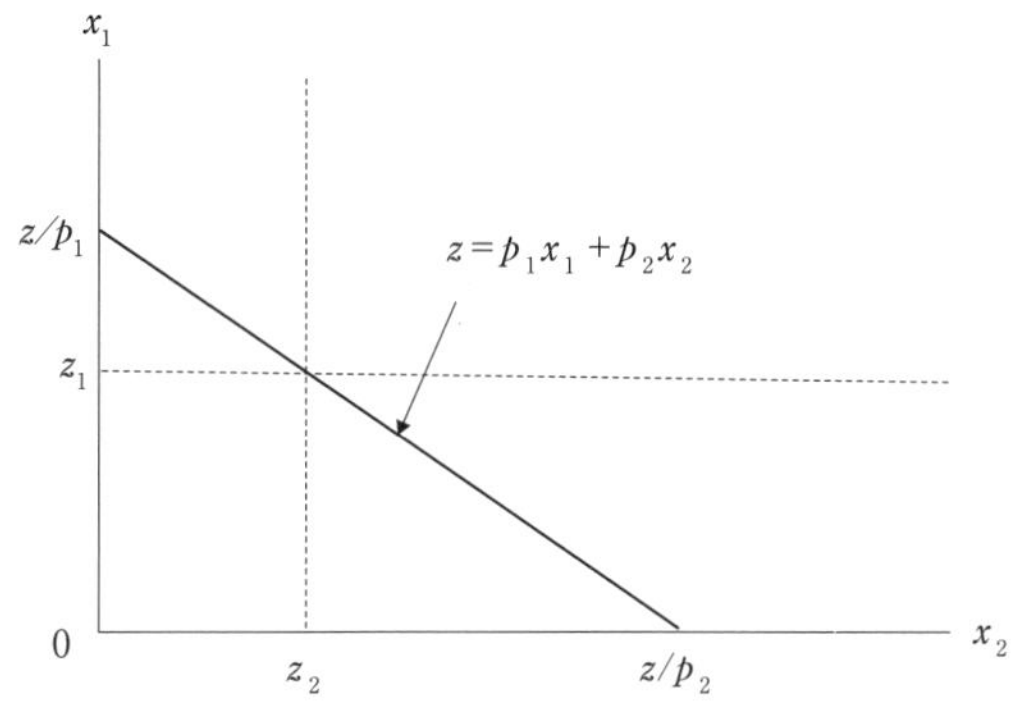

では不十分である、ことに注意されたい。仮に p_1 と p_2 が真の潜在価格であったとしても、$P^D = P^A$ となる保証はない。そうなるとしたら、それは偶然にすぎない。さらに、ある z_1 および z_2 について、充足間の MRS がちょうど p_1/p_2 となるように欠乏集計でのウェイトが設定されたとしよう。それでも、（一様分布以外の）あらゆる分布では、z_1 や z_2 を変えた際に 2 つの指標の値はずれてしまう。これは、z_1 や z_2 の変更により、欠乏集計指標での MRS を規定する密度関数の値を変えてしまうからである。

さらなる学習のために：筆者の2011年の論文を参照（Ravallion 2011b）。より一般の解説については筆者の2012年の論文を参照（Ravalion 2012a）。

また、そうした指数の中に組み込まれているさまざまな充足の間でのトレードオフについても、既存研究ではほとんど触れられていない。ここで、トレードオフへの関心は、貧困指標が何らかの政策のターゲットであるべきであるという考えによるのではない。むしろ、指数の性質を理解する上で、トレードオフについて考える必要がある。トレードオフとは、ある充足が1単位減ったときに指数の値を一定に保つには別の充足がどれだけ増えなければならないか（限界ウェイト）のことであり、限界代替率（marginal rate of substitution：MRS）により示される。まぜこぜ指数に関する既存研究においては、欠乏に付されるウェイトは明示して与えられてきたが、充足についての限界ウェイトやMRSについてはこれまで特に注目されることはなかった。

まぜこぜ指数のうちで最も有名なのは、おそらく「人間開発指数」（Human Development Index：HDI）であろう。これは、『人間開発報告書』（*Human Development Report*：HDR）に毎年発表されるものである。これは、平均寿命、就学状況、1人当たり国民所得の対数値、を組み合わせた指数である。これと似たような考え方の指数として、2010年のHDRで発表された「多次元貧困指数」（Multidimensional Poverty Index：MPI）があり、世帯水準での健康、教育、所得、の欠乏の組合せからなる。Box 5・21でこれら二つの指数について概要を示している。[104]

社会の進歩を測るために用いられる合成指数に組み込まれたトレードオフは、指数そのものを、そしてその開発政策への含意を評価する上で大変に重要である。しかし、驚くべきことに、Box 5・21で紹介したような諸指数について、組み込まれているさまざまな充足の間でのトレードオフはこれまでほとんど注目されることはなかった。HDRで、HDIの中に組み込まれているトレードオフを数値として示したことはなかったようである。これらのまぜこぜ指数は、厚生の「所得」次元と「非所得」次元を足し合わせており、集計に際して後者の金銭価値を評価していることを暗黙のうちに意味する。例えば、所得（Y）と平均寿命（LE）から成る合成指数を$\alpha Y+\beta LE$としたとすると、平均寿命が追加で1年延びることの金銭価値をβ/αと暗に仮定していることになる。別の言い方をすれば、平均寿命が1年短くなる場合にこれを金銭で補償するならば、β/α分の所得が必要ということである（この例では、β/αが合成指数の値を一定に保つMRSである）。HDIが仮定している所得と寿命の間のトレードオフを計算してみると、貧しい国での命の（金銭）価値は豊かな国に比べて極めて低いことがわかる。これでは、この指数の倫理上の基礎付けを疑わざるを得ないであろう。[105] Box 5・22ではこの点をさらに詳しく検討する。

貧しい国の政府に比べて、豊かな国の政府のほうが、（保健や安全への公共支出などを通じて）暗黙のうちに高い金銭価値を命に与えていることが知られている。しかし、われわれはその事実をHDIのような指数に組み込みたいであろうか。むしろ、どこに暮らしていようがすべての命の価値は等しくあるべき、と考えるのではないだろうか。[106] そ

Box 5. 21　2つのまぜこぜ指数

人間開発指数（HDI）の核をなす重要な要素は3つある。平均寿命、就学状況、1人当たり国民所得である。教育に関しては、平均就学年数と就学予測年数という、2つの変数を用いて測定がなされる。ここで、就学予測年数は、現在の就学率を前提とした場合に子どもが就学できるであろう年数の期待値である。3つの要素はそれぞれ(0, 1)区間の値を取るように尺度が調整された後に、3要素それぞれに等しいウェイトを付して幾何平均を取ることで、HDI が得られる。この指数についてのさらに詳しい解説は Box5.22で与えられる。

多次元貧困指数（Multidimensional Poverty Index: MPI）は健康次元に関する2指標（栄養不良と幼児死亡率）、教育次元に関する2指標（就学年数と就学率）、生活水準次元に関する欠乏を表す6指標（料理に薪・木炭・動物の糞を用いている、トイレがない、安全な飲み水がない、電気へのアクセスがない、家屋の床が泥・砂・動物の糞でできている、ラジオ・テレビ・電話・自転車・バイク・冷蔵庫のうち最大1つしか持たず、自動車・トラックは持っていない）を組み合わせて得られる。まず、欠乏状態にあるかどうかが、上の10指標それぞれについて判定される（欠乏状態にあれば1、そうでなければ0）。続いて、3つの次元それぞれで各指標が同一のウェイトで加重平均されたあと、得られた3つの数値が等しいウェイトで加重平均されることで MPI が得られる。ウェイト付けされた構成指標のうちの30%以上が欠乏状態にある場合に、その世帯は貧困であるとされる。

さらなる学習のために：『人間開発報告書』の2010年度版（UNDP 2010）では、MPI が説明されており、170カ国について指数の値が掲載されている。MPI はサビーナ・アルカイアとマリア・サントスによって、（サビーナ・アルカイアとジェームズ・フォスターの理論上のアプローチを実際適用するよう）開発された（Alkire and Saotis 2010; Alkire and Foster 2011）。

Box 5. 22　HDIに組み込まれているトレードオフ

HDIは、平均余命、就学状況、1人当たり国民所得を国ごとに集計した指標である（Box5.21）。毎年発表されるHDIの順位には、豊かな国でも貧しい国でも注目が集まる。20回目の『人間開発報告書』で、HDIの新たな定義式が導入された。主要な変更の1つは、かつてのHDIにあった3つの要素の完全代替性の仮定を緩めたことである。しかし、新しいHDIで、貧しい国における余命のウェイトが豊かな国のそれに比べて大幅に引き下げられたことに、ほとんどの人は気が付いていないようである。このことは図B5.22.1に示されている。

例えば、2010年のHDIが（0,1）尺度で0.14で世界最下位であるジンバブエを見てみよう。ちなみに下から2番目は0.24のコンゴ民主共和国（DRC）である。ジンバブエの2010年の平均余命は47歳と世界で4番目に低いが、所得が低いため、新しいHDIにおける余命の限界ウェイトは1年当たり0.0017と計算される。

図B5.22.1　HDIに仮定されている平均余命に対するウェイト

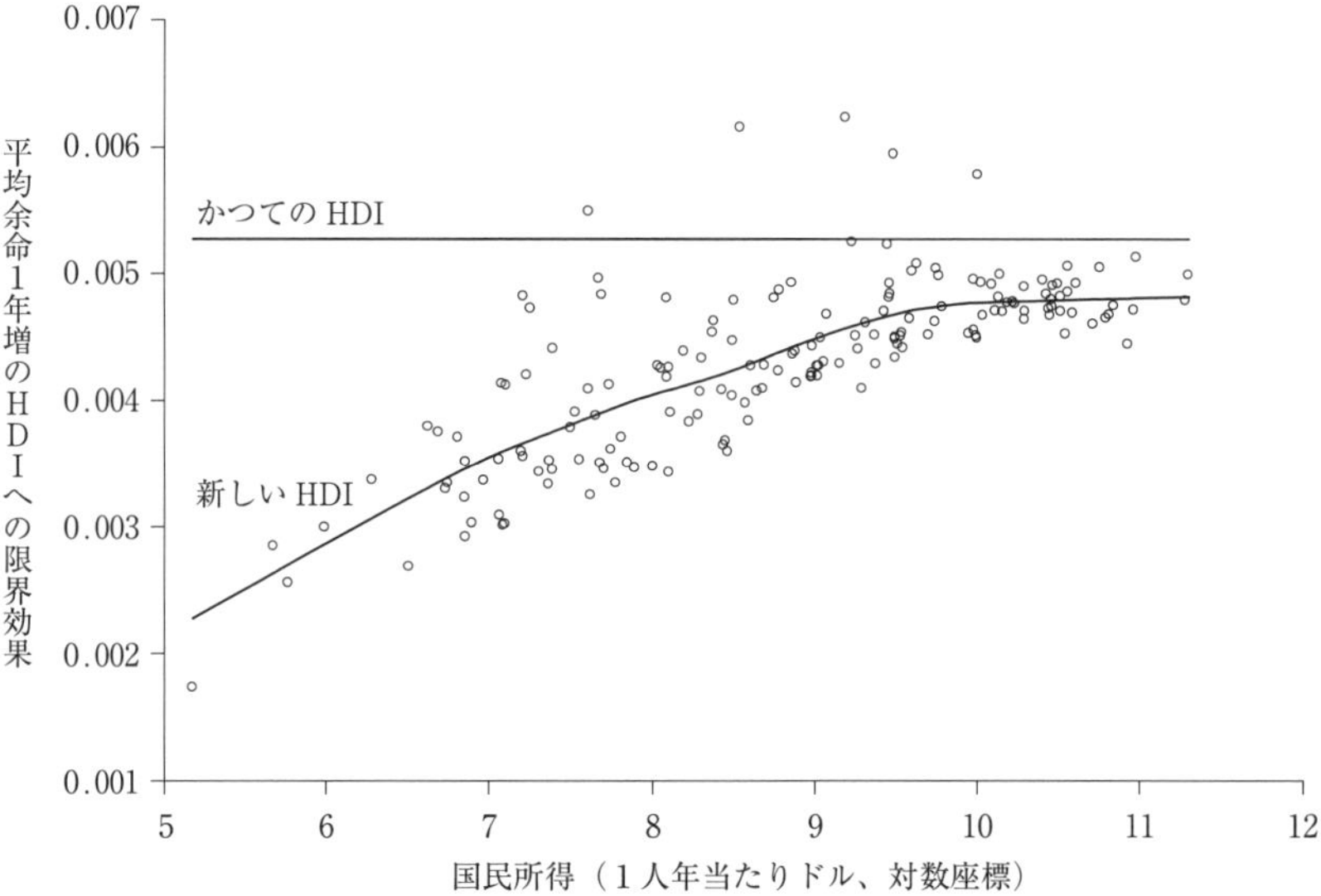

出所：UNDP（2010）のデータに基づく筆者による計算。

図 B5.22.2　HDI における平均余命 1 年増の暗黙の金銭価値

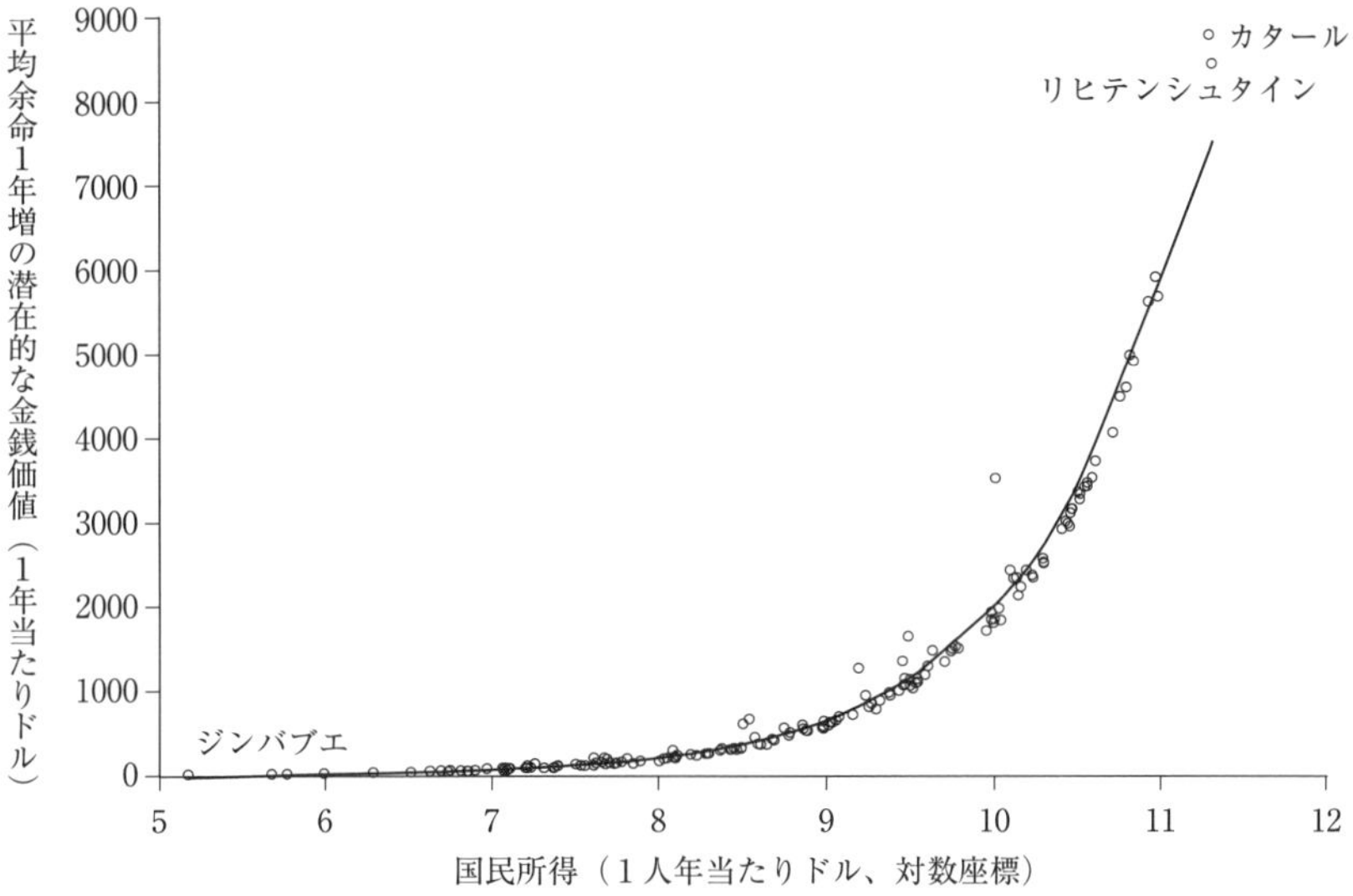

HDI には平均所得も要素として含まれているので、平均余命と所得のウェイトの比（すなわち、2 つの要素の間の MRS であり、暗黙に命の金銭価値を示す）を計算できる。そのようにして求められた命の価値は、貧しい国では非常に低い――最低のジンバブエの場合には 1 年当たりわずか0.51ドルであり、極めて低い平均所得の0.3%にすぎない。一方、最も豊かな国々では、命の価値は 1 年当たり9000ドルにも上る。これはこれらの国々の平均所得の10%に相当する。図 B5.22.2は、HDI に基づいて計算された、余命を 1 年延ばすことの金銭価値を図示している。これでは、例えば医療システムが崩壊して平均余命が下がっているような貧しい国でも、低くとも経済成長があればそれだけで HDI が改善することが起きうる。

反対に、新たな HDI における就学年数の限界利益の価値は、就学の経済収益の何倍もの値であり、明らかに過大であるように見える。こうした受け入れ難いトレードオフは、別の集計方法を用いていれば、完全代替の仮定を緩めつつも防ぐことができたであろう。

HDI の設計や評価の過程においては数々の難しい価値判断を避けること

はできない。仮定されているトレードオフを明示することは、歓迎されるべき前進となるであろう。

さらなる学習のために：HDIについては『人間開発報告書』の2010年度版（UNDP 2010）を、HDIに組み込まれている暗黙のトレードオフについては筆者の研究を参照（Ravallion 2012c）。

うした倫理基準から見ると、ＨＤＩは正当化が難しい。

ＨＤＩなどのまぜこぜ指数は、開発における重要なイシューについて一般の関心を高めるのに役立ってきた。しかし、これらの指標が注意深く検討されなければならないのは明らかである。まぜこぜ指数が社会・経済の発展をモニタリングする上で何の役にも立たないと言っているのではない。ＧＤＰは、各構成要素のウェイトとして価格を用いた合成指数である（Ｂｏｘ １・１）。しかし、ＧＤＰの集計方法は理論に基づいているので、ＧＤＰはまぜこぜ指数ではない。第3章および第4章で議論したように、価格が知られているときには、価格情報を用いない場合や、消費の社会にとっての機会費用を反映するよう価格情報を修正して用いる場合には、それなりの正当な理由が必要である。価格は無視されるべきではない。価格がわからないときには、合成指数の背後に仮定されている諸次元間のトレードオフについて、注意書きが明示される必要がある。指標を用いる人はこの点をよくわかっていなければならないのであるが、残念ながら、これまでそれほど注意が払われることはなかった。

さまざまな欠乏を集計した貧困指標は、往々にして、貧困者にとって受け入れられないものになる。この種のまぜこぜ指数は、貧困線水準の生活をしている人々が行っている選択とは相容れないのである。消費者が市場経済において行う選択は、厚生の測定に示唆を与えているが、欠乏集計はそれを無視する。もちろん、厚生の測定においてそうした示唆が最重要とは限らないが、貧困指標において市場財の間に暗黙裡に想定されているトレードオフと、貧困線水準の人が直面するトレードオフとが大きく隔たっているのは、明らかに懸念されるべきことである。正しく設定（calibrate）された価格を用いて充足を集計する貧困指標であれば、そこに組み込まれているトレードオフに貧しい人々が同意できるであろう。しかし、欠乏の集計に関しては、そのような設定を行うための方法があるようには見えない。例えば、（価格の変化などの厚生へのショックがあった場合などに、）状態Aのほうが状態Bより良いということに皆が同意していたとしても、欠乏集計で得られる指標が消費者の実際の選択におけるトレードオフを反映していなければ、状態Aのほうがより深刻な貧困状態にあるという結論を下すことがありうる。同様に、このアプローチでは、ある一部の財などについて、予算制約ではなく家族構成や相対価格などのゆえにそれを求めない場合にも、それを持っていないという理由で貧困者に分類されることが起こりうる。これらの問題は、異なる集団の間での比較や異時点間の比較（そもそもどちらも容易ではないが）の際には、とりわけ深刻になりかねない。

欠乏集計を推進している人々は、価格をウェイトとして用いることを否定しているので、こうした見解には注意を払わないかもしれない[107]。彼らの主張はどのようなものなのであろうか。既存研究からは、価格情報を集計に用いることに対して三つの（関連した）批判が窺える。第一の批判は、（価格を用いて）複数の充足を集計する方法は「各次元固有の欠乏に関する情報を失わせてしまう」というものである[108]。確かに、充足集計は、ある特定の次元の充足がその次元について定められた貧困線からどれくらい不足しているか、についての情報を用いることはない。しかし、各次元固有の貧困線は通常は与えられていないため、いちいち指定する必要がある。逆に、充足集計では、そういった手間を省けることを一つの長所と見ることができる。

第二の批判は、価格を用いて複数の充足を集計するのは、「一次元の」貧困指標を用いることで貧困を「多次元にわたり」測定する課題を避けている、というものである[109]。しかし、これまでの議論から明らかなように、どちらのアプローチも多次元のものを一次元に変換していることには違いがない。違いはそれを異なる空間で行っているということである。真の争点は、一次元への変換をどのように行うか、そして消費者の厚生と整合するように理論上の制約を受け入れるかどうか、ということである。したがって、この批判については、すでに論じていることになる。

充足集計への第三の批判は、価格が存在しない、あるいは信頼できない、というものである。[110]これは重要な論点であり、注意深く検討されるべきである。もちろん、充足集計でも欠乏集計でも各項目にウェイトが付けられる必要があり、欠乏集計に変えて価格をウェイトとして用いることをやめるとしても、集計にまつわる懸念は解消されない。市場価格がシャドープライスと整合しないかもしれないことを認めるとしても、あらゆる価格を用いることを否定する欠乏集計のほうが望ましいということにはならない。これは、市場財および非市場財に直接に関係する貧困の諸次元についてあてはまることである。すべての財が市場財とは限らないことや市場の歪みが存在することを認識するのと、市場価格を用いうるときに無視するのとは、まったく別の話である。

各欠乏に最初に与えられるウェイトがどうであれ、それはどのようなウェイトが適切であるかについての公の議論のきっかけにすぎない、という主張がなされてきた。[111]「一般の考えを募る」ことで、欠乏へのウェイトや充足のシャドープライスを定める上で重要な鍵が得られるのかもしれない。最初にどうであれ何らかのウェイトを仮決めすることで、あるべきウェイトを探っていく「公の議論の繰り返し」が起こりうるのかもしれない。

そういった公の議論を喚起することは、価値のある貢献と言えるであろう。しかし、そうした議論がまぜこぜ指数の新しいウェイトに結実したという例は、これまでない。ＨＤＩについて見よう（Ｂｏｘ ５・21とＢｏｘ ５・22を参照）。ウェイトは20年前に決められたもので、健康、教育、所得についての（尺度を調整した）構成要素に等しいウェイトを付している。ウェイトが等しいのは、もちろん恣意での決定によるもので、もしかしたら当初はその初期設定の後にウェイトを改訂するための公の議論が進展することが期待されていたのかもしれない。しかし、それは実際には起こらず、ＨＤＩにおける三つの構成要素（健康、教育、所得）に付されるウェイトは20年間変わらなかったのである。そして、最初に決められたウェイトが正しいものであったとは信じ難い。

ウェイトの初期設定をしその後の議論を経てそれを改訂していくためにも、ウェイトがいったい何を意味するのかの理解が求められ、最も適切な空間においてトレードオフについて知ることが必要である。（Ｂｏｘ ５・20で議論したように）多次元の貧困指標が充足空間ではなく欠乏空間でウェイト付けをしてきたことは、十分に情報がある中で議論を行うことを難しくさせてきた。多くの人にとって、非市場財の金銭価値（あるいは何らかの市場財での価値）を測るほうが、対応する二種類の貧困指標の間のトレードオフを評価するよりも簡単であろう。健康状態のような価格情報がない厚生の次元について、より良い健康状態を得るためにいくら支払う意思があるかを述べるほうが、所得面での貧困と健康面での貧困の間でどのようなトレードオフであったら受け入れられるかを述べるよりも、人々にとって明らかに容易である。つまるところ、MPIのような指標に組み込まれている充足間のトレードオフが不明瞭なことにより、（政策立案者を含み）指標の利用者は、明示されれば反発するはずのトレードオフを暗黙の内に認め、従っているかもしれないのである。これでは、ウェイトに関する公の議論が進展することは期待できない。ウェイトの透明さが確保されなければならない。この点から見ても、欠乏集計が充足集計を用いるよりも優れているとはとても言えないであろう。

結びとして、新しい合成指数について点検すべきことを挙げておく。

指数は何を測ろうとしているのか。対象とする概念が観察しえないからといって、その概念を定義しそれを測定する指標の性質を定めることができないわけではない。しかし、合成指数の作成にあたっては、そのようなことは通常はなされない。それによってどのような概念を測定しようとしているのかが明確でない場合が多く、既存の諸指標から実際に選ばれて合成指数の構成要素とされたものについて、適切さの判断を下すことはできない。

指数にはどのようなトレードオフが組み込まれているのか。指数を正しく評価し用いるためには、それに組み込まれているトレードオフを知る必要がある。ほとんどの合成指数においてウェイトは明示されている。多く用いられている方法は、構成要素となる変数を定め、何らかの方法でグループ化し、各グループに等しいウェイトを付すというやり方である。しかし、ほとんどあるいはまったくと言っていいほど、各次元の間でどのようなトレードオフが想定されており、それが正当化できるものなのか、注意が向けられてこなかった。また、次元の間のトレードオフが、開発分野で用いられる合成指数における集計関数の設定の際に考慮されたこともない。

順位付けは頑健であるか。理論はある対象の測定方法を完全な形で指し示さないため、一つあるいはいくつかのパラメーターについては判断が必要になる。そして、パラメーターの推計には統計上の不精確さがつきまとう。したがって、得られた順位付けの頑健さを検証することが、科学において広く推奨されている。しかし、まぜこぜ指数の利用者は、用いられた系列、データの質、そしてウェイト、についての不確実さについてほとんど知らされないことが多い。頑健さのチェックはほとんど行われていない。まぜこぜ指数に関するウェブサイトで、指数の順位付けがウェイトの変更により影響を受けるかどうか、利用者が簡単に確認できるものは極めてわずかしかない。しかし、利用者がウェイトを自由に変えて値がどう変わるのかを確認できるようにウェブサイトをプログラムするのは、そう難しくないはずである。

指数は政策立案者にどのように用いられるべきか。世界の国々が直面している実際の諸制約を考えると、どの指数も一国のパフォーマンスを測るための十分な統計とは言えないであろう。各国の発展段階を考慮に入れれば、国際比較の順位付けが大きく変わることもありうる。

政策立案者は、まぜこぜ指数ではなく、各政策手段に合った個別の指標を用いるようにしたほうが良いであろう。さまざまなことが健康に影響するからといって、まぜこぜ指数を用いて健康診断をされるのはいやであろう。車で言えば、ダッシュボードにあるすべてのメーターをまぜこぜした指数だけを見ていると、ガソリンがなくなっているのに気が付かないであろう。

開発成果を評価するための指標については測定上のさまざまな問題があるが、（経済理論のみならず）既存の理論がそれらの問題に対してほとんど注目してこなかったことが、まぜこぜ指数が存在している理由であると考えられる。理論は追いつかなければならない。

幸い、開発の進展はそうした理論の前進を待つ必要はない。まぜこぜ指数は、証拠に基づく政策立案の多くにとって不可欠なものではない。むしろ、経済と社会を深い水準で規定し開発成果にとって真に重要である要因ではなく、すぐに観察できる代理変数に目を向けさせてしまうため、まぜこぜ指数は政策立案を歪めかねない、とさえ言えるであろう。

第6章　インパクト評価

第1章と第2章で、貧困層に関する知識が民間や公共の活動にとって有益な情報をしばしば提供してきたことを見た。第二次貧困啓蒙期以降、経済学その他の分野の研究者が分析方法を改善するための努力を強化し、貧困政策の効果やさまざまな政策の分配への影響に関する知識が改善されてきた（知識に対するニーズは公共部門を超えて存在する。民間の慈善事業の大きさを考えると、さまざまな慈善団体やＮＧＯのパフォーマンスについて理解することも同様に重要である）。

しかし、貧困削減のための取組の効果について理解することは容易でない。間違った評価が行われると、良い事業が排除され、悪い事業が受け入れられることもある。本章では、政策が有効かどうかについて理解しようとする場合に直面する問題を概説する。[1] ここでは方法に焦点を当て、実際の応用については第Ⅲ部でさまざまな事例を取り上げる。

この章は、すぐに対処すべき知識の空白を埋めるために評価がなぜ必要なのかという議論から始める。次に、評価の問題とそれに実際に対処する方法について議論する。さらに、評価からの学びに関するより広い課題を検討し、標準の方法を補足するために実地において必要な他の方法についても論じる。最後に、評価に関する倫理上の問題について論ずる。

6・1 知識の空白

貧困政策の立案に有益な情報を提供するために、研究者が本来すべきことは、政策の効果について既知のことと政策立案者が知るべきこと、との間の空白を埋めることである。この空白は根強く残っている。それはなぜであろうか。一つの簡単な答えは、信頼のできる方法でこの空白を埋めることが非常に難しいため、あるいはコストが非常に高いため、である。しかし、それよりも大きな理由がある。他の多くの市場の失敗と同じように、不完全情報が一因となっている。問題は、評価のコストと比較対照されるべき評価の質や期待される利益を知ることが、開発実務家にとって容易でないことである。簡単だが厳密でない方法を用いれば、低コストで迅速な結果を得られるが、利用者が誤った推論をしてしまう恐れが多い。「知識市場の失敗」と言える問題があるのである（より一般の市場の失敗については、Ｂｏｘ １・９を思い起こしてほしい）。

知識市場の失敗の理由の一つは、評価における外部効果の存在である。評価により得られる利益は、そのプロジェクトだけにとどまらず、将来のプロジェクトにも及ぶ。プロジェクトは、過去に実施された別のプロジェクトの評価結果から利益を得ることができる（例えば、現在ある国でプロジェクトを実施しているチームは、他の国でのものも含めて過去に実施されたプロジェクトの評価から学んだことであろう）。プロジェクト管理者は、プロジェクト評価にどれだけ資金を使うかを決定するときに、このような外部への利益を考慮することはないであろう。例えば、プロジェクトが大きな革新を含むとき、その評価が外部に与える利益は明らかに大きい。

出版の偏り（publication bias）も、知識市場の失敗を生み出す一因である。出版の偏りとは、プラスの影響を示した結果や流行の考えに沿った研究結果のほうが出版されやすい、ということである。このような偏りにより、何は成功し何は成功しないかについての一般の知識は明らかに歪められる。(2) 例えば、最低賃金率が高いと雇用にマイナスの影響があることを示す研究は出版されやすい、という偏りがある研究で示されている。[3]

さらに、論文の中で間違いがあっても、それを修正するのに時間がかかることがある。あるテーマに関する最初の論文は、独創が評価されて「一流学術誌」に掲載されて目立つであろう。その次に出される論文は格下の学術誌に掲載される傾向にあり、あるいは出版さえ難しいかもしれない。引用元として一流誌に掲載された論文が好まれる。しかし、最初の論文は間違っているかもしれない。あるいは、特定の文脈では正しいかもしれないが、異なる状況においては同じ結論が妥当しないかもしれない。テーマが政策のインパクトやそれに密接に関連する事柄である場合には、政策に関する知識が最初の論文に引きずられて偏ってしまう。

評価者が特定の方法を好む傾向もこの問題をさらに難しくしている。実際上の主な懸念は、社会実験の利用に関する問題である。社会実験では、無作為に割り当てられた集団が処置を受け、他の無作為に選ばれた集団が（処置を受けない）対照群とされる。この方法は、プログラム参加者の間での平均としてのインパクトを推計するのに強力なツールである（このことは後で議論する）。しかし、無作為化を実施可能な政策や状況は（無作為に選ばれるのではない）一部に限られるので、無作為化した実験しか行わないと、広範な政策の効果について推計を行うことができなくなってしまう。例えば、中規模あるいは大規模なインフラ・プロジェクトを実施する場所や、部門あるいは経済全体の改革を実施する地域を、無作為に割り当てることはまず不可能である。しかし、貧しい国では、こうしたプロジェクトや改革が開発戦略の中核をなしている場合がほとんどである。実際に、無作為な割当という考え方そのものが、特定の人々や場所に支援を届けようとする多くの開発プログラムの目標と相容れないものである。貧困層に支援を届けるときに、（願わくば）政府は無作為な割当よりもはるかに適切な方法で実施しうるであろう。無作為化に適しているのは、参加者と非参加者の明確な区別が可能で、参加者への費用と利益が非参加者に及びにくいような、単純なプログラムである。

6・2　評価の適切さを脅かすもの

評価における重要な課題の一つは、評価対象の集団について妥当な推測が行われたかどうかという、評価の「内部妥当性」(internal validity) に関わる問題である。本節では、実際の評価において、この意味での評価の適切さを脅かす主なものについて概説する。

評価は少なからずデータの欠如に対処する問題である。その理由を理解するために、ある人のアウトカム変数の値として二つがありうることを想像してみよう。二つとは、ある人が処置 (treatment) を受けた場合の値と、(同じ人が処置を受けなかったと想定する) 事実に反する場合の値である[4] (貧困政策を「処置」とみなすのはよくないが、この言葉は定着してしまった)。個人のレベルでの「因果効果」(causal impact) は、この二つの値の差により表されるが、これは理論上の概念にすぎない。同一の人が同時に上記の二つの異なる場合にあることはないので、因果効果を個人レベルで観察することはできない。

インパクト評価に期待できるのは、因果効果の分布の何らかの要約統計量を特定することのみである。多くの人が注目する統計量は、処置を受けた人の平均としてのインパクトである。処置群に割り当てられた人々の中の一部が、その機会を受け取らない場合もある。このとき、機会を与えられた人の平均としてのインパクトと、実際にその機会を受け取った人の平均としてのインパクトを区別することもできる。前者は処置意図 (intent-to-treat：ＩＴＴ) パラメーターと呼ばれ、後者は処置受容者平均処置効果 (average treatment effect on the treated：ＡＴＥＴ) と呼ばれる。

考え方をよく理解するために、プログラムの平均としてのインパクトを推計するのに、その受容者と非受容者のアウトカム指標の平均を比較するという単純な方法について考えよう。この方法では何がいけないのだろうか。

介入は無作為ではない

政策のインパクトをデータから推測する多くの場合に、その政策の対象の選定が無作為ではなく、アウトカムを決める要因と相関していることがありうる。これに対処することに多大な努力が注がれている。

まず、この問題をマクロレベルで例示しよう。経済の外国貿易への開放度を高める政策の効果について検討する場合を考えよう。Ｂｏｘ　１・19で見たような回帰分析を行うとすれば、１人当たりＧＤＰを被説明変数とし、経済開放の推進を目的に実施された貿易改革を説明変数の一つとする。この際に、過去の貿易改革の回帰係数が統計上で有意であっても、その貿易改革が経済成長を促進したと結論付けることはできない、ことは明らかである。経済成長と貿易改革の間に見られる相関は、何であれ別の要因によりＧＤＰの成長が高い国では改革が起こりやすいという、逆の因果関係を反映しているかもしれない。またそのような問題がないとしても、回帰分析により示されるのはすべての国を平均してのインパクトであり、そこから特定の国への教訓を引き出すことはできない。

同様に、ミクロレベルで、例えば家計消費（対数値）を貧困対策プログラムへの参加の有無に回帰することを考えてみよう（コントロール変数として、世帯の規模と構成、居住場所、などを含める）。さらに、参加の回帰係数は小さく、統計上でゼロと有意な差はなかったとしよう。この結果から、貧困政策は失敗したと言えるであろうか。このプログラムが貧困層をターゲットとしていて、したがってプログラム対象者は概して消費水準が低いとすれば、失敗したという結論は疑わしい。そのことを勘案しコントロールすると、プログラムへの参加により消費が増加したという結果が得られるかもしれない。

これは、「プログラムの内生的な配置」（endogenous program placement）と呼ばれる、経済学では長く認識されてきた問題である。[5] 問題の根幹は、基本の回帰モデル（Ｂｏｘ　１・19）において、説明変数が一つでも誤差項と相関していると、回帰分析で妥当な因果推論を行うための主要な仮定が満たされない、ことにある。定量データを用いて政策のインパクトを特定しようとする場合には、常にこの問題を深刻に受け止めなければならない。

プログラムが割り当てられる場合に、評価にあたり参加の有無により単純な比較を行うと問題が生じうるのは明らかである。介入がない状況で参加者と非参加者のアウトカムを比較すると、両群の間に違いが存在することが十分にありうる。介入がない状況におけるアウトカムの平均の違いは、「選択バイアス」(selection bias)と呼ばれる。この結果、単純な推計により得られる結果は、アウトカムの平均を含めすべてのパラメーターに偏りをもつ。この偏りには二つの理由がある。第一に、観察可能な特徴の違いによる偏りであり、第二に、観察不可能な特徴の違いによる偏りである。(6) 後者の偏りが生じるのは、観察可能な要因の値を所与としたときに、プログラムがないときのアウトカムとプログラムへの参加との間に体系立った関係がある場合である。言い換えれば、アウトカムとプログラムの参加の両方に影響を与える観察不可能な変数が存在する場合である。すべての評価において、プログラム参加者はどのようにして選ばれたのか、あるいは参加者はなぜ参加することを選んだのか、ということについて早い段階でよく理解しておくことが望ましい。

注意すべきは、この二つの偏りが同じ方向に作用するとは限らないことである。例えば、ターゲットを絞った貧困対策プログラムにおける対象者の選定は、貧困と連動する観察可能な変数に基づいて行われることが常である。しかし、観察不可能な変数が同じ方向で選定過程に影響を及ぼすとは限らない。同じ方向に働く場合もあれば、そうでない場合もある。後者の例として、政治人脈を持つ人たちが、プログラム参加者として自分たちが選ばれるような働きかけを行うとしよう。このとき、二つの偏りは逆方向に働くことが十分にありうる。この場合、もし観察可能な偏りのみを排除すると、偏りをまったく調整せずに平均を比較する単純な推計よりも、全体の偏りが大きくなってしまうであろう。したがって、すべての偏りとその方向について考慮することが重要である。実際に、観察不可能な変数に基づいた選択が生む偏りを減らそうと試みると、真実よりさらに遠ざかってしまうことも起きかねないのである。

スピルオーバー効果

プログラムの非参加者からなる対照群は、参加者への処置から損失を受ける場合もあれば利益を受ける場合もある。もし非参加者への影響があり、それが把握できない場合には、参加者のアウトカムと非参加者のアウトカムを比較すると明らかに結果に偏りが生じる。これは、実験を用いない評価だけでなく、無作為化した評価についても起こる問題である。二つのグループが同一の市場で交易することや、プロジェクト実施機関（政府／ＮＧＯ）の行動により、スピルオーバー（波及）効果が生じうる。

貧困対策プログラムにおいて、スピルオーバー効果はかなり一般に見られる。例えば、援助により賄われる貧しい地域での開発プロジェクトについて考えてみよう。この状況において起こりえるのは、外からの支援があるときに現地の公共投資が反応することである。地方政府は、外部から援助が行われる村に対して投資を減らし、少なくともその一部を対照群のために使うかもしれない(7)。実際、地方政府がこのような反応をすることは極めて理に適っている。評価者は、地方政府の支出配分自体には関心がなくても、このようなスピルオーバー効果を検証するために、公共投資について理解しておくことが望ましい。

インパクトの動態に関する誤った想定

一般に、インパクト評価の設計において、（プラスあるいはマイナスの）インパクトが発現するのにどの程度の時間がかかるかについて、仮説をあらかじめ設定する必要がある(8)。ベースライン・データの収集からエンドライン・データの収集までの間にインパクトが実際に発現する、という確信が必要である。しかし、介入がどのようにしてインパクトをもたらすかに関する理論は、インパクトが生じるタイミングについて十分な情報を提供しないかもしれない。もしそのタイミングを間違って認識すると、インパクトの推計において大きな偏りが生じることになりかねない。例えば、インパクトの発現は、データ収集時の想定よりも遅れて生じるかもしれない。

評価されると行動が変わる

評価のためのデータ収集において、評価対象者が自分たちが観察されていることを知っていると、自分たちの行動を何らかの形で変えてしまうかもしれない。これは「ホーソン効果」（Hawthorne effect）と呼ばれる問題の一例であり、実験に参加するという事実自体がアウトカムに影響を与えるという問題である。[9] 例えば、労働者が職場で観察されると、介入とは関係なく労働者の生産性に変化が生じることがある。[10] 観察されることにより行動変化が起こるかどうかを知るためには、労働者を密かに観察する場合の結果と比較する必要がある。

中には、ホーソン効果が起こりづらい方法で収集されたデータを用いる評価もある。例えば、さまざまな目的を持った調査の一部にプログラムへの参加に関する質問が含まれる場合は、介入の評価だけを目的とした調査と比べて、ホーソン効果を心配する必要は少ないであろう。そうだとしても、ホーソン効果は一般に考えられているよりもよく起こっている問題である。

6・3　実際に用いられる評価方法

これまで見てきたとおり、個人レベルでは、政策が効果を持つとしても、その効果を特定することは実際にはほとんど不可能である。このため、実際の評価で推計しようとするのは、政策の（個人レベルでは観察できない）因果効果の分布の重要な要約統計量である。その中で最も注目されるのは、平均での政策のインパクトである。

Ｂｏｘ６・１で要約されているように、（貧困対策プログラムなど）対象者の割当を行うプログラムの平均としてのインパクトを推定するために、さまざまな方法がある。これ以降の段落では、実際に用いられる主な評価方法について一般に妥当するコメントを述べる。評価方法の選択においては、プログラムのタイプ（パイロットか大規模か）

Box 6.1　インパクト評価の方法：要約

- **社会実験**：この方法では、明確に定義された集団の中から、処置群と対照群の選定が完全に無作為に行われる。提案された社会プログラムの評価を行う場合に、これらの方法はランダム化比較試験（Randomized Controlled Trials: RCTs）と呼ばれる。標本規模が大きく、処置群から対照群へのスピルオーバー効果（6．2節で議論された）がない場合には、アウトカムの平均値の差が真の平均としてのインパクトになる。例えば $n<100$ のような小さい標本を対象とした１回限りの実験では、無作為化により得られる結果が母集団を代表する保証はない。小さい標本では、アウトカムに関連する特徴について両群間でバランスがとれないかもしれない。可能であれば、インパクトに関連すると考えられるベースラインの共変量に基づいて階層化を行うことで、効果推定の精度を高める（分散を減らす）ことができる。例えば、研修プログラムの評価においては、標本を年齢や教育年数に基づいてグループ分けし、それぞれのグループの中で単純に無作為化を行うことが考えられる。適応的ランダム化の方法では、変数のバランスを改善するように処置群と対照群の割当を調整する。

- **マッチング**：マッチングでは、一般に大規模な調査を活用して理想の対照群を選ぼうとする。対照群は、観察可能な一連の特徴に基づいて、処置群と釣り合いのとれる集団が選ばれる。あるいは、観察可能な特徴に基づいてプログラムに参加する確率を計算する「傾向スコア」（propensity score）を用いる（傾向スコアは、プログラムへの参加に影響を与えうる観察可能な変数を参加の有無に回帰することにより得ることができる。同じ回帰分析の方法を用いて、無作為化した割当が成功したかどうかを検証することもできる。もし成功していれば、その回帰式に含まれた変数は割当を説明する力を持たないはずである）。この方法は観察可能な変数に基づいているので、もちろん選択バイアスの第１のもの（6．2節参照）にしか対処できない。プログラム配置に関連する変数の特定と計測、そしてこれらの変数における処置群と対照群との間のバランスは、この方法を信頼しうるものとする上で非常に重要である。

- **二重の差（Double Difference）または、差の差（Difference-in-Difference）法**：この方法では、処置群と対照群の差（第1の差）を、プログラムの前と後で比較する（第2の差）。デヴィッド・カードとアラン・クルーガーによる最低賃金率の引き上げの影響に関する研究の例では、引き上げが行われた地域と行われなかった地域を比較して推計を行っている（Card and Kruger 1995）（第9章でこのトピックをさらに議論する）。この方法では、選択バイアスが時間とともに変化しないという仮定が置かれる。将来のアウトカムに影響を与えるようなベースラインでの単位間の観察可能な差をコントロールすることにより、バイアスを減らすことができる。

- **不連続デザイン（Discontinuity Design）**：この方法では、プログラムへの参加資格を決定するカットオフ点の両側で参加者と非参加者のアウトカムの平均の差を測り、インパクトを推測する。このようなデザインの例として、参加資格が得られる人の境界を設定する資力調査代用法や、地理上の境界により対象範囲を定めているプログラム、などが挙げられる。インパクトは、不連続点の両側におけるアウトカムの平均の差により推計される。資格審査における境界がある程度不明瞭であってもこの方法は用いうる。識別を可能とする鍵となる仮定は、不連続は、処置がなされた場合のアウトカムには見出されるが、（処置がなされなかった場合という）反事実想定の下でのアウトカムには見出されない、ということである。この仮定が妥当かどうかは、事例ごとに判断されなければならない。

- **操作変数法**：操作変数とは、プログラムへの参加と相関するが、参加を所与としたときのアウトカムとは相関しない変数である（すなわち、操作変数がアウトカムに影響を及ぼす道筋は、プログラムへの参加のみである）。そのような変数が存在する場合には（特定の事例でそのような変数が存在する保証はない)、プログラムの配置に意図があって無作為ではなくても、アウトカムへの外生の影響としてプログラムに帰しうるものを特定することができる。操作変数は、まずプログラムへの参加を予測するのに用いられ、次に、他の特徴をコントロールしたときに、その予測値に応じてアウトカムの指標がどのように異なるかを確認する。Box6.4でさらに詳しく説明する。

さらなる学習のために：筆者はある小文で、消失する利益の謎をスピーディ・アナリスト女史が解明しようとする架空の物語により、インパクト評価の方法を説明している（Ravallion 2001a)。また、筆者の論文では、貧困対策プログラムを評価するためのインパクト評価の理論と方法を概説している（Ravallion 2008b)。より高度な方法を用いた一般論としては、イ・ミョンジェの *Micro-Econometrics for Policy, Program and Treatment Effects*（Lee 2005）を参照。

やデータ収集のために利用可能な資源などさまざまな要素を考慮する。

社会実験

インパクトの平均値を推計する主要な方法は、社会実験である。社会実験では、プログラムの参加者が無作為に割り当てられ、その人たちがプログラムの参加者とならなかった場合の状況を特定するために対照群も無作為に選ばれる。標本規模が大きければ、社会実験は処置の平均のインパクトを推計するのに適した方法である。この目的での実験の重要な特徴は、標本規模が十分に大きければ、（対象者が仮に対象とならなかったとした）反事実想定の下での処置対象者のアウトカムと非対象者のアウトカムの差が無視できるほど小さいということである。実際の評価では、社会実験はランダム化比較試験（ＲＣＴｓ）（Ｂｏｘ ６・１）の形で実施され、その標本規模は大きくない場合が多い。この場合には、介入の影響を受けていない状況で処置群の標本と対照群の標本とを比較し、各変数の平均（介入前のアウトカムの平均を含む）が両群で等しいかどうかを検証すること（「バランス検定」[balancing test] と呼ばれる）が重要である。

完全な実験が実施できれば、選択バイアスは生じない。介入が実施されていない状態で処置群の標本と対照群の標本とを比較すると、関心の対象である特定のアウトカムを含めてすべての変数が平均して同じになる。しかし、「完全」というのは厳しい条件である。特に、母集団から無作為に処置群に割り当てられた人たちのすべてが処置を受け、処置群から無作為に排除された人たちは誰も処置を受けない、ことが求められる。

現実には、実験が完全であることは少なく、内部妥当性が保証されることも少ない。規模が小さい標本による一度限りの実験では、インパクトの平均でさえも信頼できる推計ができるとは限らない。悪い標本を選んでしまうことがあるからである。このため、処置群と対照群の標本が無作為に選ばれていても、関連する変数について両群間のバランスが取れているか検証することが常に重要である。もちろんこの検証は、観察可能なデータに頼らざるをえない。したがって各群の人たちが介入の割り当てを完全に遵守し、予定どおりに実験が行われても、標本規模が大きくなければ、検出不可能な偏りが存在しうる。

ランダム割当の完全な遵守も、実際には実現しないことが多い。処置群に割り当てられても、それを受け入れない人がいる。したがって、実験を用いない修正が必要となる。この点については、後で改めて議論する。

実際の評価における別の懸念は、処置群と対照群の標本が無作為に選ばれても、標本の元となったさらに大きな集団の選び方が不明で無作為でない場合、われわれが関心を持つ母集団についてどのような推測ができるのかが不明確になることである。ＲＣＴを実施するためには、実験の実施に同意する現地ＮＧＯ、あるいはプログラムへの参加を希望する人々、に頼る必要がある。しかし、われわれはこのような標本の元となる集団がどのように選ばれたのかがわからないので、その集団の中から無作為に標本を選んだとしても、関心を持つ母集団について判断を下すことはできないのである。そうすると結局、実験を用いない評価方法の世界に戻って考え直すことになる。

実験を用いない方法

平均としてのインパクトを特定するために実験を用いないさまざまな方法が存在する。これらの方法はプログラム配置が無作為でないという問題に対処しているが、これらの方法も観察可能なデータに限定され、平均としてのインパクトを推計するために仮定を追加する必要がある。実際にどのような仮定が必要かは方法により異なるが、多くの場合には以下の二つの選択肢から一つを選ぶことになる。

- 第一の選択肢では、コントロール変数が十分に存在し、それらを用いればプログラムの配置が無作為であるとみなしても差し支えない、という仮定を置く。もちろんこの場合には、この仮定が妥当するかどうかはデータ次第である。かつて評価研究が既存のデータに依存していた時代には、これはかなり疑わしい仮定であった。複数の目的で収集されたデータセットが存在する場合、特に評価のために設計されたものであれば、（研究者が必要なデータを収集することができるので）この仮定に関する問題は小さくはなるが、それでも仮定が本当に正しいかどうかについては疑問が残る。専門用語を用いると、この仮定が満たされるとき、プログラムの配置は「条件付き外生」（conditionally exogenous）である（観察可能なデータでのコントロールの下でプログラムの配置はアウトカムから独立している）、と言われる。
- 二番目の選択肢でも、ある形での条件付き独立が必要とされる。しかし、この選択肢では、プログラムの配置と相関するが、それを所与として関心を持つアウトカムから独立した変数が存在する、という仮定を置く。言い換えれば、このような「操作変数」（instrumental variable）は介入を通じてのみアウトカムに影響を与えると仮定される。アウトカムの回帰式から操作変数が除外されているので、この仮定は「除外制約」（exclusion restriction）と呼ばれる。

これらのアプローチのどちらを選択するかは、少なからず、評価対象のプログラムや入手可能なデータの性質に依存する。本節の残りの部分では、実験を用いない方法のうちよく用いられるものについて詳しく見ていく。

差の差（Difference-in-Difference：DD）推計

これは直感に訴えやすい方法である。この方法では、処置群のアウトカムの時間変化を、非参加者からなる対照群の変化と比較する。変化は、ベースラインの時点とエンドラインの時点とで計測される。重要な仮定は、時間が経っても選択バイアスは一定であるということである（これは「平行トレンドの仮定」と呼ばれることがある）。この仮定は常に成り立つわけではない。例えば、インフラ整備は、生産性が向上している場所で実施されることがあり、その結果として、通常のDD推計を用いると新しい開発プロジェクトの経済収益が過大評価されることになる。逆の偏りが生じることもある。貧しい地域で実施される開発プログラムは、インフラなど経済成長を促す他の条件が不足している場所を対象とすることが多い。このような場合にDD推計を用いるには、初期条件の違いをコントロールするとよい。そうすることで、条件付き外生の仮定（上記の第一の選択肢）が成り立ち、プログラムの配置は、コントロール変数を所与としてのアウトカムの変化に対して外生となる。

実際の評価で生じる別の問題として、ベースライン調査が実施される時点では、誰がプログラムに参加するかがわからないことがある。評価者は、ベースライン調査において標本抽出を設計する際に、プログラムの設計や背景に関する知識を手掛かりとして、できる限り妥当な推量をしなければならない。適切な量の処置群と同様の特徴を持つ対照群を十分に確保できるように、参加の公算が高い特徴を持つ観察単位を多めに標本に含めることがしばしば必要である。

固定効果の回帰分析

インパクト評価の分類では、固定効果（fixed effects）の回帰分析はＤＤを行うもう一つの方法であるが、この方法は応用範囲が広いので、さらに詳しく検討を行うに値する。ある政策による所得増加の影響を回帰分析で推定する場合、実質所得（あるいは他のアウトカム変数）の水準に基づいて観測対象者が複数のグループに自ずと分けられることが多い。これらを「効果」と呼ぶ。こうした「効果」の例として、クロスセクションデータでの地理上で「良い」地域と「悪い」地域や、世帯のパネルデータ（各世帯に複数時点の観測データが存在するもの）での実質所得がそもそも異なる世帯のグループが挙げられる。回帰分析から妥当な推測を行おうとする場合、これらの「効果」と関心を持つ変数との間に相関がなければ、このようなグループについて懸念する必要はない（ただし、このグループが標本の設計を反映している場合には、回帰係数の標準誤差を正しく計算するために、推定においてこのことを考慮する必要がある）。しかし、「効果」が政策と相関する場合には、明らかに問題となる。政策のインパクトがあったように見えても、それは観測対象者が所属するグループにより政策の対象となるかどうかが決まったためだけなのかもしれない。固定効果の回帰分析は、固定効果を明示してモデルに含めることにより、この問題に対処する。詳細はＢｏｘ６・２で説明する。ここでの重要な仮定は、プログラムの内生的な配置が誤差項の中の固定効果により完全に捉えられるということである。（これは上記の条件付き外生の仮定の一つの形である）。ただし、この方法は広く用いられているが、Ｂｏｘ６・３で説明するように、データにおける測定誤差のパターンに注意が必要である。

操作変数法

標準の操作変数法には、実験を用いない他の方法と同様の弱点がある。ＯＬＳの回帰分析と同様に、因果推論が妥当かどうかは、関数の形など回帰分析で用いられるその都度の仮定に依存することが多い。傾向スコアマッチング（Ｂｏｘ６・１）のほうがこの種の仮定は少ない。しかし、適切な操作変数が利用できる場合、この方法の本当の強

Box 6. 2　固定効果の回帰分析

回帰線とは、1つまたは複数の説明変数を特定の従属変数に関連付け最も良くフィットするように描いた線のことである（Box1.19）。N 個のクロスセクション・データが T 時点分あれば、固定効果回帰式は次の形をとる。

$$Y_{it} = \beta X_{it} + \eta_i + \varepsilon_{it} \quad (i = 1, ..., N; t = 1, ..., T)$$

ここで Y_{it} は従属変数、X_{it} は説明変数のリスト、$\eta_i + \varepsilon_{it}$ は誤差項の合計である。誤差項には、2つの構成要素、すなわち「イノベーション誤差」ε_{it} と「固定効果」η_i（時間を通じて固定されているという意味。「個体効果」[individual effect] という用語も用いられる）がある。この誤差はクロスセクション・データの各観察値についての（$X_{it} = 0$ のときの）切片である。イノベーション誤差項の平均値はゼロであるが、固定効果の平均値はゼロにならない。固定効果は、説明変数では拾うことができない、観察不可能で時間を通じて変化しない諸要因すべてを、1つにまとめたものである。また、イノベーション誤差項と異なり、固定効果は説明変数と相関していてもよい。時系列のデータがない場合には、アウトカムの変化が X によるものなのか η_i によるものなのかがわからなくなるので、関心を持つパラメーターである β の推定において深刻な問題が生じる。この方法の巧みな点は、時系列とクロスセクションのデータを合わせることにより、この問題を解決することである。これを見る最も簡単な方法は次のとおりである。まず時間の変化による第1の差分により、

$$\Delta Y_{it} = \beta \Delta X_{it} + \Delta \varepsilon_{it}$$

が得られる。ここで、$\Delta Y_{it} = Y_{it} - Y_{it-1}$ であり、ΔX_{it} も同様に計算される。こうして問題の η_i を除外することができた。もう1つの方法として、国レベルの固定効果を N 個すべて含め、国ごとに別々の切片を示すこともできるが、すべての変数についてそれぞれの時間平均からの差を取ることにより、これらの切片は実際には含める必要がない（厳密には、$T = 2$ の場合、一階差分法と国別固定効果法は同じ結果となる。$T > 2$ の場合、一階差分法は異時点に

おける誤差項の差分が相関する場合には問題が生じる)。しかし、データの中に時間とともに変化する重大な測定誤差がある場合、この方法は問題を孕むことになる。このとき、差分変数ΔX_{it}の変動のうち測定誤差による割合が大きくなり、被説明変数へのインパクトを正しく検出することが難しくなる。

さらなる学習のために:ジェフリー・ウールドリッジの *Econometric Analysis of Cross Section and Panel Data*(Wooldridge 2002)の第10章において、固定効果回帰とそれに関連する推定方法について優れた議論が行われている。Box6.3でこれらの方法の問題点について議論する。

みは、プログラムの配置とアウトカムの両方に影響を及ぼす観察不可能な変数の存在に対して頑健であることである。Box 6・4でこの方法について詳しく説明する。

操作変数法は応用経済学において非常に人気が高くなった。ただし、この方法が優れているかどうかは仮定が妥当するかどうか次第であり、仮定が成り立たない場合には大きな偏りが生じうる。この方法を用いた非常に優れた研究は、仮定が妥当することを十分に注意深く検証している。しかし、除外制約を検証することは難しい。適切な操作変数が複数ある幸運な場合には、「過剰識別検定」ができる。これは、プログラムの配置を所与として、ある一つの操作変数を除いて、残りの操作変数がアウトカムを十分に予測しうるかどうかを確認することである。しかし、それでも少なくとも一つは操作変数が存在する必要があり、入手可能なデータの範囲で除外制約を検証することはできない。ただし、理論上の議論や(評価のために用いられるデータとは別の)その他の情報により、特定の文脈において除外制約が成り立つかどうかについて妥当な判断を下すことはしばしば可能である。

現実には、操作変数法により推定されたインパクトが(小さすぎる場合も、大きすぎる場合も)信じ難いと思われる場合がある。その理由として、除外制約が成り立っていないことがありうる。例えば、分析を行う前に、プログラムの配置がアウトカムを改善する潜在要因と正の相関がある(すなわち、プログラムの配置が誤差項と正の相関がある)と信じ、OLSがプログラムの

Box 6.3　固定効果モデルの危うさ

Box6.2では、データの差分を取ることにより（あるいは時間平均からの偏差を取ることにより）固定効果を取り除きうることを見た。しかし、データに時間とともに変化する大きな測定誤差が存在する場合には、この方法は問題を孕むことになる。この時、測定誤差により差分変数 ΔX_{it} の変動が大きくなり、被説明変数へのインパクトを正しく検出することが難しくなる。「固定効果による治療」が病気よりも悪いかどうか、つまり真実に近づけるかどうか、を一般に言うことは難しい。測定誤差を含む変数の回帰係数がゼロの方向に偏るため、この問題はしばしば「希釈バイアス」（attenuation bias）と呼ばれる（直感で言うと、測定誤差が多く存在する場合には、真実の関係がぼやけ、関係がないという誤った判断を下してしまう公算が高まる）。このバイアスが生じるかどうかは場合による。ウィリアム・ハウクとロマン・ワチアルクのシミュレーションによれば、固定効果を用いた成長回帰分析（Y_{it} が成長率、すなわち１人当たりの所得の対数の変化、ΔY_{it} が成長率の変化）において、大きな希釈バイアスが起こりうる（Hauk and Wacziarg 2009）。

もう１つの問題は、２つの変数が非常に似たものを計測し、その相関が明らかに高く、両者が時間により変化する測定誤差を含む場合に生じる。２つの変数の例として、ある国の家計調査から得られた消費の平均と、同じ国でほぼ同じ時期に推計された国民経済計算における個人消費が、あげられる。この２つは完全に同じものではないが、両者の間の相関は高いであろう。実際に、この２つの変数の水準を比較すると、相関が高いことがわかる。また、これらの変数の成長率を比較すると、水準の間ほどは相関が高くないが、同じ方向にかなり強く動く傾向がある。しかし、成長率の変化を比較すると両者の間の関係は弱くなり、国民経済計算における１人あたり消費の対数値の増加が家計調査からの消費の平均に反映される割合は10％よりも小さい。明らかに、これは両者に関係がないためではなく、変化の変化を計測すると信号対雑音比（signal-to-noise ratio）が低下するためである。

肝心なことは、固定効果の回帰分析をやめるべきということではなく、トレードオフの存在に注意すべきということである。通常の「水準での回帰」

で測定誤差の問題よりも欠落変数が重要な懸念事項である場合には、固定効果法を用いるのが有益であろう。しかし、そうではない場合も存在するであろう。

さらなる学習のために：固定効果モデルのさらなる議論として、アンガス・ディートンの *The Analysis of Household Surveys: A Microeconometric Approach to Development Policy* の第2章（Deaton 1997, ch. 2）およびジェフリー・ウールドリッジの *Introductory Econometrics: A Modern Approach. 5th ed.* の第14章（Wooldridge 2013, ch.14）を参照。家計調査からの消費の平均と国民経済計算の消費との比較については、ウールドリッジ氏より入手可能である。

インパクトを過大に評価するという確信を持っている場合がある。そのとき、適切と思われる操作変数を使ったにもかかわらず、操作変数による推定値がＯＬＳの推定値よりも大きい場合には、除外制約の妥当性について疑問を持つべきである。実際には、操作変数に基づいて予測されたプログラムのインパクトは、アウトカムに影響を与えながら（ＯＬＳで）排除されていた要因を拾い上げてしまったのである。このとき、操作変数の推定値はＯＬＳよりも偏りが大きくなる。[11]

上で説明した二つの条件付き独立の仮定について、どちらが信頼できるかを事前に判断することはできない。それぞれの状況に応じて判断する必要がある。[12] 結局のところ、どの評価方法（実験も含まれる）においても、置かれている仮定が信じられるかどうかを経済理論など他の外部情報に基づいて事前に判断しなければならない。

Box 6. 4* 操作変数

操作変数（instrumental variable: IV）とは、回帰分析の元のモデルに説明変数として含まれておらず、内生である説明変数と相関するが、その回帰式の誤差項とは相関しない、変数のことである。２つの段階を踏んで推定が行われる（したがって、この方法は「二段階最小二乗法」と呼ばれる。ただし、コンピューターによる計算では２つの段階を一度に行うこともできる）。第１に、IV が内生変数を予測するために用いられる。次に、被説明変数が、IV を用いた予測値と他のコントロール変数によりどう変化するかを確認する。

この方法がどのように働くかを明確に理解するために、関心を持っている回帰分析の被説明変数 Y_i が次のように表されるとしよう。

$$Y_i = \beta D_i + \varepsilon_i \tag{1}$$

ここで D_i を内生説明変数とする（他のコントロール変数を外生変数として含めることもできるが、表記を簡潔にするためにここでは除外する）。

次に、IV として次のような Z_i を用いる。

$$D_i = \gamma Z_i + u_i \tag{2}$$

(1)に(2)を代入すると、次の誘導形モデルが得られる。

$$Y_i = \beta(\gamma Z_i + u_i) + \varepsilon_i = \pi Z_i + v_i \tag{3}$$

(2)と(3)に最小二乗法（OLS）を実行し係数の比を取ると、IV 推定量 $\hat{\beta}_{\mathrm{IVE}} = \hat{\pi}_{\mathrm{OLS}}/\hat{\gamma}_{\mathrm{OLS}}$ を得る（添字は推計法を示す）。この代わりに Y を D の予測値に OLS 回帰し、次の式を得ることもできる。

$$Y_i = \beta(\hat{\gamma} Z_i) + v_i \tag{4}$$

（この式での説明変数は回帰式からの推定値であるので、通常の手順で得られる OLS の標準誤差は正しくないが、統計パッケージが必要な修正を行ってくれる。）

この方法は簡単に見えるが、落とし穴がある。関心を持つ回帰式には含まれていないが内生説明変数とは相関する変数を見つけるのは、容易であることが多い。しかし、その変数が元のモデルに含まれていないことを正当化する（すなわち「除外制約［exclusion restriction］」が妥当であることを示す）のは一般に難しい。言い換えれば、変数 Z は式(1)の右辺に独立変数として含まれていてはならないのである。

例えば、Box1.19のデータを検討してみよう。そこで述べたように、調査における測定誤差が見かけ上の負の相関を生み出すことがありうる。この懸念に対処するため、国民経済計算から得られる個人消費は測定誤差と独立していると仮定し、それを調査に基づく消費平均の IV として用いることが考えられる（国民経済計算の消費は、調査から直接推計するのではなく、財需給の残余として推定されることが一般であるため、この仮定は妥当であろう。ただし、購買力平価為替レートによる測定誤差は貧困率［H］にもここで用いた消費にも存在する）。以下の式が得られる。

$$\log H = 10.60 - 1.70\log M + \hat{e}$$

得られた回帰係数の値（の絶対値）は Box1.19での値よりも大きいが、標準誤差も0.17と大きい。ただし、国民経済計算における消費の増加が不平等の低下と相関している何らかの理由があり、その結果 IV を用いた場合の傾きの係数が真の値よりも（絶対値で）大きく推定されていることがありうる。ただし、このようなことが起こると考える明白な理由はない。

さらなる学習のために：IV 推定についてのさらなる議論は、ジェフリー・ウールドリッジの *Introductory Econometrics: A Modern Approach. 5th ed.* の第15章（Wooldridge 2013, ch.15）にある。

6・4　評価の外部妥当性

これまでは、実際に用いられる主な評価方法に焦点を当て、内部妥当性の課題について主に議論してきた。内部妥当性は重要だが、評価の妥当性については他にもいくつかの問題が存在する。この節では、ある文脈で実施された評価の結果を、母集団全体へのスケールアップなど他の文脈にどのように適用できるか、という点について議論する。これは「外部妥当性」(external validity) の問題である。この問題は内部妥当性と比べて注目されることが少ない。知識の空白が根強く残る一つの理由は、上で説明した標準の評価方法が (6・1節で議論したような) 政策立案者の重要な関心事項に答えるには不十分であるという現実にある。以下に挙げる諸点は、内部妥当性以外に政策立案者が知りたいと考える課題を例示している。

- 経済学におけるインパクト評価は、「何もしない」という反事実想定を用いることが多い。言い換えれば、対照群は何も得るものがない(13)。著者の経験では、政策立案者はこのような評価に関心を持つことは少ない。彼らは、ある政策のインパクトを次善と考えられる政策のインパクトと比較したい、と考えている場合が多い。関心を持っているプログラムの代わりに何もしない、と考えることはほとんどない。評価を実施するときに、政策への知見を得るために最も適切な反事実想定は何かを慎重に検討する必要がある。
- 政策立案者は、プログラムを拡大する場合や国内の他の地域など別の環境で実施される場合に、何が起こるかを知ることを望む。また、政策立案者は、同じプログラムがすべての人に同じインパクトを生むことはないと認識しており、プログラムが無作為に割り当てられない現実の世界において平均としてのインパクトがどの程度あるか、を知ることを望む。現実世界のプログラムは、母集団からの無作為な標本ではなく、実際に恩恵を受けそうな人々を引き付けることが予想されている。これは後で議論する外部妥当性の問題である。

- 政策立案者は、平均としてのインパクトだけでは情報として不十分であり、それ以上のことを知りたいと考える場合が多い。どのような人が恩恵を受け、どのような人が損失を被るのであろうか。政策立案者は、プログラム参加者のうちどれほどの割合の人々が恩恵を受けるのか、を知りたいと考える場合もある。また、利益だけでなく費用も知りたいと考えるのが普通である。評価において、利益を理解することに多くの注意が向けられる場合が多い。もちろん利益は重要だが、プログラムの規模を拡大するかどうかを決定するには、費用も同様に重要である。
- 政策立案者は、インパクトを拡大するために設計をどのように変更すればよいかという点にも関心を持つ。しかし、現実の多くの評価は「ブラックボックス」である。つまり、プログラムで起こっていることについてほとんど何も明らかにせず、プログラムの設計の選択肢を検討するのに役立つ情報をほとんど提供できない。

これらのどの問題に答えるのも簡単ではなく、データや方法の革新が必要である。この節の残りでは、実際における外部妥当性の主な問題についてさらに検討を行う。

インパクトの不均一さ

インパクトに不均一さがある場合に一般に予想されることだが、環境が異なる状況に、あるいは同じ環境の中で他の地域へのスケールアップに、インパクト評価の結果を適用しようとすると、まったく見当違いになることがありうる。これは参加者の不均一さあるいは文脈要因により生じる。例えば、NGOが実施した介入を意欲に欠ける政府職員がスケールアップすると、その結果はまったく異なるものになるかもしれない。別の例を挙げると、貧しい環境において数多くの介入が実施されるとき、最初に実施されることは何であれ高い成果を上げるかもしれない。しかし、多面にわたる政策を実施する環境でプログラムの効果を学ぼうとする場合には、その結果が参考にならないことは明らかである。逆のことも言える。恵まれた環境で実施されたプログラムからそうではない環境（介入が乏しい場合も含む）において政策を実施する場合の教訓を引き出そうとするのは、誤りかもしれない。

不均一さが観察可能な変数にあるのであれば、あらゆる場合に起こることを理解するために、異なる種類の参加者や環境ごとに評価を繰り返すことが考えられる[14]。しかし、これは有望な方針ではない。問題の次元があまりに大きく、実行できない公算が高い。個々の研究者にとっても、同じプログラムを対象に同じ方法を用いて延々と評価を繰り返しても、その結果を出版できる見込みは少ないので、このようなことを行うことはないであろう。

社会実験では、インパクトの低い人々（プログラムから得られる利益が少ない人々）とインパクトの高い人々とを無作為に混ぜ合わせる。しかし、スケールアップされたプログラムでは、インパクトの高い人々が自ずと引き付けられ対象者の多くを占める場合が多い、ことが普通である。これはジェームズ・ヘックマンとジェフリー・スミスが「ランダム化バイアス」（randomization bias）と呼んだ問題である（Heckman and Smith 1995）。全国規模でのプログラムは対象者を意図して選ぶので、ランダム化比較試験（RCT）の状況とは根本の違いがある。スケールアップに有益な情報がRCTから得られることはかなり少ない。ロバート・モフィットは、一般に試験プロジェクトをスケールアップするときに多くのこと（プログラムへの投入やプログラムそのもの）が変わりうる、という指摘を行っているが、これもその一例である（Moffitt 2006）。

貧困と戦うために実施されるさまざまな種類の介入の効果について学ぶためには、まったく異なるアプローチが必要である。求められるのは、どのプロジェクトや政策を評価するかを無作為に選び、その上で無作為化を用いるかどうかにかかわらず最も適した方法を選定する、というアプローチである。専門分野での基準を満たしてさえいれば、評価結果はすべて出版されるべきである。失敗した政策でも成功した政策と同程度の出版の見込みがなければならない。このようにすれば、何が有効で何が有効でないかについて信頼できる知識を得られる公算が高くなる。そうしなければ、われわれの知識に明らかに偏りが生じる。

ポートフォリオ効果

われわれはしばしば一連の介入（開発ポートフォリオ）の効果測定に関心を持つ。このポートフォリオには、途上国の国内資源により賄われる介入もあれば、外からの資金により複数の国にまたがって実施されるプロジェクト（援助国や世界銀行などの国際機関が持つポートフォリオ）もあるであろう。

最近の評価の大半は、特定のプロジェクトを対象として個別にインパクトの計測を行っている。個別プロジェクトは、ポートフォリオの構成要素の一つにすぎない（そして、各プロジェクトは複数の要素を含んでいる）。評価者は、政策環境など特定の状況において、そのプロジェクトのインパクトについて妥当な結論を導いているかどうかに関心を持つ。プロジェクトがある開発ポートフォリオの一部であるという事実については、驚くほど注意が向けられない。

ここで、重要な問いに答えなければならない。こうした評価の努力は、開発ポートフォリオの評価にどれほどまで役立つのであろうか。実は、ポートフォリオの一つひとつのプロジェクトを評価し、その結果を足し合わせることでポートフォリオの評価を行うには、受け入れがたい仮定が必要とされる。その一つは、プロジェクト間の「相互作用効果」(interaction effect) はほとんどないという仮定である。しかし例えば、保健や教育のプロジェクトが成功するかどうかは、同じポートフォリオに含まれるインフラや公共部門改革のようなプロジェクトが成功したかどうかに大きく依存するかもしれない[15]。実際に、一つのポートフォリオの中で（しばしば複数の部門にまたがる）複数のプロジェクトを併せて実施するための説明として、相互作用効果が存在するという主張がなされることが多い。個々のプロジ

Box 6. 5* ポートフォリオのインパクトをプロジェクトごとに評価する際の偏り

話を簡単にするために、あるポートフォリオの中に2つのプロジェクトがある場合を考える。これらをプロジェクト1とプロジェクト2と呼び、その量をそれぞれ x_1 と x_2（どちらも0以上）としよう。この2つのプロジェクトが同時に実施されることにより得られるアウトカムが次のように計測されたとする。

$$y = \alpha + \beta_1 x_1 + \beta_2 x_2 + \beta_3 x_1 x_2 + \varepsilon$$

ここで $\mathrm{E}(\varepsilon \mid x_1, x_2) = 0$ と仮定する（$\mathrm{E}(\cdot)$ は括弧の中の項の平均値、すなわち数学での期待値である）。プロジェクトには、$\beta_3 > 0$ のときプラスの（$\beta_3 < 0$ のときマイナスの）相互作用がある、と言われる。

そのとき、通常の反事実想定（$x_1 = 0$ かつ $x_2 = 0$）と比較してのポートフォリオのインパクトは次のとおりである。

$$\Delta \equiv \mathrm{E}(y \mid x_1, x_2) - \mathrm{E}(y \mid x_1 = 0, x_2 = 0) = \beta_1 x_1 + \beta_2 x_2 + \beta_3 x_1 x_2$$

これは、2つのプロジェクトからなる介入において、1つのグループがプロジェクト①を、2つめのグループがプロジェクト②を、3つめのグループが両方のプロジェクトを、得た場合の評価の標準の設計、と考えることができる。標準の条件の下で、相互作用効果も、ポートフォリオ全体のインパクトも、特定しうる。

ここで、2つの評価が別々に、それぞれのプロジェクトごとに実施される場合を想像してみよう。1つめの評価では、プロジェクト②が存在するという条件の下でプロジェクト①を評価する、と仮定する。プロジェクト①の条件付きインパクトは次のように導き出される。

$$\Delta_1 \equiv \mathrm{E}(y \mid x_1, x_2) - \mathrm{E}(y \mid x_1 = 0, x_2) = \beta_1 x_1 + \beta_3 x_1 x_2$$

同様に、プロジェクト①が存在するときのプロジェクト②のインパクトは次のように評価される。

$$\Delta_2 \equiv \mathrm{E}(y \mid x_1, x_2) - \mathrm{E}(y \mid x_1, x_2 = 0) = \beta_2 x_2 + \beta_3 x_1 x_2$$

次に、ポートフォリオのインパクトを計算するために２つの別々の評価で計測されたインパクトを足し合わせると、次の式が得られる。

$$\Delta_1 + \Delta_2 = \Delta + \beta_3 x_1 x_2$$

したがって、相互作用効果がプラスのとき（マイナスのとき）、$\Delta_1 + \Delta_2$ はポートフォリオ全体のインパクト（Δ）を過大に（過小に）評価することになる。$\Delta_1 + \Delta_2$ は、相互作用がない時にのみ、ポートフォリオ全体のインパクト（Δ）を正しく示す。

ェクトを別々に評価しその結果を足し合わせても、（一般には）ポートフォリオのインパクトを偏りなく評価することはできない。複数のプロジェクトがプラスの相互作用を持つ（あるプロジェクトのインパクトが他のプロジェクトにより強められる）場合には、ポートフォリオとしてのインパクトを過大に評価することになる。複数のプロジェクトがマイナスの相互作用を持つ場合には、逆の偏りを生む（Ｂｏｘ ６・５参照）。

われわれが知識を補強する仕方には偏りがあり心配である。それでは、現在の政策課題に対応する知識の空白に十分に対処できないであろう。どうすればよいであろうか。この問題に対処するためには、抵抗に遭うであろうが、二つのことをすべきである。第一に、何が評価をされるべきかについて中央計画風のことが必要である。中央計画は誰にも好まれないであろうが、公共財の供給においては何らかの形での中央計画が必要とされることが多い。そして、知識は公共財である。ある程度の計画と適切な誘因を組み合わせたメカニズムにより、評価に関する分権意思決定の欠点を補うことで、政策に必要な知識が欠如していることに適切に対処できるようになるであろう。

第二に、経済主体間のみでなくプロジェクト間の相互作用効果をも考慮に入れて、ポートフォリオ全体をどう評価することが最適かを考える必要がある。これは簡単にできることではない。構造モデリングや国や地域のクロスセクションの比較評価などの手法を用いて、インパクト評価の標準の手法を補完する必要があろう。流用可能性（fungibility）やフライペーパー効果（これについては後に論ずる）など公共財政の問題を見る必要もある。そして（場合によっては極めて大きい）一般均衡効果についても検討することを要するであろう。一般均衡効果により、標準のインパクト評価が描く部分均衡での理解があっさりひっくり返ることがある。マクロとミクロの両方の経済分析の手法を含み複数の方法を組合せた折衷法もありうる。必要なツールは、現代の評価者に好まれるものではないかもしれない。ただし、評価の原理は同じである。反事実想定を明確にし、インパクトを評価するという基本の考え方は変わらない。

開発インパクトの評価に真剣に取り組むのであれば、何を評価するかについては干渉主義者であり、評価の実施にあたっては実際志向の折衷主義者である、必要がある。

一般均衡効果

（価格を所与とした）部分均衡の仮定は、試行される貧困対策プログラムには合うかもしれないが、そのプログラムを全国にスケールアップするときには一般均衡効果（時に「フィードバック」効果あるいは「マクロ」効果と呼ばれる）が重要になる（Ｂｏｘ ６・６で部分均衡分析と一般均衡分析の違いを詳しく説明する）。例えば、授業料への助成金が就学に及ぼす効果のＲＣＴに基づいた推計は、スケールアップした時には学校教育が生み出す収益が変化するために、妥当しないかもしれない。(16) 別の例として、小規模の賃金助成プログラムを実施しても市場の賃金率に及ぼす影響は大きくないであろうが、そのプログラムをスケールアップするとそうは言えないであろう。

経済全体に関わる政策（第９章の主題である）においては、一般均衡効果が起こりやすい。経済全体に影響のあるプログラムを実施する国と実施しない国があれば、複数国の比較評価によりインパクトを知ることができる。これらの方法は第８章でさらに議論される。この識別は、アウトカムと、政府がその政策を採用するかどうか、の両方に同時に影響を与える潜在要因が国レベルで存在することがよくあるため、難しい課題である。また、識別方法が妥当で

Box 6.6　一般均衡分析

どのような市場でも供給側と需要側とがある。制度主体を見ると、財の供給は利潤を最大化する企業により行われ、需要は効用を最大化する消費者により生み出される。ただし、消費者は企業に労働を供給し、企業も財に対する需要を持つ。部分均衡分析においては１度に１つの市場しか考慮せず、時にはその市場の１つの側しか見ないこともある。他の価格は固定される。貧困と不平等に関係する政策の部分均衡分析は、誤解を与えることがありうる。ターゲットを絞った小規模の貧困対策プログラムの分析では、価格を所与とすることが妥当である。しかしプロジェクトの規模が大きいと、プロジェクトによる所得再分配の影響で価格が変化することがありうる。その場合には、実質所得の分布に重要な影響が生じることは明らかである。貿易自由化のように経済全体に影響のある政策改革は、多くの市場に影響を与える公算が高い（第９章）。

一般均衡分析においては、財と生産要素のすべての市場を考慮に入れる。競争一般均衡モデルでは、すべての価格は変動し、すべての市場で需給が一致する、と仮定される。すなわち、価格がゼロに押し下げられない限り、どの財や要素についても総需要に対する総供給の余剰は発生しない。このモデルの解は、家計の予算制約などすべての会計上の恒等式を制約としてすべての財（と生産要素）の需給を一致させる市場価格として得られる。一般に財の需要と供給は、その財の価格だけでなく他の財の価格の影響も受けるため、複数の市場にまたがる種々の複雑な相互作用効果が生まれることがありうる。すべての市場で需給を一致させる一連の均衡価格は、すべての財・要素の需要と供給に影響を及ぼす（価格以外の）すべての外生変数によって決定される。

基準となるモデルでは、すべての財につき、異なる日付や場所ごとに、そして不確実な事象のさまざまな起こりうる状態ごとに、あらゆる市場が完備している。しかし、実際の適用においては、一部の市場の欠如や一部の価格の固定（しばしば「硬直価格」と呼ばれる）を許容することが現実に合う。硬直価格は通常は要素市場に適用される。その最も普通の例は、賃金率の中に下方に硬直なものがあり失業を生み出す場合で、時にケインズモデルと呼ばれる。このような場合に職がどのように配分されるかという（「配給体制」[rationing regime]）問題は、このモデルの解に関係を持つ。

歴史メモ：競争一般均衡モデルの最初の厳密な定式化はレオン・ワルラスにより行われ、その解は現在もワルラス均衡として知られている（Walras 1874）。現代経済学理論における初期の数学上の課題の 1 つは、ワルラス均衡の存在を証明することであった。最初の証明はアブラハム・ワルドによりなされた（Wald 1951）。この考えの政策評価への応用は、計算可能一般均衡モデル（CGE モデル）の開発により促進された。そのための重要な一歩は、ハーバート・スカーフとテリエ・ハンセンにより提案された数値解法であった（Scarf and Hansen 1973）。

さらなる学習のために：競争均衡理論を扱った上級レベルの名著としてケネス・アローとフランク・ハーンによる著作 *General Competitive Analysis* がある（Arrow and Hahn 1971）。ハル・ヴァリアンの中級レベルのテキスト『入門ミクロ経済学』（Varian 2014）と上級レベルのテキスト『ミクロ経済分析』（Varian 1978）など、多くの経済学の教科書がこのトピックを扱っている。CGE モデルについては、ヴィクター・ギンスバーグとマイケル・カイザーによる *The Structure of Applied General Equilibrium Models* を参照（Ginsburgh and Kayzer 1977）。同書は上級レベルの方法も用いているが、硬直価格を含む CGE モデルなど幅広い領域を扱い有益である。

あっても、特定の国での政策立案にあたり、複数国を対象とした回帰分析から得られる一般の教訓に依拠することには問題が多い。

計算可能一般均衡モデル（Computable General Equilibrium：ＣＧＥモデル）のような経済全体の政策シミュレーションを行う手法と家計レベルの調査データとを組み合わせて、貧困と不平等へのインパクトを評価する有望な例がいくつか存在する。このアプローチは、第9章の9・8節でさらに議論される。これらのシミュレーションの方法では、経済の働きについて多くの仮定を必要とするという代償は払うが、政策変化のインパクトの特定はかなり容易になる。

構造モデル

詳細な一般均衡モデルを用いなくても、部分均衡分析では見逃される経済主体間の（市場およびそれ以外での）相互関係の主な側面を研究することにより、多くを学ぶことができる。これはしばしば「構造モデリング」と呼ばれる(17)。構造モデルは、6・3節で概説した標準の評価方法よりも経済の働きについて多くの仮定を置く。これらの仮定は、可能な限り、厳密な事後評価からもたらされた知識に基づいていることが望まれる。例えば、ランダム化評価と参加者・非参加者の選択に関する構造モデルとを組み合わせ、識別のためにランダム割当を用いれば、プログラムの設計に関する政策上の課題について評価によって答えうる範囲を大幅に拡大することができる(18)。

構造モデルでは、あるプログラムの効果の有無の理由を理解するために、経済理論が重要な役割を果たす。しかし、理論モデルにはしばしば疑問の余地がある。利用されるモデルは、特定の状況において現実に合わないと考えられる仮定を置いているかもしれない。例えば、先進国における研修などのプログラムを評価した研究で用いられてきたモデルでは、有資格者個人の意向により参加者が決まるという仮定を置いている。しかし、この仮定は、途上国における多くの貧困対策プログラムについてわれわれが知っていることとは合致しない。貧困対策プログラムの対象者が選ばれる過程においては、有資格者個人の意向と少なくとも同じ程度に政治家や行政官の意向が重要と思われる。評価の妥当性を確かなものとするためには、対象者の選定の問題についての十分な理論上の解明が必要である[19]。

6・5 評価の倫理上の適切さ

経済学者は、評価がどのように実施されたかという倫理上の適切さよりも、インパクト評価により導き出される結論の（内部および外部の）妥当性について多くの検討を行う。倫理上の適切さはすべての評価において問題となるわけではない。インパクト評価の中には、既存のプログラムに組み込まれ、プログラムの実施方法に影響を与えないものもある。この場合、プログラムの受容者をどのように割り当てるかに評価は関与しない。したがって、プログラムが倫理上で許容されるのであれば、評価方法も許容されるとみなすことができる（評価の報告方法や出版の偏りに関する倫理上の問題はここでは取り上げない）。これらの評価は、「倫理上の問題がない評価」（ethically benign evaluations）と呼ぶことができる。

プログラムに誰が参加し誰が参加しないかという（既知のあるいはありそうな）割当メカニズムが、評価のために故意に変更されることもある。この場合には、介入が倫理上で許容されるとしても、評価が倫理上で許容されるとは限らない。このような場合には「倫理上の異議が起こり得る評価」（ethically contestable evaluations）と呼ぶ。現実の評価で問題となるのは主にRCTである。スケールアップが行われたプロジェクトは、無作為な割当が行われることはほとんどないので、RCTとは異なる割当メカニズムを持つことになり、プログラム全体は倫理上の問題がなくとも、RCTには倫理上の異議が唱えられるかもしれない。

RCTの倫理上の適切さに関する最近の論争は、その主要な問題点をよく例示している。ニューヨークタイムズに掲載されたケイシー・マリガンのブログは、RCTを倫理上許容できないものであるとみなしている（Mulligan

2014)[20]。その理由は、評価の目的のためにプログラムを割り当てられる人々（処置群）の中にはほぼ確実にそのプログラムを必要としていない人、あるいはほとんど恩恵を受けない人がいる一方で、対照群の中にはプログラムを必要としている人がいる、ことである。これに対して、ジェシカ・ゴルドベルグはＲＣＴの倫理上の適切さを擁護し、マリガンの批判に反論している（Goldberg 2014）。資源が限られているときに無作為化は倫理上で公平であると擁護できると主張し、それでも反対がある場合でも、新たな知識から得られる利益のほうが重要でありうる、と主張している。

この論争を詳しく見てみよう。目的が良いからといって悪い手段を正当化することは決してできないという立場は、確かにかなり極端である（経済学者にはあまり見られない）。一部は結果に基づいて過程を評価することは倫理上で擁護できる。実際に、道徳哲学ではそのような判断をしてきた長い伝統があり、功利主義はその代表例である（第1章）。処置を本当に必要とするとわかっている人に施さず、そうでない人に施すとしても、新たな知識からの厚生上の利益により正当化されるとみなされるのであれば、ＲＣＴを実施することが必ず「倫理に反する」ことにはならない。医学の研究では倫理が多く議論されてきた。その文脈では、「均衡の原則」（principle of equipoise）に基づき、処置の効果があると信じうるだけの事前の判断根拠が存在しないことが求められる[21]。この原則は、処置により期待される効果はそのコストを容認するに十分なほど大きいことが求められる、と修正することができる[22]。このように考えれば、コストと比較されるべき期待利益についてわれわれの知識が十分になければ、われわれはさらに評価を行うべきだ、ということになる。

しばしば議論されるのは、割当が必要なとき、つまりすべての人をカバーするだけの資金がない時に、ランダム割当は公平な解決策であるということである[23]。この主張は情報が非常に少ない、あるいは配分プロセスが歪められ必要としている人に届いていない、といった場合には受け入れることができる。開発プロジェクトにおいては、インパクトを最大化するために参加の割当をどのようにするのが最善かについて事前にほとんどわかっていないことが多い。しかし、別の割当方法が実施可能で（無作為化が可能であるのならその条件は明らかに満たされる）、誰が利益を受けるかを知っているのであれば、無作為化（少なくとも、条件付きでない無作為化）を実施するよりも、その情報を用いるほうが公平なはずである。

「条件付きの無作為化」（conditional randomization）は倫理上の懸念を和らげるのに役に立つ場合がある。この考えは、予想される利益に関する予備知識をもとに有資格者のタイプを初めに決め、その全員をカバーできないときに介入の対象者を無作為に割り当てることである。例えば、訓練プログラムやインパクトを最大化するために技術が必要なプログラムを評価する場合には、（何らかの証拠に基づき）対象者の事前の教育ないし経験が効果を高めると仮定して、それを踏まえた評価設計を行うことが理に適っているであろう。この方法は、期待されるインパクトについて事前の情報があるときに、単純な無作為化よりも倫理上の優位がある。

ただし問題点がある。一般に、評価者にとって観察可能なことは、現場で観察可能なことの一部にすぎない（そもそも、このような情報の非対称が無作為化を行う理由でもある）。現場にはもっと多くの情報があり、プログラムが必要としていない人にも割り当てられ、必要とする人には届いていない、ことがわかる。ＲＣＴは（例えば）村のレベルでは倫理上で許容できないであろう。しかしその場合に、誰の情報がこの問題を決めるべきなのであろうか。誰が必要とし誰が必要としていないかについて非常によく知っている人がいる場合に、評価者が「私は知らなかった」と唱えるのは、まったく見え透いていると思われるであろう。

「推奨デザイン」（encouragement design）は倫理上の懸念を回避することができるという議論もある。[24] この考えは、誰に対しても学校教育のように関心の高い基本サービスへのアクセスを妨げはしないが、その代わりに何らかの形の誘因や情報へのアクセスを実験により無作為化する、というものである。これにより倫理上の懸念が緩和されるとみなす人もいるであろうが、懸念を取り除くものではないことは明らかである。無作為化に伴う問題は、関心の高い基本サービスから推奨措置に移っただけである。利益を得られる人に対し「推奨」を故意に行わず、利益を得られない人に対しそれを行うのであれば、倫理上の適切さについての懸念は依然として存在する。

倫理上の適切さは、それ自体としてもっともな懸念であるが、評価の（内部ないし外部）妥当性についても示唆を与える。ＲＣＴはスケールアップされたプログラムとは異なる割当メカニズムを用いるため、インパクトに不均一さがあれば、ＲＣＴの結果に基づいてスケールアップのための推測を行うと偏りが生じることになる。また、どのような状況で行われるかによって、ＲＣＴが倫理上で許容されるかどうかについての不均一さがある、という別の懸念もある。政府が行う場合よりもＮＧＯが行う場合のほうが、また、規模が小さくできれば辺鄙な地域のほうが、ＲＣＴの実施は許容されやすいであろう（これの対照として、政府がＲＣＴの実施を正当化する場合を想像してみよう。十分なサービスを受けていない農村住民が新しい道路や配電網を得られないグループに無作為に割り当てられたとき、他の人がそれらを得た時の利益が解明できるという理由で割当を正当化できるであろうか）。すでに述べたとおり、インパクトを確認する手段をランダム化だけに依存すると、われわれの知識はランダム化を実施できる介入の環境や種類に偏ってしまい、開発を目指す広範な介入でランダム化を実施できないものについて何も知ることができない。評価がわれわれの知識の空白を埋めるためのものであるとすれば、過程の問題よりも結果を重視する人にとっても、このことは懸念されるはずである。

審査委員会の判断などにより倫理上の適切さを確保するためには、多くの評価に修正が行われるべきかもしれない。ある一定の期間はランダム割当を止め、後に処置を実施することを考えているのであれば、そのことをすべての人が事前に知っている必要があるし、その遅れを何らかの形で補償するべきだという主張は理に適っているかもしれない。生物医学の研究では、適応的ランダム化（adaptive randomization）がかなりの注目を集めている。例えば、インパクトと連動する変数について集められた証拠に基づき、新規の対象者の処置の割当を変えることがある。(25)

最後に述べておきたいことがある。政策立案者が介入を正当化するときに前提とする行動仮説と介入の評価方法との間には、倫理上で問題を孕む内部矛盾が存在する場合がある。社会プログラムが貧困に及ぼすインパクトについて評価するときによく行われるのは、世帯の経済厚生の指標として、（価格や世帯構成を標準化した）消費支出や所得を

Box 6. 7　厚生に関する矛盾した判断の例

ワークフェア（workfare）プログラムは、勤労に携わるという条件を福祉受給者に課す。仕事は一般に楽しくなく、不快であることもある。実際に、豊かな国でも貧しい国でも仕事が不快であることが、貧困対策としてワークフェアプログラムが用いられてきた理由の１つである。政策立案者は（認めるかどうかは別として）仕事が不快であることを知っており、自分であればその仕事をしようなどとは考えないであろう。インディラ・ハーウェイとピエト・ターハルの著作が述べるように、「参加を避けることができる人にとってその仕事は（控えめに言って）好まれないので、プログラムには受給資格を検査する働きが埋め込まれている」(Hirway and Terhal 1994, p.21)。

しかし現実に見られる評価方法は、このような仕事をすることを厚生の損失とはみなしていない。例えば、ある人はすべての消費の糧を非常に過酷な仕事から得ている一方で、別の人は余暇を楽しんだりもっと快適な仕事をしたりしていても、その２人の実質所得が同じであれば、同程度に貧しいとみなされる。

困ったことに、これでは、評価基準としてのアウトカム指標と政策立案者が介入を実施する際の根拠との間に矛盾があることになる。プログラムから得られる厚生の向上を評価するときに、政策立案者は、仕事が不快であるという事実を無視することができるだろうか。

これは、観察される行動から効用を推測する上での識別の問題（Box3.2）は無視するとしても、何であれ人々が最大化しようとするもののみで「厚生」を評価するべきとする厚生主義の立場（第３章）にとって、明らかに問題である。実際に行われている評価のほとんどは厚生主義の立場を取っていない。だからといって、政策立案者にとっての介入の根拠がその介入の評価方法と矛盾しているという状況は、正当化できない。その仕事をすることで厚生が低下し、その結果としてプログラムに貧困層しか参加しない、と判断されるのであれば、プログラムの評価において仕事による厚生の低下を無視するわけにはいかないであろう。

さらなる学習のために：アリク・ラグランジュと筆者の研究は、インドにおける大規模な貧困対策プログラムの評価においてこのような矛盾の例を提示している。筆者らはこのような矛盾を取り除く方法を提案し、その方法を用いると、プログラムが貧困層に届くのは確かであるが考えられているほどには貧困を削減できていない、との示唆が得られることを示した（Lagrange and Ravallion 2015）。

用いることである。しかしそれらのプログラムでは、人々の関心が消費や所得だけではないという仮定が置かれていることがある。Ｂｏｘ６・７はそのような例を示している。このように、政策を実施した根拠と（実験かどうかにかかわらず）その評価方法との間に矛盾があることがある。この矛盾を取り除くと、評価の結果が変わることが十分にありうる。

これで指標と方法に関する説明を終える。もちろん詳細についてまだ言えることはあるが、この章では少なくとも概観を与えた。第Ⅱ部の手法を用いて、第Ⅲ部では、世界の貧困と不平等を描写し、国により貧困に対する進展が異なる理由についての理解を示し、それに関連する政策論争について論じる。われわれの知識はまだ完全ではないが、第Ⅲ部の議論では、貧困削減のための介入に関する教訓を既存の文献から抽出することを試みる。

■著者

Martin Ravallion（マーティン・ラヴァリオン）

1952年生まれ。ジョージタウン大学経済学部教授。ロンドン・スクール・オブ・エコノミクス（LSE）で博士号取得後、LSE、オックスフォード大学、オーストラリア国立大学にて教鞭をとり、1988年に世界銀行へ。エコノミストとして実務と研究に携わり、開発研究グループ研究部長を務め、貧困研究の世界的権威としての地位を確立。2013年より現職。

■監訳者

柳原　透（やなぎはら・とおる）

1948年生まれ。拓殖大学名誉教授・国際協力学研究科客員教授。1971年東京大学教養学部卒業、1976年イェール大学博士課程修了。アジア経済研究所研究員、法政大学経済学部教授、アジア開発銀行研究所特別顧問、拓殖大学国際学部教授を経て、2018年より現職。この間、政府・国際機関の国際協力に関わる調査研究に数多く携わる。

貧困《ひんこん》の経済学《けいざいがく》　上《ジョウ》

2018年９月20日　第１版第１刷発行

著　著──マーティン・ラヴァリオン
監訳者──柳原　透
発行者──串崎　浩
発行所──株式会社日本評論社
〒170-8474　東京都豊島区南大塚3-12-4
電話　03-3987-8621（販売）　03-3987-8595（編集）
ウェブサイト　https://www.nippyo.co.jp/
印　刷──精文堂印刷株式会社
製　本──牧製本印刷株式会社
装　幀──山崎　登

ISBN978-4-535-55863-2　Printed in Japan

■訳者紹介

柳原　透（やなぎはら・とおる）
拓殖大学名誉教授。監訳者。序章、第２章、第７章、終章担当。

村上　善道（むらかみ・よしみち）
神戸大学経済経営研究所助教。第１章担当。

上山　美香（うえやま・みか）
龍谷大学経済学部准教授。第３章、第４章、第５章5.1節～5.4節担当。

山田　英嗣（やまだ・えいじ）
JICA 研究所研究員。第５章5.5節～5.10節、第10章10.3節～10.4節担当。

小塚　英治（こづか・えいじ）
独立行政法人国際協力機構（JICA）人間開発部基礎教育グループ第二チーム課長。第６章、第10章10.1節～10.2節担当。

荒木　啓史（あらき・さとし）
NPO 法人サルタック代表。オックスフォード大学社会学科博士課程。三菱総合研究所客員研究員。第８章担当。

畠山　勝太（はたけやま・しょうた）
NPO 法人サルタック理事。ミシガン州立大学教育政策専攻博士課程。第８章図表および Box、第９章図表および Box 担当。

角田　佳奈美（かくた・かなみ）
在フィジー日本国大使館専門調査員。第９章担当。

原注

第Ⅰ部　貧困の思想史

第１章　貧困のない世界という考えの起源

1　よく知られた情報源として、アーサー・ヤングによる1787～1789年のフランス農村部の旅行記があり、そこでは、小作農家の女や子どもが靴を持っていなかった、といったことが描かれている。Young（1792, p.18）を参照。

2　ブルギニョンとモリソンは彼らの1992年の数値を Chen and Ravallion（2001）によって計測された1992年の推計値と一致させた。

3　Bairoch（1981）、Alam（2006）、Allen（2013）を参照。Alam（2006）が論じているように、推計値にさまざまな偏りはあるが、遡及予測によると大きな差の存在が示唆された。

4　Acemoglu et al.（2005）の図10を参照。

5　Ravallion（2014b）が計算結果と方法に関する詳細を示している。

6　Ravallion and Chen（2013c）を参照。

7　$1.0005^{820} = 1.5$ であることは容易に確認できる。

8　例えば、Beaudoin（2006）による貧困の歴史でそのように論じられている。

9　例えばエルナン・コルテスは、今日のメキシコシティに到着した1519年に、人々が金持ちに施しを求める様子を描写している。Cortés and Pagden（1986）、第２の手紙を参照。1600年頃にインド亜大陸を訪れたヨーロッパ人は貧困と飢饉の広がりを強く印象づけられた（Scammell 1989, p.7）。中央・南アメリカのアステカ帝国やインカ帝国、南アジアのムガル帝国、はよく発達した階層制に基づいていた。

10　例えばScammell（1989）を参照。

11　Lovejoy（1989）を参照。

12　スペインの植民地におけるそのような実践への言及として、Beaudoin（2006, p.39）は彼らの賃金はあまりに低かったので、村に残っている人たちが、スペイン人のために強制労働をしている人たちのための食料を送らなければならなかった、と書いている。

13　例えばAcemoglu and Robinson（2012, ch.1）を参照。

14　Tucker（1975）とAllen（2007）を参照。

15　Wrigley et al.（1997）を参照。

16　Deaton（2013）を参照。

17　西洋の政治哲学における分配の正義に関する思想史の詳細な説明については、Fleis-

chacker（2004）がとてもよいスタート地点となる。
18 これは、罪に応じて罰則を適切に与えることを意味する矯正的正義（応報的正義とも呼ばれる）と混同してはならない。
19 奴隷に関するアリストテレスの見方に関しては、Levin（1997）を参照。
20 Li（2012）は、貧困に関する儒教の思想に関して興味深い議論を行っている。
21 Singer（2010, ch.2）は、さまざまな宗教（キリスト教、イスラム教、ユダヤ教、儒教）が善行をどのように評価してきたかに関して、さらなる議論を行っている。
22 マンデヴィルは、貿易に関しては重商主義者であったが、自由放任政策全般を早くから提唱し、各個人の私益の追求が社会にとって良い結果を生むという彼の見解は、後にアダム・スミスが「見えざる手」の考えを打ち出す上で大きな影響を与えた。Rosenberg（1963）の議論を参照。
23 タウンゼントが自由市場を提唱したことは経済思想史上で重要であり、マルサスとダーウィンを含む後の思想家に影響を与えた。Montagu（1971）および Lepenies（2014）を参照。
24 サンスクリット語からの訳は The Science of Material Gain（実利論）である。Science of Politics（政治論）という訳を好む学者もいる。
25 Kautilya（n.d., pp.386-387）を参照。
26 Kautilya（n.d., p.296）を参照。
27 さらに前には、紀元前500年頃のアテネで、ペリクレスが貧しい人々に仕事を提供する大規模な救済事業を行った。
28 Piven and Cloward（1993）は、ヨーロッパや北アメリカにおいて大量の貧困が出現した時期における抗議運動とそれへの政策の対応に関する、優れた歴史書である。
29 ヨーロッパ史におけるこの時期の貧困に関しては Jütte（1994）を参照。
30 Petty（1662, p.31）を参照。経済学へのペティの貢献に関しては Ullmer（2004）を参照。
31 Crowther（1981）を参照。
32 Thane（2000, p.115）を参照。
33 Michielse and van Krieken（1990, p.2）を参照。
34 ビベスはさらに、患者の多数が貧困者であった精神疾患にも関心をもっていた（後に著作 *On the Mind* で展開された）。このテーマに関する彼の思索は、心理学への初期の重要な貢献と今日みなされている。
35 Michielse and van Krieken（1990）の論文のタイトル“Policing the Poor: J. L. Vives and the Sixteenth-Century Origins of Modern Social Administration”による。
36 Michielse and van Krieken（1990）は、ビベスの提言とその意義につき、歴史に位置付けてさらに論じている。

37 Piven and Cloward（1993）の議論を参照。

38 Ravallion（1991b）を参照。

39 旧救貧法の「旧」とは1834年の改正以前の法律を指している。エリザベス救貧法の歴史とその影響については、Mencher（1967）、Boyer（2002）、Hindle（2004）を参照。

40 Solar（1995）を参照。

41 同じ時期に、Eden（1797）は「恥ずかしくない生活に要する消費財バスケット」を、Davies は「快適さの標準」を、提案した（Allen 2013）。

42 パンの価格が高いと、パンで測った実質価値は少し減った。基本ケースの価格より50％高いと、成人男性の場合はパン３斤から2.8斤へ、夫婦と２人の子どもからなる家族の貧困線が7.5斤から6.8斤へという具合である。判事たちは代替効果を考慮していたようであり、食料の相対価格の上昇でパンの消費は低下するが、厚生水準は低下しない（スピーナムランド制度についてのデータからの筆者の計算である。データは次のサイトにある：http://www.historyhome.co.uk/peel/poorlaw/speen.htm.）。この政策に関するさらなる議論は、Montagu（1971）、Block and Somers（2003）、Coppola（2014）にある。

43 Coppola（2014）を参照。

44 Lindert（2013）を参照。

45 民間の慈善団体の影響に関してはHindle（2004）、Lindert（2013）を参照。

46 Marshall（1926）を参照

47 Hindle（2004）は、地方行政区の経済状況に応じて給付金に大きな地理上の差異があった、ことを指摘している。

48 Kelly and Ó Gráda（2010）と Smith（2011）を参照。

49 Solar（1995）を参照。

50 寡婦は最も初期の救貧法から救済の受給資格者としてリストに入っており、先行研究でしばしば言及されている。例えば、Hindle（2004）は救貧法に関連した地方行政区の古文書の情報に関する議論で、寡婦に75回言及している。

51 Fleischacker（2004, p.51）を参照。

52 Solar（1995）を参照。

53 Hindle（2004）を参照。

54 世界での貧困削減にとって暴力から貧しい人々を守る努力が重要であることについては、Haugen and Boutros（2014）を参照。

55 Solar（1995）と Smith（2011）を参照。

56 例えばTownsend（1786）を参照。またLepenies（2014）の議論も参照せよ。

57 Acemoglu and Robinson（2012, ch.7）は、産業革命の制度面の起源となぜそれがイングランドで起きたのかにつき、論じている。

58 Scherer（1965, p.182）は、「特許制度の存在はワットの革新にあったとしてもわずかな影響しか与えなかったと思われる」と記している。

59 Scherer（1965）を参照。ワットは発明の推進のために融資を受けるのに大変に苦労しており、時にはあきらめて賃金労働に従事した。結局は後援者からの資金提供に大きく頼った。Scherer は、彼らからの支援を得る上で特許が重要な要因であったと示唆している。

60 日本での変化はこれより遅く、1868年の江戸幕府の打倒と明治維新の後で起きた。

61 Acemoglu and Robinson（2012, ch.8）を参照。

62 Hill（1972）を参照。

63 Proceedings of the Old Bailey（2012）はロンドンに関する描写を含んでいる。典型例は1792年に始まったロンドン通信協会であり、労働者階級の政治上の代表権の拡大にその活動が捧げられた。

64 例えば、第5幕では召使であるフィガロが彼を雇う伯爵に「そんな特権を受けるに値するとはあなた様は何をなさったのですか。生まれが違う――ただそれだけ。他のすべての点では――ただの普通の男」と尋ねる場面がある。この戯曲は1778年に書かれたが、ルイ16世によって検閲され、1784年まで上演されることはなかった。

65 これは Michel et al.（2010）によって導入された。「n-gram」は「1-gram」である単語から作られた句である。Michel et al.は500万冊以上の本から、5000億を超える（そのうち英語は3600億である）n-gram を作り出した。当然ながら、総単語数は時間を経るにつれ増えている。Michel et al.の推定では、2000年において約100万の英語の単語があったが、1900年においては約50万であった（増加のほとんどは20世紀の後半に起きた）。Ravallion（2011c）は *Viewer* の使用について、ありうる偏りを含め、論じている。

66 両方の言語において貧困という概念を表す複数の単語がある。“poverty” 以外の単語としては “indigence” がある（18世紀から19世紀の英語では現在よりも多く使われていた）。この（それ程使われない）単語を加えても、図1.2の基本パターンは変わらない。フランス語では “misère” が “pauvreté” と同様に貧困の意味で使われる単語であるが、“misère” は心理・精神面での欠乏を含む広汎な意味で使われ、単に物質面の欠乏を表すだけではない。この単語は英単語の “misery” にほぼ相当するものである。

67 革命後のフランスはすぐに戦宣布告し（オーストリア帝国との戦争が1792年に始まった）、戦争は1815年にナポレオン・ボナパルトがワーテルローの戦いでは敗北するまで続いた。

68 Fleischacker（2004）は、現代の分配の正義の概念を予見したとしてバブーフを評価しているが、同時に、カントに従うドイツの哲学者ヨハン・ゴットリープ・フィヒテをも同様に評価している（これは奇妙な組み合わせに思われる。バブーフは共産主義

の創始者の１人とみなされており、その反乱左翼思想のために1797年に処刑された。一方で反ユダヤ主義者のフィヒテはドイツでのナチズムの運動に重要な影響を与えたとみなされている）。しかし、その栄誉はこの両者よりも de Montesquieu に属するように思われる。

69　これは Klebaner（1964, p.394）によって引用されたように、1827年にエヴァレットによって使われた表現である。

70　ここでの第一次と第二次貧困啓蒙期の同定は Ravallion（2011c）による。

71　Rousseau（1754, p.11）はこの点をうまく指摘している。「社会の根本について探求している哲学者たちは自然状態に戻る必要を感じているようだ。しかし彼らのうち誰もそこに到達することができていない」。

72　ルソーはダーウィンに先立ってこれを書いた。動物の行動への科学研究は、強く他を意識して共感のある振舞いが動物にあることを明らかにしてきており（Frans de Waal 2009)、そのことが人間の社交性の深い起源になっていることを示唆している。(近年発見された）ミラーニューロンは、そのような振舞いの神経科学上の基礎であると主張されている。例えば、Keysers（2011）を参照。

73　ルソーは彼が名付けたところの「自然不平等」というものの存在を許容していた。それは、事実に反する想定である「自然状態」において存在するとするものである。「自然不平等」は（健康、身体の強さ、精神能力などの）先天の差異を反映したものである。

74　Blaug（1962, ch.2）にあるスミスと重商主義の学説を参照。

75　Muller（1993, p.58）の議論を参照。また、同時代の他の論者と比較したスミスの見方に関する議論については、Himmelfarb（1984a, b）を参照。

76　Smith（1759, ch.1, I.I.1）を参照。

77　スミスはアクィナス、グローティウス、ロック、ヒュームなどの初期の見解を発展させた。Fleischacker（2004, pp.34-40）を参照。

78　この考えは、現代の制度の政治経済学のテーマとされているものである。第Ⅲ部でこの話題に戻ることとする。

79　このトレードオフを認識したことは、ヒュームとスミスの主要な貢献であった。それゆえ、Fleischaker（2004, p.40）は「ヒュームとスミスは貧しい人々の受難を私的所有権の正当化がはらむ問題として見た最初の論者であった」と書いている。

80　奴隷制に関するスミスの見解との関係での議論としては、Wells（2010）がある。

81　「賃金が高いところでは低いところよりも労働者は活発で勤勉で敏捷であることをわれわれはいつも見出すであろう。」(Smith 1776, p.72)

82　Rothschild（2001）を参照。学費補助に関するスミスの見解については、Smith（1776, bk.5, ch.1, art.2d）を参照。

83　Musgrave（1985）は、これらを含め財政学における論争の歴史を概観している。
84　Jones（2004）を参照。
85　Blaug（1962, p.216）を参照。
86　数多くの歴史事例を指摘しているAcemoglu et al.（2005, sec.6）の議論を参照。
87　イーデンの著作とその影響に関する詳細な議論については、Stone（1997）とPyatt and Ward（1997）を参照。
88　この言葉はWaal（2009, p.116）によって使われている。
89　19世紀のアメリカでの貧困に関する見方については、例えばKlebaner（1964）の記述を参照。今日でさえ、貧困は貧しい人々自身の責によるという主張が聞かれることがある。例えば、Palmer（2012, p.119）は、「明確で、法により保障され、譲渡可能な所有権によって特徴づけられた秩序においては、貧しい人々が最も僅かな富しか持っていないことは、富を生産し貯蓄することにおける無能力と意志の欠如に因るところが大きい」と書いている。
90　Lindert（2013）を参照。
91　ここでは経済思想に焦点が当てられている。第8章では、イングランドと西ヨーロッパの新しい工場の賃金労働者と新大陸で一次産品の生産に携わっていた奴隷の両方を含み、産業革命の貧困への実際の影響に関する証拠を検討する。
92　Smith（1776, bk.1, ch.8）を参照。
93　Sandmo（2014）を参照。
94　これはWrigley and Schofield（1981）によって主張された。
95　これはおそらく、当時そして19世紀の大部分において、所得分配において理にかなった単純化であった。しかし19世紀後半以降にはこの単純化は次第に妥当なものではなくなった。というのは、この時期には労働者内の不平等が顕在化し、20世紀には一部の労働者は多くの資本を所有し始めたからである。
96　Piven and Cloward（1993, p.21）を参照。
97　Lindert（2004, ch.4）を参照。
98　Klebaner（1964）を参照。
99　貧しい人々にレッテルをはる議論に関してはGans（1995, ch.1）を参照。
100　これについてのマルサスとリカードの考え方に関するSandmo（2014）の議論を参照。
101　Klebaner（1964）を参照。
102　社会保険に関する経済学の取組は、ずっと後まで（とりわけRothschild and Stiglitz［1976］までは）先行研究において十分に展開されなかった。
103　Solar（1995）がこのような主張をしている。
104　Lindert（2013）図1を参照。
105　アメリカとヨーロッパの救貧院の歴史に関してはKatz（1986）とJütte（1994）を参

照。

106 救貧院に関しては *London Lives, 1690-1800* にある記述を参照。しばしば教会内集会所が「職斡旋サービス」となっていたことなど旧救貧法の下で勤労が推奨されたことについては、Hindle（2004, p.176）の議論も参照。救貧院は1600年ごろにアムステルダムに導入され、オランダなどヨーロッパの他の国にも存在した（Beaudoin 2006, p.48）。Dickens（1838）その他の小説は当時の孤児院と救貧院における汚職について言及している。

107 Fowler（2007）を参照。

108 Himmelfarb（1984a, b）を参照。

109 シャーマン将軍は後に各家族にラバの貸し出しを約束し、この提案は「40エーカーとラバ１頭」の表現で有名になった。南北戦争後の再建期についてはFoner（1988）を参照。さらにAcemoglu and Robinson（2012, ch.12）の議論も参照。

110 Artz（1934, p.83）は、ベンサムがフランス人権宣言を「混乱とばかばかしさのよせ集め」と述べていたことを引用している。

111 ベンサムは次のように述べている。「豊かな人々の幸せの過剰さは彼らの富の過剰さほどには大きくないだろう」（引用はHarrison［1987, p.57］による）。

112 Sen（2000, p,63）を参照。

113 詳細な議論はRothschild（2001）を参照。

114 これは「受け入れがたい結論」に至らしめるような人口倫理上の一連の問題の１つである。Parfit（1984）を参照。

115 これはBlackorby and Donaldson（1984）によって提案されたものである。この場合、Box 1.13の社会厚生関数は$SW=\sum_{i=1}^{n}u(y_i)-u(\alpha)$となる。ここで$a$は貧困線である。このアプローチの最近の適用例については、Cockburn et al.（2014）を参照。

116 Singer（2010, ch.4）による議論を参照。

117 Cunningham（1990）を参照。

118 これは1851年のセンサスに基づいているCunningham（1990）の表１に報告されている。この年齢グループの男児の39％と女児の44％が「生徒」とは分類されなかった（他の選択肢は、「働き手」か「在宅」であった）。その後に起きた識字の普及も地域によりとても不均一なものであった（Stephens 1998）。

119 Lindert（2004, ch.5）を参照。

120 Van Horn Melton（1988, p.11）を参照。

121 プロシアに関してはVan Horn Melton（1988, p.11）を参照。

122 Probe Team（1999）を参照。

123 17世紀後半のマサチューセッツのように、大衆向けの学校教育を進めるのための地方でのイニシアチブもあった（Weiner 1991, ch.6）。

124 Weiner（1991, ch.6）を参照。

125 アメリカでは、義務教育は「自由意志によらない強制労働」である（ということが主張された）ことに基づいて、南北戦争の終結近くに導入された反奴隷制に関わる修正案に言及しながら、義務教育は違憲であるという主張がしばしば聞かれた。例えば、http://www.4forums.com/political/education-debates/8440-compulsory-educationunconstitutional.html を参照。

126 Vinovskis（1992）を参照。

127 アメリカについてはBowles and Gintis（1976）を参照。

128 Vinovskis（1992）を参照。

129 Weiner（1991, p.121）を参照。

130 教育政策の変化については、Goldin and Katz（2008）でも記されている。

131 Landauer（1959）を参照。

132 Blaug（1962, ch.7）の議論を参照。

133 賃金決定に関するマルクスの議論についてはBaumol（1983）を参照。

134 Fleischacker（2004, p.97）は、マルクスが「権利」への請願を「イデオロギー上は無意味」と呼んでいることを引用している。

135 現代の分配の正義の理論へのマルクス哲学の影響に関しては、Fleischacker（2004）を参照。

136 Landauer（1959, p.276）を参照。

137 ドイツ語で書かれ、英語で出版されたのは1887年になってからであった。

138 Brooke（1998）を参照。

139 Klebaner（1964, p.384）を参照。

140 1844年におけるマンチェスターの労働者階級の生活状態に関する著作の英語版への1892年の序文において、他ならぬフリードリヒ・エンゲルスがこれを認めていた。

141 Marshall（1907）は、21シリングが４分の３ブッシェルの良質の小麦に相当すると推計していた。ウィキペディアの「ブッシェル」の項によれば、13.5％の湿気がある１ブッシェルの小麦の重さは60ポンドである。筆者は、各世帯の人数は4.5人であると仮定する。これは、当時の労働者世帯の平均人数としてBooth（1993, ch.4）が4.5～５人としているものの下限の値である。１世帯当たり１週間で21シリングというブースの貧困線は、１日１人当たりでは700グラムより僅かに少ない量の小麦に相当する。小麦だけでなく他の食料や支出を考慮すると、１人当たり400グラムの小麦と、残りは肉、野菜、そして（非常に僅かな）非食料必需品、ということになるだろう。そうすると、これは1993年のインドの貧困線に近いものである。筆者は、インドの貧困線について、精製前の米と小麦400グラム、野菜、豆類、果物200グラム、牛乳、卵、香辛料、茶それぞれ少量、からなる１日１人当たりの食料バンドルに相当する、との計算をした

(World Bank 1997)。そのような食料バンドルを購入した後、1日当たり（1993年購買力平価で）0.3ドルが非食料必需品のために残ることになる。

142 Thane（2000, ch.9）および Himmelfarb（1984a, b）を参照。

143 これは、1890年と1910年の推定値から線形補間に基づいて求めた貧困率（13.9%）と1900年のセンサスから得られたアメリカの人口7600万人とに基づいている。

144 Thorner（1967）を参照。

145 ルドラとバーダン（Bardhan 1984a)、Bliss and Stern（1982)、Walker and Ryan（1990)、Lanjouw and Stern（1998)、などによる調査を含む。

146 ブースの影響については、ウィキペディアの"Charles Booth"の項目と London School of Economics での保存文書を参照。

147 回帰と相関の発明に関しては、Stanton（2001）を参照。

148 Morgan（1990）を参照。

149 とりわけ、Marshall（1907）のコメントを参照。

150 Smil（2011）を参照。

151 Mencher（1967）を参照。

152 Bortz（1970）を参照。

153 Young（1917, p.478）は、ジニ係数その他の不平等の指標が（明示か暗黙かの違いはあれ）不平等がゼロの状態を理想としていたことにつき、「生気のない一様さは現実にありえずまた望ましくもない」と述べ疑問視した。

154 初期の標本抽出の例として、モスクワ大学のアレクサンダー・チュプロフによって率いられたロシアでの農民調査であった。

155 LSE によるロンドンの社会調査に関しては Abernethy（2013）を参照。

156 調査の標本抽出方法の歴史に関しては Bethlehem（2009）を参照。

157 1930年代半ばのアメリカ南部の小作農の生活状態と人生を描いた Agee and Evans（1941）の写真と文章はその一例である。

158 Heclo（1986）を参照。

第2章　貧困に関する1950年以後の新たな論調

1 図2.1に用いられているデータには多くの問題がある。Bourguignon and Morrisson（2002）は、1980年以降の推計値として Chen-Ravallion データベースのかつての版を用いているが、歴史系列のためには少数でばらばらの不平等指標を二次資料に頼っている。また、Bourguignon and Morrisson（2002）は貧困指標を調査からの平均値にではなく1人当たり GDP に対応付けるしかなかった。調査からの平均値は1人当たり GDP をはるかに下回るので、Chen-Ravallion 貧困線をそのまま Bourguignon and Mor-

risson（2002）のデータセットに当てはめることはできない。Bourguignon and Morrisson（2002）は、どちらでもカバーされている1992年の貧困率をChen and Ravallion（2001）の値と同一にすることで、その「極貧」線をRavallion et al.（1991）の1985年購買力平価での1日1ドル線と一致するようにした。Chen-Ravallion系列と繋ぎ合わせるということは、先進国では1980年以後に1日1ドル未満で暮らす人はいないと仮定することになる。これは妥当と思われ、LISデータベースを用いた筆者の計算結果と合致する。

2　1950年に推計値にギャップを生むことなく趨勢での貧困削減率（1年当たり％ポイント）の変化を認めて回帰式を当てはめると、1950年までの趨勢は1年当たり－0.26％ポイントである（標準誤差 0.03）。1950年の屈折の意義を知るには、それが起こらず1950年までの趨勢が続いたと想像してみるとよい。その場合には、2005年に世界で1日1ドル未満で暮らす人は、Chen-Ravallionが推計したように14％ではなく、36％に上ったであろう（標準誤差3.3％）。

3　2008年に至る遡りうる限りの系列はhttp://books.google.com/ngrams/graph?content=Poverty%2Bpoverty%2Cpoverty&year_start=1600&year_end=2008&corpus=15&smoothing=4&share=で見ることができる。1634年と1639年に跳ね上がっている。早い時期にはViewerのデータベースの単語数は少なく、年あたりに数冊の書籍ということも少なくない。「貧困」という語が頻繁に出てくる書籍が1冊でも2冊でも出版されると、その年には「貧困」の頻度は跳ね上がる。これは誤解を生む。3を超えるパラメーター値で平準化すれば、ピークの年は系列の最終年である2008年となる。もう1つ注意を要するのは、大文字小文字が別の文字として数えられていることである。17、18世紀のイギリスでは文の途中で大文字で単語を書くことが現在より多くなされていたので、それらを含めることが重要である。1800年前後からは、そのことは重要でなくなる。

4　独立は、植民地支配からの場合もあれば、植民地後の国民国家からの場合もある。後者の例としては、1971年にパキスタンから独立したバングラデシュがある。政治が安定しているほうであるインドでも政治の混乱は免れず、1970年代半ばには「緊急事態」に直面した。

5　この解釈はRavallion（1994a）でさらに論じられている。そこでは（そして以下第5章でも論じられるように）、不平等の忌避を導入しさらに個人レベルでの厚生のデータに測定誤差を認めるとすると、貧困最小化という政策目標の定式化は、一般化された功利主義の社会厚生関数の最大化としても表すことができるようになる。

6　所得分配についての論調の展開に関する信頼できる概観として、Sandmo（2014）を参照。

7　コンドルセにより1785年になされた議論を発展させて、Arrow（1951）は、いくつか

の妥当と思われる公理の下で、以下のことを証明した。すなわち、集団としての単一の順序付けで3つ以上の選択肢につき個人の制約されない順序付けのみから導出されるものは、押し付けられたものであるか一人の独裁によるものである。しかし、個人間比較を導入することは、このArrowの独裁問題に対する1つの解決法に過ぎない（Sen 1970）ことに、注意されたい。Hammond（1976）とRoemer（1996）での議論も参照されたい。

8　Pollak and Wales（1979）の影響がとりわけ大きかった。

9　これらの変化は70年代に認識されていた。例えば、Gordon（1972, ch.7）、Atkinson（1975, ch.9）がある。

10　重要な貢献として、Watts（1968）、Atkinson（1970, 1987）、Kolm（1976）、Sen（1973, 1976a）、Foster, Greer and Thorbecke（1984）、がある。

11　貧困線、貧困率、貧困ギャップ、ジニ、ローレンツ曲線、家計調査といった言葉をGoogle Books Ngram Viewerで検索してみるとよい。1960年頃から該当する書籍の数が急増する。

12　権威ある *Penguin Dictionary of Economics* 1972年版は1700の見出し語の中に「貧困」も「不平等」も含んでいなかった（Bannock et al. 1972）。それに対し、*New Palgrave Dictionary of Economics* 2008年版（Blume and Durlauf 2008）も *Oxford Dictionary of Economics*（Black et al. 2012）もこれらのテーマに関連する多くの参照を含んでいる。

13　例えば、Nath（1969）。

14　Sen（1970）を参照。

15　「市場の失敗」という用語はBator（1959）により最初に用いられた。

16　とりわけDoeringer and Piore（1971）による。

17　Bulow and Summers（1986）参照。

18　Shapiro and Stiglitz（1984）による。

19　例えば、情報の非対称という考えは分益小作制度の存在理由についての新たな理解を与えた（Stiglitz 1974）。この制度の下では、小作人は、事前に定められた地代ではなく収穫の一定割合を地主に支払う。地主が小作人の労働努力を監視しえないので、リスクの分担と労働努力への誘因の間のバランスを図るものが最適な契約形態となり、リスクが両者により分担される結果となる。

20　「無知のヴェール」は、遺産として得たにしろ自ら勝ち得たにしろ、現実世界における立場といった道徳判断には関係しない要因が、分配上の正義についての判断を歪めることがないようにする、ための思考の補助具である。

21　Fleischaker（2004）参照。

22　Rawls（1967）を参照。

23　これはとりわけCohen（1989）により唱えられた。

24　Harsanyi（1975）における反論も参照。

25　この点は Arrow（1973）により指摘された。

26　Pogge（1989）は、これらを含みロールズの正義論へのさまざまな批判をレビューし、ロールズの議論を再解釈するとともに（力強い）擁護を行っている。

27　この見解をアダム・スミスと対照してみよう。スミスもまた所有権の確立を強調したが、社会福祉への手段としての重要さのゆえであり、それ以上の独自の価値は認めていなかった（第1章参照）。

28　ここでは、他のすべての組合せよりも劣る唯一の組合せが存在することが仮定されている。選択（「努力」）が異なることに鑑み、ローマーは、最も恵まれない集団の厚生水準を努力のさまざまな水準につき平均した値を最大化することを提唱する。

29　最近の議論については Freiman（2012）と Shields（2012）を参照。

30　例えば、Cohen（1989）、Arneson（1989）、Van Parijs（1992）、および Widerquist（2013）、がある。

31　例えば、Roemer（1998）および Fleurbaey（2008）がある。

32　Lindert（2004）を参照。

33　これらの変化とそれが1960年代のアメリカにおける貧困政策に及ぼした影響については、Piven and Cloward（1993, ch.7）を参照。

34　Jargowsky（1997）を参照。

35　Muth（1969, ch.2）は、居住におけるこの格差の経済分析として古典と言えるものである。

36　Rothstein（2012）を参照。

37　例えば Bénabou（1993）など、これらの特徴を組み込んだ経済モデルが後に開発された。近隣効果を含む貧困についての議論の概観としては、Durlauf（2006）がある。

38　Piven and Cloward（1993, ch.8）

39　Viewer での両書への言及は1960年から急上昇した。そのグラフは次のサイトで見ることができる：http://ngrams.googlelabs.com/graph?content=The+Affluent+Society%2CThe+Other+America&year_start=1800&year_end=2000&corpus=0&smoothing=3。イギリスにおいては、Abel-Smith and Townsend（1966）*The Poor and The Poorest* もまた影響力を持った。

40　Duncan et al.（1972）と Bowles and Gintis（1976）を参照。

41　Katz（1986）と Piven and Cloward（1993）は、この時期のアメリカでの新たな貧困政策の出現につき、政治上の動機を強調する。Piven and Cloward（1979, ch.5）での議論も参照。

42　1960年代の貧困政策の実現に寄与した（抗議行動や投票といった）政治面での要因については、Piven and Cloward（1993）を参照。

43 貧困との戦いの歴史と政治上の経緯については、Sundquist（1968）と Piven and Cloward（1993）を参照。

44 Piven and Cloward（1993, ch.9）を参照。

45 コミュニティ・ベースの開発におけるこれらの試みの概観としては、Mansuri and Rao（2012）がある。

46 Heclo（1986）は、福祉支出の増大をめぐり賛否拮抗していたという世論調査結果を示している。

47 民主党に起こっていた変化も重要である。1940年頃から、民主党は、共和党に取って代わって、黒人票の過半を得るようになっていた。

48 Piven and Cloward（1993, ch.9）を参照。

49 Moffitt（2002）は、アメリカにおける福祉プログラムの歴史を記し、これらの側面に焦点を当てている。

50 オーストリア、ベルギー、カナダ、デンマーク、フィンランド、フランス、オランダ、ニュージーランド、スウェーデン、イギリスなどである。

51 Piven and Cloward（1993, ch.11）での議論を参照。

52 例えば、失業者の中での失業手当受給者の割合は、1975年には81％であったのが、1987年には26％にまで減少した（Piven and Cloward 1993, p.360）。

53 福祉プログラムへの攻撃として影響力を持った著作に Murray（1984）の *Losing Ground* がある。

54 Ellwood and Summers（1986）を参照。論争についての論評としては Blank（1995）がある。

55 例えば、「無責任な父親」とか「福祉女王」といった呼び方が、アメリカでの貧困政策への政治上の反対派によってなされた。アメリカでの貧困対策法をめぐる論争での比喩の役割についてのさらなる議論として、Cammett（2014）がある。Katz（1993）に含まれる諸論文も参照されたい。

56 ホイネスの研究では、クロスセクション・データで女性世帯主の存在と福祉給付の寛大さの間に相関が見られることを認めてはいるが、女性世帯主家庭を生む他の要因の影響のほうが大きいことを示している。

57 Albelda et al.（1996）では、論争風だが説得力ある議論が示されている。

58 さらなる検討には、Moffitt（2002）を参照。

59 Califano（1999）によれば、1964/65年の当初の12のプログラムのうち30年後にも11が引き続き予算措置を受けていた。

60 この点に関する時系列の証拠については、Moffitt（2015）を参照。

61 「福祉との戦い」という言葉は Katz（1986, 1987）による。Piven and Cloward（1993）と Albelda et al.（1996）も参照。

62　実施の詳細は州によって異なっている。

63　一例として、子ども手当（AFDC）を廃止することで母親のコミュニティへの関与が高まるという主張について、Piven and Cloward（1993, p.394）は「ハンバーガー店で働くことでコミュニティにもっと貢献することができるのか、納得のいく説明を与える社会分析は存在しなかった」と述べる。Katz（1987）での議論も参照。

64　Lichter and Jayakody（2002）参照。

65　この点に関する証拠としては、Iceland（2003）を参照。

66　この時期のアメリカでの貧困削減の進展についてのさらなる検討のためには、Meyer and Sullivan（2012）とIceland（2013）を参照。1980年以後に所得に基づく貧困率は再び上昇したが、消費に基づく指標は低下し続けた。これらの指標のどちらを選ぶかについては、Slesnick（2001）を参照。

67　Albelda et al.（1996）を参照。

68　Papadimitriou et al.（2014）の図8を参照。これは一部、Alvaredo et al.（2014）による最上位所得シェアの推計に基づいている。

69　Fox et al.（2013）を参照。

70　これらの推計値は、所得税記録に基づくPiketty and Saez（2003）の方法に依拠している。所得税制が導入された1913年以降の推計値のみが存在する。

71　Papadimitriou et al.（2014）の表8の計算によれば、1977年以降の30年間の所得の増加の60％が最上位1％の人々に生じている。

72　4番目の要因として、アメリカで所得が同等である人同士の結婚が増えていることがある。ただし、Decancq et al.（2015）の注意深い実証分析によると、この要因は家計収入の不平等増大に重要な影響を及ぼしてはいない。

73　Autor（2014）を参照。

74　Greenstone et al.（2013）を参照。

75　この時期はいわゆる「金ぴか時代」(Guided Age）を含む。19世紀の終わりの数十年間であり、マーク・トウェインとチャールズ・ウォーナーの小説がその時代の首都ワシントンでの腐敗や強欲を揶揄した。

76　アメリカでの最上位不平等の上昇における政治の役割についてのさらなる検討については、Hacker and Pierson（2010）を参照。

77　Wolf（2014）を参照。

78　これまでに同じぐらいの冊数を売上げており、執筆時点ではPikettyの著書が追い越しそうな様子である。

79　Gans（1995）とO'Connor（2002）を参照。

80　例えば、Small et al.（2010）へのSteinberg（2011）の論評を参照。

81　行動面からの貧困の説明は、人々は常に合理行動を取るとは限らないことを示す実験

結果により支持される。しかし、それらの実験結果には、しばしば、最適化行動の性格などについての他の解釈の余地がある（Saint-Paul 2011）。

82 Mani et al.（2013）を参照。

83 ここで、相対欠乏（relative deprivation）とは、個人の厚生は、自身の消費ないし所得の水準が国あるいは近隣といった参照集団の平均値と比べてどうであるかに依存する、という見方のことである。

84 Doron（1990, p.30）は1960年代におけるこの変化を次のように記している。「この時期の改革派、わけても急進派は、生存のための最低限を保障するに過ぎないとして絶対基準を否定した。…（略）…人が何を必要とするかは一定で絶対なのではなく、特定の時の社会の状況に関係する相対のものである」。

85 Smith（1776, bk.5, ch.2, art.4）を参照。

86 イギリスでの初期の一例が Abel-Smith and Townsend（1966）に記されている。

87 Fuchs（1967）を参照。そこでは、次のような大まかな計算に基づいて議論がなされている。アメリカで1960年代の基準を1930年代に当てはめたとすれば、当時のルーズベルト大統領が推測して述べていた「全国民の３分の１」ではなく、３分の２が貧困とみなされたであろう。

88 これは、Hunter（1904）の貧困線を公定貧困線と比べることから示唆される。

89 Ravallion（2012b）を参照。

90 LIS でのデータ編集の方法についての検討と批判については、Ravallion（2014c）を参照。

91 Spicker（2007, ch.8）の議論を参照。社会包摂への関心を高めた重要な貢献として Silver（1994）がある。

92 Spicker（2007, ch.8）を参照。そこでは、21世紀に入る頃には EU において「社会排除」（social exclusion）が「貧困」と同義で用いられるようになり、少なくともある１つのメンバー国にとってはそちらのほうが政治上で受け入れやすい用語であった、と述べられている。

93 デュセンベリーのモデルは実証上の謎を解くために開発された。Kuznets（1946）がアメリカの消費集計量は長期にわたり所得集計量にほぼ比例している——したがって平均消費性向は一定である——と示した一方、一時点でのクロスセクションのデータでは（ケインズが想定したように）所得が上昇するにつれ平均消費性向は低下することが示されていた。デュセンベリーは、平均消費性向は相対所得に依存すると仮定することで、長期時系列と一時点でのクロスセクションの２つの観察の間の謎に答えようとした。

94 Ravallion and Chen（2011）を参照。弱い意味での相対貧困線は先に Foster（1998）により提案された。それは、絶対貧困線と強い意味での相対貧困線とをウェイト付けし

て幾何平均を取り求められた。その弾力性は1である。それに対し、Ravallion and Chen（2011）の提案した定式化では、弾力性はゼロから1まで上昇し、Box2.5に示された各国の貧困線のデータと符合する。

95 世界全体に適用可能な貧困線の定式はこの性質を持たねばならないと論じることができる。このアプローチで求められた世界全体の貧困指標はRavallion and Chen（2013）に示されている。

96 例えば、Schultz（1965）でのアメリカにおける貧困線の推移についての議論を参照。

97 Ravallion and Chen（2011）を参照。Ravallion-Chenによる貧困線は、最低所得の絶対水準、社会包摂に要する最低限の費用、相対基準を反映する係数、の3つのパラメーターにより特徴付けられる。これらについては第4章で詳しく論ぜられる。

98 これはCantril（1965）が考案したもので、キャントリルの梯子（Cantril ladders）と呼ばれるようになった。

99 Van Praag（1968）により考案された。

100 Pradhan and Ravallion（2000）により発案された。これに関するさまざまなアプローチの紹介と批判として、Ravallion（2014e）がある。

101 例えば、Rhys-Williams（1943）、Friedman（1962）、Van Parijs（1995）、Raventos（2007）、を参照。

102 例えば、Bardhan（2011）を参照。

103 Van Parijs（1992, p.466）を参照。

104 本書執筆時点において、ベーシックインカムの導入をめぐる国民投票が2016年にスイスで予定されている〔訳注：結果は反対が多数を占めた〕。イギリスでもベーシックインカム運動が存在する（http://basicincome.org.uk/ を参照）。カナダのマニトバ州の2つの町で1970年代に5年間にわたりベーシックインカムが実施された（http://basicincome.org.uk/interview/2013/08/health-forget-mincome-poverty// を参照）。

105 インドについては、Chakravarty（1987）の1950年代、60年代の経済計画に関する論考と、Bhagwati（1993, ch.2）の興味深い（そして時に楽しめる）議論を、参照。

106 総国民所得は10年前の数値を用いている。シェアの計算においてGDPが分母として用いられており、見掛け上の負の相関が起きうるので、その公算を減らすためである。

107 国民経済計算データが世界中の多くの国で作成されるようになったのに伴い、1960年代から80年代にかけて構造転換についての多くの研究が現れた。しかし、その後は関心が薄れている。文献のレビューとしてはSyrquin（1988）がある。Lin（2012）における議論もあわせ参照されたい。

108 例えば、Clark（1940, 1957）を参照。

109 この見解をいち早く唱えたのはHirschman（1958）である。Ray（1998, ch.5）での議論も参照。

110 インドの第2次計画で資本財部門育成が重視されたのには、直接にはMahalanobis（1953）の2部門成長モデルの影響があった。第2次計画への批判の中で重要なものとしてはVakil and Brahmanand（1956）があった。計画全般への批判としてはLal（2000）を参照。

111 経済成長理論は8.1節で詳しく扱われる。

112 二重経済での経済成長の理解への1960年代と70年代の貢献としては、Jorgenson（1961）、Ranis and Fei（1961）、Fei and Ranis（1964）、Harris and Todaro（1970）、Fields（1975）、などがある。Ranis（2004）は、ルイス・モデルの影響と、農村労働力を近代部門が吸収することの機会費用などをめぐる論争、についてレビューしている。ルイス・モデルとそれに続く研究については、第8章でさらに検討される。

113 一例として、*Journal of Development Economics*が1974年に創刊されたことがある。第1号には、所得分配と発展に関して、権威ある研究者による40ページにわたる文献レビューが掲載された。

114 Schultzの見解は、その時の大勢の考え方とは明確に異なるものであり、多くの論争を巻き起こした。その概観としては、Abler and Sukhatme（2006）を参照。近年では、例えばDuflo（2006）のように、貧困が意思決定過程に及ぼす影響を重視する見解もある。現在の行動経済学の実験を用いた研究では、経済面での合理行動の程度に「発展による差」はあるにしても小さい、ということが示唆されている（Cappelen et al. 2014）。ただし、（被験者として大学生が用いられるなど）標本選定上の問題があり、得られた知見がどれだけ広く妥当するのかには疑問がある。

115 例えば、Ahluwalia et al.（1979, p.299）は次のように論じた。「貧しい国々の成長が他より緩慢であったばかりでなく、ほとんどの発展途上国で、成長過程を通じて貧困層の所得の増加は平均よりずっと緩慢であった」。

116 重要な一例として、ベストセラーとなった社会派小説*Nectar in a Sieve*がある（Markandaya 1955）。そこでは、農村外の経済成長が、貧困脱出の途であるよりも生計への脅威を生むものとして描かれている。主人公たちは農村の貧しい家族の成員であり、村の近くに工場が建てられて何が起こったか、が語られている。

117 Adelman and Morris（1973）とAhluwalia（1976）を比較してみよう。前者は、貧しい国において成長過程の初期には貧困（と不平等）は増加する、と述べた。後者は、成長が不平等を増大させがちであるとの見解には同意しながらも、それは成長に伴っての貧困率の低下を妨げるほどではない、と主張した。

118 その例として、Ravallion（1994b）、Sadoulet and de Janvry（1995）、Deaton（1997）そしてGrosh and Glewwe（2000）がある。

119 1990年代初期までの文献の優れた概観としては、Besley（1995b）がある。

120 Lewis（1954）は農業の成長の重要さを認識していたことに注意されたい。ただし、

Lewisの基本理論モデルではそうではなかった。理論として重要な論文であるRanis and Fei（1961）は、Lewisモデルの延長上で農業の成長の必要を強調した。しかし、この点の重要さが広く認識されるのはさらに10年後であった。

121 これはBerry and Cline（1979）により実証され、Binswanger et al.（1995）とLipton（2009）による証拠の注意深い検討により概ね再確認された。

122 Bates（1981）が影響力を持った著作である。

123 Reynolds（1975）に収められた諸論文を参照。

124 インフォーマル部門という用語は、1972年にILOのアフリカへの初の調査団の報告書で初めて用いられた（ILO 1972）。歴史については、Bangasser（2000）を参照。

125 この場合でも農業部門全体を暗黙に課税することはできる。政策措置は、販売される農産物の価格などを通じて、農民の交易条件を変えることができる。

126 http://www.unwomen.org/en/how-we-work/intergovernmental-support/worldconferences-on-women#sthash.V2avhhFt.dpufを参照。

127 Rist（1997）その他がそのように述べている。

128 さらなる議論については、World Bank（1993）、Fishlow and Gwin（1994）、Rodrik（1994）を参照。

129 Sen（1981b）を参照。

130 とりわけStreeten et al.（1981）。

131 さまざまな哲学上の観点からのこれらの事項に関する議論については、Sen（1985a）、Wiggins（1987, essay 1）、Alkire（2002）、Reader（2006）、を参照。

132 この批判は行き過ぎであるかもしれない。Wiggins（1987）やReader（2006）のような哲学者は、基礎必要の考えの背景にある哲学上の根源について明らかにしている。

133 例えば、Alkire（2002）を参照。

134 Reader（2006, p.344）。

135 Reader（2006, p.349）の論点を敷衍したものである。

136 Arneson（2005, p.25）。

137 貧困線を設定するのに、貧困でないとみなされる所得水準を人々に尋ねる方法がある。これは「主観貧困線」であり、第4章でさらに検討される。

138 World Bank（1990a）とRavallion et al.（1991）を参照。

139 例えば、Ravallion et al.（1991）で世界全体の絶対貧困指標が初めて推計された際には、1カ国につき1つの調査結果が22カ国につき用いられた。Chen and Ravallion（2010a）での最新の推計に当たっては、1カ国につき6つ以上の調査結果が125カ国につき用いられた。

140 インドネシアの中央統計局が先行し、1980年代初めから外部の研究者がSUSENASのミクロデータを入手することができた。インドのNational Sample Surveyは1990年代

半ばに一般のアクセスができるようになった。いまや発展途上国の調査の半分ぐらいは（申請手続きを経るにしても）一般のアクセスができるものと思われ、その割合は増え続けている。

141 Hamilton and Whalley（1984）を参照。Moses and Letnes（2004）による更新の結果によると、ハミルトンとウォーリーの研究の後に、世界全体としてありうる効率向上はさらに増加している。また、Rosenzweig（2010）での、国の間での（就学の差を調整した）賃金の差の推計値も、参照されたい。

142 次のサイトを参照。http://www.ifg.org/store.htm。

143 *The Economist*, May 27, 2000, p.94。

144 Bhalla（2002, p.206）。

145 Basu（2003, p.898）は次のように述べている。「どうも、グローバリゼーションはなにか重力に似ている。それが良いとか悪いとか延々と議論しているが、それをなくすことは議題とならない」。

146 さらなる検討としては、Ravallion（2001b）を参照。

147 Ravallion（2004）を参照。

148 例えば、Pritchett and Kenny（2013）はそれらを「容易な目標」（low-bar targets）と呼び、もっと高い目標を提唱した。

149 Kenny and Sumner（2011）を参照。

150 Chen and Ravallion（2013）を参照。

151 Ravallion（2013）で論じられている。

152 これに続く諸点については、Ravallion and Chen（2013b）を参照。

153 この広報情報はIFPRI報告書 Ahmed et al.（2007）のためのものである。

154 この報告書についての興味深い回顧としては、Bourguignon（2014）がある。

155 Fifield（2013）を参照。

156 これはRavallion（2013）での議論に基づいている。

157 国としてのそして部門としての多くの利害を反映する高級会合での目標設定の過程からは、長いリストが生まれがちである。SDG目標のリストの全体は次のサイトで見ることができる。https://sustainabledevelopment.un.org/focussdgs.html

第Ⅱ部　貧困の測定と評価

第3章　厚生の測定

1 後に見るように、厚生主義への批判の中には、このような過度に狭い限定に向けられたものがある。これらの批判が妥当する場合もあるが、一般に妥当するものではない。

2 これは特に、現在の情報を所与とした期待値予想である経済学における「合理的期待」の考えに顕著である。そのような期待がかなり特殊な定式化をされた効用関数についてのみ合理的であることは、容易に示される。Ravallion（1986）を参照。しばしば「非合理な期待」と呼ばれるものは、意思決定者が何に関心を持つかが理解されれば、完全に合理的といえるかもしれない。

3 例えば、Singer（2010）を参照。

4 財政に関わる規範論はそのような研究が多く実を結んだ分野である。初期の重要な論考として、Atkinson and Stiglitz（1980）、Newbery and Stern（1987）、などがある。厚生主義者の枠組における社会厚生の測定は、1980年代に急速に発展した。重要な貢献として、King（1983）、Jorgenson and Slesnick（1984）、などがある。

5 例えば、Alkire and Santos（2010）を参照。第5章でこの論文に立ち返る。

6 とりわけSen（1980, 1985a, 1987, 1992）を参照。

7 Sen（1979）とNg（1981）の間での初期の論争があった。また、Sen（1987）と同書に収められたカンブールとミュールバウアーによるコメントも参照。センの批判に対する厚生主義からの思慮に富んだ反論については、Kaplow（2008, pt.5）を参照。

8 効用は、厚生に関連するファンクショニングの1つ（選択を通じた個人の満足の達成）とみなしうる。この解釈はSen（1992, 第3章）に見出される。しかし、ケイパビリティ・アプローチの賛同者の間で広く受け入れられてはいない。

9 例えば、Iceland（2013, p.47）は、「貧困と関係する中心問題、すなわちケイパビリティの欠乏、を見逃している」との理由で所得貧困指標を批判している。

10 より正確には、ケイパビリティから引き出される厚生が、ケイパビリティを決定する所得その他の変数の連続増加関数であること、が求められる。

11 コルチゾールは副腎皮質で生成されるホルモンで、人がストレスに曝されるときには放出量が高まる。

12 Kunz-Ebrect et al.（2004）を参照。

13 Dickerson and Kemeny（2004）によるメタスタディーを参照。

14 Bourguignon et al.（2007）、Barros et al.（2009）、Ferreira and Gignoux（2011）、を参照。また、Roemer（2014）の議論も参照。3.3節でこのアプローチについてさらに論ずる。

15 Kanbur and Wagstaff（2015）の議論を参照。

16 Barros et al.（2009）、Ferreira and Gignoux（2011）、Roemer（2014）、に事例が示されている。

17 「誘導形」という用語は、同時方程式モデルからきている。1つの内生変数（Y_1）がその他の内生変数（Y_2）の関数であり、Y_2は外生変数（X）の関数であるとき、代入によりY_2を消すと、Y_1をXの関数として示す誘導形が得られる。

18　Scott（1980a）、UN（1989）、Rosenhouse（1990）、を参照。

19　Bouis and Haddad（1992）を参照。

20　De Vreyer et al.（2008）は、複数の居住空間を持つ家計に対する調査方法を開発し、セネガルの事例に適用した。Lambert et al.（2014）による世代間不平等の研究への適用も参照。

21　調査の設計については、質問票の設計や調査の実施など、ここで扱っていない問題がいくつかある。これらの点に関する役に立つ概観として、Iarossi（2006）、Bethlehem（2009）、Bryman（2012）、がある。LSMS の当初の質問票の設計については、Grootaert（1986）と Ainsworth and van der Gaag（1988）に記されている。

22　富裕層と貧困層の間の所得移転の場合には不平等指標が必ず変化するのに対して、回答者の偏りの場合には人口中のシェアの推計に関係し、不平等指標への影響ははっきりしない。Korinek et al.（2006）では、このことを専門用語を用いて説明している。

23　例えば、Kilic and Sohnesen（2014）を参照。そこには、これに関連する証拠が紹介されている。

24　家計調査における消費と所得の定義をめぐるさらなる検討は、UN（1989）に見られる。消費の測定に関しては、Deaton and Zaidi（2002）も参照。

25　これに関連する途上国に関する実証研究として、Bhargava and Ravallion（1993）、Townsend（1994）、Ravallion and Chaudhuri（1997）、Jalan and Ravallion（1999）、Dercon and Krishnan（2000）、などがある。

26　例えば、Ashenfelter et al.（1986）、Ravallion（1988a）、Lanjouw and Stern（1991）、Chaudhuri and Ravallion（1994）を参照。

27　多くの文献があり、重要な貢献としては、Van Praag et al.（1983）、Chakravarty and Eichhorn（1994）、Cowell and Victoria-Feser（1996）、Chesher and Schluter（2002）、などがある。

28　古典的な測定誤差は、平均ゼロで、その変数の真の値と無相関である。この概念を応用するにあたり、その他の関連する変数と無相関である、とされることもある。不平等の測定の文脈におけるさらなる議論について、Chakravarty and Eichhorn（1994）を参照。

29　再訪することによる偏りの減少については、Deming（1953）、Van Praag et al.（1983）、Groves（2006）、を参照。

30　Scott and Steele（2004）は、8カ国での無回答率を示しているが、その中には26%にも達するものもある。Holt and Elliot（1991）はイギリスの調査について15～30%の範囲を報告している。Philipson（1997）は、アメリカの全国世論調査センターが行った調査の平均無回答率が21%であると報告している。

31　Korinek et al.（2007）を参照。

32 これは「コモンサポート」(common support) と呼ばれる仮定である。

33 例えば、Bhalla (2002) と Sala-i-Martin (2006) を参照。第1章で示した Bourguignon and Morrisson (2002) による1820年まで遡る一連の貧困指標もまた、この方法を用いている。しかし、この場合には、歴史上の調査データの大部分が長らく失われていたため、著者達はそうするしかなかった。

34 例えば、Banerjee and Piketty (2005) と Korinek et al. (2006) を参照。

35 これは Korinek et al. (2007) の調査結果と一致する。

36 Korinek et al. (2006) を参照。

37 例えば、Atkinson, Piketty, and Saez (2011) や Piketty (2014) を参照。

38 これらの論題に関するよい解説は、Deaton and Muellbauer (1980) など多数ある。実証研究の例としては、とりわけ、King (1983)、Apps and Savage (1989)、Jorgenson and Slesnick (1989)、De Borger (1989)、Ravallion and van de Walle (1991a)、が挙げられる。

39 距離関数、すなわち「数量表示効用」(quantity metric utility) をもとにした市場の存在を仮定しない指標は存在する。これに関する議論と参考文献については、Deaton and Muellbauer (1980) を参照。それでも、選好に関するデータは必要とされる。

40 例えば King (1983) を参照。Blackorby and Donaldson (1987) は、このような等価所得と「厚生比率」の関係を論じている。ここで、「厚生比率」は、貧困線 (基準とされる厚生水準を達成するために必要な最低支出額) に対する名目支出額の比率と定義されている。

41 両方のデフレーターについて、Deaton and Muellbauer (1980) を参照。価格指数について、より詳しくは Diewert (1980) のサーベイも参照。等価尺度に関しては、文献サーベイである Browning (1992) を参照。

42 この条件は、「相似」選好と呼ばれるものから導かれる。

43 例えば、Bidani and Ravallion (1993) は、地域による価格のばらつきを考慮しないと、インドネシアの貧困指標はかなりの過大推計となることを明らかにした。

44 途上国における地域別価格指数作成のアプローチの例としては、Ravallion and van de Walle (1991b) と Bidani and Ravallion (1993) を参照。

45 例えば、(アジアでのさまざまな調査から得られた) Visaria (1980) の結果と比較せよ。

46 Box 1.16の弾力性の概念を想起しよう。そこで示したのは、需要の所得弾力性であった。ここでは、世帯規模に関する厚生指標の弾力性について話している。世帯規模が25%上昇したときに指標が20%下がるならば、弾力性は−0.8である。貧困測定との関連では、Lanjouw and Ravallion (1995) を参照。

47 この点のさらなる議論は、Lanjouw and Ravallion (1995) にある。

48 これは、エンゲル曲線のLeser-Workingモデルとして知られている。Deaton and Muellbauer（1980）を参照。

49 例えば、Lazear and Michael（1980）、 van der Gaag and Smolensky（1982）、Deaton and Muellbauer（1980）を参照。代わる方法としては、子どもにかかる費用を推計するのに、「大人用の財」（例えば、映画鑑賞）への需要に世帯構成変数がどう影響するかを実証により推計する、というものがある。これは、Rothbarthの方法と呼ばれる。例えば、Deaton and Muellbauer（1980）を参照。この方法は、「大人用の財」と「子ども用の財」の区別が明確な豊かな国のほうで適用しやすい、と思われる。途上国へのこの方法の適用はBargain et al.（2014）に見られる。

50 このアプローチの限界に関するさらなる議論については、Nicholson（1976）、Deaton and Muellbauer（1980）、Lanjouw and Ravallion（1995）、を参照。

51 等価尺度の推計に異時点間の消費行動が及ぼしうる影響に関する分析については、Pashardes（1991）を参照。

52 そのようなモデルのサーベイとして、McElroy（1990）、Schultz（1990）、Thomas（1990）、を参照。

53 Lazear and Michael（1980）、Nelson（1988）、Lanjouw and Ravallion（1995）、を参照。

54 Batana et al.（2013）を参照。

55 比較の対象とされたのは、Chen and Ravallion（2010a）である。

56 Roemer（1998）は、機会の不平等の測定に当たって境遇と努力のそれぞれによる影響の区別を唱導してきた。測定への諸アプローチの検討についてはRoemer（2014）を、実際適用例についてはBourguignon et al.（2007）、Barros et al.（2009）、Ferreira and Gignoux（2011）を、参照。

57 「栄養状態」の意味と測定に関して、有用な概説としてBehrman（1990）を参照。

58 これは食料-エネルギー摂取量がインフレーションや相対価格の変化に影響されないことを意味しない。しかし、これらは低栄養状態の変化を測定する上では心配する必要がない。

59 Beaton（1983）を参照。

60 Chung（2000）は実際に用いられているさまざまな方法を示す。

61 Tashakkori and Teddlie（1998）とShaffer（2013）が例を与えている。途上国での例は、Rao（1997）、Hentschel（1999）、Kozel and Parker（2000）、Rawlings（2000）、に見られる。

62 これは、経済学での定量指向の伝統の根底にある実証主義哲学と符合する。反対に、定性方法の哲学上の創始者の主流をなす構成主義者や自然主義者は、しばしば因果関係という見方を否定する。

63 例えばHolland（1986）で議論されている。第6章でこの論題に立ち戻る。

64 Ravallion and Lokshin（2002）を参照。

65 Lanjouw and Stern（1991）を参照。

66 Shaffer（2013）は、厚生と貧困の通常の尺度が妥当であることを立証するために、定性データを用いたこれまでの試みを概観している。

67 van Praag（1968）を参照。

68 Cantril（1965）に従う。

69 心理学の分野では膨大な文献があり、経済学の文献も出現し始めている。

70 Mangahas（1995）と Riffault（1991）をそれぞれ参照。

71 例えば Ravallion and Lokshin（2002）を参照。

72 ロシアのパネルデータを用いた例として Ravallion and Lokshin（2002）を参照。

73 関連する経済学の研究をレビューしたものに、Frey and Stutzer（2002）、Di Tella and MacCulloch（2006）、Dolan et al.（2008）、がある。主観厚生に関する心理学研究は、Diener et al.（1999）と Furnham and Argyle（1998）にレビューされている。代わりのアプローチに、はしごのある段（例えば「貧しくないこと」）に到達するために必要な所得水準を訊ねるものがある。これは、van Praag（1968）によって考案された "Leyden method" である。

74 Easterlin（1995）もまた参照。

75 これは直感により明らかであるが、回帰式により平均としての幸福度の相違を推論しようとする膨大な研究において無視されてきた。このような比較が頑健でないことの正式な証明は、Bond and Lang（2014）によってなされ、イースタリンのパラドックスを含む応用例が検討されている。

76 このことは、回答項目の選択の背景に連続変数が存在すると想定する限り、洗練された非線形推定法（ordered probit や ordered logit）についても妥当する。さらなる議論については、Bond and Lang（2014）を参照。

77 例えば、Ravallion et al.（2015）は、「最貧から最富裕まで 6 段のはしごを想像したとき、あなたは今日どの段にいますか？」という、はしご質問を用いている。

78 ここでは尺度の不均一を論じているが、調査設計にはそのほかの問題もある。例えば、Conti and Pudney（2011）は、生活や仕事への満足度に関する質問をわずかに変えただけで、特に女性で、回答に大きな変化が見られたことを明らかにした。この結果は、回答の偏りにより女性の仕事満足度と相関する要因についての理解に影響が出る、ことを意味する。主観データから厚生への影響を推測することの問題については、Ravallion（2012a）が概観を与えている。

79 Sen（1983, p.160）を参照。

80 例として、Mangahas（1995）、Ravallion and Lokshin（2002）、Carletto and Zezza（2006）、Posel and Rogan（2013）、などがある。

81 例として、van de Stadt et al.（1985）、Clark and Oswald（1994, 1996）、Kapteyn et al.（1998）、Oswald（1997）、Winkelmann and Winkelmann（1998）、Pradhan and Ravallion（2000）、Ravallion and Lokshin（2001, 2002, 2010）、Senik（2004）、Luttmer（2005）、Ferrer-i-Carbonell（2005）、Bishop et al.（2006）、Kingdon and Knight（2006, 2007）、Fafchamps and Shilpi（2009）、Knight and Gunatilaka（2010, 2012）、Posel and Rogan（2013）、がある。

82 線形回帰の場合もあるが、より多く用いられるのは、「順序型プロビット」（ordered probit）である。その推定法では、選択項目が変わる閾値を、すべての個人について共通ではあるが、厚生の次元において柔軟に設定することができる。

83 例えば、Clark and Oswald（1994）、Theodossiou（1998）、Winkelmann and Winkelmann（1998）、Ravallion and Lokshin（2001）、を参照。

84 例えば、アメリカでの精神保健についての研究で、Mossakowski（2009）は、若年成人の失業状態はうつ症状と関係していることを示した。

85 これは、Bond and Lang（2014）で論じられている一般の問題の一例である。

86 例えば、Mirrlees（2014）は、失業と主観厚生の間の相関を指摘し、仕事が効用を与えるときの最適課税の分析を促した。第9章でこの点に立ち返る。

87 De Nerve and Cooper（1999）を参照。

88 （諸標本にわたる）相関係数の加重平均の絶対値が0.30以上のものを選んだ。相関係数がマイナスである場合には、（マイナス）を付している。

89 例えば、Darity and Goldsmith（1996）を参照。

90 Frank（1985）が証拠を概観している。

91 例えば、Judge et al.（1997）、Salgado（1997）、などである。

92 De Nerve and Cooper（1999）を参照。

93 例えば、ロシアのパネルデータを用いたRavallion and Lokshin（2002）の研究を参照。

94 展望論文とは、Dolan et al.（2008）である。主観厚生の項目回答の回帰分析では、線形および非線形（順序型プロビット［ordered probit］など）のモデルが用いられている。尺度一定の仮定は順序型プロビットでは明示されているが、線形モデルでも同じ問題が存在することは明らかである。

95 Ravallion and Loskin（2001）を参照。

96 King et al.（2004）とKing and Wand（2007）では、エピソード法を用いて中国とメキシコでの政治関与能力に関する不均一な参照尺度に共通点を確立する、ことが試みられた。Kristensen and Johansson（2008）は、仕事の満足度に関する主観尺度の比較の基軸を得るためにエピソード法を用いた。Kapteyn et al.（2008）は、アメリカとオランダの回答者の生活満足度を比較するためにエピソード法を用いた。Bago d'Uva et al.（2008）は、健康自己評価データの偏りを正すためにエピソード法を用いた。

97　タジキスタンについてのデータを用いたBeegle et al.（2012）を参照。Ravallion et al.（2015）は、ガテマラとタンザニアのエピソードを用いて分析を拡大した。

98　Beegle et al.（2012）およびRavallion et al.（2015）を参照。

99　例えば、Alkire and Foster（2011）における貧困指標とRavallion（2011b）でのコメントを参照。合成指数については第5章で検討する。

第4章　貧困線

1　例えば、学部レベルの経済学の教科書の1つは、貧困線について、「必需品のバンドルを定義するのは不可能であるとする批判がある」と述べている（Case et al. 2012, p. 375）。

2　Ravallion（2012c）参照

3　これはBlackorby and Donaldson（1980, 1987）が「厚生比率」と呼ぶものである。

4　数式を用いて論じておこう。$c(p, x, u)$を、価格pに直面しxの属性を持つ世帯が効用水準uを達成するのに要する最低費用を示すものとすると、$z = c(p, x, u_z)$が、効用次元で定められた貧困線u_zと対応する金銭表示での貧困線である。

5　食料エネルギー必要量が異なることで栄養不良や貧困の測定にどのような影響が生じうるかについてのさらなる議論は、Osmani（1987）、Kakwani（1989）、Dasgupta and Ray（1990）、にある。

6　基本情報はWHO（1985）にある。FAO（2001）は、とりわけ年齢別および活動水準別に必要量の相違についてさらに詳しい情報を提供している。

7　私は、1990年代の初頭に、世界銀行の貧困評価で用いるためにこの方法を開発した。それ以来、私と世銀の同僚たちによって何度も用いられてきたが、なかなか収束しなかったという例は聞いたことがない。

8　Ravallion（1994b）でこのアプローチの概略が示され、途上国で広く用いられるようになった。

9　（多くの）途上国において「都市の優遇」（urban bias）が深刻である（Lipton 1977）。これは、農村部のほうで高い貧困線を設定すべきであるという考えの論拠となる。

10　よく知られる例として、2007年以降のアルゼンチンがある。*Economist*（2013）を参照。政府により公表されるCPIの偏りにより、アルゼンチンの貧困率は大きな影響を受けた。政府推計による都市貧困率は5％であったが、CPIの偏りを修正したアルゼンチンカトリック大学による推計では27％であった。

11　Ravallion and Lokshin（2006）参照。

12　この方法の解説については、Osmani（1982）とGreer and Thorbecke（1986a, b）を参照。他の例はDandekar and Rath（1971）とPaul（1989）に見出される。また、この

方法は、（後に論じる）インドネシアなど、いくつかの政府によっても用いられている。

13　これらの回帰分析の特定化や考慮すべき計量経済学上の問題については、Bouis and Haddad（1992）を参照。

14　例えば、さまざまな活動水準に対するカロリー必要量についての WHO（1985）による推計値を参照。

15　Ravallion and Bidani（1994）を参照。

16　Ravallion and Bidani（1994）を参照。

17　Ravallion and Sen（1996）と Wodon（1997）で、バングラデシュにおいても同様の結果が得られている。

18　Ravallion and Bidani（1994）を参照。

19　例外もある。例えば、Box 4.4にあるように、アメリカ政府はかねてより絶対貧困線を用いてきた。

20　例えば、Sen（1983）に対する Townsend（1985）のコメントと Sen（1985b）の返答を参照。

21　これらは Fuchs（1967）に倣っている。第 2 章の議論を参照。それほど広くは用いられないが、これに代わる方法として、貧困層をその社会で最も多く見られる「標準」と比べていくつかの財の消費が少ない人々と定義する、ことがある。この方法については Townsend（1979）と Desai and Shah（1988）を参照。

22　Ravallion and Chen（2011）に従う。

23　Atkinson（1991）は、どのような指標を採用するかでヨーロッパ諸国での貧困比較がどのように影響を受けたか、を示している。各国ごとの平均所得の一定割合に基づく貧困指標と、すべての国の平均値の同一の割合を一律適用して得られる貧困指標とを比較をすると、かなりの順位の入れ替えがある。途上国での絶対貧困線と相対貧困線の比較については、Sahota（1990）を参照。

24　これらの推計値は、Iceland（2013）で報告されている。

25　Fuchs（1967）を参照。特に先進国について、いくつかの研究でそうしている。例えば、ルクセンブルク所得調査を用いた Smeeding et al.（1990）の研究を参照。途上国についての事例としては、Sahota（1990）を参照。

26　Nolan et al.（2005）をもとにした UNDP（2005, Box 3）を参照。

27　Easton（2002）を参照。

28　最近では、多くの研究が、衣類、祭りや祝い事、共同体の饗宴、などの社会関係上の役割について指摘している。例えば、Rao（2001）、Banerjee and Duflo（2008）、Milanovic（2008）、を参照。

29　Ravallion et al.（2009）を参照。

30 World Bank（1997）に報告されているように、これらは筆者の計算による。インドの1993年の公定貧困線が用いられた。

31 Bidani and Ravallion（1993）による研究である。

32 ベジタリアン用には、肉と魚の代わりに他のタンパク質の豊富な食品を含める必要があろう。そうすれば、そのようなインドネシアのバンドルのほうが上記のインドのバンドルよりも好まれるであろう。

33 Kapteyn et al.（1988）を言い換えたものである。

34 例えば、Hagenaars（1987）を参照。

35 例としては、Clark and Oswald（1994）、Winkelmann and Winkelmann（1998）、Ravallion and Lokshin（2001）、などがある。

36 Pradhan and Ravallion（2000）を参照。

37 ここでは、途上国への適用に焦点を当てる。これまでの適用例として、ジャマイカとネパールのデータを用いたPradhan and Ravallion（2000）、ロシアに関するFerrer-i-Carbonell and Van Praag（2001）、エチオピアに関するTaddesse and Shimeles（2005）、中国都市部に関するGustafsson et al.（2004）、マダガスカルに関するLokshin et al.（2006）、中国都市部に関するBishop et al.（2006）、アルバニアに関するCarletto and Zezza（2006）、がある。

38 例外として、de Vos and Garner（1991）によるアメリカについての研究では、SSPLが当時の（絶対）貧困線を優に上回っていることが報告されている。アメリカの貧困線は1960年代から実質では更新されていなかった。おそらく、最近年の絶対貧困線はSSPLに近づいているであろう。

39 Ravallion and Lokshin（2002）を参照。

40 同様に、ジャマイカとネパールのデータを用いたPradhan and Ravallion（2000）、中国都市部のデータを用いたBishop and Luo（2006）、メキシコのデータを用いたRojas（2007）、を参照。途上国における消費での規模の経済に関するさらに一般の議論については、Lanjouw and Ravallion（1995）を参照。

41 Hagenaars and Van Praag（1985）は、ヨーロッパ8カ国に関して、弾力性を0.51と推計した。アメリカに関しては、Kilpatrick（1973）が主観貧困線について弾力性を約0.6と推計し、de Vos and Garner（1991）は、アメリカの主観貧困線の自己所得弾力性が0.43であることを示した。

42 Oswald（1997）、Frank（1997）、Frey and Stutzer（2002）、Clark et al.（2008）、を参照。実証結果のレビューにおいて、フレイとシュトゥッツァーは、「人々が、絶対基準での判断をするのではなく、自分と他者とを比較する、ことは間違いない」（Frey and Stutzer 2002, p.412）と断言している。これは言いすぎであろう。

43 Luttmer（2005）を参照。

44 それぞれ、ロシア、南アフリカ共和国、マラウィ、のデータを用いた、Senik（2004）、Kingdon and Knight（2007）、Ravallion and Lokshin（2010）、を参照。

第5章　貧困・不平等指標

1 標準のソフトウェアプログラムを用いるときに役立つガイドブックとして、DAD については Duclos and Araar（2006）、Stata については Haughton and Khandker（2009）、ADePT については Foster et al.（2013）、がある。

2 このアプローチについては Ravallion（1994a）を参照。

3 これに関しては Roemer（1998, 2014）で議論されている。

4 例えば、米国人口統計局の推計では、2009年のジニ係数は0.469であり、2008～2012年の平均1人当たり年間世帯所得は28,051ドルである。したがって、平均所得格差は26,312ドルと算出される。

5 この命題の証明は Atkinson（1970）にある。

6 例外は、異なる国もしくは部分集団の分布が重なり合わない場合であるが、そのような状況はまずないであろう。

7 このことは、（Gastwirth［1971］に従って）ローレンツ曲線の解析上の性質を用いて Ravallion（1994b）によって示されている。

8 不平等の測定に関する最も早い論文の1つである Dalton（1920）は、絶対指標と相対指標の両方について論じている。（後に見るように）Kolm（1976）は両者の違いについて言及した。しかし、その後の文献では両者の区別についての言及はなくなり、グローバリゼーションの議論の中で再び論じられるようになった（Ravallion 2003a, 2004）。

9 この理由からコルムは、絶対差を「左翼指標」、相対比を「右翼指標」とした。この区別がどの程度に人々の政治思想と合致するかの判断は読者に委ねたい。

10 Harrison and Seidl（1994）は、ドイツの大学生に対する大規模調査によって同様の結果を得ている。

11 Harrison and Seidl（1994）で調査された学生の間ではもっと多くが合意を表明した。

12 厚生指標の複数時点情報は、早死の生起確率が異なることを考慮に入れた指標を構築する際にも要請される（Kanbur and Mukerjee 2007）。この論題については後に立ち返る。

13 有用な文献サーベイとして、Foster（1984）、Atkinson（1987）、Hagenaars（1987）、を参照。

14 Atkinson（1987）と Foster and Shorrocks（1991）を参照。後者では部分集団単調性（著者達は「部分集団一貫性」と呼ぶ）が要請されており、基本において加算指標を要

請していることになる。Sen（1976a）の指数はこの要請を満たさない。

15 このような指標の一つは早くにSen（1976a, 1981a）によって提案された。セン指数はしかし、Thon（1979）で示されたように、移転公理を満たさなかった。一方でShorrocks（1995）は、セン指数を繰り返し標準化すれば移転公理は満たされ、連続性も保証される（したがって、貧困線をまたぐ変化があっても指数は滑らかに変化する）ことを示した。

16 Zheng（1993）がワッツ指数を再発見し、その望ましい性質を厳密な形で示した。

17 Atkinson（1987）によって厳密に特徴付けられた。

18 実際に、*SPG* 指数はこのような発想に基づき生み出されたそうである（Errik Thorbecke からの私信による）。

19 *SPG* 指数は貧困ギャップによる部分と貧困層の中での不平等による部分の二つの要素の合計として考えうる。式で示すと、CV_p を貧困層の中での所得ないし消費の変動係数として、$SPG = I \cdot PG + (1-I)(H-PG)(CV_p)^2$ である。〔訳註：$SPG = H\{I^2 + (1-I)^2 (CV_p)^2\}$ とも書くことができ、*SPG* が H、I（$= PG/H$）、CV_p の3つの要因に規定されることが示される。〕

20 一連の FGT 貧困指標がどのような公理を満たすかの検討については、Foster and Shorrocks（1991）の命題7を参照。

21 この点は、貧困という現象を不連続あるいは連続のどちらと捉えるのがよいか、というかねてよりの問題と関連する。さらなる議論については、Atkinson（1987）を参照。測定に関するこの争点は、貧困へのリスクの影響の分析（Ravallion 1988a）や最適貧困削減スキームの特徴付け（Bourguignon and Fields 1990、Ravallion 1991b）にあたり重要である、ことが示されている。

22 Sen（1976a）など分布に感応するその他の貧困指標には、この性質はない。

23 Kanbur and Mukerjee（2007）は、これがどのようになされるかを示し、この方法を実施する際のいくつかの問題への対応を論じた。

24 例えば、Azariadis（1996）や Kraay and Raddatz（2007）を参照。

25 Dasgupta（1993、第3章）を参照。

26 例えば、ロールズのマキシミン原理についての Freiman（2012）によるコメントを参照。

27 さらなる議論については、例えばLevy and Lemeshow（1991）を参照。

28 例えば、Haddad and Kanbur（1990）を参照。

29 例えば、ある国での貧困率の推計において、第一分位階級での線形補間によって得られた値は9.5%であったが、非線形であることを考慮に入れて（後述のベータ関数での特定化を行った）ローレンツ曲線のモデルで再推計して得られた値は0.5%であった。これは極端な事例であるが、どのような集約された分布でも下端近くでは線形補間に

よって大きな誤差が生じがちである。

30 優れていることが実際に示されている2つの特定化は、一般化2次モデルとベータモデルである。それぞれ、Villasenor and Arnold（1989）、Kakwani（1980a）、を参照。ローレンツ曲線の諸パラメーターと分布の平均値の関数としての貧困指標の公式は、Datt and Ravallion（1992）に示されている。

31 ここでは、中心極限定理と呼ばれる統計学の成果が重要な役割を果たす。無作為に選ばれた大きさNの標本で計算される標本平均をM、真の平均をμとするとき、$(M-\mu)\sqrt{N}$は、Nが増加するにつれて、平均ゼロの正規分布に近づく。

32 無作為標本では、母集団比率一般と同じようにHは二項分布に従い、標準誤差（貧困率の標本分布の標準偏差）はNの大きさの標本に対して$\sqrt{[H\cdot(1-H)/N]}$で与えられる。その分布は、標本が大きくなるにつれて正規分布に近づく。標本が極めて小さい（5未満）場合を除いて、$\sqrt{\{(1-H)/H\}}-\sqrt{\{H/(1-H)\}}$の絶対値が$0.3\sqrt{N}$を超えない限り、正規分布による近似は正確であるという有用な指針がある（Box et al. 1978）。

33 FGT指標（P_α）の標準誤差は$\sqrt{[(P_{2\alpha}-P_\alpha^2)/N]}$であり、$\alpha=0$のときには貧困率の標準誤差（前注）となる。この公式は調査の設計を考慮に入れていない。調査の設計にあたり、標本抽出のために何らかのクラスターないしは階層が用いられるのが通例である。単純無作為抽出の場合と比べて、標準誤差はクラスターが用いられると大きくなり、階層が用いられると小さくなる。またしばしば、世帯規模などで観測値にウェイト付けをする必要がある。多くのデータに見られるこれらの特性に応じた標準誤差を示す公式についてはHowes and Lanjouw（1997）を参照。またPreston（1992）も参照。

34 政策分析に貧困の特徴を反映することに関する洞察に満ちた議論として、Kanbur（1987a）を参照。

35 Elbers et al.（2003）は、広く用いられている貧困地図とその標準誤差を作成する方法を示す。これらの方法を実際に適用した結果については、Christiaensen et al.（2012）を参照。

36 （いくつかの数学上の条件の下で、）加算指標を用いることは部分集団単調性が満たされるための必要十分条件である。Foster and Shorrocks（1991）を参照。

37 Sen（1976a）、Kakwani（1980b）、Blackorby-Donaldson（1980）、などで示されたもののように、この公理は満たさないが意義のある指標もある。

38 Ravallion and Wodon（1999）を参照。

39 van de Walle and Gunewardena（2001）を参照。

40 例えば、マリにおいて死別が子どもに与える影響については、van de Walle（2013）を参照。

41 Jalan and Ravallion（1998a）を参照。

42　この方法は Lipton（1983, 1988）による。

43　確率優越の条件を用いて所得不平等度の分布を順位付けする方法については Atkinson（1970）を、貧困のランキングに関する同様のアプローチについては Atkinson（1987）および Foster and Shorrocks（1988a, b）を、参照。

44　Ravallion（1994b, appendix 2）は、$F(Z)$、$D(Z)$、$S(Z)$ の各曲線について、正式な定義と本節での主要な結果の証明を与えている。

45　より正確には、われわれは加算性のある貧困指標のみに、あるいは加算性のある指標の単調変換のみに、着目しているということである。すべての FGT 指標についてこれはあてはまる。Atkinson（1987, 1989, ch.2）は、こうした定義にあてはまるさまざまな貧困指標を特徴付け、その他の例について紹介している。

46　一般化ローレンツ曲線（GLC）については、Shorrocks（1983）と Lambert（2001）を参照。Thistle（1989）も参考になる（GLC の定義が本書とは若干異なるが、大きな問題とはならない）。GLC と貧困不足度曲線の関係については、Atkinson and Bourguignon（1989）または Foster and Shorrocks（1988b）を参照。

47　FGT 指標のうち、4次優越条件が使えるのは、$\alpha = 3$ かそれ以上の P_α 指標のみである。そういった（高次の）指標の解釈については Kakwani（1980b）を参照。

48　例えば、Daniel（1990, ch.8）には、この簡単な検定の方法と棄却限界値（critical value）の表が示されている。

49　この点について、詳しくは Bishop et al.（1989）や Howes and Lanjouw（1991）を参照。

50　２変数以上での優越検定に関する議論（複数の変数がどのように相互作用して厚生水準を決めるのかに関するさまざまな仮定の下での検定）については、Atkinson and Bourguignon（1982）を参照。ニーズが個人間で異なる場合の不平等の比較については、Atkinson and Bourguignon（1987）や Bourguignon（1989）を参照。Atkinson（1992）は、貧困指標に関して、ニーズが個人間で異なる場合の取り扱いに触れている。

51　栄養必要量がどのように異なるかわからない場合における栄養不足の測定に関するさらなる議論については、Kakwani（1989）および Ravallion（1992a）を参照。

52　これは Atkinson and Bourguignon（1987）に従う。

53　Atkinson（1987）を参照。

54　詳しくは、Atkinson and Bourguignon（1987）を参照。

55　この点についての数式を用いた議論は、Atkinson and Bourguignon（1982）にある。

56　すなわち、平均所得の成長率が年２％で、貧困率が年平均３％減少していたら（これは、前年に対する変化率であり、今年と前年の貧困率の差［パーセンテージポイント］ではない）、弾力性は−1.5である。

57　厳密に言えば、これらの推定値は加重平均弾力性である。例えば、それぞれの国について2期分のデータがあるとしよう。貧困指標の対数値に各国共通の趨勢がない場合には（ただし、各国固有の「国の固定効果」はありうる）、貧困指標の変化率を平均所得の成長率に回帰した係数は、各国固有の弾力性を、平均所得成長率の2乗の和に対する各国のシェアで重み付けしたものになる。換言すれば、（プラスであれマイナスであれ）成長率の絶対値が高い国々がより大きな重みを与えられる。

58　種々の貧困指標について、弾力性の値を与える数式を示すことができる。Kakwani（1993）を参照。

59　Ravallion and Chen（2003）は、分位関数上で成長率を計算し、GICを導く方法を示した。この方法は、各百分位点（もっと細かくすることもできる）での成長率を与えるものである。その他の研究では、例えば十分位点など粗い分位点で、（各分位点の周辺あるいは2つの分位点の間での）平均所得を計算し、2時点間での平均成長率を計算することが行われている。しかし、平均を取る作業は必要ない。

60　もう1つの開発目標は、絶対貧困の根絶である。これについては、2030年までに、発展途上地域において1日1.25ドル以下で生活する人口の比率を3％以下にする、という目標が設定された。これについては第2章で言及しており、さらに詳細な議論はRavallion（2013）にある。

61　この指標は、2012年に世銀の新チーフエコノミスト、カウシック・バスーによって推奨された。もっとも、バスーの著書では、彼が「五分位所得（quintile income）」と呼んだ下位20％に焦点を当てることを唱えている（Basu 2011, ch.8）。

62　Atkinson（1987）を参照。

63　重要な先行論文であるThurow（1987）に基づく定義。例えば、Pressman（2007）は、アメリカを含む11の先進国について中間層の衰退があったかどうかを検証するために、この定義を用いている。Birdsall et al.（2000）は、各国の中位所得の75％から125％の範囲を中間層としている。

64　Milanovic and Yatzhaki（2002）を参照。また、Bussolo et al.（2008）もMilanovic-Yitzhakiの定義を「グローバル中間層」（global middle class）として用いている（その結果はWorld Bank［2007a］に報告されている）。

65　Banerjee and Duflo（2008）を参照。

66　ブラジルの2005年の1人当たりGDPは（PPP換算で1993年あるいは2005年いずれの年の場合でも）1日20ドルを超えている。

67　Ravallion（2010a）を参照。

68　米国保健福祉省（Department of Health and Human Services）のウェブサイト（2008年時点）において、4人家族の場合における貧困線の定義を参照した。

69　http://baike.baidu.com/view/14275.htm を参照（中国語）。

70 Sridharan（2004）を参照。

71 Shukla（2008）を参照。

72 以下の定義はRavallion（2010a）による。

73 データはRavallion et al.（2009）にある。

74 Ravallion and Lokshin（2000）を参照。

75 Lopez-Calva and Ortiz-Juarez（2014）およびDang and Lanjouw（2014）を参照。

76 厳密に言って、必ずしもパネルデータが必要な訳ではない。Dang and Lanjouw（2014）は、2つ以上のクロスセクションのデータを使ったモデルで、どのようにそうした確率のシミュレーションをすることができるかを示した。

77 Dang and Lanjouw（2014）を参照。

78 Roemer（1998）によって導入された分類による。

79 Barros et al.（2009）による。このタイプの諸指数に関する議論についてはRoemer（2014）も参照。

80 例えばRavallion and Chao（1989）がそうである。

81 Box 5.19が既存研究にあるすべての指標をカバーしているわけではない。その他の指標や、各指標の解析上の性質を含むもっと広範な（専門度は高い）議論については、Lambert（2001）が推奨される。

82 Grosh（1994, 1995）とCoady, Grosh, and Hoddinott（2004a, b）は、85カ国の貧困対策プログラムに関する研究の中で、最貧層10%、20%、40%、の受け取りシェアを示している（ところどころ欠損値がある）。

83 ターゲティングに関する既存研究では、政治面の力も働いて、貧困層の受け取りシェアはプログラム全体の規模によって変わりうる、ことが指摘されている。詳細は第9章において議論される。

84 Coady et al.（2004a, b）では、データが入手可能な場合（約半数のケース）は$H = 40\%$を使用しており、入手できなければ20%または10%を使用している。Grosh（1994）によるターゲティングの成果に関する研究では、すべての評価対象のプログラムについて40%が設定されていたので、（当然ながら）S指標とNS指標によるプログラム間の順序はまったく同じになっている。

85 他の指標と変化の方向が同じになるよう、ここでは通常の定義でのCIの値に-1を掛けている。

86 この指標はRavallion（2000）により提唱された。指標の性質についてはGalasso and Ravallion（2005）を参照。またこの指標の性質その他に関する議論はStifel and Alderman（2005）にもある。

87 全人口規模で標準化するほうを選ぶこともあるであろう。その場合の公式も簡単に導くことができ、重要な点は何も変わらない。

88 例えば、S 指標について考えてみよう。P を全人口に対する受給者の割合（参加率）、$T1$ を非貧困層中での（不適格な）受給者の割合とすると、$S = 1 - T1(1-H)/P$ である。同じ S について、$T2$ を貧困層の中で給付を受け取らなかった人の割合とすると、$S = (1 - T2)H/P$ のように表すこともできる。また、高い貧困層のカバー率（低い $T2$）はプログラム全体の規模が大きい場合に実現されやすいことを考えてみてもわかるように、P が $T1$ や $T2$ から独立とは考えにくい。よって、S は $T1$ および $T2$ の両方に依存していると考えられる。〔訳註：この注での S 指標の数式での表示は、一般には成り立たない。成り立つのは、すべての受給者が同一額を給付される場合のみである。このように推論に不備はあるが、注の最後の命題とこの注が付されている本文の命題は、一般に成り立つ。〕

89 上の脚注の表記を用いれば、$TD = 1 - (T1 + T2)$。

90 Ravallion（2009d）を参照。

91 Ravallion（2009d）を参照。

92 特に、Cornia and Stewart（1995）を参照。

93 Ravallion（2009d）を参照。

94 多くの例があるが、例えば Kakwani（1986）、Atkinson and Sutherland（1989）、Sahn and Younger（2003）、Bourguignon et al.（2003）、Ben-Shalom et al.（2012）、Lustig et al.（2014）などを参照のこと。発展途上国におけるプログラムの利益の帰着に関する先行研究のレビューとして、van de Walle（1998a）と Demery（2003）を参照。

95 例えば、van de Walle（1998）を参照。

96 「　」中はそれぞれ Lustig et al.（2014, p.290）および Sahn and Younger（2003, p.29）からの引用である。

97 例えば、Kakwani（1986, p.117）はオーストラリアでの事例を紹介している。

98 Coady et al.（2004a, b）や Grosh et al.（2008）は、発展途上国での既存のプログラムに関する研究をサーベイしている。実際、サーベイされたほとんどすべての研究において、誘因効果は無視されている。

99 Atkinson（1995, ch.7）、Sahn and Alderman（1995）、Bingley and Walker（1997）、Lemieux and Milligan（2008）、Skoufias and Di Maro（2008）、Fan（2010）などが、このような種々の方法を用いた研究例である。

100 例えば、Moffitt（2002）、Holt and Romich（2007）、Maag et al.（2012）、などを参照。

101 この点に関するさらに詳細な分析については、Ravallion（2008b）を参照。

102 通常の方法と実際上同じデータを用いて誘因効果や測定誤差を勘案した推計を行うアプローチが、Ravallion and Chen（2013a）で提案されている。そのアプローチにおける重要な仮定は、誘因効果や測定誤差は、所得項目の一部に影響を与えるのみではあるが、給付や納税を除いた純所得総額の外生要因による相違を同定するだけの予測力

を有する、というものである。この論文は、中国における大規模な現金給付プログラムについての実証研究であり、公式の行政規則に基づき計算する方法も、所得分位ごとに平均値を計算する通常の統計手法も、受益の帰着の推計において大きな偏りを生んでいることを示した。

103 Spicker（2007, p.8）を参照。

104 HDI と MPI は、まぜこぜ指数として貧困と人間開発に関する研究において最も注目されてきたものである。その他の例としては、「ビジネス環境指数」（Ease of Doing Business Index）（Djankov et al. 2002）や Pillars of Prosperity Index（Besley and Persson 2011, ch.8）が挙げられる。

105 Ravallion（2012c）はこの問題について詳しく論じている。MPI にも物質面の生活水準とその他の次元との間のトレードオフがあるが、HDI に比べて計算が難しい。この点については、Ravallion（2011b）を参照。

106 これはまったくのこじつけという訳ではない。例えば、ビル & メリンダ・ゲイツ財団は、2013年にウェブサイトの最初のページで「すべての命の価値は等しい」と謳っている。

107 Tsui（2002）、Bourguignon and Chakravarty（2003）、Alkire and Foster（2011）、を参照。

108 Alkire and Foster（2007）を参照。

109 例えば、Bourguignon and Chakravarty（2003）や Alkire and Foster（2007, p.7）を参照。

110 Tsui（2002）、Bourguignon and Chakravarty（2003）、Alkire and Foster（2007）、を参照。

111 Alkire and Foster（2007）を参照。

第６章　インパクト評価

1 この章の議論は簡潔に行う。このテーマについてのさらに詳しい（ただし専門度は高い）レビューは、Ravallion（2008a）にある。

2 Basu（2014, p.462）は、薬（M）が学校の出席（P）を改善するかどうかという問題を例に、このポイントにつき巧みに論じている。MがPに影響しないという状況設定においても「実験が１万回実施されれば、そのうちの誰かがMとPの間に安定した関係を見出すことはほぼ確実である。そのような関係が現れたのは、単に確率の法則に従って生じた結果にすぎない。しかし、「因果」関係がないよりはあるほうが学術誌で出版される傾向があるので、われわれは知識と発見が得られたかのような幻想を抱いてしまう」。誰でも何らかの経験はあるにしても、このようなバイアスがどの程度ある

かについて明確な証拠はまだない。

3 Card and Kruger（1995）を参照。出版バイアスがなければ、データが増えるにつれて、インパクトの推計値はより正確になるはずである。しかし、彼らが示すところによれば、文献全体中で推計されたインパクトは、データを増やしてもそうならなかった。

4 これは、Rubin（1974）を受けてHolland（1986）が示した因果関係へのアプローチであり、標準の考え方となった。

5 この問題については幅広い文献で議論が行われてきたが、開発の文脈でこの問題の関心を高めることに貢献したのは、Pitt et al.（1995）である。

6 「選択バイアス」という言葉は、後者だけを指す場合もあるが、前者を含め偏り全体を指す場合もある。詳細な議論は、Heckman et al.（1998）にある。

7 Chen et al.（2009）が具体事例について研究している。第10章でこのトピックをあらためて議論する。

8 King and Behrman（2009）はこの点について有益な議論をしている。インパクトの動態に関する研究としては、Behrman et al.（2004）とTjernström et al.（2013）がある。

9 ホーソン効果が生じるさまざまな場合の分類については、Friedman（2014b）を参照。

10 この例から「ホーソン効果」という言葉が生まれた。1920年代にシカゴにあったウェスタンエレクトリック社のホーソン工場において、いつもより照明を明るくすると労働者の生産性が向上したが、照明を暗くしても生産性が向上したのである。（無くなったとずっと思われていた）元のデータを用いてLevitt and List（2011）が分析をしたところ、この結果は非常に誇張されていたことが示唆される。しかし、観察されることにより人の行動が変化することについては、妥当な例が数多く存在する。Friedman（2014a）の要約を参照のこと。

11 Yからある特定の値を事前に取り除くことができるのであれば、Manski（1990）が導入した方法に従ってインパクトの推計値に妥当な境界を定めることができる。境界を設定する別の方法はAltonji et al.（2005）に見出される。ここでの論題に即してこれらの手法をさらに詳しく知るには、Ravallion（2008a）を参照。

12 （インパクトの平均値を正確に捉えると仮定する）無作為化評価においてどの方法がよいかを検証しようとするいくつかの試みについて、Ravallion（2008b）がレビューを行っている。実験を用いないさまざまな方法がどの程度に有効かという議論の例としては、Lalonde（1986）、Dehejia and Wahba（1999）、Glazerman et al.（2003）、Mckenzie et al.（2010）、がある。これらの研究は知識の蓄積に有益な貢献をしているが、研究者は正しい答えを知っていると主張し、実験を用いない方法を実施する場合に数多くの選択をしなければならないという点で、疑問が残る。例えば、Dehejia and Wahba（1999）にコメントをしたSmith and Todd（2001）を参照。

13 大規模なプログラムを対象として実施されるインパクト評価においては、プログラムから除外される場合の反事実想定は「普段のとおり」であり、対照群は通常のサービスを受けることになる。

14 Banerjee（2007）はRCTをこのような目的で使うことを提唱している。

15 具体例を挙げれば、栄養強化による健康の増進は保健環境がどの程度に安全かに依存し、それは水や公衆衛生のインフラに依存する（9.4節でこの例についてあらためて議論する）。

16 例えばHeckman et al.（1998）は、相対賃金が影響を受けるとすると、部分均衡分析では授業料の助成金がかなり過大に評価されることを示した。一方Lee（2005）は、少し異なるモデルを用いると、一般均衡効果と部分均衡効果の違いはかなり小さいことを示した。

17 事前の手法の概説としては、Bourguignon and Ferreira（2003）が有益である。構造モデリングを行う際の一連の手法を扱った上級レベルの説明としては、Heckman and Leamer（2007, chs.70–72）がある。

18 メキシコにおける大規模な貧困対策プログラムにつきインパクト評価を用いた例として、de Janvry and Sadoulet（2006）、Todd and Wolpin（2006）、Attanasio et al.（2012）、がある。第10章でこのプログラムについて取り上げる。

19 この問題意識に沿った試みの例として、Galasso and Ravallion（2005）による分権化された貧困対策プログラムのモデルがある。そのモデルでは、中央政府が直面する公共選択の問題とコミュニティが直面する地域の集団行動に関する問題に焦点を当て、個人の参加の選択はささいな下位の問題として扱っている。このようなモデルでは、インパクトを同定しその不均一さを研究するために用いうる操作変数を見出すこともできる。

20 マリガンは、1つの例として、ミレニアム・ビレッジ・プロジェクト（Millennium Villages project）がRCTを用いなかった理由についてのサックスの議論を支持している。

21 Freedman（1987）を参照。

22 これはMcKenzie（2013）により提案された。

23 このような議論の例については、Goldberg（2014）を参照。

24 このような議論の例についても、Goldberg（2014）を参照。

25 The US Food and Drug Administration（2010）が適応的評価に関するガイドラインを発行している。